U0525219

国家社科基金一般项目"消费和产业'双升级'协同驱动经济高质量发展的机制及政策研究"(批准号:20BJL031,结项号:20231157)

重庆大学公共经济与公共政策研究中心系列丛书

消费和产业"双升级"
协同驱动经济高质量发展研究

"Dual Upgrading" of Consumption and Industries Synergistically
Driving High-quality Economic Development

龙少波　著

中国社会科学出版社

图书在版编目（CIP）数据

消费和产业"双升级"协同驱动经济高质量发展研究／龙少波著．－－北京：中国社会科学出版社，2024.7．（重庆大学公共经济与公共政策研究中心系列丛书）．
ISBN 978-7-5227-4002-7

Ⅰ．F124

中国国家版本馆 CIP 数据核字第 2024P2L954 号

出 版 人	赵剑英
责任编辑	刘晓红
责任校对	阎红蕾
责任印制	戴　宽

出　　版	中国社会科学出版社
社　　址	北京鼓楼西大街甲 158 号
邮　　编	100720
网　　址	http://www.csspw.cn
发 行 部	010-84083685
门 市 部	010-84029450
经　　销	新华书店及其他书店

印　　刷	北京君升印刷有限公司
装　　订	廊坊市广阳区广增装订厂
版　　次	2024 年 7 月第 1 版
印　　次	2024 年 7 月第 1 次印刷

开　　本	710×1000　1/16
印　　张	22.25
字　　数	355 千字
定　　价	119.00 元

凡购买中国社会科学出版社图书，如有质量问题请与本社营销中心联系调换
电话：010-84083683
版权所有　侵权必究

序

党的二十届三中全会吹响了进一步全面深化改革的号角。这一轮改革的关键是要紧紧抓住当前制约中国经济发展的最核心、最紧要的问题，并迎难而上、迅速破解。

那么，制约当前中国经济发展最迫切的问题是什么呢？在我看来，其中就有两个密切相关问题急需解决。一是中国经济发展中的产业如何实现快速平稳的升级，如何快速突破外部经济体对中国经济所施加的各种"卡脖子"难题？二是如何加快释放中国经济所蕴含的巨大需求潜力？进而言之，居民消费如何实现升级，包括从以物质产品为主的消费逐步转向物质产品消费和服务消费相结合的高端消费？

很显然，产业升级与消费升级之间是紧密相关、相互促进的。一方面，产业升级了，生产部门的附加值高了，社会总收入水平也随之提高，消费升级也就随着加快。另一方面，消费升级了，市场对产品和服务的需求提升了，也促进了产业的升级。可见，这两个问题是有极大的相关性的。截至目前，经济学的研究往往把这两个问题分离开来处理，这显然是不合理的。

本书的核心创新点就是把中国经济的消费升级与产业升级结合起来研究，深入分析这两个升级之间的密切关系，提炼其中的理论机制并得出一系列重要的理论与务实的政策建议。具体说来，本书的主要发现和创新点可以概括为以下几个方面。

第一，从产品与服务的供给和需求两侧动态适配的角度出发，研究并提炼出产业升级和消费升级互动的五大效应以及"双升级"通过五大机制促进经济高质量发展的理论。研究认为，中国需要通过产业升级以高品质的产品供给引领和创造新的消费需求，同时需要通过培育完整的消费体系以促进产业升级，从而实现国民经济更高水平的供需动态平衡。

第二，从经济学与公共政策跨学科的视角进行消费和产业升级的研究。该书利用产业经济、消费经济以及公共政策的相关理论，研究政府部门如何制定公共政策，以消费和产业"双升级"来促进经济高质量发展。其中，厘清政府与市场二者之间的关系，尤其是政府内部的激励机制问题，对于消费市场的培育、现代产业体系的构建以及经济高质量发展的推进特别重要。

第三，运用多种研究方法并结合多来源的宏观、微观数据，对消费升级、产业升级以及经济高质量发展的问题进行翔实的实证分析，力求得到科学合理的结论。该书科学系统地建立起了消费升级、产业升级以及经济高质量发展的评价指标体系并进行测度，综合使用双向固定效应模型（工具变量）、联立方程模型、Dagum 基尼系数分解法、系统动力学仿真模型等进行深入研究，得出的研究结论稳健可靠，对于公共政策的制定具有重要的参考价值。

在构建中国特色哲学社会科学自主知识体系的背景下，该书基于中国经济社会发展的实践，从消费和产业"双升级"互动的角度提炼出了理论新知并进行了验证，找出了消费升级和产业升级互动效应的堵点以及"双升级"促进经济高质量发展的潜在障碍，并提出相关政策建议以服务于国家的经济社会建设。事实上，政府部门已成为现代市场经济的重要行为主体，政府的行为直接决定着现代市场经济的表现。在当前消费市场培育完善和现代化产业体系的建设中，政府部门发挥着举足轻重的作用。本书为相关部门如何合理地制定公共政策以促进经济高质量发展提供了非常有价值的建议。

本书是当前在消费、产业经济及公共政策方面的最新研究成果，具有独到的学术观点和扎实的研究方法，特别值得学术同行和政策界的研究人员仔细阅读。

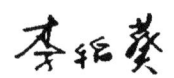

李稻葵

第十三届全国政协常委
清华大学中国经济思想与实践研究院院长
2024 年 7 月

前　言

当前，中国经济已由高速增长阶段转向高质量发展阶段，探究如何把实施扩大内需战略同深化供给侧结构性改革有机结合起来，对于加快促进经济高质量发展具有重要作用。发挥中国超大规模市场和强大生产能力的优势，增强消费升级和产业升级的双向互动，可以从需求侧和供给侧提升需求结构和供给结构的质量，并实现国民经济在更高水平上的供需动态平衡与匹配，促进经济高质量发展。可见，研究消费和产业"双升级"协同驱动经济高质量发展的理论机制并提出政策建议，具有十分重要的意义。

改革开放以来，中国消费升级和产业升级呈现不断上升的明显趋势，且在一定程度上呈现二者"双升级"良好互动的态势。但是，收入差距较大所导致的消费分层现象，以及自主创新能力不足所导致的产业升级乏力、"消费外流"等问题，在一定程度上阻滞了中国消费和产业"双升级"的良性互动势头，也在某种程度上导致消费和产业"双升级"协同驱动经济高质量发展的机制尚未充分发挥最优效果。因此，我们有必要研究消费和产业"双升级"的内部互动效应，以及"双升级"互动对经济高质量发展的协同驱动机制，这对于加快中国消费升级与产业升级的良性互动，从而协同驱动中国经济高质量发展，兼具理论与实践两个方面的意义。

为此，本书就消费和产业"双升级"驱动经济高质量发展的问题进行了较为深入的研究。具体而言：

第一，在现状分析部分，从中国经济实际情况出发，探究了中国消费升级和产业升级的现状和问题，以及中国经济高质量发展的测度与现状。

其一，从消费规模、消费贡献率和消费结构等角度分析发现中国消费升级态势明显，并指出存在消费贡献率回落、居民消费意愿疲软、服务性消费占比增速放缓等问题。

其二，从产业规模、产业结构、产业在全球价值链的地位以及产业创新等多角度描述了中国产业升级现状，发现中国产业升级趋势显著，但仍存在关键核心产业技术缺乏、区域间发展不平衡不协调以及绿色低碳转型发展不足等问题。

其三，遵循新发展理念构建中国经济高质量发展评价体系，并运用AHP层次分析法、PCA主成分分析法和熵值法三种赋权方法，测度分析了中国经济高质量发展水平的演变趋势与现状。研究发现，中国经济高质量发展指数总体呈现上升的良好趋势；但各省份间的经济高质量水平差异较大，总体上呈现东部地区要明显高于中部、西部以及东北地区的空间分布特征。

第二，在理论机制部分，尝试提炼出消费和产业"双升级"互动的五大效应，以及消费和产业"双升级"协同驱动经济高质量发展的五大机制。

其一，消费和产业"双升级"互动效应为消费升级通过需求收入弹性效应、要素配置效应和技术激励效应拉动产业升级；同时，产业升级通过收入增长效应和创新引领效应促进消费升级。

其二，消费和产业"双升级"协同驱动经济高质量发展的机制为消费和产业"双升级"通过经济增长动力转换、经济系统协调稳定、绿色生态优先、内外开放联动、收入分配公平共享五大机制协同驱动经济高质量发展。

第三，在实证分析部分，采取多渠道数据来源和多种实证分析方法检验和证实了消费和产业"双升级"的互动效应，以及协同驱动经济高质量发展的机制。利用消费升级指标、产业升级指标以及经济高质量发展评价指标体系，结合宏观、中观和微观层面多来源的数据以及多种类型的实证方法，层层递进地检验和证实了消费和产业"双升级"的相互影响及具体内部效应，以及"双升级"协同驱动经济高质量发展的作用及五大机制。具体的实证分析方法如下。

其一，利用双向固定效应模型等方法，分别实证检验消费升级对产业升级、产业升级对消费升级的影响及其作用效应。一方面，利用双向固定效应模型、两阶段最小二乘法（2SLS）以及工具变量法检验消费升级对产业升级的影响和作用效应。检验发现，消费规模扩大和消费结构升级对产业结构合理化与高级化均有显著的正向影响，且消费升级的结构效应相比规模效应更能促进产业升级。采用工具变量和 GMM 模型证明了结果的稳健性。证实了消费升级通过需求收入弹性效应、要素配置效应和技术激励效应拉动产业升级，且具有地区异质性。另一方面，将中国家庭追踪调查（CFPS）家庭层面与地级市层面数据进行匹配，利用双向固定效应模型、差分 GMM 模型、两阶段最小二乘法（2SLS）和工具变量法验证了产业升级对消费升级的影响，产业升级通过收入增长效应和创新引领效应显著地促进了消费升级，且具有地区、收入、户主年龄等异质性特征。

其二，运用联立方程模型、耦合协调分析等方法验证了消费和产业"双升级"的互动作用，并分析了消费和产业"双升级"的耦合协调程度。一方面，运用联立方程模型并结合三阶段最小二乘法（3SLS）发现，中国消费和产业"双升级"的互动影响是显著的且正向的，并存在一定的不对称性和内部联动作用；另一方面，运用了熵权 TOPSIS 法、耦合协调度模型、Kernel 核密度估计、Dagum 基尼系数分解法、全局莫兰指数空间自相关检验和 β 收敛模型等，分析了中国消费升级和产业升级之间的耦合协调度。研究发现，中国消费升级和产业升级之间存在耦合协调关系，且耦合协调度呈上升趋势，但整体仍处于相对初级的不充分水平，且存在耦合协调发展不平衡、区域间差异显著等特征。

其三，运用双向固定效应模型和系统动力学仿真模型，验证了消费和产业"双升级"协同驱动经济高质量发展的五大机制。一方面，运用双向固定效应模型，将消费升级和产业升级指标的交互项作为解释变量与经济高质量发展指标进行回归，发现消费升级和产业升级二者的互动能驱动经济高质量发展；另一方面，运用系统动力学仿真模型，构建了消费和产业"双升级"驱动经济高质量发展系统的因果关系图、系统存量流量图，检验、模拟仿真并验证了"双升级"协同驱动经济高质量发展的五大机制。

第四，在政策建议部分，结合前文的理论机制和实证研究得出的结论，提出了消费和产业"双升级"协同驱动经济高质量发展的政策体系。

其一，通过提高可支配收入、优化消费环境和引导居民消费理念等方式，夯实消费基础促进消费升级。

其二，通过加强创新能力、发挥市场资源配置作用和重视政府引导等方式，凝聚市场与政府合力，促进产业升级。

其三，综合考虑消费升级对产业升级的需求收入弹性效应、要素配置效应、技术激励效应，以及产业升级对消费升级的收入增长效应和创新引领效应，有针对性地提出发挥这五项互动效应的政策建议。

其四，综合考虑消费和产业"双升级"协同驱动经济高质量发展的经济增长动力转换机制、经济系统协调稳定机制、绿色生态优先机制、内外开放联动机制、收入分配公平共享机制，有针对性地提出有效发挥这五重机制作用的政策建议。

目 录

第一章 绪论 ································· 1

第一节 研究背景与问题提出 ···················· 1
第二节 研究意义 ····························· 7
第三节 研究范畴、内容框架与方法 ················ 9
第四节 基本观点与创新之处 ···················· 16
第五节 本章小结 ····························· 19

第二章 文献综述 ····························· 20

第一节 消费升级的研究 ······················· 20
第二节 产业升级的研究 ······················· 25
第三节 消费和产业"双升级"的研究 ·············· 30
第四节 经济高质量发展的研究 ·················· 35
第五节 消费和产业"双升级"驱动经济高质量发展的
　　　　研究 ································ 43
第六节 本章小结 ····························· 47

第三章 中国消费和产业升级的现状与问题 ········ 49

第一节 中国消费升级的现状与问题 ··············· 49
第二节 中国产业升级的现状与问题 ··············· 54
第三节 中国消费和产业"双升级"的现状和问题 ····· 59
第四节 本章小结 ····························· 62

第四章 中国经济高质量发展的测度与现状 …… 64
第一节 中国经济由高速增长向高质量发展转变 …… 64
第二节 经济高质量发展的指标体系构建 …… 73
第三节 经济高质量发展指标测度结果分析 …… 84
第四节 本章小结 …… 98

第五章 消费和产业"双升级"协同驱动经济高质量发展的理论研究 …… 100
第一节 消费和产业"双升级"与经济高质量发展的内涵 …… 100
第二节 消费和产业"双升级"驱动经济高质量发展的理论机制 …… 103
第三节 本章小结 …… 114

第六章 消费升级对产业升级影响的实证研究 …… 116
第一节 消费升级对产业升级影响的理论分析 …… 116
第二节 消费升级对产业升级影响的实证分析 …… 118
第三节 消费升级对产业升级影响的回归结果分析 …… 123
第四节 消费升级对产业升级的影响效应检验 …… 132
第五节 本章小结 …… 135

第七章 产业升级对消费升级影响的实证研究 …… 137
第一节 产业升级对消费升级的理论效应分析 …… 137
第二节 产业升级对消费升级影响的数据说明和模型设定 …… 139
第三节 产业升级对消费升级的实证结果分析 …… 144
第四节 产业升级对消费升级影响的异质性分析和效应分析 …… 148
第五节 本章小结 …… 154

第八章 消费和产业"双升级"互动效应的实证研究 …… 155
第一节 消费和产业"双升级"互动效应理论 …… 155

第二节　消费和产业"双升级"互动的研究方法 …………… 159
第三节　消费和产业"双升级"互动的实证结果分析 ………… 163
第四节　本章小结 ……………………………………………… 172

第九章　消费和产业"双升级"耦合协调水平的测度 …………… 173

第一节　消费和产业"双升级"耦合协调测度的意义 ………… 173
第二节　消费和产业"双升级"耦合协调的研究现状 ………… 175
第三节　消费和产业"双升级"耦合协调测度方法 …………… 180
第四节　消费和产业"双升级"耦合协调程度的特征描述与
　　　　分布动态 ……………………………………………… 188
第五节　消费和产业"双升级"耦合协调度的空间
　　　　差异与分解 …………………………………………… 199
第六节　消费和产业"双升级"耦合协调度的 β 收敛检验 …… 204
第七节　本章小结 ……………………………………………… 212

第十章　消费和产业"双升级"协同驱动经济高质量发展实证分析
　　　　——面板数据方法 ………………………………………… 213

第一节　消费和产业"双升级"驱动经济高质量发展的
　　　　理论分析 ……………………………………………… 213
第二节　消费和产业"双升级"驱动经济高质量发展的
　　　　研究方法 ……………………………………………… 219
第三节　消费和产业"双升级"驱动经济高质量发展的
　　　　实证分析 ……………………………………………… 225
第四节　本章小结 ……………………………………………… 232

第十一章　消费和产业"双升级"协同驱动经济高质量发展实证分析
　　　　　——系统动力学仿真方法 ……………………………… 234

第一节　系统动力学理论 ……………………………………… 234
第二节　消费和产业"双升级"驱动经济高质量发展的
　　　　系统动力学模型构建 ………………………………… 239
第三节　消费和产业"双升级"驱动经济高质量发展的

　　　　　　系统动力学模型仿真及分析⋯⋯⋯⋯⋯⋯⋯⋯⋯⋯⋯⋯ 246
　　第四节　本章小结⋯⋯⋯⋯⋯⋯⋯⋯⋯⋯⋯⋯⋯⋯⋯⋯⋯⋯⋯ 263

第十二章　提高消费和产业"双升级"及其耦合协调性的
　　　　　政策建议⋯⋯⋯⋯⋯⋯⋯⋯⋯⋯⋯⋯⋯⋯⋯⋯⋯⋯⋯ 265
　　第一节　夯实消费基础和优化环境促进消费升级的政策⋯⋯⋯ 265
　　第二节　凝聚市场与政府合力促进产业升级的政策⋯⋯⋯⋯⋯ 275
　　第三节　促进消费和产业"双升级"耦合协调的政策⋯⋯⋯⋯ 283
　　第四节　本章小结⋯⋯⋯⋯⋯⋯⋯⋯⋯⋯⋯⋯⋯⋯⋯⋯⋯⋯⋯ 293

第十三章　消费和产业"双升级"协同驱动经济高质量
　　　　　发展的政策建议⋯⋯⋯⋯⋯⋯⋯⋯⋯⋯⋯⋯⋯⋯⋯⋯ 295
　　第一节　加快经济增长动力转换，推动经济高质量发展⋯⋯⋯ 295
　　第二节　增强经济系统协调稳定，保障经济高质量发展⋯⋯⋯ 299
　　第三节　坚持绿色生态优先发展，助推经济高质量发展⋯⋯⋯ 306
　　第四节　深化内外开放联动，促进经济高质量发展⋯⋯⋯⋯⋯ 310
　　第五节　促进收入分配公平共享，推进经济高质量发展⋯⋯⋯ 314
　　第六节　本章小结⋯⋯⋯⋯⋯⋯⋯⋯⋯⋯⋯⋯⋯⋯⋯⋯⋯⋯⋯ 319

参考文献⋯⋯⋯⋯⋯⋯⋯⋯⋯⋯⋯⋯⋯⋯⋯⋯⋯⋯⋯⋯⋯⋯⋯⋯⋯ 321

后记⋯⋯⋯⋯⋯⋯⋯⋯⋯⋯⋯⋯⋯⋯⋯⋯⋯⋯⋯⋯⋯⋯⋯⋯⋯⋯⋯ 341

第一章

绪　论

第一节　研究背景与问题提出

一　研究背景

近年来,中国经济增长进入"换挡运行"的转变期,由高速增长阶段迈向高质量发展阶段。与此同时,中国消费升级和产业升级也在同步推进,消费已成为中国当前保持经济平稳增长的"压舱石",扩大消费规模并促进消费结构优化升级是满足人民对美好生活向往的重要需求。

2017年,党的十九大报告提出要完善消费体制机制,将中高端消费作为新增长点和新动能(习近平,2017),增强消费对经济发展的基础性作用。因此,如何释放居民消费潜力,壮大国内消费市场,发挥消费在中国经济运行中的基础性作用,将成为未来经济政策的重要考虑方面。与此同时,产业升级关系到国民经济的供给质量,推进产业结构转型升级已成为推动经济高质量发展的重点(习近平,2018)。可见,消费升级和产业升级分别作为国民经济中需求侧和供给侧质量改善的两个发力点,在推进畅通经济大循环,以及促进经济高质量发展中具有举足轻重的作用。

为此,2019年12月,中央经济工作会议提出了经济政策要形成合力以促进产业和消费"双升级",充分挖掘超大规模市场优势和发挥消费的基础作用,从而推动高质量发展的新要求。2020年,《中共中央关于制定国民经济和社会第十四个五年规划和二〇三五年远景目标的建议》提出加快推进国内国际双循环的新发展格局,指出要充分发挥国内市场规模优势,提升产业基础能力和现代化产业水平。2022年,党的二十大报告提出,强化供给侧结构性改革,实施扩大内需战略,加强二者之间的协调性,更好地推动高质量发展(习近平,2022)。事实上,强大的国内市场要求消费规模扩大和消费结构升级,满足人们对美好生活的殷切期盼;与此同时,产业结构持续调整优化,向合理化、高级化发展,产业内技术更新进步和要素配置效率提升,从而加快建立现代化产业体系。可见,消费和产业"双升级"已成为中国畅通经济循环、推进经济高质量发展的重要保障。因此,如何通过加快消费和产业"双升级",形成"内部效应互动、外部合力推进"的协同驱动机制,已成为中国推进经济高质量发展的重要政策着力点。

二 消费升级、产业升级及经济高质量发展的情况

近年来,中国消费和产业"双升级"展现出良好态势,有力地推动了经济高质量发展。

第一,中国居民消费升级的趋势稳定向好,主要体现为人均消费支出的较快增长以及消费结构和内容的优化。改革开放以来,中国经济蓬勃发展,城乡居民的收入情况逐渐改善,居民消费需求日益提高,消费潜力也日益增强。根据国家统计局数据显示,居民人均消费支出水平由1978年的174元上升到2000年的3712元,再由2001年的3712元上升到2021年的31072元,43年约增长了178倍。另外,在此期间中国居民消费升级的趋势也十分明显。一般而言,由于收入的提升,居民食品支出将会达到一定峰值,居民将消费更多其他的商品,因此食物方面的消费支出比例将会呈现下滑的趋势。随着中国居民收入和消费水平的进一步提高,中国居民对食物方面的消费支出比例(恩格尔系数)将呈现下滑的趋势,而恩格尔系数既是反映这一变化趋势的指数,也是中国居民消费水平升级的缩影。如图1.1所示,中国居民恩格尔系数持续下落,由1978年的63.9%下降到2021年的32.7%[①],43年内下降了将近

[①] 在国家统计局统计的居民恩格尔系数中,1979年居民恩格尔系数以及城镇居民恩格尔系数缺失,此处采用1978年与1980年二者的平均值作为1979年数据绘图。

一半。其中，城镇居民恩格尔系数从1978年的57.5%下降到2021年的28.6%，一共下降了28.9个百分点；而农村居民恩格尔系数从1978年的67.7%下降到2021年的29.8%，累计下降了37.9个百分点。可见，随着经济快速发展以及脱贫攻坚取得决定性胜利，当前中国城乡居民消费需求已经发生根本变化，过去的温饱问题现已不再成为居民生活的头等大事，居民消费更多追求身心上的放松，发展享受型消费支出比重不断上升，居民消费升级特征较为明显。

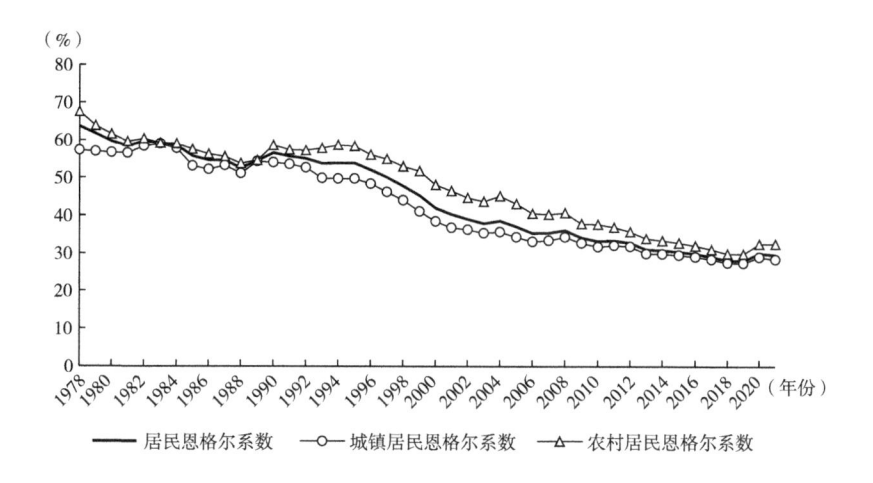

图1.1 中国居民恩格尔系数变化趋势

资料来源：国家统计局。

第二，中国产业结构升级稳中有进，第三产业已成为国民经济占比最大的产业。如图1.2所示，1978—2021年，中国三大产业的产值占比呈现出农业不断下降、工业稳中有降、服务业大幅上升的趋势，经济增长主力的"接力棒"已由第二产业传递给第三产业。其中，第一产业增加值比重持续走低，1978年为27.69%，2021年已经下降到7.26%，特别是农业在GDP中的占比自2009年以来持续小于10%。但是，农业的生产和农产品的保障供给能力、农业现代水平显著提升，农业内部结构得到明显的优化。与此同时，第二产业增加值比重则比较平稳，呈现出阶段性的特征：1980—1990年稍有下降，但很快在1991—1993年回升；1994—2011年第二产业增加值比重在平稳中波动，但在

2012年后比重出现了下降，从2012年的45.4%下降到2021年的39.4%。中国工业内部结构持续优化，工业转型升级特征明显，主要工业产品产量已经位居全球前列。值得注意的是，第三产业增加值比重则出现了"年年登高"的增长趋势，由1978年的24.6%一直上升到2021年的53.8%。值得关注的是，在2012年第三产业增加值比重（45.5%）超过第二产业增加值比重（45.4%），第三产业正式成为中国占比最大的产业，为中国经济增长提供主要动力，这表明中国经济的产业结构完成了基本的"换挡运行"，进入了新的发展阶段。中国现代服务业发展态势良好，与传统的工业和农业相融合，有力推动新经济和新动能的加速成长。

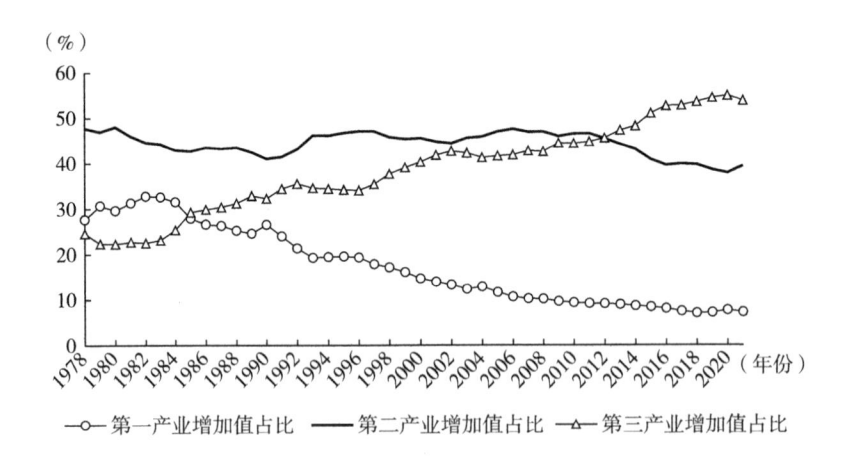

图1.2 中国三次产业增加值占GDP比重

资料来源：国家统计局。

第三，消费需求与产业供给分别代表着经济中的需求侧和供给侧，二者的持续升级较为有力地驱动当前经济高质量发展。一方面，消费规模的扩大和消费结构的升级，有力地扩大有效需求并优化需求侧的结构，从需求侧有力地拉动了经济高质量发展；另一方面，高端产业的技术进步和要素回报率的更快提升，带动优质产能扩大和产品价值不断提升，带来了产业结构高级化和合理化，从供给侧加速经济高质量发展的进程。与此同时，消费和产业"双升级"的有效协调互动，将通过供需结构的有效动态匹配贯通经济大循环，合力提升国内经济的稳定协调程度，从而促进经济高质量发展。可见，消费和产业"双升级"已经成为驱动经济高质量发展的重要动力。

三 消费和产业"双升级"及经济高质量发展存在的问题

值得注意的是，尽管当前中国消费升级和产业升级呈现向上发展的趋势，但在消费和产业"双升级"过程中仍然面临着一些较为突出问题，有待解决。

第一，中国居民收入差距较大导致消费分层的现象，制约共同富裕目标实现以及全体居民消费共同升级。中国长期以来所存在的收入分配不均问题，导致不同收入群体之间的消费能力存在较大差距，不利于增加全体居民的消费规模以及优化升级整体的消费结构（方福前，2009）。一方面，部分高收入群体拥有很强的消费能力和较高的消费要求，而国内的产业升级有待提升，缺乏高端产业的高端产品和服务的供给，不能很好地、完全地满足高水平消费升级需求。这致使高端产业升级速度和高品质产品与服务更新速度跟不上高收入人群的消费升级要求，阻碍了消费升级和产业升级两者之间的良性互动。另一方面，低收入人群的消费能力不足，其收入水平和能力仍然不能很好地满足其对消费升级的需求。低收入群体有着对美好生活的向往和强烈的消费升级需求，但是其收入水平及消费能力不能与之相匹配，这带来了中低端产品的过剩。因此，高端供给缺乏和中低端产品过剩，这二者并存是中国当前产业结构所面临的不利局面。这种现状将导致产品和服务的供给质量与消费需求之间存在较大差距，致使高收入人群转而寻找国外高端产品进行替代，造成严重的"消费外流"现象，不利于消费和产业"双升级"的良性互动，进而不利于二者有效协同驱动经济高质量发展。

第二，自主创新能力不足、核心技术缺失是阻碍中国加快产业升级的一大难题。改革开放以来，中国的产业技术水平得到极大提升，但多数是通过吸引外商直接投资、购进先进设备和生产线，以及直接购买国外专利等方式推进的（方福前、邢炜，2017）。虽然引进式技术进步的方式在短期内快速地推进了产业发展与产业升级，但从长期来看，带来了核心技术受限和"卡脖子"的问题，从而形成供需结构失衡的局面

（龙少波等，2020）。然而，当产业升级水平发展到一定阶段时，这种依靠引进式技术进步的方式会带来产业升级速度放缓和动力不足的缺点。一方面，当本国技术与发达国家的前沿技术之间的差距缩小到一定程度时，从国外引进先进技术的空间大幅缩窄；另一方面，出于国家的产业安全与国家利益的考虑，发达国家也不愿输出最前沿、最关键、最核心的技术，这致使发展中国家依赖引进式技术进步的产业升级速度在后期会明显放缓（龙少波等，2022）。因此，自主创新能力不足以及高端核心技术的缺失，在一定程度上致使当前中国产业升级的推进速度放缓，同时导致中国高端产品和服务的供给不足，不能很好地满足中国高收入人群的消费意愿，不利于消费和产业"双升级"的良性互动，也影响二者对经济高质量发展的有效驱动。

此外，近年来的以美国为首的西方国家兴起了贸易保护主义新潮，以及新冠疫情暴发导致的全球经济持续萧条，均给中国经济发展带来了一定的不确定性，也致使消费和产业"双升级"协调驱动经济高质量发展面临一定挑战。一方面，2020年2—3月，作为全球经济中心的美国受到新冠疫情冲击，市场流动性出现衰退、美股出现4次熔断，成为全球经济低迷的历史性标志。新冠疫情以来的衰退幅度也大大超过2008年国际金融危机时期（刘斌、潘彤，2021），低迷的全球经济形势增加了中国经济高质量发展的外力阻碍。另一方面，俄乌冲突加速重塑全球地缘政治格局，美国以及部分西方国家与中国贸易摩擦进一步加剧，致使中国消费和产业"双升级"协同驱动经济高质量发展面对的形势更加错综复杂。

总之，中国目前"双升级"呈现出一定的相互促进、协同发展态势，消费和产业都处于稳中有进的升级阶段，彰显了中国经济发展的良好局面。但"双升级"驱动经济高质量发展的动力尚未得到充分有效释放，因此有必要研究如何加快消费升级与产业升级的内部良性互动，从而协同促进经济高质量发展。

为此，本书首先分析中国消费升级、产业升级以及两者"双升级"耦合协调的现状，并测度和分析经济高质量发展情况，逐步剖析中国消费升级、产业升级以及经济高质量发展所存在的问题。其次，从理论上分析消费和产业"双升级"互动效应以及消费和产业"双升级"协同驱动经济高质量发展的主要机制。再次，利用宏观、中观、微观多种来源数据以及多种模型方法，从实证上分析验证消费和产业"双升级"驱动经济高质量发展机制，并发现部分机制畅通可能存在的问题。最后，为加快消费升级、产业升级以及增强"双升级"驱动经济高质量发展的效果提出针对性的建议。这对持续挖掘中国超大规模市场、开发巨大的内部需求潜力和构建现代化产业体系，从而贯通中国经济国内国际双循环，以及推进经济高质量发展具有至关重要的意义。

第二节 研究意义

在推进中国式现代化进程中，消费升级与产业升级通过需求结构优化和供给结构提升促进经济高质量发展。那么，在经济发展转型的历程中，消费升级、产业升级以及经济高质量发展的各自表现以及运行情况究竟如何？消费和产业"双升级"之间耦合程度如何？两者的良性互动机制是否形成？"双升级"是否已经形成合力并显著地驱动中国经济高质量发展？"双升级"驱动经济高质量发展过程中存在哪些堵点？本书尝试对上述问题进行的系统性研究与回答，这对全面了解中国消费升级、产业升级以及经济高质量发展的现实情况，厘清"双升级"驱动经济高质量发展的机制具有重要的理论意义和现实意义。

一 理论意义

第一，尝试构建并提出了消费和产业"双升级"互动以及二者协同驱动经济高质量发展的理论。该理论可以为高质量发展等相关的学术研究提供一定的参考。具体而言，研究发现：消费升级通过需求收入弹性效应、要素配置效应和技术激励效应的三大作用效应促进产业升级，而产业升级通过收入增长效应、创新引领效应两大作用效应推动消费升级，消费和产业"双升级"通过经济增长动力转换、经济系统协调稳定、绿色生态优先、内外开放联动、收入分配公平共享五大机制驱动经济高质量发展。该理论机制的提出为后续相应的消费升级、产业升级、经济高质量发展等研究提供了一定的理论基础和启发。

第二，构建了科学系统的经济高质量发展评估体系，并较为科学全面地分析了中国消费升级和产业升级现状，为高质量发展评价、消费和产业升级等相关理论研究提供了一定的学术参考。一方面，本书从新发展理念的五个维度中，选取二、三级指标构建经济高质量发展评价体系。并综合运用AHP层次分析法、PCA主成分分析法以及熵值法三种方法对评价体系中的各指标赋权，得到的总指数用于衡量和测度全国各省份的经济高质量发展状况。另一方面，从消费规模扩大和消费结构升级两个维度全面科学地衡量消费升级（颜建军、冯君怡，2021），对于产业升级，则从产业结构的高级化和合理化两个维度衡量（干春晖等，2011；汪伟等，2015；徐敏、姜勇，2015）。这对于后续文献采取较为全面客观的方法测算和分析中国31个省（自治区、直辖市，不含港澳台地区，下同）经济高质量发展、消费升级和产业升级有一定的借鉴意义。

第三，运用科学合理的多种模型方法实证检验了消费和产业"双升级"互动效应及其驱动经济高质量发展的机制。利用多来源的宏微观数据以及多种实证方法检验消费和产业"双升级"驱动经济高质量发展机制，有利于对中国经济供需匹配互动情况进行判断以及对经济高质量发展情况进行评估。

二　现实意义

当前，中国经济正从高速增长阶段迈向高质量发展阶段，经济系统内部的消费结构和产业结构的调整升级，是其向以创新、协调、绿色、开放、共享为主要特征的高质量发展方向迈进的重要基础。在经济发展新阶段，研究获取消费和产业"双升级"驱动经济高质量发展的实际情况，对加快中国消费升级、产业升级以及经济高质量发展均有着重要的现实意义。

第一，有利于全面系统地认识中国目前的消费升级、产业升级以及经济高质量发展现状与存在的问题。一是本书测量经济高质量的指标时遵循新发展理念，从创新、协调、绿色、开放、共享五个方面建立，较为科学合理地刻画了中国各省（自治区、直辖市）的经济高质量发展状况、演变趋势及存在的问题。同时可以横向对比各省份之间的经济高质量发展高低排序与差异情况，有利于相关部门详细客观地认识中国各省份经济高质量发展的情况。二是本书较为全面地测度了全国以及各地区的消费升级、产业升级以及二者协调耦合度的情况，包括消费规模与消费结构升级指数、产业结构高级化与合理化指数，以及消费和产业"双升级"耦合协调度指数，为实际工作部门了解中国各省份消费升级和产业升级情况提供参考。

第二，为中国消费升级、产业升级以及促进经济高质量发展提供政策建议，以供决策部门参考。一是本书测度了2000年以来全国以及各省份经济高质量发展的情况，并指出了各自存在的不足和短板，为各省份发展高质量经济、因地制宜地采取针对性的政策措施提供参考。二是本书测度了各省份消费升级与产业升级的情况以及存在的问题，为各地区制定消费政策和产业政策提供参考。三是本书从理论和实证角度研究了消费和产业"双升级"驱动经济发展的机制，这可以为决策部门采取精准措施，通过畅通消费和产业"双升级"互动渠道协同驱动经济高质量发展提供参考。

第三节　研究范畴、内容框架与方法

一　研究范畴

本书的研究范畴主要涉及消费升级、产业升级以及经济高质量发展，重点探索中国消费升级和产业升级二者是否存在内部互动机制，以及消费和产业"双升级"互动是否有力地协同驱动经济高质量发展。

二　研究内容框架

本书主要对中国消费和产业的升级、二者升级互动、经济高质量发展，以及"双升级"驱动经济高质量发展的理论机制和实际情况进行研究。其一，构建经济高质量发展指标体系，测度分析中国经济高质量发展现状。其二，研究中国消费升级、产业升级现状以及"双升级"之间的互动效应，并分析消费升级和产业升级的耦合程度及影响因素。其三，在上述基础上研究中国消费和产业"双升级"协同驱动经济高质量发展的机制和现实。其四，根据本书研究结论，构建消费和产业"双升级"协同驱动经济高质量发展的政策建议体系。

本书的研究内容框架如图1.3所示：

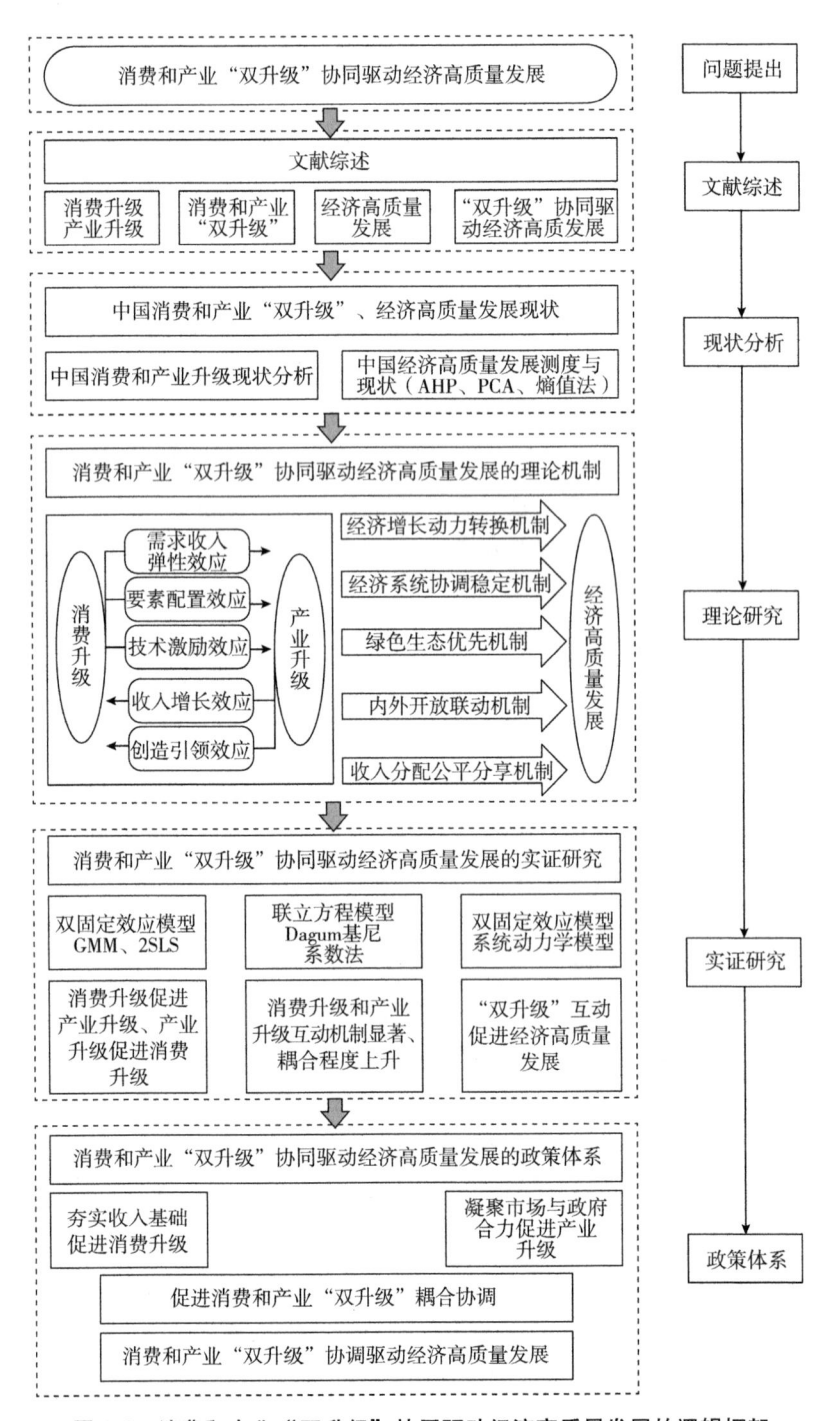

图 1.3 消费和产业"双升级"协同驱动经济高质量发展的逻辑框架

第一章，绪论。本章介绍了本书基本的研究背景、研究意义、研究内容框架、研究方法、基本观点和创新之处等。

第二章，文献综述。本章主要介绍了国内外关于消费升级、产业升级、经济高质量发展的研究现状。首先，对涉及消费升级、产业升级的定义和内涵的相关文献进行归纳，并重点梳理国内外有关消费升级与产业升级单向影响机制的研究。其次，梳理消费和产业"双升级"互动机制的相关文献，为本书所提出的消费和产业"双升级"互动机制奠定前期研究基础。最后，梳理现有文献关于经济高质量发展的研究，以及消费和产业"双升级"驱动经济高质量发展的已有研究。

第三章，中国消费升级和产业升级的现状与问题。本章利用相关的统计数据初步分析了中国居民消费升级、产业升级的趋势，以及中国消费和产业"双升级"的现状和问题，为后续的研究提供直观经验。

第四章，中国经济高质量发展的测度与现状。本章从新发展理念的创新、协调、绿色、开放、共享五个维度出发，选取并设置二、三级指标组成中国经济高质量发展的指标体系。在此基础上，综合运用 AHP 层次分析法、PCA 主成分分析法和熵值法进行指数赋权，并利用相关数据测度与反映了中国各省（自治区、直辖市）的经济高质量发展水平情况[①]。

第五章，消费和产业"双升级"协同驱动经济高质量发展的理论研究。一方面，从理论上梳理和分析了消费升级和产业升级的互动效应。其中，消费升级通过需求收入弹性效应、要素配置效应和技术激励效应的三大机制促进产业升级，而产业升级通过收入增长效应、创新引领效应两大机制推动消费升级。另一方面，从理论上分析了消费和产业"双升级"协同驱动经济高质量发展的主要机制。消费和产业"双升级"通过经济增长动力转换、经济系统协调稳定、绿色生态优先、内外开放联动、收入分配公平共享五大机制驱动经济高质量发展。

第六章到第十一章是本书的实证部分，是对中国消费和产业"双升级"互动机制、消费和产业"双升级"协同驱动经济高质量发展的

---

① 在构建中国各省份的经济高质量指标体系时，由于西藏自治区的指标数据存在范围缺失的情况，因此本书后续的经济高质量发展指数的测度中未包含西藏自治区样本。

实证研究。从单向传导到互动传导角度运用多种实证方法研究发现：中国产业升级促进了消费升级，消费升级拉动了产业升级；消费升级和产业升级相互正向促进的互动关系显著，并且中国消费和产业二者之间的"双升级"耦合协调度呈现递增趋势；同时二者之间的"双升级"互动显著促进了经济高质量发展。首先，运用2000年以来中国30个省（自治区、直辖市）的数据构建消费升级、产业升级指标体系，研究二者之间的单向影响机制。通过双固定效应模型发现产业升级显著促进了消费升级，消费升级也对产业升级有积极的影响作用。其次，运用联立方程模型验证了消费和产业"双升级"的互动机制，并利用Dagum基尼系数法分析了中国31个省（自治区、直辖市）的消费升级与产业升级耦合程度及其影响因素，发现二者之间存在正向的互动关系，且二者耦合程度逐渐提升。最后，利用前文组建的经济高质量发展指标，结合双固定效应模型和系统动力学模型实证检验了消费和产业"双升级"对经济高质量发展的驱动作用。具体而言：

第六章，消费升级对产业升级影响的实证研究。本章利用双向固定效应实证分析消费升级对产业升级的影响及其效应。首先，利用基准回归模型分析的结果表明消费升级对产业升级具有正向影响。在利用工具变量结合两阶段最小二乘法（2SLS）进行回归后发现，消费规模扩大和消费结构升级对产业升级都表现出显著的正向促进影响，且消费结构升级对产业升级的影响更为明显。其次，进一步异质性分析表明，中西部地区消费升级对产业结构合理化的正向影响较东部地区更为明显。再次，建立差分和系统GMM模型进行动态面板分析，发现当期产业结构升级除了受到消费升级和其他因素影响，还显著受到自身上一期的影响。最后，消费升级对产业升级的影响效应实证表明，消费升级确实能通过需求收入弹性效应、要素配置效应和技术激励效应的三大机制促进产业升级。

第七章，产业升级对消费升级影响的实证研究。本章利用中国家庭追踪调查（CFPS）的家庭微观数据以及双向固定效应面板模型实证研究中国产业升级对居民消费升级的影响。首先，基于面板数据的回归结果表明产业升级对居民消费升级具有显著正向影响，使用GMM回归和更换变量后该结论依旧稳健。其次，使用两阶段最小二乘法（2SLS）

和工具变量的分析结果仍然支持结论。再次，通过异质性分析发现，城镇家庭的发展享受型消费占比高于农村家庭，产业升级显著促进了中等收入家庭的发展享受型支出占比提升，而对低收入家庭和高收入家庭发展享受型支出占比的提升作用并不显著。最后，产业升级对消费升级影响效应的实证结果表明，产业升级通过收入增长效应、创新引领效应两大机制推动消费升级。

第八章，消费和产业"双升级"互动效应的实证研究。本章运用联立方程模型探究了中国消费和产业"双升级"的互动情况。通过联立方程模型并结合三阶段最小二乘法（3SLS）实证研究发现，消费升级和产业升级之间存在显著的正向互动关系；且互动作用表现出一定的不对称性，在消费升级和产业升级的互动中，消费升级更能促进产业结构合理化，而产业升级更进一步扩大了消费规模；并存在产业结构高级化推动消费升级，消费升级又进一步推动产业结构合理化的内部联动影响机制。

第九章，消费和产业"双升级"耦合协调水平的测度。本章运用 Dagum 基尼系数等方法研究中国消费和产业"双升级"耦合程度变化。基于中国消费升级和产业升级的相关数据，利用熵权 TOPSIS 法、耦合协调度模型等测度中国八大区域及各省份产业消费和产业"双升级"的耦合协调度水平，并探索该耦合协调水平发展的时序特征和空间分布特征。在此基础上，研究消费和产业"双升级"耦合协调度区域间的绝对 β 收敛和条件 β 收敛，探究影响各区域消费和产业"双升级"耦合协调度的主要因素，并提出相关建议。

第十章，消费和产业"双升级"协同驱动经济高质量发展实证分析——面板数据方法。本章运用双向固定效应模型实证消费和产业"双升级"协同驱动经济高质量发展效果。为此将消费升级和产业升级指标的交互项作为解释变量与经济高质量发展指标进行回归，研究结果发现：产业结构合理化和消费结构升级、产业结构高级化和人均消费支出增长率以及产业结构高级化和消费结构升级之间的互动，显著地推进了经济高质量发展。这表明消费和产业升级二者之间的互动，能够驱动经济高质量发展。

第十一章，消费和产业"双升级"协同驱动经济高质量发展实证分析——系统动力学仿真方法。本章运用系统动力学模型进一步检验消费和产业"双升级"驱动经济高质量发展的机制。本章首先构建了消费和产业"双升级"驱动经济高质量发展系统的因果关系图、消费和产业"双升级"驱动经济高质量发展系统的存量流量图，分析消费升级促进产业升级、产业升级促进消费升级，以及消费与产业"双升级"合力驱动经济高质量发展的多条反馈路径。其次利用相关数据结合系统动力学模型，对消费升级促进产业升级、产业升级促进消费升级以及"双升级"合力驱动经济高质量发展的五大机制进行了历史检验以及结果模拟仿真。研究结果表明，消费与产业"双升级"的确通过经济增长动力转换、经济系统协调稳定、绿色生态优先发展、内外开放联动、收入分配公平共享五大机制驱动经济高质量发展。

第十二章和第十三章构建了消费和产业"双升级"协同驱动经济高质量发展的政策体系。这两章基于前文理论和实证研究的结论，构建了针对性的政策建议措施体系，主要包括以下两大部分：提高消费和产业"双升级"及其耦合协调性的政策建议（十二章），以及消费和产业"双升级"协同驱动经济高质量发展的政策建议（第十三章）。

具体的政策建议主要包括：其一，通过提高可支配收入、优化消费环境、引导居民消费等方式，夯实消费基础促进消费升级。其二，通过加强创新能力、发挥市场资源分配作用、重视政府引导等方式，凝聚市场与政府合力促进产业升级。其三，综合考虑消费升级对产业升级的需求收入弹性效应、要素配置效应、技术激励效应，以及产业升级对消费升级的收入增长效应和创新引领效应，综合施策提出发挥这五项互动效应的政策组合建议。其四，综合考虑消费和产业"双升级"协同驱动经济高质量发展的经济增长动力转换机制、经济系统协调稳定机制、绿色生态优先机制、内外开放联动机制、收入分配公平共享机制，针对性地提出有效发挥这五重机制作用的政策建议措施。

三 研究方法

本书综合采用理论分析和实证分析相结合的方法，对中国消费和产业"双升级"协同驱动经济高质量发展的现状、理论机制和存在性进行研究。

在理论分析方面，从经典和最新的相关文献的发展演变中进行归纳总结，并根据当前的最新形势较为科学地界定经济高质量发展、消费升级以及产业升级的内涵及其衡量测度标准。在前期理论的基础上，根据经济学相关理论，通过逻辑分析、演绎推断、归纳总结等方法获得消费与产业的"双升级"互动效应，以及消费和产业"双升级"驱动经济高质量发展的机制。

在实证分析方面，综合运用AHP层次分析法、PCA主成分分析法和熵值法三种指标赋权法、双向固定效应模型、GMM动态回归、两阶段最小二乘法2SLS、联立方程模型、Dagum基尼系数法、系统动力学仿真模拟模型等多种数理、计量方法进行实证研究。

第一，综合运用AHP层次分析法、PCA主成分分析法和熵值法三种指标赋权法赋权得到中国经济高质量发展指数，并分析经济高质量发展的演变趋势。其一，在充分考虑指标的系统性、科学性、可比性、可获得性和导向性等因素后，构建经济高质量发展指标体系。其二，通过AHP层次分析法、PCA主成分分析法和熵值法确定各测度指标的权重，将标准化后的数据代入其中进行赋权加总，得到中国31个省（自治区、直辖市）经济高质量发展的五个分项得分。其三，汇总得到全国及各地区的经济高质量发展指数。

第二，运用双向固定效应模型研究消费和产业之间的影响效应。其一，利用双向固定效应模型研究发现消费升级对产业升级具有正向影响。在构建工具变量并采用两阶段最小二乘法排除内生性问题干扰的情况下再次论证结论的正确性，并进一步进行区域异质性分析、动态面板回归分析及影响效应检验。其二，利用双固定效应模型结合CFPS微观数据库和城市层面的数据库研究发现，产业升级对居民消费升级具有显著正向影响效应，同时运用GMM方法、两阶段最小二乘法结合工具变量的方法检验了实证结果的稳健性。

第三，利用联立方程模型和Dagum基尼系数法等研究消费和产业"双升级"互动效应、耦合协调程度及其影响因素等。通过构建联立方程模型（SEM）降低内生性影响，实证检验了消费和产业"双升级"的正向互动效应。利用熵权TOPSIS法、耦合协调度模型、核（Kernel）密度估计、Dagum基尼系数分解法、全局莫兰指数空间自相关检验和β收敛模型等测度消费和产业"双升级"耦合协调程度、空间差异及其收敛影响等，发现中国"双升级"耦合协调程度呈逐渐上升趋势，但各省份之间存在明显的空间关联性和异质性。

第四，运用双向固定效应模型和系统动力学模型对消费和产业"双升级"协同驱动经济高质量发展进行研究。其一，构建消费升级和产业升级的交叉项，通过双向固定效应模型，实证检验了消费和产业"双升级"对经济高质量发展的影响。其二，结合系统动力学仿真模型，构建"双升级"影响经济高质量发展系统的因果关系图、系统存量流量图，并对消费升级促进产业升级、产业升级促进消费升级以及"双升级"合力驱动经济高质量发展的五大机制进行了历史检验以及结果模拟，验证了五大机制的作用。

第四节 基本观点与创新之处

一 基本观点

本书基于中国消费升级、产业升级以及经济高质量发展的现状，归纳和提炼出消费和产业"双升级"协同驱动经济高质量发展的理论机制，并得到多种数据来源和多种方法实证结果的验证和支持。此外，本书还构建了涵盖创新、协调、绿色、开放、共享五个维度的指标，全面测度与分析了中国经济高质量发展的现状。本书的主要研究结论和基本观点如下。

第一，中国经济高质量发展水平总体上持续提升。近年来，中国经济高质量发展水平总体上呈现不断提升的态势，但目前各个省份经济高质量发展的差异较大，整体上呈现"东高西低、南高北低"的空间地理格局。经济高质量发展指数得分较高的省份全部位于中国东部发达地区，经济高质量发展得分较低的省份中则有80%处于西部地区。

第二，消费升级显著促进产业升级，且结构效应大于规模效应。中国消费规模扩大和消费结构优化对产业结构合理化和高级化都有着积极显著的影响，且消费升级的结构效应相比规模效应更能促进产业结构升级；相比东部地区，中西部地区的消费升级对产业合理化和高级化的提升效果都更为明显。

第三,产业升级显著推进消费升级,并具有明显的异质性。其中:同样程度的产业升级对农村家庭的消费升级促进作用更大;产业升级显著促进了中等收入家庭的消费结构高级化,且效应高于总体平均效应,而对低收入家庭和高收入家庭消费升级的促进作用不显著;产业升级对中年户主家庭消费升级的影响作用最大,其次是老年户主家庭,而对年轻户主家庭的影响最小。

第四,消费和产业"双升级"的互动效应显著存在,且二者升级的耦合协调程度得到明显提高。一方面,通过构建联立方程模型进行实证检验发现,中国存在消费和产业的"双升级"互动机制,并且两者的互动影响效应是显著正向的,呈现产业高级化推进消费升级、消费升级又协调产业合理化发展的互动均衡机制;另一方面,中国消费升级和产业升级耦合协调度呈现递增趋势,区域差异呈先扩大后稳定的态势,并呈现沿海地区最优、西部地区最次的区域分布格局;不同地区消费和产业"双升级"的耦合协调度的空间正相关性逐年递增,且在绝大部分地区存在显著的绝对 β 收敛和条件 β 收敛。

第五,中国消费和产业"双升级"协同驱动了经济高质量发展。其一,运用固定效应模型发现,消费升级和产业升级之间的良性互动效应能驱动经济高质量发展。具体表现为,产业结构合理化和消费结构升级、产业结构高级化和人均消费支出增长率,以及产业结构高级化和消费结构升级的三个两两互动对经济高质量发展的显著促进影响。其二,结合系统动力学仿真模型发现,消费升级、产业升级均能促进经济高质量发展,且消费和产业"双升级"耦合程度的提高增强了两者互动的合力,进一步协同驱动经济高质量发展。

二 创新之处

(一) 理论创新和内容创新

从研究的理论和内容上看,本书的创新之处主要体现在以下方面。

第一,在理论方面,本书以消费需求和产业供给动态适配为视角,尝试提出消费和产业"双升级"协同驱动经济高质量发展的作用机制理论,能够更好地从供需两端升级出发,剖析经济高质量发展的驱动机制及存在的障碍,具有一定程度的理论创新。

第二,在研究内容方面,建立了较为科学完备的经济高质量发展评价指标系统，并对消费升级与产业升级的内涵进行了较为科学的界定和衡量，存在一定的创新性。具体而言，根据新发展理念构建了共计21个指标的中国经济高质量发展的评价体系，并综合运用三种赋权方法赋权，具有一定的创新性。同时，根据文献梳理与归纳总结，将消费升级的内涵界定为消费结构升级和消费规模扩大两个方面；将产业升级的内涵界定为产业结构同时向合理化和高级化发展，并分别对其构建指标进行衡量。

第三，在政策建议角度方面，基于消费和产业"双升级"协同驱动经济高质量发展的理论以及相应的实证结果，找出消费升级和产业升级互动效应的堵点以及"双升级"促进经济高质量发展的潜在障碍，并提出了具体的政策建议以供有关部门参考。本书创新性地从消费和产业"双升级"的视角，提出供需两端结构改善的建议，从而为畅通国民经济大循环、促进经济高质量发展提供新的政策着力点。

（二）研究方法创新

从研究方法来看，本书综合运用多种计量经济学模型、系统动力学仿真模型等方法，对消费和产业"双升级"协同驱动经济高质量发展进行了全方位细致的检验，其创新之处主要体现在以下方面。

第一，充分考虑指标的系统性、科学性、可比性、可获得性以及导向性，遵循新发展理念建立共计21个细分指标的中国经济高质量发展的指标评价系统，并综合运用AHP层次分析法、PCA主成分分析法和熵值法等赋权方法，多方位地衡量了中国经济高质量发展状况，对经济高质量发展的测度分析具有一定学术参考价值。

第二，构建联立方程模型验证消费和产业的"双升级"互动机制，在较大程度上减缓了二者之间的内生性影响，同时利用熵权TOPSIS法、耦合协调度模型、Kernel核密度估计、Dagum基尼系数分解法、全局莫兰指数空间自相关检验和β收敛模型等测度消费和产业"双升级"耦合协调程度、空间差异及其收敛影响。

第三，以本书构建的经济高质量发展指标以及消费和产业"双升级"互动影响机制为基础，增添消费升级和产业升级的交互项，运用固定效应模型验证"双升级"协同驱动经济高质量发展，具有一定的创新性。在此基础上，首次采取系统动力学模型进一步验证了消费和产业"双升级"协同驱动经济高质量发展的机制，并进行了系统模拟仿真分析，为消费和产业"双升级"驱动经济高质量发展提供相关建议。

第五节　本章小结

本章主要对消费和产业"双升级"协同驱动经济高质量发展的研究背景、研究意义、研究范畴、研究方法、基本观点以及创新点进行了阐述。

第一，介绍了消费和产业"双升级"以及经济高质量发展的研究背景。随着经济的发展，中国经济进入高质量发展阶段，经济发展动力需要从外向型拉动转变为内生经济循环。为此，中国提出"双循环"新发展格局以更好地促进中国经济高质量发展。从经济学原理上讲，构建经济"双循环"格局从本质上要求国民经济实现供需的动态平衡与匹配，可以通过消费升级与产业升级相互促进，协同驱动经济高质量发展。

第二，从理论和现实两个角度阐述了消费和产业"双升级"协同驱动经济高质量发展机制的研究意义。从理论意义上看，本书构建了较为科学系统的经济高质量发展指标体系、消费升级指标以及产业升级指标，对后续的相关研究具有一定的参考价值；总结并提出消费和产业"双升级"互动以及二者协同经济高质量发展的机制理论，为消费升级、产业升级以及经济高质量发展相关研究提供理论参考。从现实意义上看，本书为中国经济高质量发展、消费升级、产业升级的现状进行了全面系统的评估，为中国产业结构调整、消费潜力释放以及经济高质量发展提供相关的政策建议。

第三，介绍了本书的研究范畴、内容框架以及研究方法。本书采用理论分析和实证研究相结合的研究方法。其一，建立经济高质量发展的指标评价系统评价和分析中国经济高质量发展现状。其二，研究中国消费升级和产业升级互动机制，并分析中国消费升级与产业升级的耦合协调程度。其三，在上述基础上研究中国消费和产业"双升级"协同驱动经济高质量发展的理论机制，并提出针对性的建议以供相关部门参考。

第二章

文献综述

第一节 消费升级的研究

一 消费升级的定义与内涵

对于消费升级的定义与界定，国内学者根据其研究重点与研究情景，从不同角度、不同层次对消费升级的概念和内涵进行解读，但大致上都是从狭义和广义两个方面阐释消费升级的。

从狭义上看，部分研究学者将消费升级简单地限定在消费结构的升级这一范围。例如，石奇等（2009）认为随着中国居民可支配收入水平的不断上升，二重升级效应将会在消费结构层面表现出来：一方面是收入以更快的速度向高层级消费领域转移，另一方面是各个消费层级由于收入变化而带来的提升。田长海和刘锐（2013）指出消费升级的要义是消费结构的优化，是不同类别消费支出在总体消费支出中的层次改善与结构升级。杜丹清（2017）认为，可支配收入的增加为中国消费者带来了消费结构的转变，即由生存型到发展型，进而朝着享受型转变。上述转变将会引起消费决策中服务性消费所占的比重大幅提高以及恩格尔系数下降，这也是居民消费升级的主要特征。黄隽和李冀恺（2018）的研究指出，作为消费升级的核心，以消费结构优化为关键的消费支出内容的变动，会表现为消费对象选取范围的变化，即从一般商品逐渐转向高端商品或服务。杨天宇和陈明玉（2018）提出居民消费升级更加确切的定义应当是消费内容结构的升级，即各级各类商品服务消费在消费总开支中的层次提高和结构升级。

而从广义上看,居民消费提升应包含居民消费规模的增长与消费结构的提升两大方面。前者主要指居民消费总规模及其消费对国民经济贡献的持续提高;而后者主要指居民消费需求内容由生存型消费向发展享受型消费转化,并呈现个性化、定制化、多样化等特点(尹世杰,2002)。例如,王云航和彭定赟(2019)认为消费升级的内涵应当由两个方面构成:一方面是消费规模和数量的增加;另一方面是消费结构升级,即居民由满足基本的物质生存需要向追求自身发展与享受的精神需要方向转化。邢天才和张夕(2019)认为在居民消费总量的扩大和消费结构的变化这二者的联合影响下,居民消费会迎来质变,即居民消费升级。孙早和许薛璐(2018)、龙少波等(2021)认为居民消费提升主要是指居民消费数量的扩大和消费结构的提升。当前,中国居民消费绝对规模逐渐扩大、社会经济活动中消费行为比例扩大,是中国居民生活消费规模逐步增加的主要体现;从功能与目的来看,消费结构的优化是从基本生存型向着更高形态的发展型、享受型转变,其中个性化、多元化的消费特点也会体现得更为突出。

还有部分研究认为,消费升级主要有三个层面的含义:一是消费总量与规模的不断扩张,其在中国社会经济生活的占比增加;二是消费结构的优化,居民的消费决策与行为从满足基本生活向发展个性、享受生活等方向转变;三是消费意愿的提升和消费观念的转变,对新型消费项目有更强烈的接受与支付意愿(Carroll et al., 2019)。石明明等(2019)认为消费升级除了包括消费总量的扩张与消费结构的优化,消费意愿与习惯的改变也应包含在其中。其研究指出,消费升级最终还需回归到居民消费意愿,经济的快速扩张能否带来更高的消费意愿值得思考。

可见,消费结构升级主要是指居民所消费产品与服务的结构优化和升级,包括产品与服务种类丰富以及各品类的品质提升。消费规模与数量的扩张则主要是指居民总体消费支出水平的上升,这是消费结构升级的基础,也是消费升级的重要表现。因此,在定义与界定消费升级时,仅仅使用消费结构优化为核心表现的消费升级并不能完全解释现代居民消费升级的变迁现实。

第一,实物消费和服务消费的区别度变小,致使以服务型消费占比的结构性变化来衡量产业升级会产生偏误。随着现代商品的服务化和品牌化程度不断提高，商品在出售的过程中，商家转移给消费者的不仅是商品本身，还有商品背后的品牌溢价、系列附加价值，如售后服务等。在这种情况下，按照传统的实物与服务消费的区分定义已不能很好地反映实际情况。例如，奢侈品服装店售卖的商品，仅从数字统计层面来说属于实物消费，但由于其特殊性，价格同时将其背后的附加服务价值包含在内。因此，不加以区分地将衣着类等实物消费看作"生存型"消费是不太切合实际的（刘向东、米壮，2020）。

第二，现代经济社会当中部分服务性消费已属于日常的必需消费，这也致使仅以服务消费所占比重的提高表示消费升级的做法不够准确。随着专业化社会分工的加深和经济活动空间与范围拓展，居民日常消费品类中，传统意义上的服务性消费越来越成为必需品，已逐渐脱离原有"发展、享受型"消费的定义框架。如日常通勤费用、电子设备及移动终端的通信费用等，这类服务性消费实际上已经成为必需品选项。然而，由于数据的可得性和统计分类的方便性，此类消费属于交通通信方面的支出，且在当前计算消费结构升级时一般会将其计入发展享受型项目。基于以上考虑，仅将服务消费占比的提升视作消费升级的这一做法也有待进一步商榷。

第三，社交媒体的迅猛发展与"网络大咖"号召力的不断增强，消费者易受到其强大且可持续的影响，这会为消费者对服务性和商品性消费的行为决策造成影响（石明明、刘向东，2015）。而这种消费观念的转变作用在不同消费群体上，所带来的影响将会有不同的表现形式。其中，对于可支配收入较高的消费者群体，外界因素输入所带来观念的改变会使其倾向于降低储蓄，提高消费倾向和优化支出结构，这种意义上的消费转变符合一般对消费升级的定义。然而对于中低收入群体，他们的可支配收入水平较低，如果其观念在外界影响下发生部分转变，导致其对服务消费的需求偏好增加，那么在既定的预算约束下，只有以削减其他实物商品支出为代价，才能为服务性消费预留出足够的资金空间，获得心理满足感与社会认同感。如此实现的消费结构优化，更多的是有限收入在不同品类商品服务支出之间的转移配置，并不符合"生存—发展—享受"框架对消费升级的定义。因此，消费结构升级同时伴随消费支出规模的扩大，才能体现居民获得感上升的消费升级，才符合消费升级定义的初衷。

因此，上述三个方面的因素致使仅依靠消费结构的变动反映与表现消费升级具有一定的局限性，这可能会带来对居民实际消费情况优化升级的误判（刘向东、米壮，2020）。因此，本书认为，不能脱离消费规模扩大而谈消费升级，伴随消费规模扩大的消费结构升级才能更准确地反映消费升级的本质。而居民不断改变的消费意愿、消费习惯和消费偏好在影响具体消费行为时会外化和表现在消费规模和消费结构上，为了避免重复可以不再计入消费升级指标进行测度。而且居民的消费意愿、消费习惯和消费偏好相对难以测度和具体量化，不同的方法得出的结果可能大相径庭，且得不到一致的认可。

综上所述，本书认为消费升级内涵的界定应当包括消费规模扩大以及消费结构优化两大方面，缺乏其一则衡量不够精准、科学、全面。为此，本书将从消费规模与消费结构两大方面全面衡量居民消费升级。

二 消费升级的衡量与测度

已有文献在对消费升级进行衡量与测度时，其指标的选择存在一定的差异。具体而言：

在衡量消费结构升级这一方面，恩格尔系数被用作常用指标。一般而言，中国居民的食品消费开支占比将随着居民收入水平上升而逐步下降，代表着生活标准的提升和消费结构的升级。在恩格尔系数的基础上，有学者采用类似方法，进一步提出新型恩格尔系数来测量居民消费结构升级。例如：王志平（2003）用提出的"新恩格尔系数"——教育娱乐文化支出占消费总支出的比重，作为衡量消费结构升级的指标；韩立岩和夏坤（2007）运用"发展系数"——教育文化、医疗、娱乐支出占比来测度消费结构升级。

此外，常见的做法还有将消费支出划分为三大内容：生存型支出、发展型支出和享受型支出，将发展型和享受型两方面或其中之一占消费总支出的比例作为衡量消费结构的指标。例如，吴薇（2009）等依据马克思消费理论，根据消费者不同层次的需求，将消费划分成三大类别，即生存型消费、享受型消费和发展型消费。其中，享受型与发展型支出占比越多，消费结构层次越高。具体而言，学者在国家统计局把居民消费支出分为食品、衣着、居住、家庭设备及服务、交通通信、教育文化娱乐、医疗保健、其他商品及服务八大类的基础上,将其分别划入生存型、发展型和享受型消费类别,再进行消费结构的测算。例如,王国刚(2010)把"住、行、学"即居住、交通通信、医疗保健及教育文化娱乐服务视为发展型和享受型消费,并认为在居民收入提高的过程中,以上类别的消费在总消费支出中的比重不断上升,是消费结构升级的主要表现。有学者将食品、衣着、居住及交通通信四类归为生存型消费;而享受型服务由医疗保健、生活用品及服务、其他商品及服务构成;把教育文化娱乐视为发展型消费,发展型和享受型消费支出与消费总支出的比值为消费结构(陈建宝、李坤明,2013)。也有学者将食品、衣着、居住作为生存型消费支出,其他三类作为发展享受型消费支出,并以此计算消费结构升级(程名望、张家平,2019;龙少波等,2022)。

还有部分学者将高层次商品服务支出占比情况作为消费结构的度量指标。例如,黄隽和李冀恺(2018)采用扩展线性支出系统模型计算不同商品收入需求弹性,把消费支出项目划分为一般商品和高层次商品,并将高层次商品与服务的比重变动情况作为消费升级的体现。孙早和许薛璐(2018)将高新技术产业最终消费支出视为高技术产业总消费量,把低技术产业最终消费支出设定为扣除食品开支后低技术产业总消费水平,并以前者占后者的比重表示消费结构高级化。另外,杨天宇和陈明玉(2018)认为人均收入水平提高是消费结构升级的源头,因此采用人均可支配收入表示消费结构的升级。

在消费规模扩大的衡量方面,主要采取居民消费率、居民消费支出额、社会消费品零售总额及消费倾向等指标。一是将消费率等比例指标作为测度指标。例如:方福前和邢炜(2015)等利用支出法测算国内生产总值(GDP)中的消费与GDP之比(总消费率)作为消费规模扩大的量化指标;欧阳峣等(2016)将居民消费占GDP(支出法统计口径)的比例作为衡量居民消费规模的指标。二是将消费支出量用作消费规模的测度指标。例如,刘东皇等(2017)从人均消费的角度出发,使用居民人均消费性支出额(消费支出/人口总数)衡量消费规模的情况。耿申(2020)用总消费支出减去政府消费支出得到居民消费支出,用于衡量真实居民消费支出规模。三是把社会消费品零售总额看作消费规模的数量指标。例如，张昭昭（2020）在研究中国居民消费扩容提质的机制时，将社会消费品零售总额近似为居民消费规模情况。四是将居民消费倾向作为衡量消费规模扩大的指标。例如，许光建等（2020）使用人均消费支出与可支配收入二者的比值（消费倾向）作为消费规模扩张的测度指标。可见，在具体衡量与测度消费结构升级与消费规模扩张时，不同学者往往根据特定研究目标与场景选择测度指标，并未形成统一意见。

第二节 产业升级的研究

一 产业升级的定义与内涵

对于产业升级这一概念内涵的阐述与解释，其研究视角主要集中在产业结构调整升级与全球价值链地位上升两大方面。

第一，由产业结构这一视角切入，探讨产业结构改进问题。一般地，产业结构高级化与合理化被视为研究产业结构这一问题的两大方向。

一方面，产业结构高级化是产业构成向更高级形态发展演化。例如，在社会生产力的推动下，以第一产业为主的国民经济构成将逐渐向第二产业演变，接着，以第三产业为主导的局面将会出现，这是产业结构高级化的表现。如西蒙·库兹涅茨（1985）所说，随着经济发展水平的提高，农业部门的产值和劳动力比重逐渐下降，而工业部门相应的比重先上升后下降，服务业部门中的比重先缓慢上升后变为迅速上升的过程，即产业升级。

另一方面，产业结构合理化的改善则表现为各产业间的合理协调发展，突破制约经济发展水平和效益提升的瓶颈（赵明亮，2015）。例如，黄亮雄等（2013）认为不同产业之间及产业内部的协调关系是讨论产业结构问题中的要义，实现产业结构优化升级意味着产业间及产业内部的比例向着最优方向演变。储德银和建克成（2014）认为，站在更高的角度来看，得益于产业要素自由流通配置，整体产业结构越来越具有高技术、高附加值的特征。在要素流通的带动下，产业向着更高形态演化，由自主创新带来的产出增加使劳动生产率显著提升，是产业结构升级的产物（傅元海等，2014）。

此外，还有学者将生产率与附加值置于产业结构研究的中心位置。巫强和刘志彪（2007）认为产品升级也应当包含在产业升级的研究视角中，而非仅有产业结构的调整。产品升级即行业内企业生产与提供的产品与服务实现低质量向高质量、低附加值向高附加值的飞跃。国务院发展研究中心（2010年）的研究报告指出，产业结构的演化升级是指产业内部实现由低生产率的结构组成向高生产率的结构组成蜕变，高附加值的特征越来越明显。魏龙和王磊（2016）认为产业由粗放式走向集约化、由低附加值不断向高附加值更新演化，以此使产业获得的实际利得提升，是产业高端化得以实现的标志。

第二，从全球价值链角度出发，认为国内某产业在全球的价值链地位的上升意味着产业升级。20世纪90年代，以Gereffi为代表的国外学者率先提出"全球商品链"这一概念，将其内部构成关系置于中心地位，开创在此概念基础上研究产业升级的先河。2003年，Gereffi又深化了对全球价值链框架与理论的研究，提出价值创造与价值获取是价值链各环节中的核心，指出产业升级表现为国家、地区和企业在全球价值链中不断沿着价值阶梯向上发展的过程（张向阳、朱有为，2005）。Humphrey和Schmitz（2002）提出以微观企业为中心主体、由低级向高级演变的全球价值链的产业升级，具体落实在以下四个方面：工艺流程升级、产品升级、功能升级和链条升级。

一是工艺流程升级，是指不断对生产加工工艺进行优化，使某一生产环节的效益得到提升，由此实现在价值链条中超越竞争对手的目标。例如，在原料利用、存货周转等方面提升效率（张辉，2005）。得益于工艺改善，厂商的相对竞争力将会得到提升，使其有更多的机会参与更具价值的经营活动，为市场提供更多高附加值产品（张杰、郑文平，2017）。二是产品升级，既包括对内部已有产品进行改造升级，也包括直接从外界引进新产品，提升产品整体竞争力。刘斌等（2016）认为产品升级在价值链升级过程中充当着"关键节点"。更高的产品质量、更多的技术含量、更密的复杂度是产品升级的三大特征，产品在升级的同时也关注产品内部的垂直差异，例如高档奢侈品服装和低层次服装比较起来，有着更高的舒适度。三是产业功能升级，是指企业借助将价值链中各环节重新组合这一方法，获取更大的竞争优势与竞争力的一种产业升级方式。Gereffi（1994）以新兴工业化经济体（NIEs）为例，提出在产业功能升级过程中，一些制造业厂商迅速从一般装配工角色转向买家的全程供应。例如，新加坡电子商逐渐系统化地提升人力资本积累、加大基础设施建设力度和提高财政资源的利用效率，实现在行业价值链中地位的提升（Hobday，1994）。四是价值链条升级，是指厂商根据外部条件与自身需求，为了寻求更有利可图和技术复杂的生产活动，从某一产业链条转换到相关联的另一个更有利可图的产业链条的升级方式。例如，中国台湾地区企业在21世纪初由最初的晶体管收音机生产，随着市场走向而转向计算器生产紧接着到电视生产，再到监视器以及掌上计算机（张辉，2004）。

与此同时，全球价值链视角下的产业升级还注重企业讨价还价，即话语权能力、企业盈利能力，以及在全球商品链条中的位置的提升（Gereffi，1999）。能否与供应链内的核心企业建立更持久、更广泛的联系，更好地与买家进行合同条款的协商，使产品包含更高的利润率与潜在收益也被视为是衡量产业升级的标志之一（丁晓强、葛秋颖，2015）。在全球价值链这一层面的产业升级过程中，一国或地区产业先是寻求某种核心生产环节的控制力，随后由生产端到市场端，寻求产品需求市场的控制力，最终在价值链利益分配全过程中获得绝对的主导权和控制力（刘志彪、张杰，2009）。

综上所述，国内外关于产业升级内涵的研究成果已经比较丰富，涉及产业结构调整升级与全球价值链升级两个角度。从产业结构调整升级的角度来看，其关注重点更多集中在不同产业间的协调互动关系、生产要素如何在各产业间合理配置，以致形成最大合力带来产业结构从低端产业向高端产业形态迈进的过程。而从全球价值链升级的角度来看，更多偏向于利用国内产业在全球价值链的位置和竞争力来衡量产业升级。如果某产业在全球相应产业价值链中的地位、话语权和竞争力明显上升，表明该产业出现了升级。可见，以上两个视角在一定程度上是互相补充与完善的。在市场中资源要素充分流动下，企业提供产品的能力越来越具有高技术含量和高附加值的特征，处在低端产业的企业厂商向高端产业涌进，以提高企业盈利能力，在行业层面则表现为产业结构的高级化与合理化，以及在全球价值链中所处地位的跃迁。因此，本书认为，产业升级主要是指资源要素在产业间的合理流动配置，促进产业结构的合理协调发展，并向高价值链和高级化迈进的过程。

二 产业升级的衡量与测度

在产业升级的具体衡量与测度上，学者往往根据现实情况自行选择测度方法与指标，尚未形成较为统一的意见。

第一，就产业结构调整而言，产业结构高级化与合理化常被用作测度指标。其中，在产业结构高级化的衡量方面，较为常见的是测算各产业产值占总产值比重（李江帆、黄少军，2001）和就业结构即各产业劳动力投入占总劳动力投入比重（何德旭、姚战琪，2008；黄茂兴和李军军，2009）。其中，部分学者利用第三产业与第二产业产值二者比值作为产业结构高级化的测度指标（干春晖等，2011；王云航、彭定赟，2019）。此外，还有研究将第一产业、第二产业、第三产业的产值占比按照从低到高的原则分别赋予1/6、2/6和3/6的权重进行加权平均后表示产业结构高级化（颜建军、冯君怡，2021）。徐敏和姜勇（2015）为了估算产业升级与城乡收入差距二者之间的关系，在如何衡量产业结构升级水平这一问题上引入产业结构层次系数。

对于产业结构合理化，产业结构偏离度系数被大多学者采纳，它一方面能够反映出不同产业之间的协调程度，另一方面可以说明资源有效利用的程度（干春晖等，2011）。例如，韩永辉等（2017）为了使地方产业结构升级水平的测算更加精准，采用产业结构偏离度指标，以此研究中国政府的产业促进政策对产业结构的影响。王林梅和邓玲（2015）利用泰尔指数（Theil index）研究区域内各产业的产值与从业人员之间比值的均衡度，将其作为测度产业结构合理化的指标。也有学者通过自行构建或引用系数进行产业结构合理化的具体测度。Duranton（2007）提出产业变动指数，该指数通过测算某一时点上，特定区域内不同类别行业的就业流入与流出绝对值，并最终加总得到整个区域的产业结构变动情况。

第二，从全球价值链（GVC）角度出发，在以生产环节国际分割为特征的全球价值链分工体系中，传统做法是以"商品总值"为统计口径测度一国某产业全球价值链中的地位及国际贸易格局，从而间接了解该产业升级的情况。但由于存在重复计算，"商品总值"无法真实反映其真正产业发展水平（王岚，2014）。为此，经合组织（OECD）和世界贸易组织（WTO）（2011）推出了附加值贸易（trade in value-added）统计框架。与传统总值贸易统计框架不同，该统计框架以"价值增值"为统计口径，可以更加准确地将国际分工体系下一国产业的所处地位和贸易利益反映出来（廖泽芳、宁凌，2013）。在"价值增值"框架下，衡量全球价值链位置与参与度的主要有间接和直接两种方法。

其中，观察出口环节的增值情况是间接方法的主要内容，并以此衡量价值链地位，从而反映产业升级情况。黄先海和杨高举（2010）在衡量某一生产环节在产业价值链的嵌入位置时，选择利用出口国内增加值率。Koopman 等（2014）把一国的出口增加值细分为 16 个部分，在此基础之上，再将出口国外增加值与重复计算部分加总计算，得到垂直专业化比例，即总出口分解法，用于测算价值链参与程度。而直接方法是将生产环节的产品属性放在研究视角之下。如 Antràs 等（2012）、Miller 和 Temurshoev（2017）等提出"上游度指数"即计算中间产品与最终产品二者距离的远近，距最终产品越远，则意味着其越靠近生产端的上游。全球价值链地位（GVCP）这一指标能够将产品属性与增加值属性囊括其中，以此观察各产业在融入价值链的程度与其所处位置，该指标由 DVAR 即国内增加值与 ESI 即出口复杂度计算而得（Hausmann et al., 2007）。

第三，研究构建系列指标体系来衡量产业升级。例如，顾雪松等（2016）使用第二、第三产业增加值与 GDP 的比值、制造业占 GDP 的比重、高新技术产业出口额与工业制成品出口额的比值四类指标，构建两种不同形式的产业结构差异程度测算指标。李力行和申广军（2015）从工业总产值、从业人数、工业销售产值、营业收入和固定资产五个方面构建产业结构变动指数，度量产业结构变动情况。周茂等（2016）利用产业技术复杂与城市生产结构，构建技术复杂度指标，用来衡量城市产业升级情况。师应来和赵一帆（2022）从 6 个层面、22 个具体指标切入，构建产业结构升级评价指标。

综上所述，国内外现有研究由于视角、目的、场景的不同以及数据可得性的差异，在选择度量产业升级的指标时也存在差别。无论是基于"产业结构调整升级"还是"全球价值链"价值链的视角，国内外都并未形成统一的产业升级指标体系。前者主要基于国内宏观视角，以各产业的产值或就业为主要对象建立指标，测算产业间的协调发展程度和高级化程度；而后者更加偏向于国际视野，以具体产品为主要对象参与测算指标的构建，反映某一产品及其所处的行业在全球价值链中所处的地位。本书更多从国内视角探究消费和产业"双升级"及其互动关系对经济高质量发展的影响，因此在后续研究中，更多采取"产业结构调整升级"视角，选择产业结构合理化与高级化作为产业升级的测算指标。

第三节 消费和产业"双升级"的研究

一 消费升级对产业升级的影响研究

消费升级对产业升级的影响研究，一般包括理论分析与实证研究两大方面。一方面，已有文献从理论上阐述了消费升级对产业升级的影响机制；另一方面，部分文献建立数理模型并实证研究消费升级对产业升级的拉动作用。从研究结果来看，大部分研究发现消费升级对产业升级存在正向影响关系，但也有部分学者发现消费升级不充分可能会引发消费外溢、供需失衡等问题，从而在短期内可能抑制产业升级（余红心等，2020）。具体而言：

在理论研究方面，大部分文献认为需要发挥消费升级的需求拉动效应，从而促进产业升级。蒋选（2002）发现中国存在供需不平衡的问题，并提出应该将释放消费潜力作为产业政策的重心，加快消费升级可助推中国产业结构优化升级。姜涛（2009）认为居民的消费升级过程，是经济资源、要素向着有更高效率的产业流通过程，也是中国产业结构不断实现变迁的过程。Gao 等（2015）认为消费需求规模扩张和消费结构升级能拉动产业结构升级。产业优化必须抓住市场中消费需求变动的信号，并与之相配合、相协调，只有这样产业竞争力才能得到充分提升，产业投资积极性才能被彻底激发（孙华，2016）。从供需双视角出发，把握居民消费变化特点与趋势，为居民持续性消费升级增添动力，充分挖掘、释放其消费潜力与潜能，在产业升级过程中才能把消费升级的导向带动作用体现出来（严先溥，2017）。杨天宇和陈明玉（2018）认为：一方面，消费升级通过拉动高需求收入弹性产业占比促进产业高端化；另一方面，消费升级通过提高生产率高的产业比重促进产业升级。

潘锡泉（2019）提出消费结构的高级化，即越来越具有个性化、多样化等特征的居民需求能够预示消费升级的总方向，推进生产与服务更加有质量、更加有效率，重新审视产业结构模式与内部组织匹配关系，对传统产业结构的组织运作方向进行优化、重塑。龙少波等（2021）认为，消费升级是产业升级的内生动力，能够通过两种渠道推进产业结构升级，即消费规模扩大和消费结构升级（龙少波、丁点尔，2022）。

在实证分析方面，相关文献从不同角度介绍。石奇等（2009）依据中国投入产出表研究发现，中国产业结构的优化升级，离不开居民消费升级这一强大推动力，五大主要消费部门能够解释将近1/3份额的产业结构变动。刘慧和王海南（2015）利用世界及中国的投入产出表研究发现，当前的消费呈现日益多样化的趋势，在消费升级与产业升级的协调关系中，前者能够对后者带来积极的正向影响。张翠菊和张宗益（2016）为了对消费结构、产业结构二者关系进行实证检验，采用空间面板验证模型，发现前者对后者具有强大的带动作用。王青和张广柱（2017）通过分析中国投入产出表，运用SDA结构分解，发现中国城镇居民消费升级拉动产业升级更多体现在服务业上，而工业与制造业的产业升级更多受益于农村居民消费升级，城镇与农村所展现的拉动力存在一定差异。王云航和彭定赟（2019）运用联立方程模型，采用省际面板数据，实证分析了产业升级过程中消费升级的引领作用。具体表现为1单位消费结构的变动所带来的产业结构变动将会大于1单位。陈文晖等（2018）的研究表明，生产端企业在接收到消费市场上居民消费升级的信息后，会把研发设计放在更重要的位置，从提供产品到进行产品转型，从而实现产业向高端化升级。张梦霞等（2020）在研究中国产业升级与海外高端消费回流二者的相互作用关系与背后作用机制时发现，作为中国消费升级的驱动力之一，海外高端消费的回流可以加速中国产业智能化与数字化进程。崔耕瑞（2021）发现，通过影响要素生产率和产业结构，消费升级能对产业升级发挥起显著正向作用。

可见，已有文献在理论上或者实证上研究了消费升级对产业升级的影响，且大多数研究认为消费升级对产业升级具有明显的拉动促进作用。但存在以下问题有待进一步研究和改进：一是多数文献没有将产业升级区分为产业结构合理化和产业结构高级化两方面，或者没有将消费升级分为消费规模扩大和消费结构优化两个方面（龙少波、丁点尔，2022），这不利于科学全面地检验消费升级对产业升级的实际影响，从而致使结论的科学性和可信性打折扣。二是消费升级对产业升级产生影响的具体作用机制缺乏相应的构建理论，且没有相应的实证作为支撑。以上两点也正是本书后续改进和研究的重点。

二 产业升级对消费升级的影响研究

国外学者多是从供给对需求影响这一侧面出发，研究产业升级如何影响消费升级，研究产业中技术进步对居民消费的作用。而产业技术进步是产业升级的重要技术条件和内在表现，能发挥至关重要的作用。例如，Sandmo（1973）对传统的消费者效用函数进行创新，认为公共物品有效需求增加的原因之一是产业技术水平的提升。Ngai和Pissarides（2007）遵循新古典经济增长理论框架，利用多产品生产部门模型，证明在一般均衡条件下，消费增长将得益于技术进步。Alvarez-Cuadrado和Poschke（2011）发现，在发展中国家的发展历程中，对消费结构高级化有正向促进作用的因素包括自主创新能力与技术引进或吸收（模仿）能力。Asfaw等（2012）发现，农业技术改良与进步对埃塞俄比亚和坦桑尼亚农村居民的消费支出有显著促进作用，并提高了农村居民的福利。总的来说，产业科技水平的不断进步所带来的产业结构优化升级，在影响居民消费升级方面发挥着重要作用（Chen et al., 2016）。这些研究虽然佐证了技术进步连接了产业与消费之间的互动关系，却没有直接考察产业升级对居民消费升级的影响，更没有分析其中的内在作用机制或者渠道。

国内相关研究者认为，供给端的产业升级对需求端的消费升级有重要的促进作用。孙早和许薛璐（2018）认为，推动总消费规模扩大和消费结构高级化的关键因素之一是提升高端产业的自主创新能力和自主研发能力。在自主创新能力和技术模仿能力不变的情况下，总消费规模的增长率不会受到各生产部门之间劳动力配置效率提高的影响。肖必燕（2020）在实证层面发现产业升级对消费升级的促进作用，且在中国不同地域之间存在产业结构带动消费升级的差异性，即东部地区的带动促进能力强于中部地区，而中部地区强于西部地区。宋凤轩等（2020）的研究表明，产业集聚程度对城镇居民消费和农村居民消费都有明显的积极作用,且能够有效降低城乡居民消费差距。李雯轩和李晓华(2019)认为,产业结构升级总体上不利于农村居民服务性消费支出增加,原因是当产业升级所带来的正向作用蔓延到农村地区时,农村居民会更多选择与生活息息相关的实物性消费,即更加注重"生存型"消费,而非"发展型""享受型"服务性消费。姚星等(2017)发现,农村居民的消费显著受到城镇化的正向影响,工业发展水平起到明显的正向中介作用,但第三产业的调节作用不显著。徐敏和姜勇(2015)的研究表明,在缩小城乡居民消费差距方面,产业结构能发挥至关重要的作用,但存在异质性,即在不同地区与时点,将会有不同的表现。

由此可见,国内学者主要从宏观层面关注和研究产业升级对消费升级的作用,并验证产业结构变迁对居民消费升级的正向效应,却鲜有深入探究产业升级对微观家庭消费升级的异质性影响,而且缺乏从理论层面和实证层面同时深入探讨与验证产业升级对消费升级影响的作用机制。鉴于宏观数据难以对不同家庭消费升级行为的异质性特征进行甄别和区分,本书将利用微观数据检验产业升级对消费升级的异质性影响以及相应具体的机制,为产业升级对消费升级的影响理论与实证提供微观方面的基础知识。

三 消费和产业"双升级"互动的研究

在市场的实际运行中,供给和需求是相互作用相互影响的,因此单从产业升级或消费升级角度研究其对于另一方的作用并不全面。而且,研究产业升级对于消费升级影响,或者是研究消费升级对于产业升级的单向作用机制会存在一定的内生性问题,从而会造成二者之间作用效应估计的偏误。

随着对消费升级和产业升级之间关系研究的深入,许多学者注意到二者在许多场景下呈现耦合交织、相互促进的关系,也就是消费和产业间可能呈现相互促进的"双升级"关系。一般而言,产业结构与消费结构是国民经济活动中生产端和消费端的外在表现之一。其中,产业结构的具体情况是整个市场中无数生产者供给结构的缩影,它对社会再生产将会以何种比例、结构关系进行起着决定性作用。同时也是生产过程中各要素资源如何实现最优配置,如何提高其在全球分工体系下产业竞争力的决定性因素;而消费结构代表着消费者对产品与服务的种类和比例的需求比例状况。是社会生产过程的出发点，即由需带产，是社会再生产得以顺利、健康进行的拉力。

马克思主义政治经济学对国民经济的主要环节进行了划分，根据发生过程与行为目的的不同，把经济活动划分为生产、流通、分配与消费。可见，产业的生产供给和居民消费需求环节是顺利实现国民经济大循环的两大核心环节。同时，现代经济学也普遍认同，市场中相辅相成的两股重要力量是生产与消费，两者的数量与结构匹配是市场均衡的决定要素。从一定程度上说，整个经济社会的供给与需求结构情况能够通过观察研究产业结构和消费结构得到，消费和产业是能够双向联系与互动的，并牵涉国民经济循环的畅通情况与供需匹配质量。其中，产业升级关系到社会大生产的产品与服务的供给结构优化，代表着国民经济大循环的供给侧的质量提升情况；而消费升级关系到社会总需求中对产品与服务的消费需求的结构优化，代表着国民经济大循环的需求侧的质量提升情况。

事实上，国内已有相关研究关注了产业和消费的双向互动关系。其中，部分研究将产业技术进步作为核心，并以此展开二者的互动研究。例如，金晓彤和黄蕊（2017）认为中国消费需求增加的原因之一是生产端的产业技术进步与飞跃；反过来，技术的改良与进步也受到消费需求高级化的诱导和影响。龙少波等（2020）探讨了中国式技术变迁中不同技术进步方式对产业和消费"双升级"互动机制的调节作用，研究认为，虽然在1978—2010年的引进式技术进步在很大程度上推动了中国生产力发展和经济增长，但当前无法很好地支撑产业向更高端迈进。在当前发展阶段，不同于技术引入，内部的原生性技术突破能够更好提高生产供给质量，成为产业与消费"双升级"的重要推动。刘汝浩（2021）发现，将技术创新中介效应引入后，能够观察到区域产业结构优化与消费升级二者之间的协同发展趋势，并且该趋势会随着产业与消费的共同发展，呈现稳步扩大的状态。

也有学者认为消费升级在二者互动协调关系中起着导向性作用。例如，王云航和彭定赟（2019）认为产业与消费二者呈现相互促进的局面，但相对来说，消费结构升级作用在产业结构升级上的影响强度更大，消费升级引领着产业升级的方向和趋势。陈洁（2020）认为新冠疫情后首先要促进消费复苏，其次是明确产业和消费相互作用的动力机制，以推动产业和消费的良性互动从而实现"双升级"。夏龙和王雪坤（2021）引入协同理论中的耦合机制，进一步刻画消费升级与产业升级之间的协调匹配关系。在他们看来，在经济活动中被视为两个系统的消费升级和产业升级，二者相互影响、互为动力。一方面产业升级受到消费升级的导向作用，追寻其升级发展方向与步伐；另一方面消费升级需要更高层次的产业升级作为保障与动力，以满足更加广泛与个性化的需求。还有学者认为二者在互动关系中呈相辅相成的态势。张予等（2020）利用耦合协调度模型研究发现，京津冀地区的产业与消费双升级协调度呈增长态势，但并未进一步验证国内其他区域产业与消费双升级的协调情况。闫海鹰（2020）在构建 VAR 模型的研究中发现，山西省的产业结构与消费升级具有高度依存度，二者互相辅助、互相促进、共同升级。王云航和彭定赟（2019）利用省级面板数据和联立方程模型验证了消费升级和产业升级的互动关系。

可见，已有文献关于消费升级和产业升级之间的互动关系的研究取得了较大的进展。但值得注意的是，已有研究更多是进行两者关系的定性分析，很多缺乏实证经验数据和模型论证结果的支撑。即使有的实证检验了消费升级和产业升级的互动关系，也甚少在实证检验中对其内部作用机制以及对不同微观个体的异质性影响做详细分析。因此，本书将梳理和总结消费与产业"双升级"的理论及具体的作用机制，并在实证中对理论及作用机制进行相应的验证。在此基础上，进一步就各机制所发挥的效果大小作出相应的评价，从而为畅通消费和产业"双升级"的机制提供政策建议。

第四节　经济高质量发展的研究

一　关于经济高质量发展内涵的研究

随着中国经济由高速增长阶段转向高质量发展阶段，党中央明确提出了高质量发展的表述。而在学术上，文献中对经济高质量发展的定义和内涵尚没有完全统一的解释。同时，测度经济高质量发展的评价指标体系的构建方面也没有完全统一的标准，有待进一步研究。

在确定经济发展高质量的内涵方面，既有文献大体可以归为三类。

第一类从高质量发展视角讨论发展质量在国民经济上的提高。张军扩（2018）提出高质量发展的重中之重是"高质量"，这与过去强调高速度是截然不同的，需要做出转变。前者将绝对数量的增长视为第一要义，而后者应当更加注重发展质量的提升。金碚（2018）则从相对更小层面的商品二重性出发，认为交换价值是当前经济发展更加关注的点，所以强调要提高对满足人民美好生活需要的使用价值面的关注度，提出只有能够满足人民日益增长的各方面需要的发展方式、结构组成才是经济的高质量发展内涵。朱启贵（2018）的观点表明，只有从以下方面入手，才能更加准确把握高质量发展内涵：一是对新发展理念的理解需要更加深入，对其贯彻需要更加坚决；二是始终把发展质量与效益的提升放在首位；三是推进供给侧结构性改革，不断提高满足社会需求的供给能力；四是产业结构与生产体系要同步实现向中高端方向的演进发展；五是注重自主创新与技术引进，实现"能创新""有竞争力"。麻智辉（2018）的观点表明，资源配置是否有足够高的效率和微观生产的效益能否稳步提升，是理解高质量发展的最重要的两个方面。例如，程虹（2018）认为，应该从劳动生产率是否持续性提高和经济发展动能是否持久性地增强这两个方面对经济高质量发展进行评价。

第二类以区分微观、宏观的不同要求为视角，定义经济高质量发展。王一鸣（2018）从三大不同层级层面出发，即厂商提供的产品与服务——微观层面、各大产业与发展质量——中观层面、整体经济效率与质量——宏观层面。汪同三（2018）认为探讨高质量发展的内涵要分微观与宏观两个视角，前者注重用更高级别的产品与供给服务满足消费者更高质量的需求；后者则进一步从三个方面提出了要求：一是投入产出效益需要得到提升；二是对各类经济金融风险的防范意识与能力提升；三是提升突发事件的应急处理能力，降低其对经济社会的负面影响。

第三类以新发展理念为框架。对于新发展理念是否有准确的把握，首要考虑是否满足人民日益增长的美好生活需要、是否把创新进步看作发展的第一动力、是否将协调发展视为内部主要特征、是否将绿色可持续发展看作普遍要求、是否始终将开放发展作为必经之路、是否以人民共享发展成果为根本目的，上述考量是高质量发展需要回答的问题

（刘志彪，2018）。从规模上的绝对数量到结构上的相对质量、从"有无"到"好坏"，这两个转变应该贯穿始终。唐晓彬等（2020）认为经济高质量发展是经济发展成果在"量"的基础上实现的"质"的飞跃，强调如何进一步巩固提升经济发展的质量与成效，但注重"质"绝非表明放弃对绝对规模与数量的追求，而是改变以往将其视为唯一要义的局面，转变为追求稳定步伐下的增长。同时注重创新发展，转化传统经济发展动能；在实现效率提升的同时注重成果分配公平；审视、优化、革新自身内部结构；将对外开放视为优势互补的重要途径，把交流合作视为兼收并蓄的不二法门。

不同学者用各自的见解与角度给出了经济高质量发展的定义，但从整体上说，他们都指向了一个方向，即始终把"满足人民日益增长的美好生活需要"放在最为突出的位置，看作首要解决的核心问题。有相当一部分研究是从中国经济发展阶段的变化出发，围绕基本矛盾中的需求端和供给端问题来认识的，并具有较强的时效性和动态性。而自从中央提出新发展理念和高质量发展要求以来，学术研究对高质量的发展的定义也更多地基于新发展理念加以理解和诠释。事实上，经济高质量发展的出发点是满足人民的多层次需求，且这一需求日益增长。具体来说，以创新、协调、绿色、开放、共享为具体内涵的新发展理念应当被准确把握并贯彻落实。本书沿袭新发展理念的理论内涵方向，在此理念框架下阐述对经济高质量发展的理解与定义。

二 国外关于经济发展质量评价指标体系的研究

在对经济发展质量进行系统性评价时，国外多数学者将社会经济发展划分为几大维度。诸如，在国外文献构建的经济发展质量指标体系方面，GDP、可支配收入等规模与数量层面的指标在政府政策中的关注度正在逐渐下降，寻求经济社会向高质量转变，实现环境友好可持续型社会建设越来越成为共识（Ni et al.，2014）。Barro 和 Cycles（2002）认为，对一国或地区的发展质量高低进行全面评价时，要从健康层面的生育率、经济层面的收入分配、社会层面的犯罪率、宗教信仰等全方位、多维度进行，其中与国民经济相关的收入分配的比重并不大。Frolov 等（2015）引入人均发展指数，并结合生产率增长情况，构建并完善了经济发展质量评价体系。Qi（2016）从整体规模、产出绩效、生产结构和内部协调四大方面构建发展质量测度体系。Niebel（2018）在实证层面验证了多种因素对中国经济增长的具体影响，分别是教育的可得性、人力资本的积累水平、外国直接投资的便利性、社会秩序的平稳性、金融银行业的覆盖性和信息技术的互通性。Ali等（2021）通过对七国集团国家2008—2018年的能源、金融、人力资源、财政和环境五个维度的宏观经济指标进行测度，展开对经济发展质量的全面评估。从上述文献可以看出，不同国家和地区有着不同的经济社会状况，但在实际国情各异的情况下，各国和地区仍然遵守着许多共同的原则与理念。也就是说，经济发展的质量不仅仅是经济规模的增长，还需要包括经济结构的协调、环境可持续发展、经济系统健康稳定等方面。

因此，深入学习借鉴一些典型的国家和地区在经济发展历程中采用的评价指标体系，能够为中国构建符合基本国情的经济质量发展评价提供历史经验。经过具体案例、文献的梳理与筛选，选择四个较为典型的评价体系作为参考（李金昌等，2019）。

（一）欧盟可持续发展评价指标体系

2001年5月，为了推动欧洲进一步转变发展方式，实现友好可持续发展，欧盟委员会发布《可持续的欧洲使世界变得更美好：欧盟可持续发展战略》（以下简称《战略》）。《战略》提出了今后欧洲乃至全球发展的愿景，包括经济实现繁荣、资源得到有效配置、生态得到进一步维护。历经此后的修改与再评测，欧盟委员会于2010年最终采纳该战略构想，并将其作为"欧洲2020战略"极为重要的一环。由于其科学性与全面性，《战略》进一步于2015年被联合国提名且采纳，作为全球"2030年可持续发展议程"的重要理论参考。

欧盟统计局的指数编制工作始于2007年，并发布指标测度报告。由于欧洲经济社会发展格局出现较大变化，在使用10年之后，原始指标难以覆盖新发展格局的方方面面。欧盟统计局开始着手调整修改工作，使评价主体更加具体、更具广度与深度。由最初的经济、能源、气候、合作等十大方面进一步拓展到消除贫穷、解决饥饿、实现健康、普及教育、性别平等、纯净的水和清洁能源、卫生服务、经济发展和体面职业、产业技术和基础设施、公平实现、绿色持续、供需理性、气候变化、水下世界、陆上生命、有效机制、为达成目标而合作共17个主题。

(二) 荷兰绿色增长评价指标体系

2011年5月，旨在提升成员国发展质量，在更加长远的时期内实现发展目标的《经合组织绿色增长战略》由经合组织（OECD）部长理事会颁布。该战略共分为四大项目，即自然基础、绿色生产、生活质量、增长机遇与政府对策，其中关乎生态环境的自然基础与绿色生产的地位更加突出；在四大项目下，该战略又细分为能源产出率等14个主题，共选取25个基础指标构建绿色发展评价体系。

荷兰统计局在上述基础上根据荷兰内部发展现状与所处环境对部分指标进行了调整，最终确立了由20项指标构成的荷兰绿色增长评价指标体系，并领先于其他成员国，成为OECD首个发布绿色增长报告的国家或地区。基于具体实践与可操作性的考虑，荷兰于2012年再度进行了指标体系的调整。其中，自然基础项目下的具体指标选择在原有基础上增加至7个，包括资源储量、生态多样等；绿色生产项目被细分为2个一级项目，即环境生产和资源生产；生活质量项目具体指标增加至6个，包括水生态、付费意愿、关注度等；增长机遇与政府对策项目被细分为经济机遇与政策工具2个一级项目。

(三) 德国国家福利测度指标体系

由德国联邦环境部牵头，德国可持续福利发展测算项目于2008年启动，在福利发展测度方面迈出了坚实的一步。2010年3月，福利测度指数（NWI）由德国联邦环境部、自然保护部与核安全部联合发布。与看重经济增长不同，该指数在社会公平、生态保护、资源消耗等方面给予了更多的关注度，在收入分配、消费开支、福利提升、福利降低、生态破坏、国家实力六个方面共选取了21个基础指标。

具体地，收入分配与消费开支分别通过平等分配指数与个人用作消费的支出额来衡量；福利提升由家庭工作价值、公益服务价值、医疗教育开支等指标来反映；福利降低由6个指标共同反映，包括意外事故、违法现象、药物滥用等；生态破坏由水体损伤、土壤破坏、空气污染等8项生态指标反映；国家实力则由全球话语权及固定资本变动指标构成。随后，德国在2012年与2016年分别发布了两版NWI，其中，为了进一步强调绿色生态的重要性，2016年版NWI将反映国家实力的指标删除，并在生态破坏层面增加核能成本指标。

(四) 美国新经济评价指标体系

美国《商业周刊》于20世纪末首次提及"新经济"概念，对互联网等信息革命及由此带来新兴产业的崛起现象进行阐述。在此之后，美国发展政策研究所（PPI）分别于1999年和2002年发布了两期《美国各州新经济指数报告》，对新经济的发展进行评估。美国信息技术与创新基金会（ITIF）于2007年接替PPI的工作，成为新的《美国各州新经济指数报告》发布机构，并随着经济发展形势的变化对相关指标体系进行调整。

综观美国信息技术与创新基金会发布的历期报告，全球化、知识就业、数字经济、经济活性和创新竞争尽管在表述上可能存在差异，但始终被视作五大一级指标，在各子指标的选择上是不断动态调整的。例如，在企业活力的评价方面，2007年报告将新成立企业数、专利数等指标涵盖在内；新增制造业增加值用以对生产竞争力进行更全面的评估；为了将服务业发展放在更加重要的地位，新增制造业服务出口等数项指标。在知识就业维度，报告将互联网技术（IT）就业等二级指标纳入其中；在全球化指标下，将FDI等三项二级指标纳入其中；把经济平稳度特别是就业情况的波动视为经济活力的额外测度二级指标；由于农业生产机械化信息化的重要性日益上升，占比也逐渐升高，创新性地将农场主网络与计算机使用等四项二级指标纳入其中；在创新竞争层面，将以高新科技行业就业人员数量为代表的七项指标纳入其中。

将以上国际上同类评价指标体系和中国经济规模的扩大与效率的提升放在更加重要的位置做比较，可以看出发达经济体较早将生活福利、生命安全健康放在重要位置，在新经济发展、技术革新突破、绿色发展和生态可持续等方面投入更多注意力，但也存在具体维度难以量化的问题。例如，环境损失成本、和平公正等指标的衡量对相关数据的要求高，评测的主观性强、争论性大。而且，该方法如果完全照搬移植到其他国家或地区，会由于国家之间的发展阶段不同、国情不同以及数据可得性的差异性，并不具有较好的普适性。当然，这些指标体系中的部分指标能否较好地反映经济质量发展的某些方面，则需要中国在借鉴相关经验时，根据具体国情进行具体考虑。因此，分析国际典型发展质量评价体系对本书的评价体系构建具有十分重要的启示意义。

三 国内关于经济高质量发展的测度与评价方法的研究

国内在评价某一国家或地区的经济发展状况时，早期的研究往往注重将 GDP 规模和增速方面的成效作为最主要的判断标准。诚然，社会能否发展的基础与核心是经济能否实现稳步增长，而且这些经济规模的指标更容易被统计观测到，同时也能基础、真实地反映该地区经济发展的总体状况，因此具有重要的意义。但从评级指标体系的全面、科学角度来讲，经济健康发展远不止经济规模扩大（钞小静、惠康，2009），需同时关注质量型的评价指标。国内现有的评价体系构建文献大概可分为以下四类。

第一，相关学者前期从经济增长速度与质量两个方面展开。钞小静和任保平（2011）提出一共 21 个方面，包括增长结构、秩序稳定、人民福利、财富分配等，在此基础上选择 28 个具体指标，构建增长质量综合评价体系。宋明顺等（2015）从厂商竞争、民生福利和环境持续三个方面，选取 9 个指标，设计宏观发展质量评价体系。

第二，紧紧依靠"五位一体"，即经济建设、政治建设、文化建设、社会建设和生态文明建设。周永道等（2018）以"五位一体"的五大维度为一级指标，建立区域性发展评价指标。在五大维度中，由于以绿色可持续为主要追求的"生态文明"的重要性日益凸显，这一维度又进一步把资源利用情况、生态保护力度、定期考核结果、环境生态事件四个方面共 24 个指标纳入其中（李金昌等，2019）。魏敏和李书昊（2018）采用熵权 TOPSIS 法，将"五位一体"理念进一步细分构建了包含经济结构优化、自主创新能力等十个方面的综合评判体系。李娜娜和杨仁发（2019）从增长动力、产出结构、社会稳定、财富分配、资源节约与生态保护共五个层面，细化选择 25 个基础指标，并引入熵权法完成对评价体系的构建。

第三，将"全面建成小康社会"视为标准。例如，国家统计局于 2013 年从五大方面共 39 个基础指标着手，将过去"全面建设"修改为"全面建成小康"综合评价体系。朱启贵（2018）设计了涵盖经济建设、民主法治、人民生活、文化建设和生态文明这五个方向维度共 58 个具体二级指标的全面小康指标体系。在"全面建成小康社会"背景下，学者在具体细分指标的选择上可能存在差异，但整体沿着社会发展的五大方面展开。

第四，以新发展理念为主要依据。绝大多数学者从创新、协调、绿色、开放、共享五个维度展开，根据研究的具体情况选择不同的指标进行测度。例如，在新发展理念指导下，易昌良（2016）设计了符合中国具体发展实情的发展指数体系，并进一步分维度提出了创新指数、协调指数、绿色指数、开放指数、共享发展指数。詹新宇和崔培培（2016）利用主成分分析法先行确定新发展理念各维度及15个基础指标在各自维度的权重，最终得到总指数，以此衡量经济高质量发展水平。杨新洪（2017）构建了涵盖五大方面，包括37个基础指标的评价体系。李梦欣和任保平（2019）也从新发展理念五个维度切入，以AHP初步识别与BP神经网络模拟优化的集成方法构建包含42个基础指标的经济质量评价指标体系。李金昌等（2019）将新发展理念进一步具体化，提出经济活性、创新效率、绿色程度、人民生活和社会和谐是中国社会发展的五大部分，并根据具体实情与数据可得性，综合选取27个具体指标，完成发展评价体系的构建。

从既有研究可以看出无论是从"经济增长"、"五位一体"总体布局角度出发，还是从"全面建成小康社会"角度出发建立经济发展的评价指标体系，虽然都将整个经济社会发展划分为若干维度，但各维度下的具体指标并未完全直接与"高质量"这一主题紧紧挂钩。为此，本书将遵循新发展理念评价体系，从创新、协调、绿色、开放、共享五大方面进行评价体系的建立。

本书认为，具体内涵的阐述需要包括以下几大方面，一是经济发展依靠更有效率的自主创新与技术突破。从成本与收益的角度来讲，技术改进带来资源的利用更加有效，生产率进一步提升。二是在社会产出水平保持一定速度增长的同时，供给结构以及各比例关系需要形成更加协调的发展格局，在全球分工体系下，中国主要产业的产业竞争力不断增强，话语权日益提升，含金量进一步提高。三是绿色生态优先发展，将可持续作为发展的准则之一，生态安全得到进一步保证。四是内外联动的开放发展。广度与深度齐发力，搭建对外合作平台。建立水平更高、惠及面更广、发展效率更高的对外开放经济，加快构建成双循环经济新发展格局。五是以人民普遍需求为中心，建立更加合理的发展成效人民共享机制。人均GDP、居民人均可支配收入迈入更高台阶，同时注重社会财富的公平、合理分配，不同群体收入差距控制在合理区间。

第五节 消费和产业"双升级"驱动经济高质量发展的研究

一 消费升级对经济发展影响的研究

关于消费升级与经济发展二者的关系，大部分学者将消费升级作为经济增长的先导，认为消费升级能有效促进经济发展和质量提升。例如，Kongsamut（2001）和Boppart（2014）认为，消费者偏好和消费结构的改变是经济增长以及经济结构调整的动因。范红忠（2007）在居民需求的基础上，指出有效需求才能为经济发展助力而非绝对需求。他在分析整体市场规模的基础上，引入研发技术投入与创新能力相互关系，得出消费结构升级带来有效需求增加，进而推动技术变革，最终能够对经济增长产生影响这一重要结论。薛军民和靳娟（2019）认为，居民消费升级之所以能够带来更优的经济发展格局，是因为在社会需求的刺激下，产业升级有了更大动力，而更高的供给生产水平又会反过来为居民需求创造空间，二者相互交融耦合，共同推动经济增长。陈冲等（2019）从研究中得出一致结论，消费升级是经济结构优化的助推力，有效促进了经济发展质量的提高。江红莉和蒋鹏程（2020）的实证研究结果表明，消费水平的提升和消费结构的升级对经济转型升级具有重要意义。田广等（2021）通过对中国宏观经济数据的经验分析，认为消费在经济发展中的基础性作用越来越显著。

另外，还有研究表明消费升级与经济发展之间的双向作用机制，即居民消费升级能推动经济发展，而经济发展又会增加人均收入从而拉动居民消费升级。例如，吴瑾和张红伟（2010）认为，一方面，消费升级需要放在整个社会的经济发展中来看待，会受到整体经济水平的影响；另一方面，社会经济能否朝着更优方向与水平发展，消费升级这一因素又至关重要。得益于社会经济发展，民众收入的提升会大大提升消费能力，让民众"有能力消费""敢于消费"，使居民消费种类日益丰富多彩，消费品质也不再受制于微薄的收入，消费结构逐渐得到升级。

刘海云（2011）认为中国居民消费结构的转变升级带来的是第二产业、第三产业内部结构的合理化和城市化的推进，而产业端的技术进步和城市化的跃迁又进一步促进了城乡居民消费升级。王怡和李树民（2012）认为居民收入提高带来居民消费规模的扩大与消费结构升级，而消费结构升级又反过来引领经济发展新方向和促进经济增长。王业雯（2016）的研究表明，在经济稳步增长的同时，居民收入将"水涨船高"，这会为居民需求结构带来改观，而消费结构又能为产业调整起"掌舵定向"作用，为产业结构升级提供正确方向，进而为经济进一步增长提供源源不断的动力。刘长庚和张磊（2017）认为，内需特别是居民消费扩大升级是经济发展的主要动力。而得益于消费引领带动作用的产业与经济发展一起，在新型消费打造、新场景新平台的搭建、新热点的培育方面发挥积极作用，带来更加有广度与深度的消费升级。崔广亮和高铁梅（2020）认为，经济增长的上限很大程度依赖居民消费。社会消费潜能的挖掘与释放的影响与辐射范围主要包括三点：一是直接作用于需求结构；二是倒逼产业技术创新；三是带来社会公平的实现。在三者共同作用下，社会经济活动更加有活性，发展活力不断，经济的发展与经济活动的多样化会进一步带来居民消费的改观。

可见，无论是研究消费升级对经济增长的单方面影响，还是将二者放在一个互动协调的框架中，居民消费规模的扩张与消费结构的升级都被认为在经济增长过程中发挥着基础性和导向性作用。因此，未来消费升级在更好地满足人民日益增长的美好生活需要的过程中，其"压舱石"的作用将更加凸显，并将有效促进经济的高质量发展。

二 产业升级对经济发展影响的研究

关于产业升级与经济发展之间的关系，目前的研究主要存在以下两种主流观点。

第一，以罗斯托等国外学者为代表的观点，认为生产供给部门的重心转移带来了经济增长，其结构变动带来总量层面的扩张。Chenery（1960）使用51个国家的数据从国际视角探讨了产业部门变动与经济扩张二者的关系，发现前期的生产部门变动往往能够预示未来的经济快速扩张，引导经济发展方向。Saccone和Valli（2009）认为，经济增长过程中的一个重要动力源泉就是产业结构变迁，经过调整重组后，具有新面貌的生产供给体系能够为多样的经济活动增添新活力。刘伟和张辉（2008）发现产业结构的变迁能够显著提高经济发展质量。黄茂兴等（2009）指出，劳动力结构组成优化与生产率稳步提升是产业结构跃迁作用于经济增长的两条途径。干春晖等（2011）认为，经济整体抗风险能力与熨平波动能力很大一部分来自合理的产业结构，合理的产业结构是社会经济发展的"稳定器"。孙皓和石柱鲜（2011）指出，应当对产业结构带动经济增长有更加深入的认识，只有符合现阶段实情与发展需要的可持续、平稳的产业结构变迁而非盲目无序的调整才能带来高质量的经济发展。钞小静和任保平（2011）实证检验了产业结构不合理造成的资源错配严重影响经济增长质量的提高，认为产业结构变迁为新兴工业经济与转型经济提供了强大的贡献力。傅元海等（2016）通过对国内经济现状的研究发现，中国经济增长速度与质量在很大程度上取决于产业部门情况，长期受到产业结构升级的制约。黄群慧（2018）发现，产业资源与要素的自由流通，"逐利性"促使要素高效益部门流通，此时"结构红利"出现，产业要素生产率提高，经济增长速度加快、质量提升。

第二，以库兹涅茨为代表的观点，认为在经济增长总量层面，社会经济总体增长引起产业部门变化。黄茂兴和李军军（2009）认为，产业部门生产率与工业化水平的逐步上升是经济增长的直接结果。产业端的技术创新与吸收能力也会随着产出规模的扩大而提升。付凌晖（2010）从产业结构高级化角度出发，研究发现中国产业结构明显受益于经济整体的发展。经济发展程度得到提升后，产业端的资源利用效率与生产效益获得提升。柯善咨和赵曜（2014）在研究城市发展及其产业结构时发现，随着城市化的不断推进，规模效益凸显，城市发展成本降低，效益提高，此时产业结构端会出现相应改变。其中，最为明显的是服务业占比不断提升，其产业发展水平实现较快增长。郑万吉和叶阿忠（2015）认为，不应忽视外部经济环境对产业结构的影响。当经济运作活性减弱、增长放缓时，需求与产出之间会出现断层，这将给产业结构升级带来严重不良影响。刘伟和张辉（2008）提出，不断的经济增长带来了产业结构的持续性升级，经济的快速扩张过程就是不断对产业结构提出转型升级要求的过程。

可见，产业升级与经济增长之间是相互影响的关系，不可分割看待。从某种意义上讲，两者是同步进行和内生影响的。一方面，产业转型升级的动力来自对更高生产力的要求，即经济规模扩张与转型升级的要求，不同经济发展阶段或形态要求与之相适应的产业结构状态。另一方面，产业升级如产业结构合理化、高级化是社会经济进步发展的助推剂。产业升级使供给端的质量得以提升，使其与更高要求的需求端如居民消费、投资相协调匹配，从而激活社会经济活力、畅通经济循环，进而促进经济发展。

三 消费和产业"双升级"对经济高质量发展的影响研究

消费升级和产业升级二者在社会经济活动中存在双向互动关系（夏龙、王雪坤，2021），从而形成消费和产业"双升级"关系。消费和产业在升级过程中的互动、协调效果，使产业发展与消费需求的动态吻合度不断提高，从而推动经济高质量发展，其作用机制在于：一方面，当社会需求出现变化尤其是在居民消费提质升级时，供给侧的产业端会接收到该变化信号，随即进行结构调整与升级，从而发挥消费升级的风向标作用。另一方面，产业升级与生产供给水平提升所带来的是多样化、高端化的产品服务，创造新的消费需求，为居民消费升级加速。消费与产业在"双升级"过程中展现的协调融合关系，能够从供需两侧驱动经济高质量发展（龙少波等，2020；董宁、胡伟，2021）。

具体而言，从消费升级与产业升级的互动影响经济高质量发展的方式来看，已有文献主要包括两个层面。

一方面，部分文献认为，消费和产业"双升级"拉动经济规模的增长，促进经济高质量发展。郭克莎和杨阔（2017）从政治经济学角度进行研究，认为新常态下的经济增长主要由需求扩张拉动，而影响内需增速的因素包括供给结构和需求结构两个方面，合理的产业结构将发挥比较优势，形成科学的产业分工和巨大的消费市场，从而促进经济质量的提高。王小广（2019）认为，在经济下行背景下，供需双侧齐发力，在其相互作用协调中培育新动能可以有效缓解经济下行压力，提升抗击风险的能力，使经济始终在合理区间运行发展。崔耕瑞（2021）认为，在社会消费需求刺激下，产业结构与生产率会朝着更优的方向转变，以此进一步促进经济规模扩张。董宁和胡伟（2021）认为，消费与产业"双升级"背后的实质是供需良性循环，可以带动经济发展量的增长。

另一方面，消费和产业"双升级"作用于经济结构转型，从而影响经济发展质量提升。Foellmi和Zweilmueller（2008）认为，消费结构升级有助于引导产品结构优化升级，后者使经济主导产业从传统产业向现代产业转变，进而促进经济增长。李尚骜和龚六堂（2012）通过构建经济增长模型，发现消费结构变化能带来生产结构变化，从而促进经济结构变迁。王军和詹韵秋（2018）的研究发现，消费和产业"双升级"能在就业的量与质两方面发挥巨大作用。而在中国经济新常态下，要实现"稳增长""优结构"需要适龄劳动力的就业数量增长与就业效率的提升。王云航和彭定赟（2019）认为，消费升级与产业升级两者之间形成的有效互动能够帮助市场更好发挥资源配置的决定作用，减少因资源错误配置而出现的结构性短缺现象，促进经济健康良性发展。龙少波等（2021）认为，消费和产业"双升级"通过供给质量提升、技术进步方式转换、就业增加扩容三大机制能有效疏通国内经济大循环关键环节的主要堵点，生产、分配、流通、消费环节的疏通提高了中国经济效能，促进经济转型升级，有利于国内经济大循环的畅通运行。

上述研究表明，消费和产业"双升级"二者并非割裂，而是处在一个相互促进的有机系统之内。消费和产业"双升级"的良好互动关系能为国内经济的循环发展提供重要动力。其中，消费升级通过促进产业生产水平的提升和消费结构升级最终实现对经济高质量增长的拉动作用；而产业升级通过创造新需求、激发消费活力、挖掘消费潜能，促进消费提质升级，最终拉动经济循环发展。然而，虽然已有文献认为消费和产业"双升级"存在相互作用，但并未细致地讨论其相互机制，而运用数据和模型进行实证检验的文献更是少见。因此，本书将系统地研究消费和产业"双升级"协调互动关系以及带动经济高质量发展的动力机制，并利用多种实证方法以及多种数据检验上述关系。

第六节 本章小结

本章归纳梳理了国内外文献中有关消费升级、产业升级、消费和产业"双升级"、经济高质量发展的内涵、主要观点和测度方法，并对其进行评述，为本书后续研究打好坚实的相关理论基础。

第一，对文献中有关消费升级、产业升级、经济高质量发展的定义与测度衡量标准进行了归纳总结，并对现有文献中的各种观点的优点以及局限性进行比较分析，为后续研究奠定基础。

第二，对国内外有关消费升级与产业升级间互动关系文献进行了梳理总结。其中包括社会需求端的消费升级促进产业升级理论、产业升级推动消费规模扩大和消费结构高级化理论、消费与产业"双升级"二者的有协同匹配理论等，并对各理论及其背后的作用机制进行深入分析比较。该部分的文献梳理分析为本书消费和产业"双升级"互动理论的提出提供了思路，奠定了理论基础。

第三，对经济高质量发展理论与测度，以及消费和产业"双升级"推动经济高质量发展的积极作用及其背后的作用机制相关理论进行归纳总结。在经济高质量发展的测度评价上，归纳总结了国内主流方法以及国际上欧盟、荷兰等相关国家和地区的评价指标体系等。在消费和产业"双升级"推动经济高质量发展上，梳理了二者在经济活动内部所体现的互动协调关系对经济高质量发展的贡献作用的理论研究，并对其中的异同进行了权衡比较。该部分的梳理和总结，对本书的消费和产业"双升级"驱动经济高质量发展的五大机制提出具有借鉴和启发作用。

第三章

中国消费和产业升级的现状与问题

本章研究了中国目前消费升级与产业升级的现状以及存在的问题。首先,从消费规模、消费对经济的贡献和消费结构的角度刻画了中国消费升级的现状,并指出消费升级所存在的对经济增长贡献率回落、居民消费意愿疲软、服务性消费占比增速缓慢的问题。其次,从产业规模、产业结构、产业在全球产业链价值链上的地位以及产业创新,多角度描述了中国产业升级的现状,并阐明中国产业升级仍存在关键核心技术缺乏、区域间发展不平衡不协调以及绿色低碳转型发展不足的问题。最后,从长期和短期的角度描绘了消费和产业"双升级"的现状,并提出技术进步方式转换和供需结构性失调是消费和产业"双升级"亟须疏通的堵点。

第一节 中国消费升级的现状与问题

一 中国消费升级的现状

在国民经济大循环中,消费作为生产的最终目的、需求和归宿,已经成为拉动中国经济增长的核心引擎。随着经济发展水平的提升,消费规模扩大与消费结构升级可以显著改变社会需求结构,对中国经济高质量发展具有重要的促进作用(龙少波等,2021;陈建等,2022)。

从消费规模来看,2000年以来中国消费规模出现了明显的扩大,为消费结构升级奠定了基础,并显著提高了人们的生活水平。如图3.1

所示，中国消费规模总量（以社会消费品零售总额衡量），从 2000 年的 3.84 万亿元增长到 2021 年的 44.08 万亿元，年均增长率高达 12.32%，中国目前已经成为世界第二大消费国。从人均消费支出来看，中国城镇居民人均消费支出从 2000 年的 5026.70 元增长到 2021 年的 30307.20 元，年均增长率约为 8.93%；与此同时，农村居民人均消费支出也从 2000 年的 1714.29 元增长到 2021 年的 15915.60 元，年均增长率约为 11.19%。21 世纪以来的消费规模持续稳定增长，体现了中国经济发展水平的提升带来了人民生活水平的明显改善，以及稳步实施的扩大内需战略较为有效地刺激了消费潜力释放、激发了强劲的消费活力。而农村居民人均消费支出年均增长率高于城镇居民相应的增长率，体现了中国在总体消费市场规模扩大的同时，城乡消费不平等性有所缩小，城乡消费的分布在向渐趋平衡的方向发展。

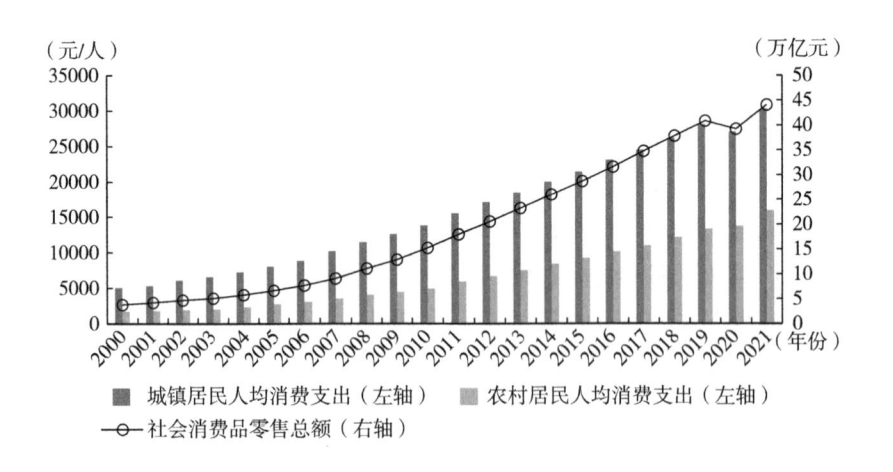

图 3.1　中国消费规模的变化情况

资料来源：中经网统计数据库，笔者根据相关数据整理。

从消费对经济的贡献上看，近年来消费已经是拉动经济增长的主力。如图 3.2 所示，从 2013 年开始，中国最终消费支出对国内生产总值增长的拉动作用超过了资本形成总额与货物和服务净出口，成为拉动中国国民经济增长的第一驱动力。根据国家统计局发布的《消费市场提质扩容　流通方式创新发展——党的十八大以来经济社会发展成就系列报告之七》，2013—2021年，中国最终消费支出对经济增长的年均贡献率超过50%。受到新冠疫情冲击，2020年以来消费需求对中国经济增长的拉动能力明显受挫下降。但随着中国发布了一系列抗击疫情、促进消费、提振经济的政策举措，消费出现了一定程度的复苏并呈现出新的特征。2021年，中国最终消费支出对经济增长的贡献率达65.4%，消费仍为经济增长的第一驱动力。在加快构建经济国内外循环的新发展格局下，在中国超大规模市场优势持续发挥的未来，消费仍将是中国经济平稳运行的"压舱石"。

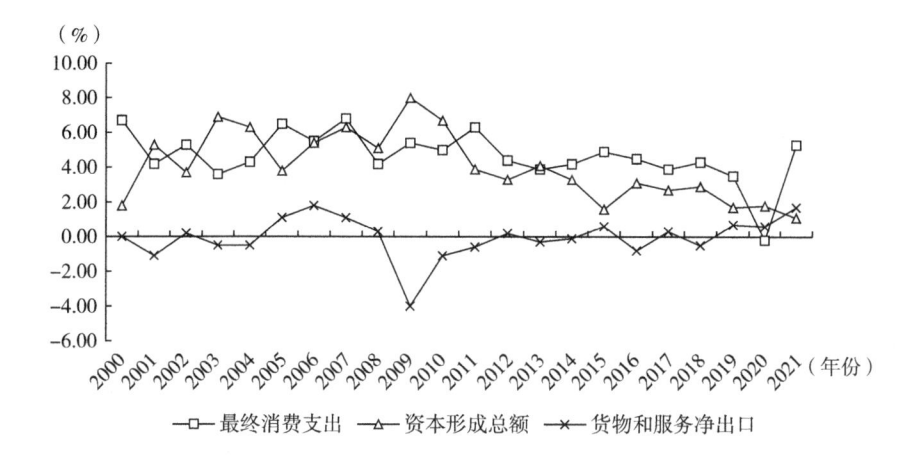

图3.2 三大需求对国内生产总值增长的拉动情况

资料来源：国家统计局。

消费结构升级体现了居民消费偏好的变动和需求层次的上升，是消费市场需求结构的优化，也是需求侧经济结构改变的重要信号。党的十九大报告提出，中国社会主要矛盾已经转化为人民日益增长的美好生活需要和不平衡不充分的发展之间的矛盾。如图3.3所示，中国人均发展享受型消费支出从2000年的1026元上升至2021年的9862元[①]，发展享受型消费支出占比从2000年的35.7%上升至2021年的40.9%。可

[①] 根据潘敏和刘知琪（2018）的研究，本书将消费支出八大项中的食品烟酒、衣着和居住三大项划分为生存型支出；将生活用品及服务、交通通信、教育、文化和娱乐、医疗保健，以及其他用品和服务划分为发展享受型支出。

见，随着中国人均可支配收入的不断增长，居民人均消费水平出现逐年攀升的态势。人们对除衣、食、住外的发展享受型产品和服务的需求不断增加，居民消费结构加快向发展型、享受型和品质型消费转型升级。这表明中国消费需求在扩大的同时，消费结构已经由以低端消费为主向高端消费衔接过渡，消费升级稳步推进。

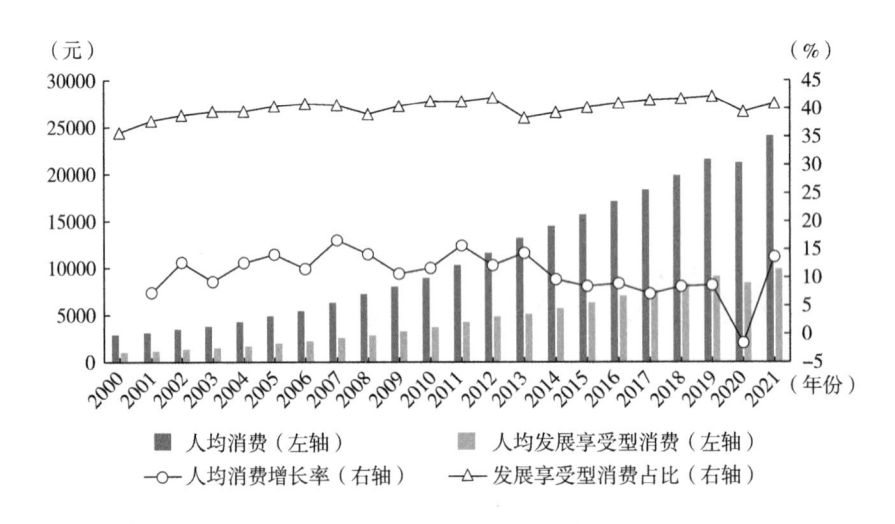

图 3.3　中国消费升级的变化情况

资料来源：原始数据来源于中经网产业数据库，图中数据由笔者计算得到。

中国消费结构的升级还可以由居民家庭恩格尔系数的走势变化体现出来。如图 3.4 所示，2000—2021 年，中国城镇和农村居民家庭的生活水平不断提高，恩格尔系数不断下降。2013 年以来，城镇居民家庭的恩格尔系数已经降低到 30% 以下，而 2000 年该值达到 38.6%；与此同时，农村居民家庭的恩格尔系数从 2000 年的 48.3% 下降至 2019 年的 30%。尽管受到新冠疫情冲击，2020 年以来城乡居民家庭恩格尔系数有所增加，但城镇居民家庭的恩格尔系数仍维持在 30% 以下；新冠疫情冲击下的 2020 年农村居民家庭的恩格尔系数有所上升，但 2021 年已经保持平稳不增的态势。这表明近 20 年中国城乡的消费结构不断完善升级和优化，短期疫情的冲击不会改变消费升级的长期趋势。同时，新型消费迅速崛起蓬勃发展，在促进消费结构升级中表现得十分亮眼。近年来，随着互联网、云计算、大数据和人工智能等高新技术的迅速发展和普及落地，以线上购物、移动支付等新业态为特征的新型消费持续壮大，不断地释放了消费潜力，推动服务型消费蓬勃发展，加速消费转型升级。2021年实物商品网上零售额占社会消费品零售总额的比重为24.5%，比2014年提高了15.3个百分点。2015—2021年，实物商品网上零售额年均增长超过20%（国家统计局，2022）。

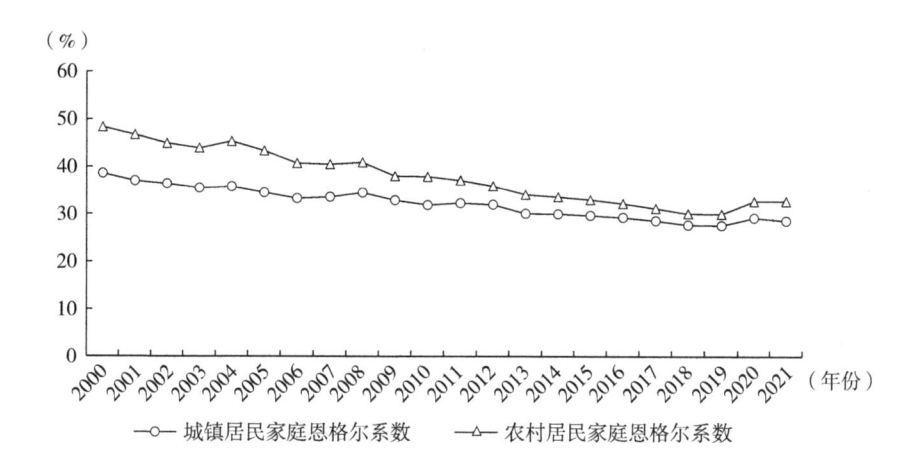

图 3.4 中国城镇居民和农村居民家庭恩格尔系数变化趋势

资料来源：国家统计局，笔者根据相关数据整理。

二 中国消费升级存在的问题

当然，尽管中国拥有超大规模市场的优势，消费规模和消费结构升级也总体表现出向好的趋势，但受近年来外部环境不确定性风险加剧以及新冠疫情的冲击影响，目前消费升级的进程仍存在一些问题。

第一，消费对经济增长的贡献率有所回落。中国消费对经济增长的贡献率在2018年达到76.2%的峰值之后，于2020年回落至54.3%，是2014年以来的最低水平。在中国发布了一系列促进消费和提振经济的政策举措后，2021年最终消费支出对经济增长贡献率止跌反弹至65.4%，呈现一定的复苏态势。但受新冠疫情和外部环境的影响，中国消费对经济增长的贡献率尚未继续回升至新的峰值。

第二，新冠疫情冲击下的居民消费意愿并不强烈，消费表现出较为疲软的态势。新冠疫情冲击下的经济增速和收入增速放缓制约人们消费的增长，新冠疫情下的管控也致使线下餐饮、旅游、娱乐、交通等消费场景受限，制约了消费潜力的释放。新冠疫情以来，中国居民消费支出增速下降甚至出现了负增长，消费规模出现短暂萎缩。而且，新冠疫情期间消费增速有时低于居民可支配收入增速，这说明居民消费意愿受挫，消费倾向有所下降。此外，消费贷款增速放缓收窄，而居民存款的增速提升，这均表明新冠疫情冲击下居民的预防性储蓄动机增强，消费意愿下跌。

第三，服务性消费占比的增长速度仍然相对缓慢。从总体上看，居民在服务性消费方面的支出占消费总支出的比例提升较为缓慢。2021年，中国居民人均服务性消费支出10645元，在居民消费支出中所占比重为44.2%，但较2019年仍下降了1.7%。2013—2021年，居民人均服务性消费支出占人均消费总支出的比例仅仅提升了4.5个百分点，未来还有很大的上升空间。以上这些问题的存在，说明中国消费升级还任重而道远。

第二节　中国产业升级的现状与问题

一　中国产业升级的现状

从供给侧来看，产业升级是经济发展质量提升的重要表现。党的十九大报告强调了加快传统产业转型升级、现代产业加快发展，以及中国产业在全球价值链上地位攀升的重要意义。改革开放以来，中国产业结构呈现持续调整升级的总体趋势。

第一，第一产业、第二产业、第三产业产值规模呈现不断扩大的趋势。如图3.5所示，2000—2021年中国三次产业的绝对规模稳步增加，且产值增速表现出第三产业高于第二产业、第二产业高于第一产业的态势。其中，第一产业增加值从2000年的14717.36亿元增长到2021年的83085.50亿元，年均增长率约为8.59%；第二产业增加值从2000年的45663.67亿元增长到2021年的450904.50亿元，年均增长率约为11.52%；第三产业增加值从2000年的39899.12亿元增长到2021年的609679.70亿元，年均增长率约为13.86%。可见，中国三次产业的增加值及其年均增长率均呈现"三二一"结构发展的态势,从绝对规模和增速的角度体现了中国产业的升级和优化。

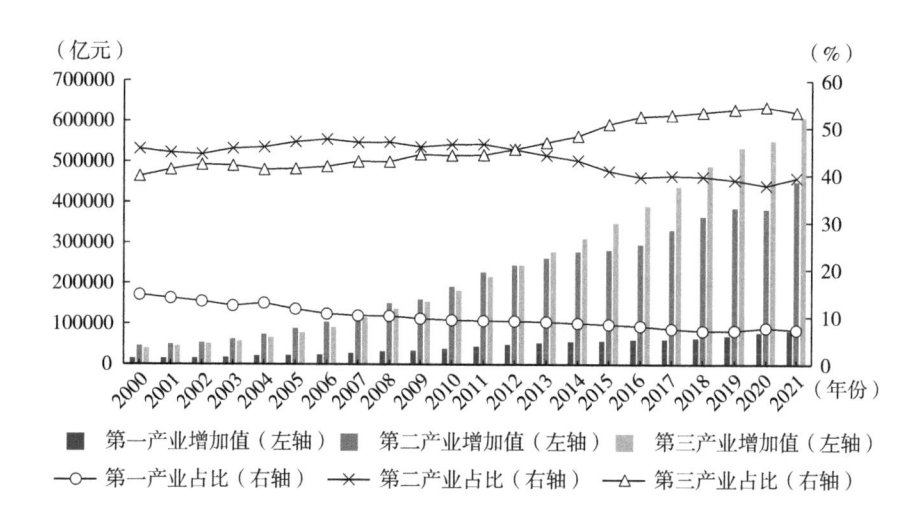

图 3.5 中国产业升级的变化情况

资料来源:中经网统计数据库,笔者根据相关数据整理。

第二,中国三次产业结构总体呈现由"二三一"向"三二一"的演变趋势,从低端向高端迈进的产业结构升级特征明显。由图 3.5 可以看出,21 世纪以来中国第一产业占比明显降低,从 2000 年的 14.68% 下降至 2021 年的 7.26%;第二产业占比在小幅波动后逐渐减少,自 2013 年起中国第二产业占比小于第三产业,正式形成"三二一"的产业格局;第三产业占比则在波动中明显增加,自 2015 年后均保持在 50% 以上,2020 年达到 54.46% 的峰值。2021 年,中国三次产业比例为 7.3∶39.4∶53.3,"三二一"产业结构愈加巩固。从供给结构来看,中国经济发展的产业间的协调性和可持续性全面提高,体现了中国产业结构总体优化升级的发展趋势。

第三,中国产业在全球产业链、价值链上的地位出现了较大的提高,形成了完备的现代工业体系。改革开放以来,尤其是 2001 年中国加入世界贸易组织后,抓住了经济全球化的关键机遇,充分利用庞大市场规模、低成本要素供给和后发技术模仿等比较优势,积极融入世界贸易和国际产业分工体系，在诸多行业建立了配套齐全完备的产业链、供应链，奠定了中国"世界工厂"和第一制造业大国的地位（黄汉权，2020）。这也意味着中国实现了产业升级的初级目标，对中国经济发展、人民生活改善发挥了广泛而重要的作用。在此过程中，中国产业体系不断完善，已建成门类齐全、独立完整的现代工业体系。中国已拥有39个工业大类、191个中类、525个小类，成为世界唯一拥有联合国产业分类中所列全部工业门类的国家（中国政府网，2019）。这为中国有效抵御外部风险、畅通产业链"内循环"，构筑"双循环"新发展格局提供了强有力的保障。

第四，技术研发投入的增强，在一定程度上促进产业升级。近年来，中国加快实施创新驱动发展战略，加大研发的投入，以技术进步助推产业升级。如图3.6所示，中国研发（R&D）经费支出的绝对规模逐年增长，从2000年的895.66亿元增长至2021年的27956.31亿元，年均增长率高达17.80%。从相对比重来看，中国R&D经费投入强度（R&D经费支出占GDP的比重）也呈明显的上升趋势，在2021年达到2.44%的新高。这些均表明中国坚持加大科技创新投入，完善科技创新体系，以技术创新助推产业升级，助力实现经济高质量发展。

总体来看，中国创新能力和水平逐步提升，创新环境持续优化，创新投入不断增加，创新产出有力增长，创新成效日益显现，对产业升级的助推作用更加强劲。如图3.7所示，中国创新指数以及创新环境、创新投入、创新产出、创新成效四个分领域的指数，均呈现上升的发展趋势。2020年，中国创新指数达到242.6（2005年为100），较上年增长6.4%。分领域看，创新环境指数、创新投入指数、创新产出指数和创新成效指数分别达到266.3、209.7、319.8和174.7，分别较上年增长6.3%、5.4%、8.5%和3.8%。中国加快实施创新驱动发展战略，加快实现高水平科技自立自强，有利于建立国际产业竞争核心技术优势，提升产业链、供应链韧性和安全水平，促进中国产业升级增速提质，从而更好地促进经济高质量发展。

二 中国产业升级存在的问题

当前，中国在产业升级过程中仍存在一些亟须解决的问题。具体而言：

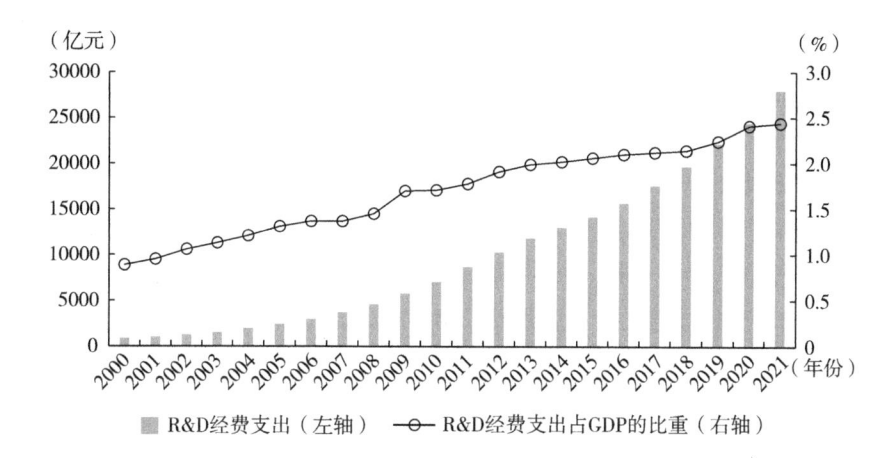

第三章 | 中国消费和产业升级的现状与问题

图 3.6　中国产业创新的变化情况

资料来源：中经网统计数据库，笔者根据相关数据整理。

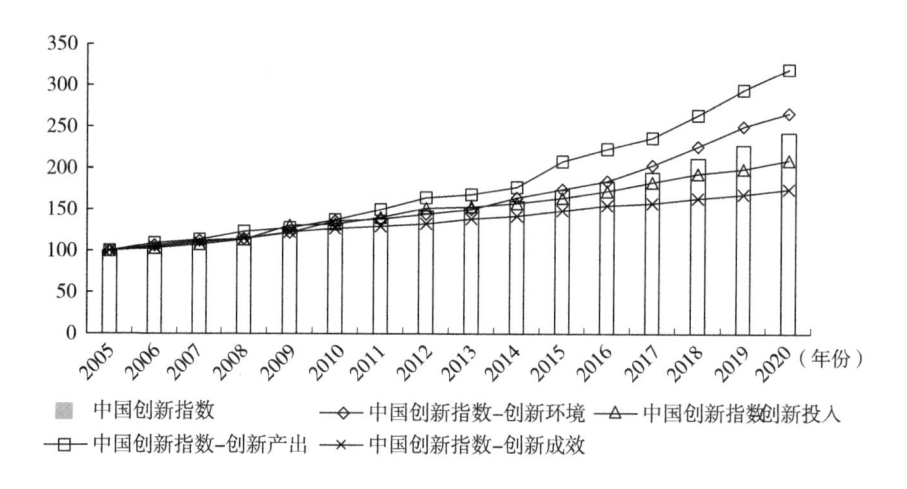

图 3.7　中国创新指数及分领域指数变化情况

资料来源：国家统计局，笔者根据相关数据整理。

第一，关键核心技术缺乏，导致高端产业供给能力不足。从国内表现来看，产业供给的"低端产能过剩"与"高端供给短缺"问题凸显，高端产业并未进行有效的转型升级。尽管中国拥有国际上完备的产业供给体系，但高端供给依然严重缺乏。当前，中国在高端芯片、半导体产业方面的生产供给能力明显不足，90%以上依赖进口。德国一家机构曾

57

评估中国有五大类、20多种细分行业严重依赖进口，如电子信息、高端装备制造、航空航海发动机、智能仪表仪器、医药和医疗器械等（李毅中，2021）。从国际表现来看，中国大多数产业在国际产业价值链上依旧处在中低端的位置，目前距离产业链上游仍有一定的发展空间。高端产业供给能力不足的主要原因是缺乏自主拥有的前沿核心技术。近年来，尽管中国不断增强研发投入强度，但仍低于主要发达国家。2021年中国研发投入强度为2.44%，低于美国的2.79%、日本和德国的3.4%、韩国的4.5%。

第二，中国内部的区域间产业发展不平衡、不充分、不协调的问题较为突出。一方面，中国东部地区、中部地区、西部地区、东北地区产业发展的差距较大，高技术产业集中分布在东部沿海地区。根据《2020年我国高技术产业发展状况统计分析》，中国高技术产业表现出较为明显的地理聚集分布特征。东部地区高技术产业营业收入占全国的比重达到68.7%，特别是广东和江苏两省，占全国的比重达到了44.3%；另一方面，中国区域间产业同构现象严峻，对区域间产业协调发展与结构优化升级造成阻碍。《中国区域经济发展报告（2020—2021）》指出，产业同构是目前区域经济发展的突出问题。区域产业结构趋同严重，阻碍了区域专业化的形成，不利于发挥中国超大规模市场优势以及各地区的比较优势，加剧区域间市场分割，影响中国产业体系整体布局。

第三，中国产业的绿色低碳转型发展不足，能源消费结构转型任务艰巨。根据国际能源署的报告，直至2050年，能效提升仍将是实现碳减排最主要、最重要、最经济、最直接的路径，其贡献约为37%。中国工业领域中用能企业范围广、数量多，提高工业用能效率，是培育低碳发展新动能，促进中国产业绿色转型升级的重要途径。然而，目前中国工业能源消费量仍占全社会能源消费总量的65%左右。就具体能源结构来看，2021年中国煤炭消费量超过40亿吨，在一次能源消费中占比高达56%，产生的碳排放量约占化石能源消费碳排放总量的70%以上。在推进中国产业绿色低碳转型升级的道路上，改变以煤炭为主的高碳排能源消费结构是当务之急。

第三节 中国消费和产业"双升级"的现状和问题

一 中国消费和产业"双升级"的现状

当前,中国经济已由高速增长阶段转向高质量发展阶段,而需求端的消费升级和供给侧的产业升级是供需两端协同推进经济高质量发展的重要动力。因此,经济政策要如何形成合力以促进消费和产业"双升级",畅通国内大循环、促进中国经济高质量发展就显得非常重要。

长期以来,中国经济表现出消费升级和产业升级明显的互动趋势,"双升级"态势良好。为了方便对比,我们将表征消费升级的(家庭)恩格尔系数和表征产业升级的第三产业产值占比变化趋势画在一张图中,如图3.8所示。一方面,城乡居民家庭恩格尔系数逐年下降,表明居民食品消费支出占比下降,发展型、享受型消费比例逐步提高,消费升级明显。2000—2020年,全国居民家庭恩格尔系数由38.6%下降到30.2%。其中,城镇居民家庭恩格尔系数从2000年的39.4%下降至2021年的28.6%,农村居民家庭恩格尔系数从2000年的48.3%下降至2021年的32.7%。可见,城乡居民消费结构均发生了根本变化,消费升级非常明显。另一方面,在中国三次产业中,第三产业增加值占GDP的比重由2000年的39.8%上升到2021年的53.3%,第三产业持续发力拉动经济增长,"三二一"产业格局愈加巩固,产业结构持续优化升级。可见,21世纪以来,中国的消费升级和产业升级表现出共同向好的趋势,"双升级"态势明显。

近年来的高科技迅猛发展赋能产业端和消费端,加快线上线下融合,进一步促进消费和产业"双升级"的互动。一方面,高新科技赋能产业升级,加快消费升级步伐。随着大数据、5G、人工智能、移动支付等高新技术的迅猛发展和落地应用,新型产业快速壮大,传统产业得到改造,中国产业升级进程稳步推进,并不断渗透到消费领域。新型产业和升级的传统产业创造和开拓了居民新的消费空间,便捷了居民消费,带来新的消费品种、新的消费场景和消费业态,加快消费转型升级的步伐。例如,远程通信、大数据搜索和移动支付等技术,支撑电子商

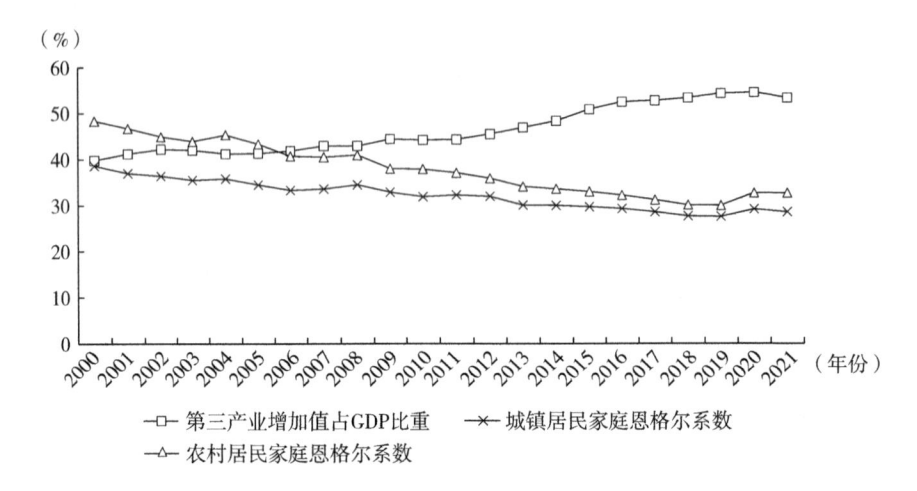

图 3.8　中国消费升级和产业升级变动趋势情况

资料来源：原始数据来源于《中国统计年鉴》，图中数据由笔者计算得到。

务及其配套物流等产业快速发展，满足了人们的线上消费需求，居民不再依赖线下交易，消费潜力得到进一步释放。同时也促进了新产品、新业态和新模式规模的进一步壮大和结构的优化，新消费得到发展。另一方面，收入水平提高升级消费需求，引导产业升级方向。随着经济发展和居民收入水平的提高，人们对消费品质的要求由中低端向中高端转变，消费形态由物质型消费向服务型消费转变。人们更加注重品质化、个性化、多样化消费，催生了数字化、智能化科技产品和体验式消费的市场新亮点，促进产业供给和服务体系的逐步完善和优化升级。例如，随着居民收入水平的提高，将增加其对第二产业中高科技电子产品、智能化家电、新能源智能汽车等的需求，从而引导高新技术制造业在第二产业中的占比，实现第二产业向高端化和高级化演进。而在第三产业中，人们收入水平的提升会增加对文化、旅游、教育、娱乐等高需求收入弹性服务的需求，加快服务业内部的现代化转型升级（龙少波、丁点尔，2022）。

二　中国消费和产业"双升级"存在的问题

当前，中国消费和产业"双升级"的互动中仍然面临许多有待解决的问题。

第一，引进式为主的技术进步方式不利于当前消费和产业"双升级"的良性互动。改革开放以来，依托引进式为主的技术进步方式与特有的国家强控制力优势，中国经济实现了高速增长，对于经济追赶初期的经济体而言，这种技术进步方式直接、迅速，是当时环境下的最好选择。然而，随着经济增长速度平缓，迈入高质量发展阶段，这种外源性的技术进步仅能带来经济"量"高速增长，但不能从本质上对经济进行提升，还会带来经济的结构性矛盾和不平衡问题，不利于中国经济高质量发展。而原发式技术进步方式通过"供需再平衡机制""资源优化配置机制""新旧动能转换机制"能有效地驱动经济质量变革、效率变革和动力变革，进而促进经济创新、协调、绿色、开放、共享发展（龙少波等，2022）。尽管近年来中国科技得到极大提升，但原发式自主创新的能力仍然不足，技术"卡脖子"问题凸显。因此，虽然利用引进式技术进步方式，在短期内引进、吸收和消化发达国家的高新技术具有见效快、时间短的优势，但从长远发展来看，这种外源性技术进步在驱动产业升级的能力方面会续航不足。因此，如何从引进式为主的技术进步方式转向原发式的自主创新，是加快中国消费和产业"双升级"的重要问题之一。

第二，消费和产业间的供需结构失衡，阻碍消费和产业"双升级"的耦合协调和再循环。在经济发展到提档升级的高质量发展阶段，产业供给质量与消费需求之间存在较大差距会造成供需结构性错配，这种结构性错配的后果是在国民经济大循环中出现"低端产能过剩"和"高端供给短缺"并存的现象。一方面，国内高端产业产品的供给短缺使高收入居民转而寻找国外产品以满足需求，从而导致社会消费总额增速放缓，所谓"消费外流"现象严峻，产业升级对消费升级的促进作用机制得到削弱；另一方面，中国长期存在的收入分配不均问题，导致不同群体之间的消费能力存在较大差距和消费不平等现象。这不利于社会总体尤其是低收入群体消费规模的扩大和消费结构的优化升级，带来消费升级对产业升级拉动作用的"漏出效应"，并影响到国内经济循环畅通以及经济高质量发展。因此，全面深化供给侧结构性改革以推进高端产业发展和加快产业升级，并提高中低收入群体规模以挖掘、释放内需潜力和加快消费升级，从而提高中国产业供给质量与居民消费需求的耦合度，更好实现消费和产业"双升级"的有效互动。尤其是在当前贸易保护主义抬头、全球新冠疫情反复并叠加地缘政治冲突频发的大背景下,对于保证中国产业链、供应链安全与优化升级,并同时实现消费升级、发挥中国超大规模市场优势具有重要的意义。为此,应不断扩大消费规模、改善消费结构,同时加快产业结构向合理化、高级化转变,以消费和产业"双升级"助力实现经济高质量发展。

第四节 本章小结

消费升级和产业升级的良性互动,是加快形成"双循环"新发展格局从而推进经济高质量发展的着力点。实现消费和产业"双升级"良性互动有利于把实施扩大内需战略同深化供给侧结构性改革有机结合起来,以高端的消费需求牵引和倒逼产业升级,以高质量供给引领和创造新的消费需求,从而畅通国内大循环,助力中国经济高质量发展稳步推进。

当前,中国消费升级引导产业升级、产业升级推动消费升级的互动协同发展态势较为明显,彰显了中国经济发展的良好局面。自2000年以来,中国消费规模明显扩张,城乡消费分布趋向平衡;消费对经济的贡献增加,成长为拉动经济增长的第一驱动力;消费结构由以低端消费为主向高端衔接过渡,城乡消费结构不断优化,消费升级稳步推进。与此同时,2000年以来中国产业产值规模不断扩大;产业结构由"二三一"向"三二一"演变巩固;产业在全球产业链、价值链上的地位提高,形成了完备的现代工业体系;技术研发投入增加,创新能力和水平逐步提升,产业升级计日程功。从消费和产业"双升级"的互动关系来看,长期以来,中国的消费升级和产业升级表现出共同向好的趋势,"双升级"态势明显;短期看,近年来的高科技迅猛发展赋能产业端和消费端,加快线上线下融合,进一步促进消费和产业"双升级"的互动。

尽管如此,当前中国消费和产业"双升级"仍然面临许多有待解决的问题。目前,消费升级方面仍存在消费对经济增长贡献率回落、居民消费倾向受挫、消费意愿不够强烈、部分发展享受型的高端消费需求无法得到满足、消费转型升级较为缓慢等问题,而产业升级方面也面临对外技术依赖程度过高、区域间产业发展不平衡不充分不协调、产业绿色低碳转型发展不足等困扰。从消费和产业"双升级"的互动关系来看，仍存在"引进式"技术进步方式向"原发式"技术进步方式转换的动力不足，以及"低端产能过剩"和"高端供给短缺"的供需结构性失调等严峻难题。可见，我们有必要厘清消费和产业"双升级"互动机制以疏通经济"双循环"新发展格局中的堵点，从而促进经济高质量发展。

在此背景下，本书将深入研究消费和产业"双升级"驱动经济高质量发展的理论机制，并通过各种实证方法检验理论机制的存在性。进而为政府部门缓解供需结构性过剩和短缺并存、减少消费外流等问题提供政策建议，这对加快构建和形成经济"双循环"新格局，推进中国经济高质量发展具有重要意义。

第四章

中国经济高质量发展的测度与现状

本章以新发展理念为指导,并结合中国经济发展的客观现实,构建经济高质量发展指标体系并测度中国经济高质量发展现状。首先,建立涵盖创新、协调、绿色、开放、共享五个维度下共计21个指标的中国经济高质量发展指标体系。其次,运用AHP层次分析法、PCA主成分分析法和熵值法三种方法为高质量发展指标体系赋权,并利用相关数据测算2009—2020年中国各个省(自治区、直辖市)的经济高质量发展水平。最后,按照相应的标准,将中国31个省份的经济高质量发展阶段分为领先型、中间型和滞后型三种类型,并从区域间空间结构上讨论中国经济高质量发展水平的分布差异。

第一节 中国经济由高速增长向高质量发展转变

一 改革开放以来的中国经济高速增长

改革开放以来,中国经济的高速增长创造了人类发展史上的奇迹。如图4.1所示,中国GDP总量从1978年的3679.7亿元增加至2008年的319244.6亿元,截至2021年,GDP总量已达1143670亿元,实现飞跃式的发展,稳居世界第二大经济体的位置。与此同时,中国的人均GDP也从1978年的384.7元/人增加至2008年的24100.2元/人,2021年达80975.8元/人,人民收入和生活水平均得到明显提高与改善。

从经济增长速度来看,当前中国经济增速已逐步放缓,属于"中高速增长"阶段。如图4.2所示,自1978年改革开放至2012年,尽管在特定年份偶有波动,中国经济始终保持高速增长,35年间经济平均增速高达9.8%，人均GDP逐年提升，摆脱低收入困境，跨入中等收入国家行列。随着经济规模达到一定的程度，中国经济进入三期叠加期，经济结构优化过程和经济政策消化适应期使增长速度开始明显放缓，GDP增长率和人均GDP增长率均出现不同程度的下降。如图4.2所示2013—2021年中国经济平均增速为6.6%，与前期经济增长相比，这一阶段更加注重经济高质量发展。

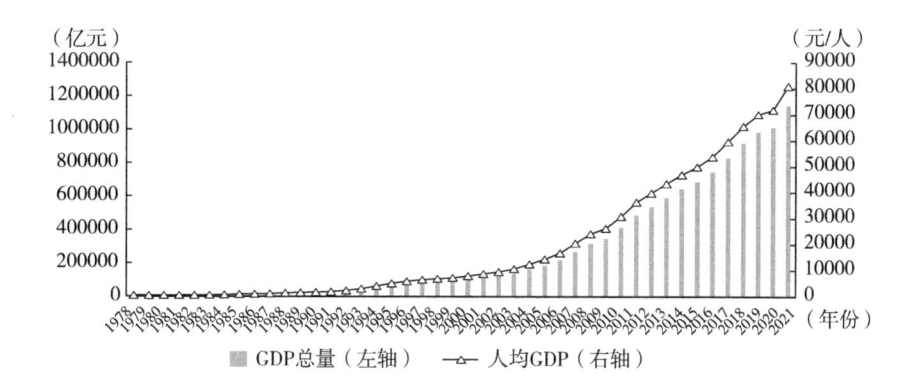

图 4.1 中国 GDP 总量、人均 GDP

资料来源：中经网产业数据库，笔者根据相关数据整理所绘。

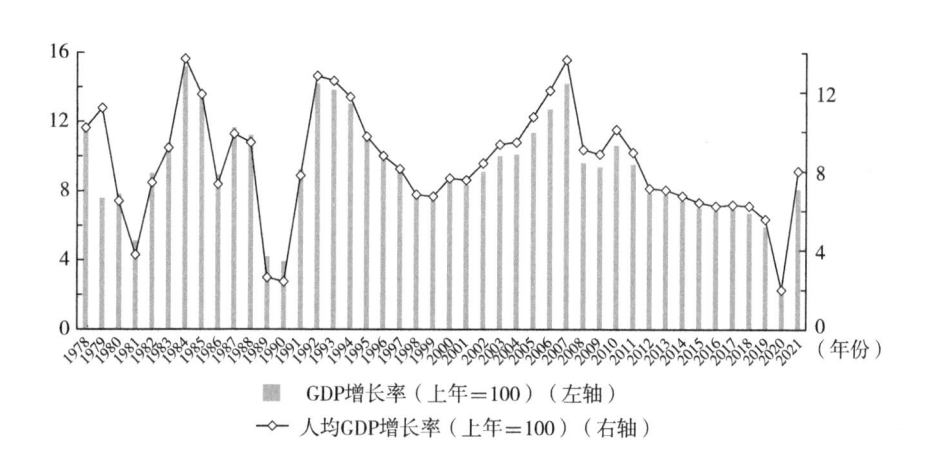

图 4.2 中国 GDP 增长率、人均 GDP 增长率

资料来源：中经网产业数据库，笔者根据相关数据整理所绘。

二 经济增长阶段转换：从高速增长到高质量发展

当中国经济发展到一定阶段时，随着经济体量不断增大，资源约束条件逐渐绷紧，前期经济高速增长的模式不再具有可持续性。从经济增长的动力来看，改革开放前期，依托国外技术引进，通过高资源消耗和生产要素的大量投入，中国经济实现近10%的年均增长率。但当经济高速增长至一定程度和阶段时，这种依靠数量大、消耗高、成本低的粗放式经济增长方式就不再具有可持续性。

第一，长期以来的粗放式发展带来了棘手的生态污染与资源损耗的问题，资源约束问题凸显。诸如空气污染、水污染等问题得到越来越多的关注，"绿水青山就是金山银山"的理念深入人心，资源环境友好型的经济发展也越来越成为人民对美好生活的向往目标之一。其中，就大气污染而言，中国单位GDP二氧化硫排放总量（图4.3）和氮氧化物排放量是发达国家的8—9倍，受酸雨影响的国土面积高达1/3（翟金良，2007），全国废气污染物排放总量巨大，大气环境遭到极大破坏。

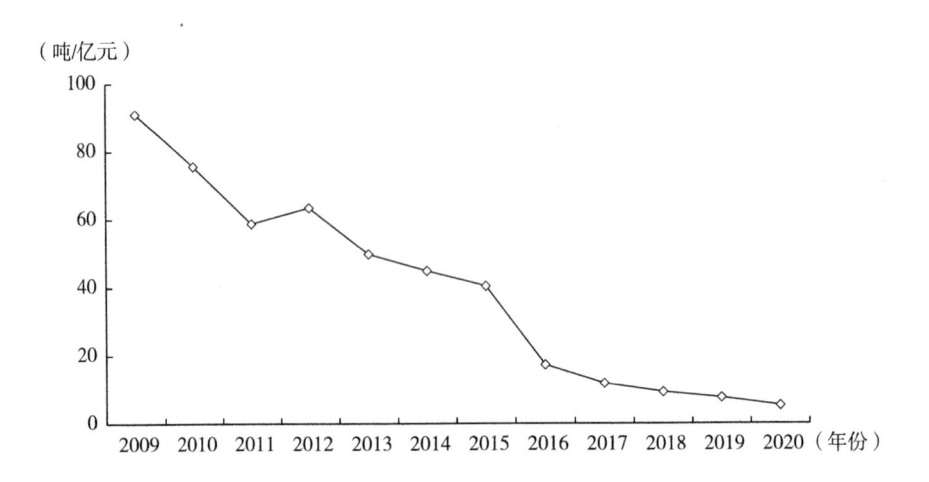

图4.3 中国单位GDP二氧化硫排放总量

资料来源：EPS数据库、《中国环境统计年鉴》、《中国统计年鉴（2021）》，笔者根据相关数据整理所绘。

就能源利用效率而言，尽管中国近年来不断推进能源生产结构优化，多措并举调整能源消费结构，使全国单位GDP能耗不断下降（图

4.4），但相比世界平均水平和发达经济体，中国的能源效率还有很大改善空间。根据《世界能源统计评论》（*BP Statistical Review of World Energy* 披露）的最新数据，作为全球能源消费最多的国家，中国2021年的能源总消耗量为1576.5万亿焦耳，约为全球能源总消费量的1/4，而全球第一大经济体的美国消耗了929.7万亿焦耳，仅为中国的3/5。这说明中国在生产生活中存在能源消耗高、能源浪费问题。能源综合利用效率低恰恰说明中国能源领域发展潜力巨大，未来改善能源消费结构、提升能源利用率仍是中国经济高质量发展的重点。

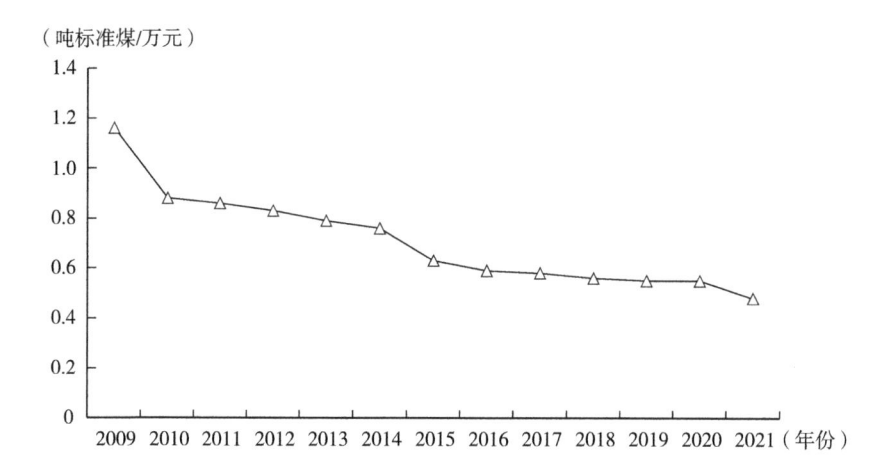

图 4.4　中国单位 GDP 能耗

资料来源：中经网产业数据库，笔者根据相关数据整理所绘。

第二，以引进为主的外源式技术进步方式已不能为经济高质量发展提供足够动力。根据经济学相关理论，尽管经济增长有许多驱动引擎，但内源式技术进步才是经济持续增长的根本动力。改革开放以来，依靠引进、模仿和消化吸收为主的外源式技术进步方式为中国经济增长提供了一定动力。但是，随着中国与西方发达国家之间先进技术差距的逐渐缩小，以及外国对于前沿核心技术的输出限制，这一技术进步方式不再具有可持续性。通过技术引进，1978—2012年，中国的年均经济增速接近10%，创造了世界经济发展史上的奇迹。然而，随着近年来引进式技术进步空间的缩小和各种结构性矛盾与发展不平衡问题的凸显，中国经济增速有明显放缓的态势。

从技术进步的角度来看，其重要原因就是当前处于经济增长动力转换的关键期。一方面，依靠引进式技术进步方式作为驱动经济高速增长的空间压缩；另一方面，依靠自主创新的技术进步方式作为驱动经济增长的动力尚未完全培育完成。其突出表现为，中国在高端装备、生物医药、芯片技术等关键领域还存在明显的技术短板，目前主要依赖国外进口。而近年来全球单边主义、保护主义思潮蔓延，中国在许多核心领域和战略性新兴产业发展方面面临技术"卡脖子"难题。过去以引进式技术进步为主的经济增长发展方式已难以适应新时代下中国经济高质量发展对技术质量的新要求（周晓波、陈璋，2019；龙少波等，2022）。新时代、新征程，要把握发展先机，必须贯彻创新驱动发展战略，打破技术壁垒，打好核心技术的攻坚战，坚持市场与政府共同作用，引导以引进式为主的技术进步方式加快转向以原发式为主的技术进步方式。

第三，中国四大地区间经济发展差距较大，城乡发展两极分化，经济发展协调程度不高的问题凸显。基于市场化的改革在为中国经济带来巨大飞跃的同时，致使地区发展差距不断扩大（刘生龙、胡鞍钢，2010）。长期以来，中国经济发展的典型空间分布特征就是经济发达程度在整体上呈现东高西低、南高北低的趋势。从中国东部、中部、西部、东北四个地区 2021 年 GDP 比重（图4.5）来看，2021 年全国 GDP 总量为 1135663 亿元，其中：仅东部地区就贡献了 52% 的 GDP，其 GDP 总量为 592201.8 亿元；而中部和西部地区 GDP 分别为 250132 亿元和 237630 亿元，分别占 GDP 总量的 22%、21%；东北地区由于产业结构不合理，转型升级困难，其 GDP 仅占全国 GDP 总量的 5%。

从经济发展的重要条件交通基础设施的空间分布来看，中国四个地区存在明显的差异。"要想富，先修路"，交通基础设施对区域经济发展有着重要的影响。公路作为经济发展的重要交通基础设施，能够较为直观地反映中国经济发展过程中的不协调状况。从中国四个地区 2020 年公路密度对比（图4.6）可以看出，经济最为发达的东部地区的公路最为密集，其密度高达 1.37 千米/千米^2；西部地区公路密度为 0.71 千米/千米^2，仅为前者的 1/2；中部地区和东部地区的公路密度差别不大，而东北地区公路密度仅为 0.61 千米/千米^2。

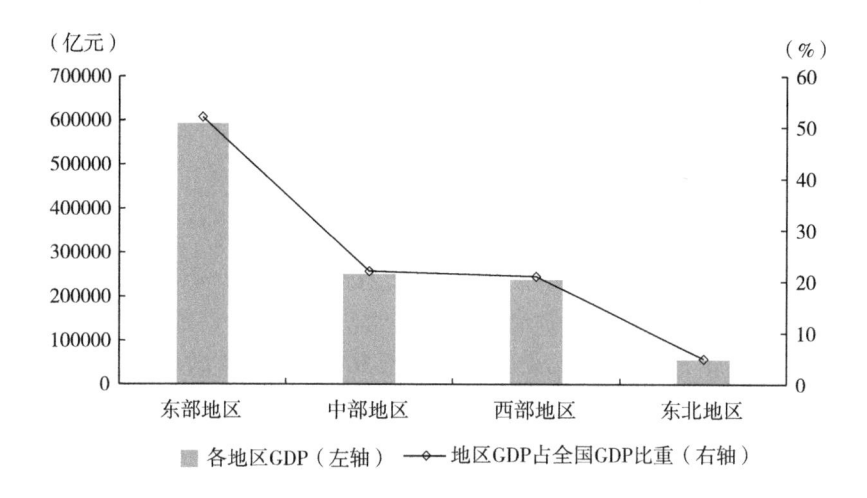

图 4.5　中国四个地区 GDP 及占全国 GDP 比重

资料来源：中经网产业数据库，笔者根据相关数据整理所绘。

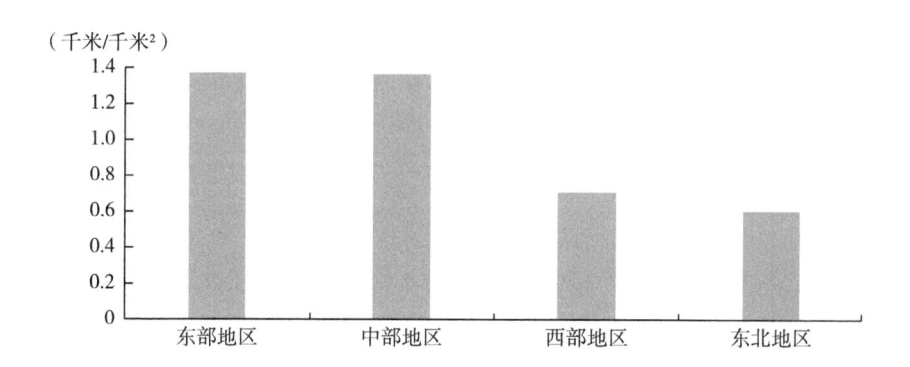

图 4.6　中国四个地区 2020 年公路密度对比

资料来源：EPS 数据库，笔者根据相关数据整理所绘。

中国城乡收入差距水平问题也较为突出。按常住地划分，2021 年城镇居民人均可支配收入为 47412 元，扣除价格因素同比增长约 7%。同年农村居民人均可支配收入仅为 18931 元，同比增长 9.7%。尽管动态上城乡居民收入差距逐步缩小，但全年城乡居民收入比仍高达 2.5，城乡差距没有得到根本性的改善。

第四，基本公共服务覆盖有待拓宽，高质量公共服务共享水平有待提升。随着中国经济持续增长，各级政府聚焦人民生存和发展，提高了基本公共服务供给和覆盖水平，帮助人民不断改善生活水平。但是，由于长期以来中国人口众多、社会结构复杂、经济发展不协调等因素的影响，中国的基本公共服务在供给总量和资源分配方面仍存在较大问题，全体居民对于发展成果的公平共享程度有待进一步提升。一方面，从供给总量来看，中国用于提供基本公共服务的支出占财政支出的比重较低。2021年，中国一般公共预算支出中仅114129亿元用于国民教育、卫生健康、文旅、体育、社会保障和就业，以及城乡社区等公共服务，占全部公共预算支出（202539亿元）的56%。而大多数发达国家该项比重一般为60%—70%。另一方面，从资源分配来看，中国公共服务存在分配不均、共享程度不公平的问题。全国各区域间、城乡间、不同人群间享有的教育资源、劳动与就业机会、医疗保障等存在显著差距。以人均教育支出为例，从中国30个省（自治区、直辖市）2020年人均教育支出情况（图4.7）[①]可以看出，地区间教育资源分配情况仍没有得到较大改善。2020年人均教育支出最多的北京（11334千元/万人），是人均教育支出最少的河南（2779千元/万人）的4.1倍。基本公共服务不足和分配不平等问题会导致个体的发展机会不平等、充分行动能力

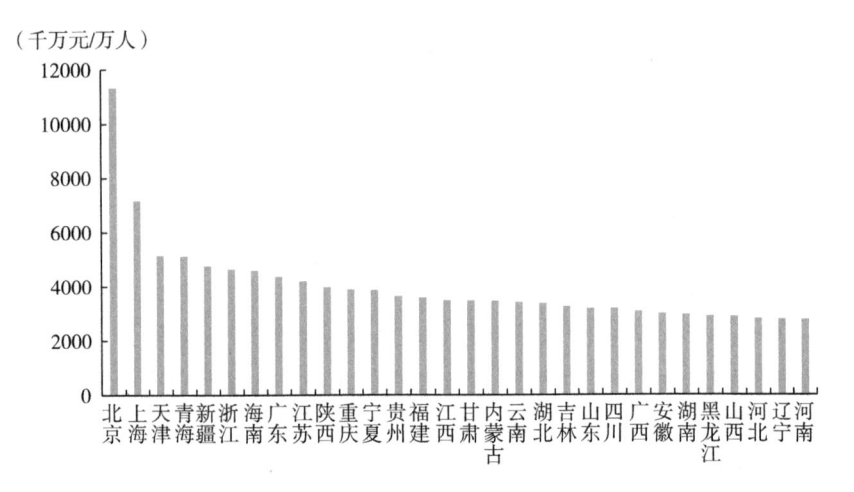

图4.7　2020年中国30个省（自治区、直辖市）人均教育支出情况

资料来源：教育部、国家统计局，笔者根据相关数据整理所绘。

[①] 由于西藏自治区数据不全没有计入本节统计。

被限制，从而表现为个体抉择与行动上的多重困境（李卓、左停，2022）。因此，未来不仅要提升基本公共服务的总量，更要推进基本公共服务均等化，保障公民得到基本公共服务的机会，以解决区域、城乡间服务不均等问题为重点，加快建设服务型政府，加快为人民提供全覆盖、宽领域、高质量的基本公共服务。

第五，对外开放质量需要进一步提升。改革开放以来，尤其是2002年加入WTO以来，中国加快融入世界贸易体系，对外进出口贸易额持续增长，进出口质量稳步提升，成为最大的进出口贸易大国。根据海关总署2022年1月披露的数据，2021年中国对外贸易继续保持较快增速。贸易进出口总值为39.1万亿元，相比2020年（32.16万亿元）增长超20%。其中，出口21.73万亿元，进口17.37万亿元，年均增长均超20%。但是，以下几方面原因的存在，致使未来中国对外贸易的高速增长难以延续。一是随着中国经济体量与贸易规模的增大，全球对中国产品的消耗和进口不能维持原来的高增速。二是中国劳动力低成本优势的逐渐消退以及被东南亚发展中国家的加工贸易替代，使中国中低端廉价产品出口增速开始放缓。三是国际形势愈加复杂动荡，全球贸易保护主义盛行，西方大国的单边主义及霸权行为，致使世界经济出现逆全球化趋势，给全球以及中国贸易开放环境带来了不利影响。

如图4.8所示，尽管中国进出口总额总体呈增长趋势，但2012年以来的进出口额增速呈波动下降趋势。1994年中国的进出口总额年均增长率约为80%，其原因在于当年《中华人民共和国对外贸易法》通过并开始施行，进一步扩大了对外开放贸易。1995—2019年进出口增速处于持续波动状态，甚至在1998年、2009年、2015年和2016年大幅回落，表现为不同程度的负增长。2020年受新冠疫情影响，包括美国、英国在内的世界各主要经济体均出现不可避免的经济衰退现象，中国的进出口增速降至2.1%。受益于中国对当前疫情形势的准确把握和精准快速的防控，在低基数效应下，辅以强有力的宏观经济调控政策，2021年进出口总额增速逆势增长至21.3%。然而，当前全球愈加复杂的外部环境也致使未来中国对外贸易面临的不确定风险增加。在深化对外开放的过程中，重点需从开放的广度、深度同时入手，加快构建经济"双循环"新格局，以更高质量的对外开放助推经济高质量发展。

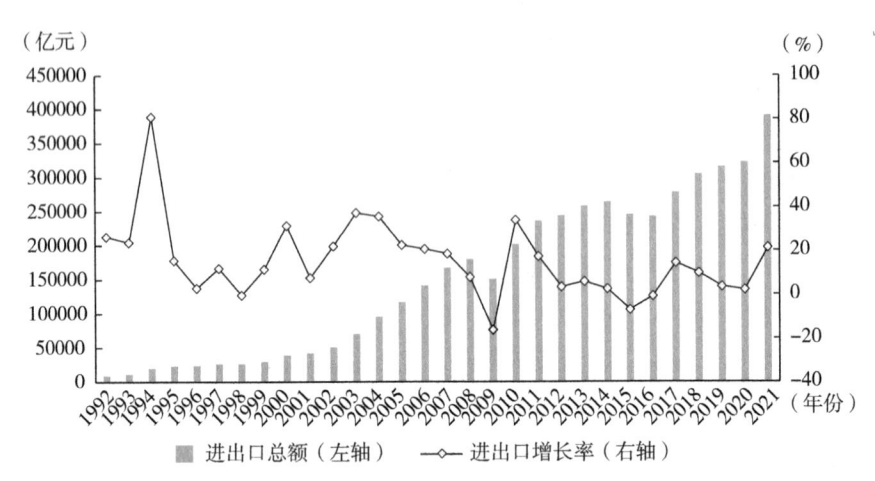

图 4.8 中国进出口总额及增长率

资料来源：中经网产业数据库，笔者根据相关数据整理所绘。

三 中国经济高质量发展对供给侧和需求侧的要求

在新时代背景下，中央提出了高质量发展的新表述，并明确指出中国经济已经由高速增长阶段转向高质量发展阶段。事实上，无论是从需求侧看还是从供给侧看，中国经济在过去10年中跨越了数个台阶，开始迈入新的发展阶段。从需求侧来看，随着经济增长和社会生产水平的不断提高，人民对物质的需求从"有没有"转变到"好不好"，人民的"美好生活"需求不断增加，更多地关注生活品质提升、生态环境保护和改善，以及民生社会保障等领域；从供给侧来看，国民经济各行各业的生产发展和提挡升级必须以更加依靠技术创新、绿色低碳的高质量发展的方式进行，从而与需求侧的提挡升级动态匹配，以更好地畅通经济大循环。因此，生产厂商需要进行产品技术创新与更新换代，政府部门需要对某些关键领域的制度供给进行改革创新，从而促进经济高质量发展。

中国经济发展阶段的重大变化，意味着中国经济发展要从过去注重追求经济数量快速增长的主要目标，转变为追求创新、协调、绿色和可持续性等方面的高质量发展综合目标。这说明经济高质量发展的内涵和新发展理念相一致，要实现中国经济高质量发展必须坚持新发展理念。因此，如何以新发展理念为基础，建立新时代中国经济高质量发展评价指标体系，进一步客观全面地评价中国经济高质量发展的成效与短板就显得越发重要。

第二节 经济高质量发展的指标体系构建

一 经济高质量发展指标体系构建原则

未来加快推动经济高质量发展的重要工作之一，就是要建立健全经济高质量发展的指标体系，以便科学评估当前经济发展质量现状，并指导各地区各部门制定相应经济政策进行应对。经济高质量发展指标体系的构建必须从其概念和内涵的界定出发，才能给予准确充分的评价。一般而言，构建指标体系时应遵循以下几个原则：全面简洁、具备可操作性、使用结果指标而非过程指标、同类指标间避免重复（李金昌等，2019）。郑耀群和葛星（2020）遵循系统性、真实性和数据可得性的原则构建了涵盖新发展理念五个方面的高质量发展评价体系。朱彬（2020）按照科学性、导向性、公正合理性、可操作性的原则建立了高质量发展水平评估指标体系。因此，本书认为经济高质量发展不能简单地只关注国民经济的总量及其增速等直观的数量指标，还要将经济发展深层次的质量指标放在更重要的地位，系统地、综合地体现新发展理念的内涵。为此，本书借鉴朱彬（2020）、郑耀群和葛星（2020）和郭芸等（2020）关于指标体系构建的观点，并结合经济高质量发展的内涵和要求，遵循以下指标原则进行构建。

（一）系统性原则

经济高质量发展是一个全方位的多层次复杂系统，无论是从新发展理念的五个维度进行评价，还是从类似其他研究中经济发展结构、社会民生、环境保护等方面衡量，高质量发展都是一个完备的、多层次的、成体系的发展过程。因此，对经济高质量发展情况进行客观的评价必须注重评价体系的系统性，注重指标选择的完备性，以免出现对某一方面的缺失和偏颇。

（二）科学性原则

一个衡量经济发展质量的综合性评价体系，要求所构建的各个指标都能够科学地、准确地代表和反映经济高质量发展的各个方面。这样才能保证该评价体系能够对全国以及各地区的经济发展质量作出合理精准的评价。

（三）可比性原则

本章构建的中国经济高质量发展的指标评价体系，试图从横向和纵向两个角度来衡量中国各省（自治区、直辖市）的经济发展质量。因此，为了能使各年份以及各个地区的数据最后可以在同一指标体系下进行纵向和横向比较，在指标体系构建过程中，无论是同一指标下的不同年份、不同地区的数据之间，还是不同数据的处理方法都严格遵循可比性原则。

（四）可获得性原则

本章涉及的数据在时间跨度上为2009—2020年，从地域上涵盖中国30个省（自治区、直辖市）（不包括西藏自治区和港澳台地区数据），从内容上涵盖新发展理念五个维度下共计21个指标。因此在统计原始数据时，因为涉及的数据范围广以及各地区的统计资料完整性参差不齐，所以构建指标评价体系时不得不做出一定的调整。

（五）导向性原则

本书构建的中国经济高质量发展指标评价体系的作用有两个：一方面起评价各个地区过去年份的经济发展质量情况的作用；另一方面需兼备为各地区未来按照新发展理念要求制定经济政策，实现经济高质量发展提供一定的导向性作用。因此，构建的经济高质量发展指标体系，应该是各地区经济社会发展评价中的参考指标，这样才能引起相关部门的注意，并在未来的经济治理中着手改善表现不佳的指标。

二 经济高质量发展指标体系构建

为此，本书以新发展理念的创新、协调、绿色、开放、共享五个维度为二级指标，在此基础上，根据五个二级指标的含义寻找能够反映其内涵的三级指标，进行经济高质量发展评价体系的构建。具体而言：

（一）创新发展指标

创新作为新发展理念之首，在经济发展进入新阶段时期承担着动力转换的角色，起到改变发展方式和提升发展效益的引领作用。本书主要从投入与产出视角来构建衡量创新发展的指标。一方面，将研发经费投入衡量资金投入强度的基础性指标，以研发人员数量衡量创新人才投入基础性指标。其中，研发经费指标用研究与试验发展（R&D）经费支出占GDP的比重来反映研发资金的投入强度，研发人员数量则以规模以上高技术企业 R&D 活动人员数量为基础并折合全时当量来反映（魏敏、李书昊，2018）。另一方面，以创新型企业占比、专利授权数，以及人均技术市场成交额三项为衡量创新成果产出水平的基础性指标。其中，创新型企业占比用规模以上工业企业中有研究与试验发展活动企业数占规模以上工业企业总数的比例来衡量，专利授权数则用平均万人专利申请授权数反映（马茹等，2019），而人均技术市场成交额由技术市场成交总额除以该地区常住人口数得到。

（二）协调发展指标

协调发展主要是在经济发展中更加注重资源配置均衡性和城乡、区域结构的合力协调性。本书从城乡协调、收入分配协调、空间结构协调和基础设施建设协调四个方面分别进行评价。其中，城乡协调指标选用最常用的城乡居民可支配收入比来反映（马茹等，2019），收入分配协调指标用劳动报酬占国内生产总值的比重衡量，空间结构协调指标用城镇化率来反映，基础设施建设协调指标用交通基础设施建设差距，即公路密度来衡量。

（三）绿色发展指标

"绿水青山就是金山银山。"绿色发展是人民对美好生活向往的生态环境基础。在环境污染和资源浪费问题越发凸显时，人们对绿水青山的向往也就越发强烈。在衡量经济绿色发展水平时，本章主要从能源利用率、污染物排放率、生态环保治理三个方面进行综合评价。其中，在能源利用率方面，最常用的综合评价能源节约利用的统计指标便是单位 GDP 能耗，即生产万元 GDP 需要的煤炭当量的消耗量；在污染物排放方面，一般而言最常见的是用废水、废气和固体废弃物"三废"的排放量作为重要指标，但由于部分省份关于废水的统计数据缺失严重，根据数据可得性暂时只能选取单位 GDP 废气排放量（用二氧化硫排放量代替）和单位 GDP 工业固体废物排放量加以衡量（魏敏、李书昊，2018）；在生态环保治理方面，由于其他统计指标如森林覆盖率等时滞性严重，目前选取工业污染治理完成投资占 GDP 比重作为衡量指标。

（四）开放发展指标

自改革开放以来，中国始终坚持对外开放，为中国的长期经济发展创造了一个相对稳定和合作双赢的国际环境。在衡量开放发展水平时，本书从外贸开放度、投资开放度以及人员流动程度三个方面进行综合评价。其中，在外贸开放度方面，选择最具代表性的外贸依存度来衡量（刘燕妮等，2014）；在投资开放程度方面，分别从"引进来"和"走出去"角度选取外商投资（FDI）和对外投资（OFDI）占GDP的比重来衡量（詹新宇、崔培培，2016）；在人员流动开放程度方面，用国际旅游人数加以衡量。

（五）共享发展指标

高质量发展是以人为本的发展，始终坚持将人民的问题放在发展的首要位置，其中与人民关系最密切、人民最关心的现实问题就是发展成果共享等社会民生问题。在衡量经济共享发展水平时，本书分别从公共服务水平和人民生活品质方面加以评价。其中，在衡量公共服务水平时，考虑到人民最关注的公共服务集中在教育和医疗领域，因此选取了医疗保险覆盖率和人均教育支出作为基础性指标（赵娜，2020）；在衡量人民生活品质方面，可以用来反映人民生活品质的指标有很多，比如平均预期寿命等，但由于部分省份的统计资料缺失严重，选取了最具代表性的失业率（钞小静、任保平，2011）和社会保障支出占一般公共预算支出的比重来衡量人民生活保障状况。

因此，在充分考虑指标的系统性、科学性、可比性、可获得性和导向性等原则后，结合经济高质量发展的内涵，本书所构建的经济高质量发展指标体系如表4.1所示。

表4.1　　经济高质量发展指标体系

一级指标	二级指标	三级指标	具体衡量指标
创新A1	创新投入	研发经费B1	R&D经费/GDP
		研发人员B2	规模以上高技术企业R&D活动人员折合全时当量
	创新产出	创新型企业B3	规模以上有R&D活动的高技术产业企业数/规模以上企业总数
		专利授权B4	专利申请授权数/人口
		技术市场B5	技术市场成交总额/人口

续表

一级指标	二级指标	三级指标	具体衡量指标
协调 A2	城乡协调	城乡居民可支配收入比 B6	城乡居民可支配收入比
	收入分配协调	劳动报酬占 GDP 比重 B7	就业人员工资总额/GDP
	空间结构协调	城镇化率 B8	城镇人口比例
	基础设施建设协调	交通基础设施差距 B9	公路密度
绿色 A3	能源利用效率	单位 GDP 能耗 B10	能源消费量/GDP
	污染物排放率	单位 GDP 废气排放量 B11	二氧化硫排放总量/GDP
		单位 GDP 工业固废排放量 B12	工业固体废物产生量/GDP
	生态环保治理	污染治理 B13	工业污染治理完成投资/GDP
开放 A4	外贸开放度	外贸依存度 B14	进出口总额/GDP
	投资开放度	外商投资 B15	FDI/GDP
		对外投资 B16	OFDI/GDP
	人员流动开放程度	国际交往 B17	国际旅游人数
共享 A5	公共服务	医疗保险覆盖率 B18	城镇基本医疗保险年末参保人数合计/总人口
		人均教育支出 B19	教育经费支出/总人口
	人民生活	失业率 B20	失业率
		社会保障和就业 B21	社会保障支出/一般公共预算支出

三 经济高质量发展指标体系的三种赋权方法

在经济高质量发展的测度中，为了体现新发展理念的共同指引作用，也为了方便后续实证分析时各个指标间的横向比较，本书将五个一级指标的权重均设置为20%。但针对各一级指标下的基础性指标，根据不同客观赋权方法进行设置。本章采用三种方法探讨了每个基础性指标的具体权重设置，最终选取确定比较科学合理且最符合现实的一套指标体系作为后续研究的基础。

首先，根据该指标对经济高质量发展是正向影响还是负向影响，判断该指标为正向指标还是逆向指标，如表4.2所示。其次，根据不同的公式进行标准化处理。最后，得到一组标准化的指标数据以便后续的赋权处理和计算指标得分。

表 4.2　经济高质量发展指标体系各指标正向逆向性

一级指标	二级指标	三级指标	指标正向逆向性
创新 A1	创新投入	研发经费 B1	正向指标
		研发人员 B2	正向指标
	创新产出	创新型企业 B3	正向指标
		专利授权 B4	正向指标
		技术市场 B5	正向指标
协调 A2	城乡协调	城乡居民可支配收入比 B6	逆向指标
	收入分配协调	劳动报酬占 GDP 比重 B7	正向指标
	空间结构协调	城镇化率 B8	正向指标
	基础设施建设协调	交通基础设施差距 B9	正向指标
绿色 A3	能源利用效率	单位 GDP 能耗 B10	逆向指标
	污染物排放率	单位 GDP 废气排放量 B11	逆向指标
		单位 GDP 工业固废排放量 B12	逆向指标
	生态环保治理	污染治理 B13	正向指标
开放 A4	外贸开放度	外贸依存度 B14	正向指标
	投资开放度	外商投资 B15	正向指标
		对外投资 B16	正向指标
	人员流动开放程度	国际交往 B17	正向指标
共享 A5	公共服务	医疗保险覆盖率 B18	正向指标
		人均教育支出 B19	正向指标
	人民生活	失业率 B20	逆向指标
		社会保障和就业 B21	正向指标

其中，城乡居民可支配收入比（B6）、单位 GDP 能耗（B10）、单位 GDP 废气排放量（B11）、单位 GDP 工业固废排放量（B12）、失业率（B20）共计五个三级指标为逆向指标，意味着经济高质量水平同这五个指标负相关，指标数值越低，相应新发展理念分项水平越高，经济高质量发展水平越高。

本书采用如下方法对指标进行正向化处理。

正向指标：

$$z_{ij}=\frac{x_{ij}-\min(x_{.j})}{\max(x_{.j})-\min(x_{.j})} \tag{4.1}$$

逆向指标：

$$z_{ij}=\frac{\max(x_{.j})-x_{ij}}{\max(x_{.j})-\min(x_{.j})} \tag{4.2}$$

式中：x_{ij} 为每项三级指标下某一省份某年的原始数据；z_{ij} 为各项三级指标经过标准化处理之后的数据。

（一）AHP 层次分析法赋权

AHP 层次分析法是一种将目标分解为多个层次，并在此基础上进行定性和定量分析的主观赋值评价方法。根据 AHP 层次分析法，将中国经济高质量发展的评价指标体系分为准则层（一级指标）、目标层（二级指标）、指标层（三级指标）三个不同层次。准则层的五个一级指标按照前文所述已经采用均等赋权法，因此本章研究只需要测算目标层和指标层的权重。在 AHP 层次分析法中，判断矩阵是指标赋权判断的核心，根据统计学的相关理论，可采用九级分制法确定任意两个因素的重要性程度之比，九级分制法如表 4.3 所示。

表 4.3　　　　　　　　　　九级分制法

因素 i 比因素 j	量化值
同等重要	1
稍微重要	3
比较重要	5
强烈重要	7
极端重要	9
两相邻判断的中间值	2，4，6，8

经过充分收集理论和实践领域的各位专家的意见，并将多位专家的打分取平均值得出判断矩阵，再求出判断矩阵的特征向量 W 和最大特征值 $\lambda_{\max}$，即可得到各指标对应的权重（表 4.4）。根据 AHP 层次分析法赋权的结果：一是指标研发人员（B2）在创新发展指标中的占比最高，达到了 37.50%；研发人员（B2）采取的是规模以上高技术企业

R&D活动人员数量并折合成全时当量（人/年），研发人员（B2）在创新中的权重最高也说明了研发人才在创新中的重要作用。二是城乡居民可支配收入比（B6）在协调发展指标中起决定作用，其权重高达59.00%，这说明城乡经济协调发展，最重要的是需要解决城乡收入发展差距过大的问题。三是绿色发展指标中，污染治理（B13）指标被赋予的权重最高，达到48.00%，说明环境污染治理对绿色发展的重要性。四是在开放发展总指标中，外贸依存度（B14）的占比最高，达到了52.00%，说明进出口贸易依然是衡量对外开放的最重要指标。五是在共享发展中的各三级指标，权重同等重要。

表4.4　　　　　　　　AHP层次分析法权重　　　　　　　单位：%

一级指标	二级指标	三级指标	权重
创新A1 （20%）	创新投入	研发经费B1	12.50
		研发人员B2	37.50
	创新产出	创新型企业B3	32.00
		专利授权B4	5.00
		技术市场B5	13.00
协调A2 （20%）	城乡协调	城乡居民可支配收入比B6	59.00
	收入分配协调	劳动报酬占GDP比重B7	12.00
	空间结构协调	城镇化率B8	23.00
	基础设施建设协调	交通基础设施差距B9	6.00
绿色A3 （20%）	能源利用效率	单位GDP能耗B10	30.00
	污染物排放率	单位GDP废气排放量B11	11.00
		单位GDP工业固废排放量B12	11.00
	生态环保治理	污染治理B13	48.00
开放A4 （20%）	外贸开放度	外贸依存度B14	52.00
	投资开放度	外商投资B15	20.00
		对外投资B16	20.00
	人员流动开放程度	国际交往B17	8.00
共享A5 （20%）	公共服务	医疗保险覆盖率B18	25.00
		人均教育支出B19	25.00
	人民生活	失业率B20	25.00
		社会保障和就业B21	25.00

注：表中权重数据根据专家打分的判断矩阵得到。

（二）PCA 主成分分析法赋权

进行统计分析时，往往面对的是大量数据变量，每个数据变量往往只反映研究目标的单个或多个方面的不完全特性，不可避免的是统计数据往往存在冗余现象，即变量间反映的信息重叠，体现在数学形式上就是数个变量间存在相关性，这会极大增加统计分析的成本和难度。PCA 主成分分析法通过正交变换将原本可能存在线性相关性的变量转换成一组新的线性无关变量，实现数据降维。通过 PCA 主成分分析法可以去除冗余信息，抓住问题关键从而降低分析成本。根据 PCA 主成分分析方法的降维原理，选出的主成分指标的累积方差贡献率越高越好。本书采用 PCA 主成分分析法，并运用 SPSS 软件，确定经济高质量发展指标体系的权重，结果如表 4.5 所示。

表 4.5　　　　　　PCA 主成分分析法权重　　　　　　单位：%

一级指标	二级指标	三级指标	权重
创新 A1（20%）	创新投入	研发经费 B1	20.61
		研发人员 B2	24.63
	创新产出	创新型企业 B3	17.02
		专利授权 B4	24.34
		技术市场 B5	13.40
协调 A2（20%）	城乡协调	城乡居民可支配收入比 B6	15.76
	收入分配协调	劳动报酬占 GDP 比重 B7	35.84
	空间结构协调	城镇化率 B8	36.03
	基础设施建设协调	交通基础设施差距 B9	12.37
绿色 A3（20%）	能源利用效率	单位 GDP 能耗 B10	28.90
	污染物排放率	单位 GDP 废气排放量 B11	26.21
		单位 GDP 工业固废排放量 B12	20.17
	生态环保治理	污染治理 B13	24.72
开放 A4（20%）	外贸开放度	外贸依存度 B14	24.53
	投资开放度	外商投资 B15	27.39
		对外投资 B16	33.42
	人员流动开放程度	国际交往 B17	14.66

续表

一级指标	二级指标	三级指标	权重
共享 A5 (20%)	公共服务	医疗保险覆盖率 B18	32.95
		人均教育支出 B19	17.17
	人民生活	失业率 B20	24.02
		社会保障和就业 B21	25.86

资料来源：笔者根据 EPS 数据库的数据，经 SPSS 处理得到。

由表 4.5 中数据可知，研发人员（B2）、专利授权（B4）的权重均达 24% 以上，在创新发展指标中的占比最高；劳动报酬占 GDP 比重（B7）、城镇化率（B8）在协调发展指标中起重要作用，其权重分别为 35.84%、36.03%；绿色发展指标中各三级指标重要程度基本相当，单位 GDP 能耗（B10）占比稍高，达到 28.90%；对外投资（B16）、医疗保险覆盖率（B18）分别在开放发展指标和共享发展中的权重最高，分别为 33.42% 和 32.95%。由此可见，选用不同的权重计算方法所得出的指标体系的赋权结果也不尽相同。

（三）熵值法赋权

熵值法是一种客观赋权统计方法。在热力学中，熵被用于度量体系的无序度，而在信息论中，熵被用于衡量信息的不确定性。熵越大，说明信息量越少，信息越无序，信息价值越小。计算指标的权重，首先要计算指标的信息熵，根据指标的相对变动对系统整体的影响决定该指标的权重，影响越大的指标，其信息熵越小，信息权重越高，反之权重越低。运用熵值法计算权重的具体步骤如下。

（1）计算各指标的特征比重：

$$p_{ij} = \frac{x'_{ij}}{\sum_{i=1}^{n} x_{ij}} \tag{4.3}$$

（2）计算熵值 e_j：

$$e_j = -\frac{1}{\ln n} \sum_{i=1}^{n} p_{ij} \ln(p_{ij}), \ 0 \leqslant e_j \leqslant 1 \tag{4.4}$$

（3）计算差异性系数 g_j：

$$g_j = 1 - e_j \tag{4.5}$$

(4) 计算指标权重 W_j：

$$W_j = \frac{g_j}{\sum_{i=1}^{m} g_j} \tag{4.6}$$

经过上述计算，依据熵值法赋权的中国经济高质量发展的指标体系的各指标权重如表 4.6 所示。其中，创新发展指标中的技术市场（B5）权重最高，为 42.57%；协调发展指标中的劳动报酬占 GDP 比重（B7）、城镇化率（B8）均超过 30%；而污染治理（B13）在绿色发展指标中起决定性作用，其占比高达 62.72%；在开放发展指标中，外贸依存度指标（B14）所赋权重最高，为 32.72%；人均教育支出（B19）在共享发展指标中的权重最高为 42%。

表 4.6　　　　　　　　　　熵值法权重　　　　　　　　　单位：%

一级指标	二级指标	三级指标	权重
创新 A1 (20%)	创新投入	研发经费 B1	11.09
		研发人员 B2	15.15
	创新产出	创新型企业 B3	10.12
		专利授权 B4	21.06
		技术市场 B5	42.57
协调 A2 (20%)	城乡协调	城乡居民可支配收入比 B6	12.59
	收入分配协调	劳动报酬占 GDP 比重 B7	32.19
	空间结构协调	城镇化率 B8	30.28
	基础设施建设协调	交通基础设施差距 B9	24.94
绿色 A3 (20%)	能源利用效率	单位 GDP 能耗 B10	15.45
	污染物排放率	单位 GDP 废气排放量 B11	12.21
		单位 GDP 工业固废排放量 B12	9.62
	生态环保治理	污染治理 B13	62.72
开放 A4 (20%)	外贸开放度	外贸依存度 B14	32.72
	投资开放度	外商投资 B15	17.46
		对外投资 B16	28.52
	人员流动开放程度	国际交往 B17	21.30

续表

一级指标	二级指标	三级指标	权重
共享 A5 （20%）	公共服务	医疗保险覆盖率 B18	21.99
		人均教育支出 B19	42.00
	人民生活	失业率 B20	17.08
		社会保障和就业 B21	18.94

注：由于四舍五入的原因，权重合计有可能不完全等于100%。
资料来源：笔者根据EPS数据库的数据，采用熵值法处理得到。

第三节　经济高质量发展指标测度结果分析

一　中国经济高质量发展指数的计算

在确定了经济高质量发展指标体系中各指标的权重之后，可以将标准化后的各三级指标原始数据代入其中进行赋权加总，最后可以得到中国30个省（自治区、直辖市）的创新、协调、绿色、开放、共享的发展指数。本书分别测算了以三种不同方法赋权的指标体系，得到中国30个省（自治区、直辖市）2009—2020年的经济高质量发展指数。

（一）AHP层次分析法赋权的经济高质量发展指数

基于AHP层次分析法赋权进行计算，所获得的经济高质量发展指数如表4.7所示。

表4.7　　AHP层次分析法赋权的经济高质量发展指数

年份 省份	2009年	2010年	2011年	2012年	2013年	2014年	2015年	2016年	2017年	2018年	2019年	2020年
北京	74.14	71.52	71.92	70.90	70.06	69.74	65.90	66.34	67.16	64.85	66.55	57.84
天津	50.55	52.14	51.73	48.16	48.45	50.95	51.45	49.57	46.80	47.79	50.00	48.02
河北	23.89	22.48	26.42	25.34	26.30	26.19	26.84	27.73	29.54	36.25	33.19	31.89
山西	32.74	27.95	29.55	28.39	28.50	22.34	23.71	21.31	31.89	28.71	31.98	33.10
内蒙古	24.20	21.03	29.01	23.98	27.64	24.59	25.19	21.14	28.03	24.63	24.22	26.00
辽宁	41.16	40.18	39.06	38.57	37.30	34.56	30.98	31.16	31.68	32.50	33.11	41.35
吉林	33.68	30.54	31.98	29.32	29.46	29.62	29.20	27.85	28.02	30.50	33.72	33.47

续表

年份 省份	2009年	2010年	2011年	2012年	2013年	2014年	2015年	2016年	2017年	2018年	2019年	2020年
黑龙江	35.15	31.53	35.12	32.57	34.00	30.91	30.41	28.96	30.51	31.28	30.25	32.72
上海	62.36	60.08	57.50	57.74	53.73	54.73	55.99	59.28	58.12	53.28	57.05	49.22
江苏	48.61	47.92	46.83	45.88	44.43	43.70	44.18	44.78	46.99	46.33	47.20	46.21
浙江	45.59	45.81	43.61	43.95	46.22	46.30	46.84	47.66	47.86	47.27	47.85	47.80
安徽	26.60	26.96	27.12	27.58	31.34	28.87	29.22	30.74	31.45	35.13	39.17	40.48
福建	33.75	33.13	31.97	31.86	32.47	31.41	33.17	30.50	33.87	32.87	33.36	33.54
江西	28.64	29.02	29.66	28.03	28.36	27.21	27.58	28.90	33.16	35.95	38.82	37.91
山东	35.56	35.46	36.62	35.51	34.81	34.20	37.68	37.00	39.23	36.44	39.34	38.89
河南	26.78	26.30	28.41	27.83	28.95	27.72	28.60	30.23	35.61	33.90	35.62	35.11
湖北	33.05	31.75	30.46	29.80	31.62	31.69	30.91	32.72	35.71	34.49	35.68	36.34
湖南	31.81	26.21	26.93	26.91	26.47	24.97	25.52	24.99	29.19	30.46	32.99	33.76
广东	50.37	51.18	49.14	49.30	50.76	50.46	48.81	50.09	49.95	49.25	50.59	46.51
广西	20.06	17.84	19.12	17.97	18.56	20.41	26.32	21.28	28.00	27.59	28.78	28.52
海南	36.83	38.32	43.00	39.76	38.75	38.54	34.60	35.69	38.97	37.67	36.87	34.23
重庆	29.44	30.86	33.56	35.36	35.24	35.32	33.76	33.96	34.26	35.53	37.03	32.78
四川	24.99	24.93	26.65	25.20	26.73	26.02	24.49	27.07	29.64	31.54	32.11	33.62
贵州	11.69	12.14	15.62	13.77	13.42	12.66	13.50	12.79	13.57	18.99	20.61	24.59
云南	17.75	19.71	20.82	22.62	19.99	18.52	19.29	16.74	21.56	20.60	22.08	22.78
陕西	29.47	34.19	30.00	30.14	28.99	25.80	26.40	25.17	25.40	29.35	32.94	32.68
甘肃	23.67	25.87	24.13	30.39	22.70	18.31	15.03	17.00	20.51	19.02	19.08	20.19
青海	21.96	18.24	21.78	19.98	16.64	15.29	17.11	17.35	17.36	17.48	23.78	21.32
宁夏	22.24	20.75	21.26	26.62	28.35	29.06	28.45	27.56	24.41	22.04	22.40	28.52
新疆	30.66	26.57	25.88	21.62	22.57	21.40	20.78	19.60	20.22	22.40	25.36	25.34
全国	33.58	32.69	33.49	32.84	32.76	31.72	31.64	31.50	33.62	33.80	35.39	35.17

资料来源：笔者根据EPS数据库的数据赋权处理得到。

2009—2020年，全国经济高质量指数呈增长趋势，从2009年的33.58增长到2020年的35.17，说明中国经济发展质量总体呈现不断提高的态势。分地区来看，具有以下特征。

第一，2009—2020年，北京、上海、天津、江苏、广东等省份的经济高质量发展指数高于其他省份，这也是中国经济发展水平相对较高的地区。经济发达地区在创新、协调、绿色、开放、共享等方面的综合发展处于全国领先地位。

第二，其间，安徽省和贵州省的经济高质量指数增加幅度领先全国，分别增加了13.88和12.9。其中，处于中部地区的安徽省，其经济高质量发展指数在此区间实现大幅度弯道超车，除了前期基数较低的原因，根本原因还是大力依靠创新、绿色发展驱动。在创新发展方面，近年来安徽省深刻落实"创新是发展的第一动力"理念，将科学技术作为引领经济高质量发展的重要动力，坚持高水平自立自强，打造科技创新中心，将自主研发作为实现高质量发展的前沿阵地。截至2022年4月，安徽省共拥有216家国家级研发平台，171家省重点实验室，500余家省级以上工程技术研究中心。为充分释放科研人员与企业创新活力，安徽省还开展了新一轮创新改革试验，省内先行试点科研经费"包干制"、科技成果赋权改革等。在绿色发展方面，安徽省以"绿水青山就是金山银山"发展理念为指导，大力扶持低碳清洁、环保节能产业，推进低端制造业向高质量绿色制造业转型升级，统筹推进生态文明建设与经济高质量发展。截至2022年8月，安徽省拥有国家级绿色工厂129家、绿色设计产品400余种。

同样，贵州的经济高质量发展指数在此期间也实现了大幅度的追赶，尤其是2018年以后其经济高质量指数不断攀升。2016年，贵州省设立内陆开放型经济试验区，成为探索内陆地区开放经济发展示范新高地，依靠扩大国内国际交流合作，对接"一带一路"倡议，形成内外协调联动、东西互促的开放新格局。值得一提的是，贵州还大力推进海陆空全方位交通网络的建设，是中国首个实现"县县通高速"的西部地区省份，这为贵州打通开放通道，形成开放新格局提供了重要支撑。

第三，受新冠疫情的影响，大多数地区2020年的经济高质量发展指数都有所下降。新冠疫情的冲击在使经济增长速度放缓的同时，对扩大对外开放、产业协调发展、缩小收入差距等经济质量方面也产生了不利的冲击。

(二) PCA主成分分析法赋权的经济高质量发展指数

基于PCA主成分分析法赋权进行计算，所获得的经济高质量发展指数如表4.8所示。

表 4.8　PCA 主成分分析法赋权的经济高质量发展指数

年份 省份	2009年	2010年	2011年	2012年	2013年	2014年	2015年	2016年	2017年	2018年	2019年	2020年
北京	77.40	75.72	75.64	74.63	77.05	78.65	75.17	76.35	76.36	73.48	75.29	69.36
天津	52.21	54.11	53.64	50.89	51.43	55.07	53.23	55.80	49.74	49.09	52.25	53.53
河北	22.47	20.56	24.08	24.35	25.07	24.90	25.05	29.29	30.08	33.46	33.54	33.56
山西	28.41	23.42	26.97	27.10	27.36	23.34	23.12	21.86	29.99	27.05	29.33	31.02
内蒙古	22.17	18.62	25.16	23.11	25.59	24.23	23.29	22.08	27.24	23.17	22.74	23.63
辽宁	42.80	43.08	41.26	42.00	40.07	38.47	33.71	33.45	34.46	34.38	37.50	
吉林	34.53	29.89	31.12	29.00	30.47	29.80	29.63	29.04	28.44	32.31	34.21	35.67
黑龙江	34.69	30.72	33.47	32.61	33.63	31.65	30.31	30.25	31.89	31.73	29.85	30.83
上海	67.97	64.94	62.14	62.65	59.59	61.14	62.98	65.93	62.76	59.14	62.77	59.01
江苏	48.32	48.66	48.29	47.84	46.18	45.52	45.22	45.74	48.22	47.02	47.73	48.48
浙江	48.96	51.02	46.83	48.56	49.96	50.10	49.10	51.12	50.27	49.46	48.86	48.88
安徽	28.34	30.40	30.28	31.19	33.52	31.84	32.04	33.52	33.82	39.35	42.72	43.56
福建	35.20	34.49	33.68	33.78	33.41	32.98	34.19	33.03	37.27	35.76	35.49	36.41
江西	28.10	28.24	29.26	28.80	28.82	28.80	28.82	30.56	35.25	37.30	40.39	40.27
山东	35.11	35.45	35.55	35.73	36.14	35.53	39.35	39.58	40.55	38.13	39.77	40.73
河南	27.63	27.27	29.16	29.55	30.45	29.94	29.48	31.63	37.86	36.36	37.11	37.04
湖北	32.72	31.35	32.19	31.76	32.99	33.51	32.86	34.90	38.98	37.40	38.41	38.20
湖南	35.51	27.68	29.19	29.31	28.53	27.87	27.92	28.39	33.51	34.52	37.09	37.87
广东	51.47	51.84	50.94	51.17	53.21	54.09	51.85	53.39	52.92	51.89	53.54	51.70
广西	22.62	20.88	22.45	21.80	22.19	22.57	24.64	23.57	31.42	30.08	31.21	31.26
海南	38.44	41.36	45.14	40.06	41.79	40.24	36.09	36.38	41.32	40.73	41.11	38.25
重庆	32.82	34.21	38.25	40.45	40.04	40.53	39.33	39.92	39.21	39.95	41.01	37.00
四川	25.92	26.58	28.48	27.76	29.15	28.88	27.61	30.42	32.95	34.45	34.33	34.95
贵州	12.32	12.00	16.73	16.12	17.19	16.75	17.81	18.18	17.93	24.46	26.23	28.35
云南	23.93	23.50	23.31	26.20	24.05	23.45	23.32	21.08	27.40	25.20	26.29	25.59
陕西	32.44	33.18	31.57	32.60	32.28	30.69	30.57	31.05	30.23	34.91	37.53	36.53
甘肃	24.15	24.24	25.13	32.31	25.89	23.07	23.01	27.45	25.30	26.07	27.85	
青海	22.17	19.76	20.52	19.44	16.48	15.00	15.95	16.73	19.64	18.43	23.56	23.56
宁夏	19.15	15.76	17.21	23.44	24.35	26.13	25.89	24.29	21.65	18.82	19.27	25.12
新疆	30.99	27.64	24.73	21.27	21.64	21.35	21.37	20.86	20.29	22.16	25.11	25.77
全国	34.63	33.55	34.41	34.52	34.62	34.21	33.68	34.39	36.27	36.19	37.57	37.72

资料来源：笔者根据 EPS 数据库的数据赋权处理得到。

第一,从全国层面来看,2009—2020年全国平均经济高质量指数呈现总体上升的趋势,与AHP层次分析法得到的经济高质量发展指数变化趋势一致。这是中国30个省(自治区、直辖市)的高技术产业快速发展、产业布局协同优化、倡导绿色低碳转型、加快对外开放、促进共享发展所取得的成效。

第二,北京、上海、天津、江苏等省份依然是全国经济高质量发展领先的区域。其中,北京市的经济高质量指数连续12年居各省份排名的首位,与AHP层次分析法得出的结果类似,说明北京经济高质量发展一直处于全国的前列。

第三,贵州和安徽依然是经济高质量发展指数增长趋势最为明显的省份。根据PCA主成分分析法,贵州省的经济高质量发展指数从2009年的12.32增长至2020年的28.35,增长了16.03,增幅为全国之最;而安徽省的经济高质量发展指数从2009年的28.34增长到2020年的43.56,增长了15.22。

(三)熵值法赋权的经济高质量发展指数

熵值法赋权的经济高质量发展指数如表4.9所示。

表4.9　　　　　　熵值法赋值的经济高质量发展指数

年份省份	2009年	2010年	2011年	2012年	2013年	2014年	2015年	2016年	2017年	2018年	2019年	2020年
北京	72.45	71.47	71.08	70.49	72.50	73.77	70.28	70.69	71.01	68.75	70.35	63.36
天津	47.11	48.73	47.84	44.43	43.76	46.82	47.55	45.88	41.25	42.60	46.27	46.37
河北	17.82	16.67	20.39	19.44	20.58	20.54	22.09	21.32	23.61	32.97	27.88	25.47
山西	31.90	26.22	27.80	26.64	26.72	19.80	22.74	19.27	31.12	27.34	30.54	31.16
内蒙古	20.92	18.47	22.71	21.42	25.89	23.06	24.52	19.00	26.46	22.96	21.75	21.69
辽宁	35.51	35.94	33.14	33.60	31.60	30.00	26.88	26.04	26.00	26.63	27.44	32.00
吉林	27.38	23.67	24.14	21.96	22.81	22.15	22.97	21.29	21.78	23.44	26.20	27.24
黑龙江	27.19	23.41	26.63	24.20	26.04	23.38	24.34	22.35	23.47	23.70	21.78	23.07
上海	60.59	58.55	55.09	55.80	52.23	54.29	56.77	58.97	57.81	53.63	58.71	51.91
江苏	39.28	39.61	40.02	39.52	37.03	35.68	36.22	35.92	37.54	39.00	39.07	39.55
浙江	40.33	41.80	38.46	40.04	40.43	39.92	40.30	40.50	40.15	40.43	40.33	41.50

续表

年份省份	2009年	2010年	2011年	2012年	2013年	2014年	2015年	2016年	2017年	2018年	2019年	2020年
安徽	21.57	22.94	22.93	23.88	26.75	23.38	24.28	25.62	26.34	30.25	33.61	34.80
福建	27.74	27.91	26.69	27.55	26.80	25.68	28.73	25.18	27.93	27.99	27.59	29.06
江西	20.19	21.16	21.66	20.55	21.30	20.70	21.55	21.87	25.34	28.55	31.61	30.15
山东	29.73	30.54	31.70	30.99	30.05	29.50	33.14	31.97	34.83	32.30	35.55	34.52
河南	21.32	21.03	23.38	22.44	23.84	22.92	22.74	24.41	29.42	27.91	29.29	27.10
湖北	27.01	26.76	24.41	24.45	25.19	25.26	24.96	26.87	29.36	28.56	29.65	30.48
湖南	27.25	21.54	21.82	22.27	20.89	19.60	20.51	19.62	23.04	24.25	26.31	26.02
广东	41.93	42.77	40.89	41.30	42.96	43.44	41.73	42.67	42.67	42.51	44.28	40.87
广西	18.10	16.84	17.11	15.98	16.45	16.20	20.37	16.96	22.15	21.68	22.67	21.91
海南	27.17	30.11	35.60	32.64	31.64	30.25	25.92	25.95	31.58	30.27	31.05	29.44
重庆	26.51	28.47	29.96	31.54	31.25	31.49	30.44	30.65	30.13	31.46	32.33	28.96
四川	18.85	19.45	21.49	20.04	21.00	20.63	19.26	21.87	22.99	25.12	25.12	26.94
贵州	13.89	13.40	18.21	16.67	15.87	13.93	14.88	13.51	13.88	18.95	20.70	25.11
云南	19.82	20.59	20.15	23.47	19.33	17.81	19.51	16.18	20.27	19.99	20.92	21.07
陕西	28.13	32.54	28.29	29.11	27.37	24.42	25.99	24.03	24.16	27.95	32.05	30.65
甘肃	23.38	26.32	23.52	32.63	22.11	18.20	15.09	17.51	20.97	19.70	19.78	21.31
青海	21.61	16.97	22.09	19.31	15.45	15.74	18.41	17.66	16.09	16.89	22.46	18.62
宁夏	20.74	18.96	19.10	25.28	27.68	29.30	29.29	27.81	23.43	21.56	20.95	27.49
新疆	29.14	23.87	22.46	18.34	19.72	18.84	19.55	17.38	18.05	21.77	22.66	21.26
全国	29.49	28.89	29.46	29.20	28.84	27.89	28.37	27.61	29.43	29.90	31.30	30.97

资料来源：笔者根据EPS数据库的数据赋权处理得到。

根据熵值法赋权的结果，从全国层面来看，2009—2020年的全国平均经济高质量发展指数同样呈现上升的态势。其间，北京、上海、天津、浙江、江苏等发达省份的经济高质量发展指数依然处于全国前列。其中，北京经济高质量发展指数处于全国最高水平。安徽省2020年的经济高质量发展指数数据值较2009年增长13.23，增长幅度最大；贵州的经济高质量发展指数从2009年全国最低水平的13.89上升至2020年25.11，增长幅度非常明显。以上结果也均与前面两种方法得出的结论一致，说明测度结果的稳健性。

可见，用上述三种赋权方法所得出的中国经济高质量发展指数在总体趋势上大致重合，结论相对稳健。三种方法构建的经济高质量发展指数的变化趋势如图4.9所示。从全国层面来讲，三种全国平均经济高质量发展指数在2009—2015年稳中略有下降，2016—2019年开始企稳回升，但在2020年又有所下降。从历史事件的角度来看，为了应对国际金融危机导致的负面效应，2009年以来中国实施了积极的财政扩张政策与货币宽松政策，尽管带来了中国经济的快速回升，但也带来了产能过剩、环境污染、城乡差距过大、外部不确定性增大等问题，从而不利于经济高质量发展。2016年以来，国家加快推进供给侧结构性改革，在"三去一降一补"的作用下，低端过剩产能问题得到较好的解决，高端产业供给得到明显提升，有利于推动经济高质量发展。2020年新冠疫情给全国造成了新一轮剧烈经济冲击，全国经济出现了季度负增长，供给侧的产业链、供应链、供给结构均受到不利影响，全球贸易和开放受到限制，且需求侧的居民消费习惯、模式、理念也受到影响，出现消费增速下降、消费分层等现象，不利于经济高质量发展。

年份	2009	2010	2011	2012	2013	2014	2015	2016	2017	2018	2019	2020
熵值法	29.49	28.89	29.46	29.20	28.84	27.89	28.37	27.61	29.43	29.90	31.30	30.97
PCA主成分分析法	34.63	33.55	34.41	34.52	34.62	34.21	33.68	34.39	36.27	36.19	37.57	37.72
AHP层次分析法	33.58	32.69	33.49	32.84	32.76	31.72	31.64	31.50	33.62	33.80	35.39	35.17

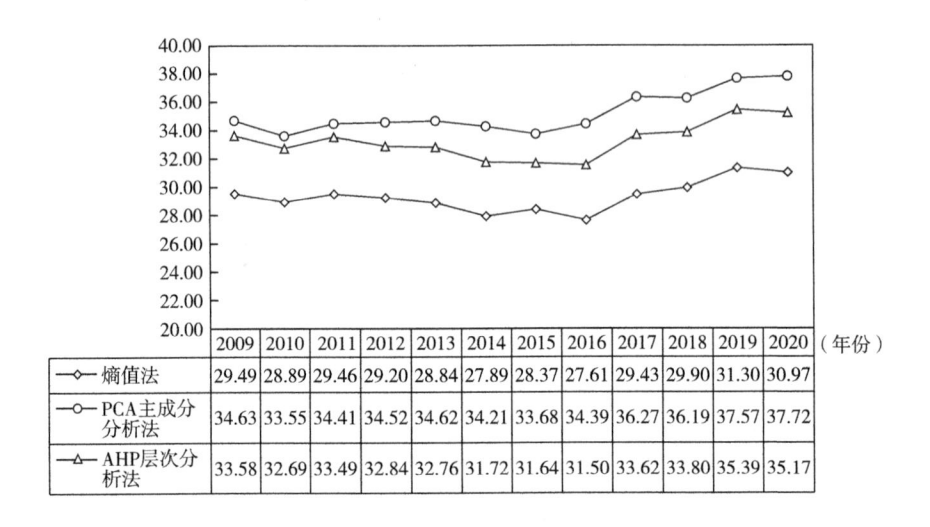

图4.9 三种方法构建的全国经济高质量发展指数

资料来源：原始数据来源于EPS数据库，图中数据通过AHP层次分析法、PCA主成分分析法、熵值法赋权得到。

当然，对于三种指数赋权方法而言，其均有优缺点。

第一，AHP层次分析法赋权时主要依赖所咨询的专家多年的经验和知识储备，优点是简单易操作。但AHP层次分析法赋权的缺点是过分依赖专家意见，有很大的主观性。尽管AHP层次分析法在数据处理过程中的各判断矩阵均通过一致性检验，在理论逻辑上没有问题，但难以说明在现实中各指标是否具有设定的大小关系，主观可操纵性较大，可能会影响评价结果的精准性。

第二，PCA主成分分析法赋权的原理是，通过在一组指标中选出最能代表该组指标的主成分，然后再根据各指标与主成分的关系计算出相对应的权重。在运用PCA主成分分析法选出创新、协调、绿色、开放、共享各组指标中的主成分指标时，只有创新（A1）、协调（A2）和绿色（A3）三组指标中的累积方差贡献率达到80%，而开放（A4）和共享（A5）的主成分累积方差贡献率分别为72%和67%，表明开放（A4）和共享（A5）两组主成分指标可能没有充分反映该组指标的原始数据信息。

第三，熵值法赋权是根据各组指标的离散程度设置权重的客观赋权方法，从数据内部的客观联系出发在一定程度上摆脱了主观判断的影响，相比其他两种方法具有一定的优势。因此，在三种指标体系中，本章最终选择熵值法所计算的经济高质量发展指数作为后续分析的基础。

二 中国经济高质量发展指数分析

（一）全国整体经济高质量发展指数分析

为了更好地研究中国30个省（自治区、直辖市）经济高质量发展水平的空间差异和演变趋势，借鉴朱彬（2020）的方法，计算出中国2009—2020年的经济高质量发展的离散系数来反映中国30个省（自治区、直辖市）经济发展质量的差异。

经济高质量发展离散系数的计算公式为

$$V_i = \frac{\sigma_i}{\bar{x}_i} \tag{4.7}$$

式中，V_i为第i年的离散系数；σ_i、$\bar{x}_i$分别为第i年中国30个省（自治区、直辖市）经济高质量发展指数的标准差和均值。经过计算，2009—2020年全国高质量发展及其离散系数如图4.10所示。

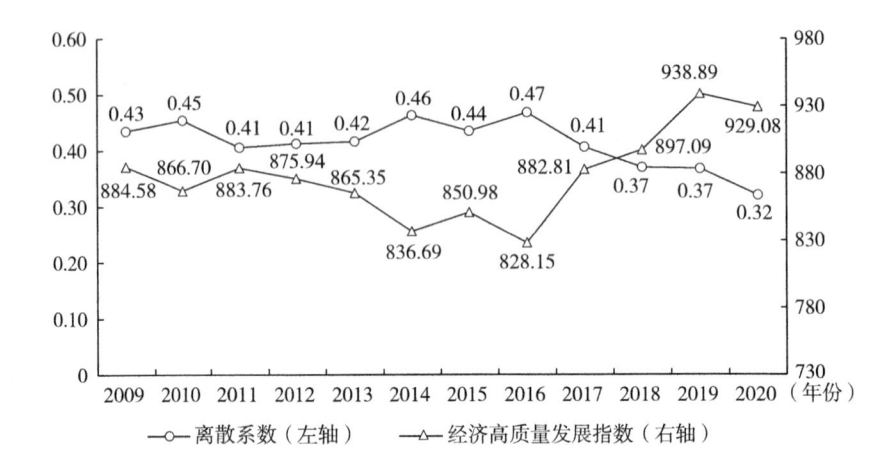

图 4.10 离散系数和经济高质量发展指数变化

资料来源：熵值法所得经济高质量发展指数；下同。

根据上述计算方法，图 4.10 展示了熵值法赋权所得的经济高质量发展指数。从图 4.10 中可以看出，中国整体的经济高质量发展水平总体保持增长，尽管在 2009—2016 年呈波动下降趋势，但 2016 年后中国经济高质量指数不断攀升。同时我们可以发现，2016 年以后经济高质量发展离散系数不断下降，与经济高质量发展指数相比在一定程度上保持相反走势。经济高质量发展离散系数上升，说明各区域的经济发展质量的差异程度加大，不符合经济高质量发展的内涵和要求，因此全国经济高质量发展指数也呈现下滑趋势。以上全国经济高质量指数与离散系数的走势说明本章构建的指标体系符合客观现实，具有较强的科学性与合理性。

（二）全国各分项经济高质量发展指数分析

为了更具体地研究全国经济高质量发展指数的空间变化，下面从创新、协调、绿色、开放、共享五个分项指数（各分项指数均为原始数据）角度分析。

1. 创新发展

在经济高质量发展指数中，创新发展指数呈现先下降后上升的态势，如图 4.11 所示。创新发展指数在 2009—2010 年平稳增长，到 2011 年出现一定程度的下降，2012 年之后一直保持稳定增长趋势。2008 年以来，国际金融危机对中国的负向冲击作用凸显，国家采取了财政、货币刺激政策和大量的投资加以应对，并带来中国经济企稳回升的明显效果。但是，此后经济增长动能转换变缓和低端产能过剩等问题凸显，创新发展有所减缓。2012年以来，中国经济进入新常态，经济增长速度从高速转向中高速，且经济增长模式从数量扩张型转向质量效益型。技术革新的方式开始从以引进式为主转向以自主创新为主，在一定程度上带来了中国创新发展水平的稳步上升。创新对于经济发展动能转换的作用不断提升，且创新发展质量总体上是不断增强的。根据相关的统计数据，当前的创新发展态势较好。截至2022年上半年，中国高技术制造业增加值同比增速为9.6%，高技术产业投资总额较上年增长了20%，保持较好增长势头。但值得注意的是，当前中国创新能力与发达国家还存在差距，高新科技对经济发展拉动力有限，创新成果转化率较低，未来需坚持自力更生，加强自主研发，突破发达国家对中国的核心技术封锁"瓶颈"，从而更好地引领经济高质量发展。

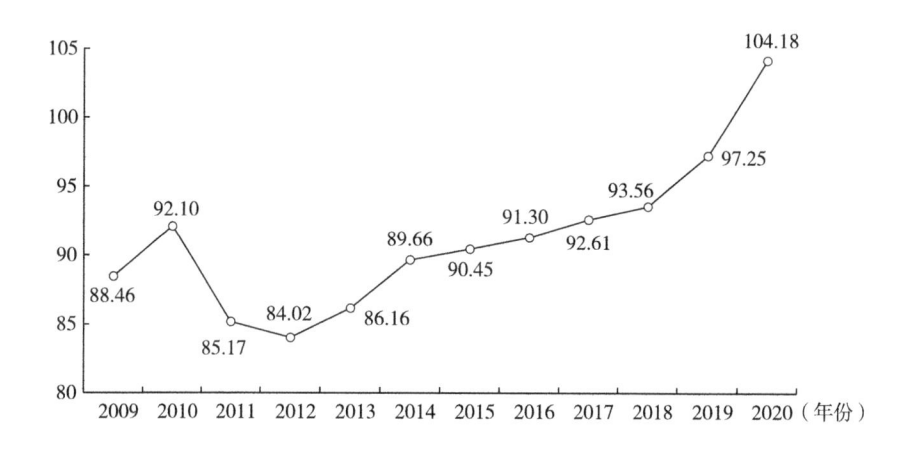

图4.11 中国创新指数趋势

2. 协调发展

在经济高质量发展指数中，2009—2020年的协调发展指数总体呈现波动变化趋势，如图4.12所示。中国的协调发展指数于2009—2018年处于波动下降阶段，而在2018年之后处于明显上升的阶段。前期中国的城乡收入差距、东西发展差距、南北发展差距比较明显，不利于区域经济协调发展，而随着脱贫攻坚不断取得明显成效、区域协调发展战略的纵深推进，经济协调发展取得长足的进步，呈现稳步增长的趋势，这说明中国在未来的经济发展过程中需要大力加强协调发展力度，弥补前期发展缓慢的问题。

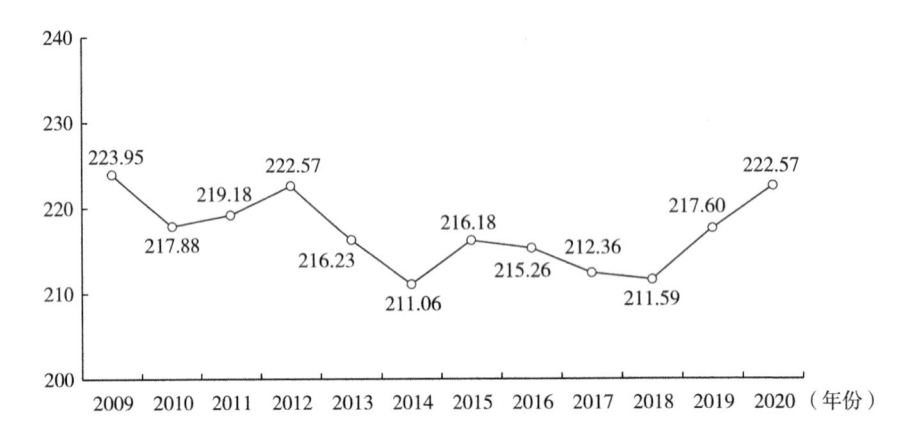

图 4.12　中国协调指数趋势

3. 绿色发展

在经济高质量发展指数中，全国绿色发展指数波动明显，但总体呈上升的态势，如图 4.13 所示。在 2016 年以前，绿色发展指数有波动下降的趋势，而在 2016 年之后一直保持着稳定上升的良好趋势。2016—2020 年，全国绿色发展指数共增长了 64.73，增幅达到 28.6%。自 2016 年开始，中国不断深化供给侧结构性改革，加强重点领域污染防治工作，高污染、高排放行业的规模和比重不断下降，绿色产业不断发展，在提升经济发展质量方面做出了重要贡献。

4. 开放发展

在经济高质量发展指数中，全国开放发展指数总体波动上升，但受新冠疫情影响，开放发展指数在 2020 年出现较大幅度的下降，如图 4.14 所示。当前，全球经济衰退，国际贸易环境错综复杂，各国经济政策不确定性加大，加上逆全球化的思潮泛起，这些客观事实都不利于中国商品、服务与技术的进出口贸易以及跨国人才的交流，不利于中国进一步提高开放发展水平。因此，未来我们需要加快构建经济"双循环"新格局，贯彻"高质量引进来、高水平走出去"理念，继续坚持对内深化改革和对外扩大开放相结合，提升开放格局的深度、广度与层次。

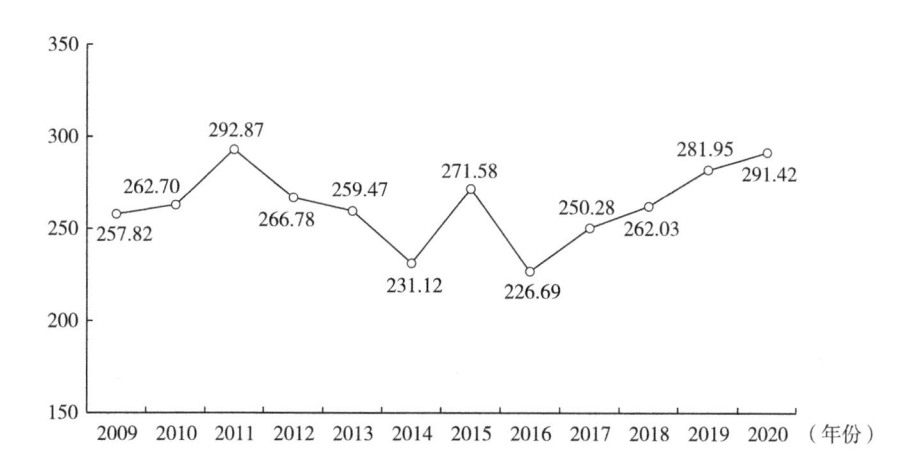

图 4.13 中国绿色指数趋势

图 4.14 中国开放指数趋势

5. 共享发展

2009—2020 年的共享发展指数总体呈波动上升的态势，2009—2020 年全国共享指数增长 35.97，增长幅度约 22.2%，如图 4.15 所示。中国经济的共享发展情况表现良好。具体而言，2009—2013 年共享发展处于波动阶段，2013—2016年则处于缓慢下降阶段，共享水平改善有限。2016—2020年，共享发展指数处于缓慢上升阶段。总体上，中国的共享发展水平呈现波动上升趋势，但前期表现并不稳定。因此，中国未来需要进一步实施有利于共享发展的战略和具体政策，在经济共享方面取得更大的成绩，助推经济高质量发展。

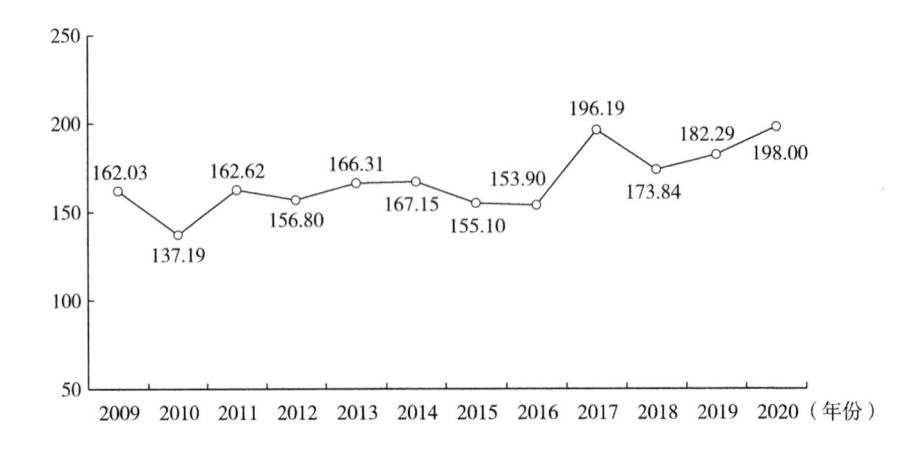

图4.15 中国共享指数趋势

（三）各省份总体经济高质量发展指数分析

本书采用以下两种方法对中国30个省（自治区、直辖市）的经济高质量发展结果进行综合分析与比较。

（1）借鉴魏敏和李书昊（2018）的做法，根据各省份得分的均值（M）和标准差（D）关系，将中国30个省（自治区、直辖市）的经济高质量发展情况划分为领先型、中间型和滞后型三种类型。经过计算，中国30个省（自治区、直辖市）的经济高质量发展分类结果如表4.10所示。

表4.10　经济高质量发展领先型、中间型、滞后型划分

领先型	中间型		滞后型
北京	山西	辽宁	河北
天津	吉林	黑龙江	内蒙古

续表

领先型	中间型		滞后型
上海	安徽	福建	湖南
江苏	江西	陕西	广西
浙江	河南		四川
广东	海南		贵州
	宁夏		云南
	山东		甘肃
	湖北		青海
	重庆		新疆

（2）借鉴朱彬（2020）的思路与做法，通过对2009—2020年中国30个省（自治区、直辖市）的经济高质量发展情况进行综合排名，并根据排名将中国30个省（自治区、直辖市）分为领先型、中间型和滞后型（各类占比为2∶3∶5）。其中，中国30个省（自治区、直辖市）经济高质量发展综合排名为2009—2020各年份的排名均值，如表4.11所示。

表4.11 经济高质量发展领先型、中间型、滞后型划分（标准二）

领先型	中间型	滞后型	
北京	山东	河南	宁夏
上海	辽宁	黑龙江	吉林
广东	重庆	江西	内蒙古
天津	海南	湖南	河北
浙江	陕西	四川	甘肃
江苏	福建	新疆	云南
	湖北	广西	
	山西	青海	
	安徽	贵州	

由表4.10和表4.11可以看出，两种不同分类方式对中国30个省（自治区、直辖市）的经济高质量发展类型划分所得的结果十分类似。

其中，北京、上海、广东、天津、浙江、江苏均属于经济高质量发展的领先型省份，且6个省份均属于东部地区。而中国中部、西部地区经济高质量发展相对落后，尤以西部地区为甚。例如，表4.10中经济高质量发展10个滞后型省份中有8个来自西部地区。

另外，中国不同地区的经济高质量发展的差距较大。在经济高质量发展的发达省份中，北京市在2009—2020年经济高质量指数均值为70.52，而滞后型省份中贵州省在2009—2020年的经济高质量指数均值为16.58。可见，中国经济高质量发展水平参差不齐，不同地区间的差异非常明显。其原因，除了地区间地理位置、自然资源禀赋不相同外，还存在经济发展水平差距、教育发展不平衡、人力资源流失、产业结构差异、开放水平差异等。

第四节 本章小结

遵循新发展理念，本章构建了经济高质量发展指标体系，并采用三种赋权方法测度了中国经济高质量发展现状，主要得到以下结论。

第一，从新发展理念的五个维度来看，2009—2020年，中国经济高质量发展中的创新发展水平最低，其次是开放发展指数，而绿色发展水平得到大幅度提升，成为推动经济高质量发展的重要影响因素。同时，中国30个省（自治区、直辖市）间的经济高质量差异较大，总体而言，经济发达的东部地区的经济高质量发展指数要明显高于中部与西部地区。

第二，从时间趋势来看，中国经济高质量发展指数总体呈现上升趋势，说明全国经济高质量发展水平在逐年提升。从各分项经济发展指数上看，不同指数呈现不同的变化趋势。其中，创新发展指数保持着稳步上升的态势，表明中国经济发展的创新水平在不断提升，创新发展质量在不断增强。而协调发展指数处于波动变化且在部分阶段有下降趋势，这说明中国在经济高质量发展过程中需要特别重视和大力加强经济的协调发展。2009—2020年，中国的经济绿色发展指数一直保持着波动性上升势头，这说明中国近年来在绿色发展领域付出了不小的努力并取得了显著的成绩，在提升经济发展质量方面做出了较大的贡献。开放发展指数一直保持着或大或小的波动,说明中国需要警惕外部开放环境的不利变化。中国经济共享指数在 2009—2020 年处于波动变化的趋势,但在有些年份波动幅度较大,这说明中国在经济共享发展领域的表现尚不稳定,未来在经济发展成果共享方面仍需继续发力。

第三,从经济高质量发展的区域差异来看,整体上呈现"东高西低、南高北低"的空间分布格局。

第五章

消费和产业"双升级"协同驱动经济高质量发展的理论研究

本章为消费和产业"双升级"协同驱动经济高质量发展的理论机制研究。首先,依据以往相关研究界定了消费和产业"双升级"与经济高质量发展的内涵。其次,构建消费和产业"双升级"交互影响的互动机制,其中消费升级牵引拉动产业升级的三大机制包括需求收入弹性效应、要素配置效应和技术激励效应,而产业升级推动促进消费升级的影响机制包括创新引领效应和收入增长效应。最后,在此基础之上,构建消费和产业"双升级"协同驱动经济高质量发展的机制,即消费和产业"双升级"通过经济增长动力转换、经济系统协调稳定、绿色生态优先、内外开放联动、收入分配公平共享五大机制协同驱动经济高质量发展。

第一节 消费和产业"双升级"与经济高质量发展的内涵

一 消费和产业"双升级"的内涵

根据前文的文献综述可知,目前学术界尚未对消费升级与产业升级形成完全一致性的定义。但从消费升级和产业升级内涵的科学性与完备性角度而言,其广义内涵的界定已经基本达成了共识。

从已有文献来看,广义上的消费升级包括消费规模扩大和消费结构优化两个方面,产业升级包括产业结构合理化和产业结构高级化两个方面。在消费升级的相关研究中，尹世杰（2002）将"消费规模扩大"解释为消费总体规模以及消费对国民经济贡献的不断增长，将"消费结构优化"解释为居民消费需求从生存型向发展享受型转变，并呈现出多元化、个性化、定制化等特征。臧旭恒（2012）、王云航和彭定赟（2019）、龙少波等（2021）一致认为消费升级的内涵体现在以下两个方面：一方面是消费规模和总量的扩大，另一方面是消费结构的升级。在产业升级的相关研究中，苏东水（2005）既强调产业资源配置的均衡化、合理化发展，即在现有技术基础上实现产业间的协调发展，又强调产业间或产业内部结构高级化的过程，即产业结构根据经济发展的历史和逻辑顺序由低级向高级的演进。简而言之，产业升级蕴含了产业结构合理化和高级化两层含义（龙少波等，2021）。

本书对消费升级和产业升级的内涵作以下界定。其中，消费升级内涵包括消费规模的扩张和消费结构的升级两个方面。一方面，在消费升级的过程中，消费总规模不断扩大，消费在国内生产总值中的比重不断扩大，最终消费率不断提升；另一方面，发展型和享受型消费的比重不断上升并成为主流，消费需求呈现智能化、个性化、多元化、高端化等发展趋势。而产业升级的内涵包括产业结构合理化和产业结构高级化两大方面。在产业升级的过程中，一方面是衡量产业间发展协调的产业结构合理化，表现为各产业间的相对地位、分布结构、关联方式合理协调等；另一方面是衡量产业结构优化升级的产业结构高级化。产业结构变化遵循从低附加值、低技术水平、低深度加工状态和低规模经济，向高附加值、高技术水平、高深度加工状态和高规模经济转变的发展规律。

已有研究仅对消费升级和产业升级的内涵进行了界定，而并未阐释消费和产业"双升级"的内涵。根据国民经济事实，消费升级所带来的市场需求规模的扩张和需求结构的升级代表着需求端的变化，能通过市场信号反馈和影响厂商的生产决策的调整，从而牵引和倒逼产业升级。与此同时，在产业升级的过程中，技术得到创新，资源配置得到优化，从而能够提高产业的供给结构和质量，促进新产品的研发和问世，推动国民经济发展和居民收入水平提升，进而带来消费总量不断扩张和消费结构不断优化，即消费升级。可见，消费和产业"双升级"的主要内涵可以界定如下：消费升级通过需求总量的扩张和需求结构的优化倒逼产业升级，而产业升级通过创造引领和收入水平的提升推动消费升级，由此形成消费升级与产业升级之间相互协同促进的良性互动状态。

二 经济高质量发展的内涵

高质量发展作为提出时间较晚的官方概念，学界尚未对其内涵形成统一的学术解释。截至目前，许多学术研究虽然对经济高质量发展的内涵持有不同的观点和看法，但是大部分都是立足于中国经济发展阶段的不同特征提出的。

2017年，中央首次提出"高质量发展"的要求，在此之后越来越多的学术研究更加关注经济增长质量的决定因素，如政治稳定因素、宏观经济环境、外部环境等（Asongu and Nwachukwu，2017）。金碚（2018）提出，经济的高质量发展是指能够满足人民日益增长的各方面需要的经济发展方式、结构和动力状态。任保平和李禹墨（2018）从改革开放、经济发展、环境治理、城乡一体化建设和生活质量五个方面对高质量发展的内涵进行了诠释。徐瑞慧（2018）认为高质量发展包含关乎经济增长的基本面、社会发展和环境保护三个维度。陈冲和吴炜聪（2019）则从动力机制转变、经济结构优化、经济系统稳定、经济绿色发展和经济福利共享五个维度诠释经济高质量发展。唐晓彬等（2020）认为经济高质量发展不仅体现在"量"的增加上，更注重经济发展成果在"质"方面的提升和优化。

随着时代的发展，"高质量发展"的内涵不断丰富，从产品服务质量的提高和经济效益的增加，延伸到民生福祉、生态文明以及对外开放等全方位。当前的高质量发展是一种更加强调经济、政治、社会、文化、生态五位一体的发展，是充分体现创新、协调、绿色、共享、开放的新发展理念的全面发展。在新发展理念的视角下，詹新宇和崔培培（2016）认为经济增长质量包含创新、协调、绿色、开放、共享五个维度的内涵。徐银良和王慧艳（2020）则从经济、创新、协调、绿色、共享、保障六个层面量化高质量发展。

因此，我们遵循新发展理念，认为经济高质量发展是体现创新、协调、绿色、开放、共享的新发展理念的经济发展方式，是更好地满足人民日益增长的美好生活需要的发展。其中，创新能够提高全要素生产率和供给质量，是技术进步的来源，也是经济社会发展的根本动力。经济的协调发展主要目的是解决发展不平衡问题，尤其是缩小当前中国城乡、区域过大的发展差距，切实解决关系到不同人民群众发展利益均衡的问题。经济绿色发展注重的是解决经济发展与自然生态环境保护的冲突问题，是提高资源利用效率、降低环境污染和推动经济结构转型升级的发展模式，是经济高质量发展的要义之一。开放发展则主要注重解决经济发展的内外循环互动问题，通过提高开放水平和开放质量更好地服务国内经济高质量发展。开放发展是中国经济高质量发展的必由之路，要更加有效地利用国际国内两个市场、两种资源，扩大、增进、深化同更为广泛的全球经济体之间的合作，提高进出口贸易质量，深化资本开放，提高国内技术水平和供给质量。共享发展聚焦经济发展过程中的公平正义问题，要求逐渐缩小经济发展成果分配的不公平性，要求经济发展成果更好地由全民公平共享，争取早日实现全体人民共同富裕。

综上所述，本书以新发展理念为基础将经济高质量发展定义为，以创新为根本动力、以协调为内生特征、以绿色为普遍形态、以开放为必由之路、以共享为根本目的，能够很好地满足人民日益增长的美好生活需要的经济全面发展。经济高质量发展是一个渐进式的、由量变到质变的过程。

第二节　消费和产业"双升级"驱动经济高质量发展的理论机制

消费升级和产业升级之间的互动会对经济高质量发展产生重要的影响。根据第二章可知，已有文献在消费升级、产业升级及其经济发展关系方面的研究已经取得长足进展，但尚未就消费和产业"双升级"内部互动作用，以及二者协同驱动经济高质量发展的机制做系统性研究。因此，本节尝试在理论上就消费和产业"双升级"驱动经济高质量发展做进一步研究。一是确定消费和产业"双升级"的互动机制。二是识别消费和产业"双升级"协同驱动经济高质量发展的机制。消费和产业"双升级"驱动经济高质量发展的理论研究，对制定消费政策、产业政策以实现国内供需结构再平衡、畅通经济大循环，从而推动经济高质量发展具有重要意义。

一 消费和产业"双升级"的互动机制

（一）消费升级对产业升级的影响机制

消费升级在需求侧主要通过需求收入弹性效应、要素配置效应和技术激励效应促进供给侧的产业升级，如图 5.1 所示。

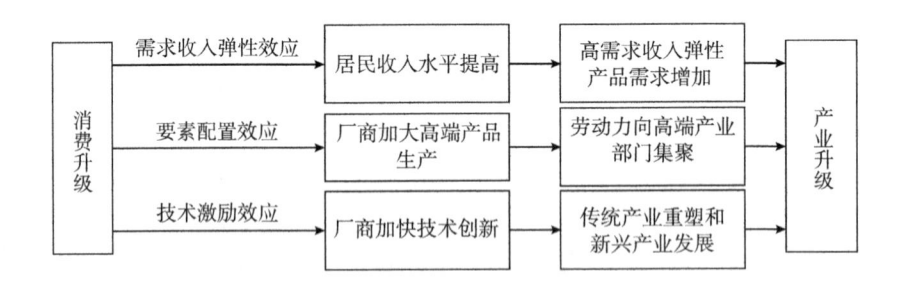

图 5.1 消费升级对产业升级的影响机制

第一，消费升级对产业升级影响的需求收入弹性效应。需求收入弹性效应又称恩格尔效应（Engel Effect），是指随着人们收入水平的提升，高端商品需求的比重因需求收入弹性高而得到提升的效应。根据恩格尔定律，随着收入水平的提升，人们对低收入弹性的生存型消费品的需求占比会逐步降低，而对高收入弹性的发展享受型消费品的需求比例不断攀升（夏龙、王雪坤，2021）。这一消费需求的变化会通过市场机制和信号传向生产供给端，刺激生产企业和厂商不断调整决策，使高收入弹性商品的生产和相关产业发展壮大，即高端制造业和服务业在经济中的比重增加，产业结构呈现第二产业和第三产业中高端产业的规模逐渐扩大的趋势（杨天宇、陈明玉，2018；王云航、彭定赟，2019）。因此，消费升级可以通过需求收入弹性效应引导产业结构升级，拉动经济高质量发展。

第二，消费升级对产业升级影响的要素配置效应。在消费升级的过程中，居民的消费能力和消费观念发生了明显的改变，不但消费规模不断扩大，而且愈加追求更高端的消费。在市场经济条件下，为满足日益增长的消费需求以及适应消费结构升级，厂商会加大高端产品的生产，而劳动力、资本等生产要素也从低生产率、低附加值的低端行业部门向高生产率、高附加值的高生产率部门转移和涌进。这种要素资源的跨部门流动能够提高全社会生产率，使高端制造业和高新产业得到有效迅速发展，增加更高质量的产品和服务供给，从而带来产业结构的优化升级，推动经济高质量发展。因此，消费升级又可以通过要素配置效应推动产业升级，促进经济高质量发展。

第三，消费升级对产业升级影响的技术激励效应。在新一轮科技革命背景下，广大消费者的消费需求得到更大程度的满足，消费需求多样、消费内容丰富、消费质量提高、消费领域扩展、消费层次升级，并进一步影响产业升级。消费升级产生的新需求激发生产企业利用新技术对传统产业进行改革重塑，并催生出新的产业群体，从而激励企业技术创新以适应居民消费升级。一方面，消费需求改变和升级，使人们对传统低端产品和服务的需求减少、对新产品和服务的需求快速增加，激励企业加快技术创新。随着技术的革新和变迁，不适应消费需求的行业产能过剩、就业骤减，其发展受到阻碍甚至退出市场，进而引起产业结构的重新构建。另一方面，适应消费者需求变化的新技术推进新兴产业快速成长，促使产业不断升级。技术创新在这两个方面的共同作用下，促使新兴产业快速发展和崛起，并逐渐取代传统产业而成为经济主导产业，全方位实现产业升级（范红忠，2007；龙少波、丁点尔，2022）。

（二）产业升级对消费升级的影响机制

产业升级主要通过创新引领效应和收入增长效应助推消费规模扩大和消费结构升级，从而促进消费升级，如图 5.2 所示。

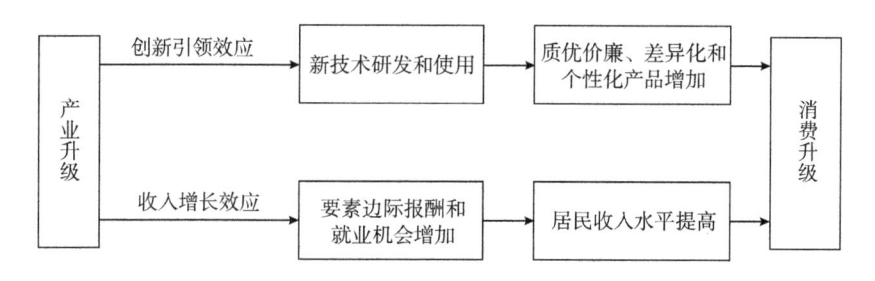

图 5.2　产业升级对消费升级的影响机制

第一，产业升级对消费升级影响的创新引领效应。在产业升级过程中，产业的新技术研发和使用改变了原来的生产方式，并带动相关产业的发展，甚至催生出新兴产业，创造新的产品和服务需求。一方面，产业升级过程中的技术创新提高劳动生产率并降低生产成本，使厂商能够为消费者提供更多质优价廉的产品与服务，并引导居民向绿色、优质消费转变，促进消费升级。另一方面，随着新技术、新产品和新发明的出现，在市场竞争机制的作用下厂商不断推出性能更优、更加差异化和个性化的产品，催生出更多更符合居民和时代消费需求的新兴产业，推动消费新业态、新模式发展，刺激消费热点出现，促进居民消费升级（王云航、彭定赟，2019；陈洁，2020）。因此，产业升级通过创新引领效应带动消费规模的扩大、新消费的出现和消费结构的升级。

第二，产业升级对消费升级影响的收入增长效应。一方面，产业升级通过市场机制重新配置生产要素，能够提高要素的使用效率，增加要素的边际报酬率和带来经济增长（夏龙、王雪坤，2021）。劳动、技术、管理经验、知识等生产要素依附于人，要素报酬的提升直接带来居民收入的提升，居民收入的提升又直接带来消费量的增长和消费品品质的提升。另一方面，在产业升级进程中，新型产业的扩张和新业态、新模式的兴起发展能够增加就业渠道和就业机会，提升居民可支配收入和消费能力，激发消费潜力释放（陈洁，2020）。随着居民收入的增加，人们不再局限于满足生存温饱需要的消费，对更高层次、更多样化的发展享受型产品的消费意愿不断提升，消费结构呈现高级化趋势（王云航、彭定赟，2019）。因此，产业升级通过收入增长效应推动消费规模扩大和消费结构升级，促进强大国内市场形成，带动经济发展。

二 消费和产业"双升级"协同驱动经济高质量发展的机制

消费和产业"双升级"内部互动影响后，再通过经济增长动力转换机制、经济系统协调稳定机制、绿色生态优先机制、内外开放联动机制、收入分配公平共享机制的五重机制协同驱动经济高质量发展。

（一）经济增长动力转换机制

消费和产业"双升级"通过经济增长动力转换机制驱动经济高质量发展，如图5.3所示。经济高质量发展不仅体现在"量"的增加上，更注重经济发展成果在"质"方面的提升和优化，其中，这种"质"

包括经济增长动力的转换（唐晓彬等，2020）。高端消费需求对高端产业技术进步的倒逼机制，带动技术进步方式从引进式技术进步向原发式自主创新转换（龙少波等，2021），从而导致经济增长动力机制的转换。

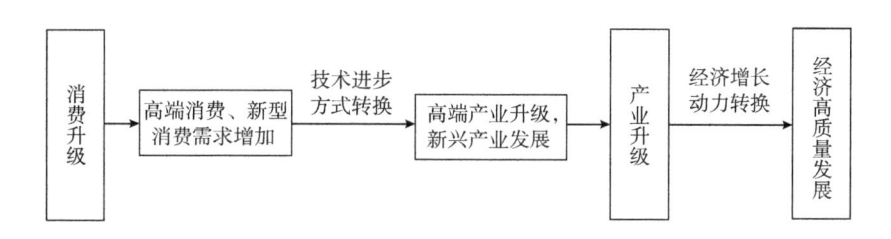

图5.3 消费和产业"双升级"协同驱动经济高质量发展的经济增长动力转换机制

从技术经济学的角度来看，技术进步是产业升级的基础。具体来说，技术创新能驱动产业结构高级化（周璇、陶长琪，2021），高端产业升级和高端产品的创造和创新均需要先进前沿技术支撑。消费升级中对新产品和服务的需求同样需要通过新技术进行从无到有的创造。而引进式技术进步方式所能获取的是发达国家所愿意输出的并非最前沿的技术，不能很好地满足高端升级的需要。因此，居民高端消费、新型消费需求将倒逼企业加强自主创新，通过生产高质量的最新产品和服务以抢占市场先机，从而满足此类消费升级需求。而之前企业所依靠的引进、模仿、消化再吸收的引进式技术进步的方式，已不能有效满足当前部分居民的高端消费、新型消费以及新的消费场景、消费业态的需要。产业的自主创新能力和科技水平的提升所带来的产业升级又将进一步促进消费升级（Alvarez-Cuadrado and Poschke，2011；Chen et al.，2016）。

可见，消费升级和产业升级的良性互动既为自主创新提供了持续不断的需求，又为科技发展和自主创新提供了强劲的动力和广阔的发展前景，促进经济增长动力转换，从而驱动经济创新发展。因此，消费需求升级和产业升级均要求经济增长的动力机制从引进式技术进步方式转向原发式自主创新方式，从需求侧与供给侧共同驱动经济高质量发展。

（二）经济系统协调稳定机制

消费和产业"双升级"通过协调稳定机制作用于经济高质量发展，

如图 5.4 所示。具体而言：

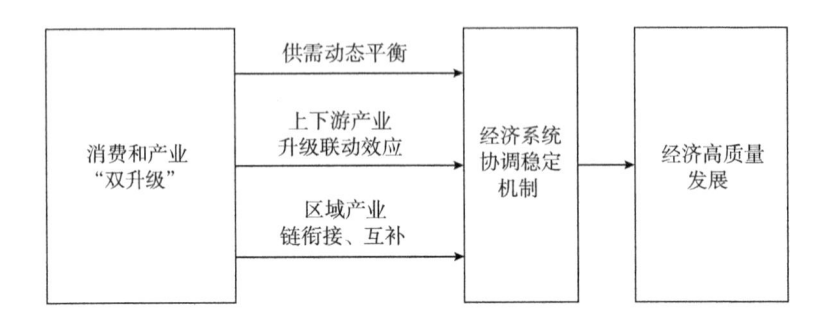

图 5.4 消费和产业"双升级"协同驱动经济高质量发展的经济系统协调稳定机制

第一，从经济结构供需平衡角度来看，消费和产业"双升级"互动和动态匹配有利于增强经济系统的稳定协调性。在国民经济循环当中，供给侧的产业供给与需求侧的消费需求是其最重要的两个环节，其动态匹配耦合从供需两侧共同决定了经济发展质量。一方面，如果国内消费升级的速度明显快于产业升级的速度，就会产生国内产品与服务供给满足不了高端消费需求的问题，从而导致"消费外流"现象，带来经济供需不协调的问题；另一方面，如果国内产业升级速度明显快于消费升级，则会造成国内高端消费品过剩和商品价值实现最后"惊险一跃"的问题，从而削减高端消费品产业体系继续升级的动力，同样不利于国民经济的稳定协调。因此，只有从供需双重视角培育消费升级持久动力（严先溥，2017），并促进产业升级，使消费升级与产业升级相互协调促进，加强消费需求与产业供给之间动态匹配平衡，才能解决国内消费市场供需脱节的问题，从供需双侧发力共同推进经济高质量发展。

第二，从产业链和供应链关联的角度来看，产业升级通过对上下游产业的升级联动效应促进经济的协调稳定发展。在国民经济当中，每个产业都有上下游的关联产业，产业升级可以在纵向上通过投入产出关系促进上下游行业升级，带来整个产业集群质量的提升以及产业体系的协调发展，并带来上下游行业收入水平的提升和消费升级，从而促进经济的协调稳定发展。一方面，某个产业升级的高质量产品将作为中间投入品进入下游行业，从而带动下游行业产品质量提升和产业升级；另一方面，任何一个产业的升级都要求其上游供应商产业的核心零部件质量提升、生产工艺革新或者生产技术进步，从而倒逼上游行业转型升级。

第三，从区域空间发展的角度来看，空间的产业互补有利于消费升级以及经济的协调发展。当经济圈中核心城市的高新产业升级时，会带动周边中小城市零部件配套产业的发展与升级，有利于形成功能齐全的现代化产业体系，从而促进区域经济协调发展。在此过程中，区域中心对周边地区的产业升级联动会通过涓滴效应带动周边地区的收入增长，从而促进居民消费升级，有利于形成区域的消费和产业"双升级"，进一步促进区域经济的协调发展。而且，产业升级是全国各个地区各个产业的优化升级，区域之间存在不同产业链衔接、互补、交织等关系。在产业升级过程中，通过破除地区间的行政性樊篱，鼓励以东部产业升级带动中部产业、西部产业升级，以及振兴东北老工业基地产业等方式，推动形成分工协作的产业布局（赵霄伟、杨白冰，2021），提升中国整体的产业水平和各地区各产业之间的协调耦合程度。这样有利于各地区收入差距缩小和带动消费升级，促进区域协调发展。

（三）绿色生态优先机制

消费和产业"双升级"通过绿色生态优先机制驱动经济高质量发展，如图5.5所示，主要表现在以下方面。

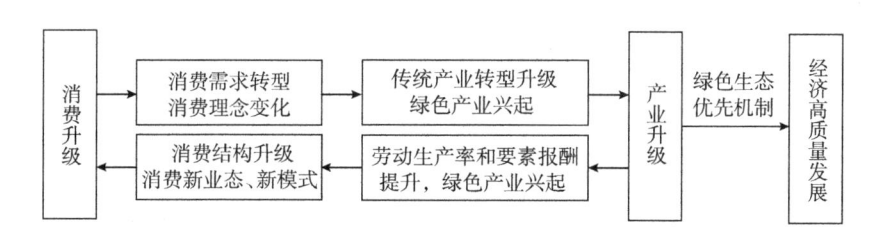

图5.5 消费和产业"双升级"协同驱动经济高质量发展的绿色生态优先机制

第一，消费者对绿色生态产品的需求偏好转变引领绿色产业发展与升级。一方面，居民可支配收入增加带来其消费理念和偏好的变化，绿色健康消费理念逐渐深入人心，人们对绿色生态产品的需求明显增加，带动绿色产业的发展以及传统产业转型升级。而"高投入、高消耗、高污染"的产业和产品因难以满足居民的绿色消费需求而逐渐退出市场。由此可见，消费升级能够引导传统产业中对环境具有污染且效率较低的产业进行升级，同时促进要素、资源更有效率地流向绿色生态行业，推动资源节约型和环境友好型产业的发展与转型升级。另一方面，随着收入水平的提升，消费需求由生存型转向发展享受型（付卫华，2021），使与发展享受型消费相关的服务业迅速发展（陈冲、吴炜聪，2019）。而服务业不仅具有低碳排放的特征，并且能够带动第二产业实现"低投入、低消耗、低污染"（赵敏等，2009）。可见，消费和产业"双升级"互动共同促进绿色生态的发展，从而协同驱动经济高质量发展。

第二，绿色产业发展与升级也引导居民的绿色消费规模扩大与消费结构升级。一方面，绿色产业升级过程中的技术创新提高生态产品价值，并直接带来居民收入的提升，使消费者在满足物质生活需求后更加追求精神文化生活需求。而精神文化需求商品相比物质生活需求商品更具环保节约特征（付卫华，2021）。另一方面，在国家相关方针政策的大力支持下，新的绿色生态产业蓬勃兴起，从而推动消费新业态、新模式发展，刺激消费热点出现，引领和创造居民的消费需求升级。由此可见，产业升级能够引导消费者提升消费层级，更加注重绿色消费，推动环境资源节约和绿色经济可持续发展。

综上所述，消费和产业"双升级"的良性互动能够通过绿色生态优先机制很好地驱动经济向绿色发展阶段转变。

（四）内外开放联动机制

消费和产业"双升级"通过内外开放联动机制促进经济高质量发展，如图5.6所示。具体而言：

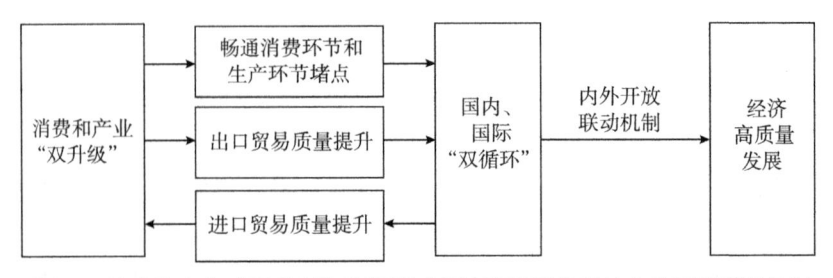

图5.6 消费和产业"双升级"协同驱动经济高质量发展的内外开放联动机制

第五章 | 消费和产业"双升级"协同驱动经济高质量发展的理论研究

第一,消费和产业"双升级"的良性互动和动态匹配,有利于国内消费潜力的释放和现代化产业体系的构建,从而畅通国内经济大循环。一方面,消费升级和产业升级互动会增加就业渠道和就业机会,从而带来新增就业人群的收入增长和消费能力的提升,释放这部分群体的消费潜力(陈洁,2020),进一步扩大消费规模,优化消费结构,畅通国内经济大循环在消费环节存在的居民消费能力不足的堵点。另一方面,消费升级倒逼产业升级所需要的技术进步,带来传统产业的转型升级和新兴产业的出现与发展壮大。产业升级不仅能直接优化产出结构,而且能通过产业的上下游关联作用提升整个产业链的产出供给水平和现代化水平(龙少波等,2021)。因此,消费和产业"双升级"有助于发挥国内强大市场优势,构建现代化产业体系,从而畅通国内经济大循环。

第二,消费和产业"双升级"的良性互动有利于构建现代化产业体系,并提升本国产业在全球产业链和价值链的位置以及国际竞争力,实现对外出口的高质量发展。国内消费和产业"双升级"的良性互动将更好地促进本国产业链、价值链升级,并进一步畅通国内经济大循环(龙少波等,2021),从而发挥强大国内市场优势和规模优势推进现代化产业体系的构建。国内现代化产业体系的构建意味着相关产业产品质量的提升,有利于提高国内产品在国际市场上的竞争力和受欢迎程度,扩大对外出口规模,开拓国际市场。与此同时,产业升级所带来的出口商品质量和复杂度的提升,导致单位产品价值的提高和贸易条件的改善,也有利于提高外贸总额,从而提高外循环的出口数量和质量。另外,国际市场尤其是发达国家对高质量产品的进口需求也成为倒逼国内产业升级的重要动力。可见,消费和产业"双升级"促进产品和要素再生产环节在国内良性循环从而构建现代化产业体系,有利于提高中国产业的产品参与国际分工协作的优势,通过提高出口质量畅通经济对外大循环。

第三,外循环中的高质量进口贸易成为促进国内消费升级和产业升级的重要路径。一方面,高质量进口产品增加了消费者对高层次产品的选择,能够拓宽消费偏好;新产品则能够刺激新的消费需求,形成新的消费热点;而中间品进口有利于降低产品价格,提高消费总量。因此,进口贸易从消费规模扩张和消费结构优化（赵振波、岳玮，2019）两个方面推动了国内消费升级。另一方面，进口的高质量核心零部件、重要装备、生产线等可以补充国内产业链的缺失环节，有利于加快构建现代化产业体系。中间品进口被认为是促进国内供给体系质量提升的重要举措。高质量中间进口品的增加，会对国内相关替代品形成竞争压力，倒逼国内企业加快技术进步以提高产品质量。其中，技术和知识产权的进口，不仅可以弥补国内原发式自主创新技术进步的不足，而且能够激励和倒逼国内企业自主创新（顾晓燕、朱玮玮，2022；蔡海亚、徐盈之，2017）。因此，国际循环中的高质量进口贸易又能通过完善产业链、竞争机制和技术激励等促进产业升级和消费升级，为畅通国内经济循环提供动力。

可见，国内消费和产业"双升级"的良性互动，不仅有利于畅通国内经济大循环，也有利于对外开放过程中"引进来"和"走出去"质量的提升，从而畅通国际循环，并带来国内、国际"双循环"相互促进的格局。因此，消费和产业"双升级"通过内外开放联动机制推动国内国际两个市场、两种资源实现全方位、宽领域、深层次互动互促与融合，加快经济"双循环"新格局的形成，驱动经济高质量发展。

（五）收入分配公平共享机制

在消费和产业"双升级"过程中，消费升级与产业升级的良性互动能够通过收入分配公平共享机制促进经济高质量发展，如图5.7所示。

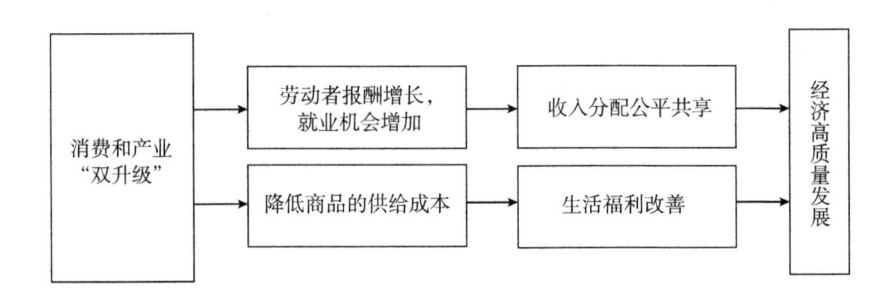

图 5.7 消费和产业"双升级"协同驱动经济高质量发展的收入分配公平共享机制

第五章 | 消费和产业"双升级"协同驱动经济高质量发展的理论研究

第一,在消费和产业"双升级"的进程中,产业结构的优化升级和劳动生产率的提高,会带来经济的增长和劳动者报酬增长(夏龙、王雪坤,2021),从而有利于收入的分配共享。在此过程中,越来越多的农村劳动力涌入工业等高生产率行业,使其收入水平大幅提升,从而提高收入分配的公平共享性;在农业人口减少的同时,农业部门的产业升级和规模化经营提高了农民的收入,也降低了城乡间收入差距,有利于发展成果的共享。与此同时,为满足新型消费需求而崛起的以互联网为依托的新兴产业的迅速发展创造了更大范围的、更多的就业增收机会,从而有利于收入公平共享和共同富裕。例如,直播带货行业的发展有利于农村农产品、深加工品、工艺品出售,带来农村收入水平的提升,缩小城乡收入分配差距,促进发展成果的城乡间的分配共享。

第二,消费和产业"双升级"互动降低了商品的供给成本,促进公平共享。具体来说,技术创新创造出的成本优势叠加消费规模优势,能够降低商品的平均成本,使更多群体能够分享经济发展的最新成果。大数据、互联网、物联网等现代技术的广泛使用,可以显著降低商品的搜寻成本、运输成本、追踪成本和确认成本(姜长云,2022),方便各地区各收入群体的普惠共享。除此之外,在消费和产业"双升级"过程中表现出的技术优势,还能够使商品供给更加便利化、智能化、健美化、个性化和多元化,且能覆盖到更多的居民群体,最终带来全民共享与生活福利的改善。可见,这是发展成果由越来越多的人民共享的表现。因此,消费和产业"双升级"能够通过收入分配公平共享机制促进合理公平共享格局的形成,驱动经济共享发展。

由上可知,消费和产业"双升级"的互相促进,可以通过五大机制驱动经济高质量发展。一是消费和产业"双升级"促进经济增长的动力机制从引进式技术进步转向原发式自主创新,驱动经济创新发展。二是消费和产业"双升级"的动态匹配通过供需平衡、上下游产业链联动和区域产业链衔接互补,增强经济系统的协调稳定性,推动经济协调发展。三是消费升级与产业升级的良性互动通过绿色生态优先机制,促进绿色产业发展和绿色消费,推动经济绿色发展。四是消费和产业"双升级"通过内外开放联动机制推动国内国际两个市场、两种资源实现全方位、宽领域、深层次互动互促与融合,加快经济"双循环"新格局的形成，驱动经济开放发展（龙少波等，2021）。五是消费和产业"双升级"通过收入分配公平共享机制促进合理公平共享格局的形成，降低商品的供给成本，提高供给的便捷度，驱动经济共享发展。

第三节 本章小结

本章为消费和产业"双升级"协同驱动经济高质量发展的理论机制研究。在界定了消费和产业"双升级"与经济高质量发展的内涵的基础上，尝试构建了消费和产业"双升级"内部互动以及协同驱动经济高质量发展的理论机制。

首先，本书将消费和产业"双升级"的内涵定义为，消费升级通过需求规模扩张和需求结构优化牵引产业升级，产业升级通过创新引领和收入水平的提升推动消费升级，由此形成的消费升级与产业升级协同促进的良性互动状态（龙少波等，2021）。遵循新发展理念，将经济高质量发展定义为，以创新为根本动力、以协调为内生特点、以绿色为普遍形态、以开放为必由之路、以共享为根本目的，能够很好地满足人民日益增长的美好生活需要的经济全面发展。

其次，梳理消费和产业"双升级"的互动影响机制。一方面，消费升级通过需求收入弹性效应、要素配置效应和技术激励效应赋能产业升级；另一方面，产业升级通过创新引领效应和收入增长效应推动消费升级。以上为消费和产业"双升级"的内部互动影响机制。

最后，总结消费和产业"双升级"协同驱动经济高质量发展的机制。本书主要总结和概括了五大机制。机制一，经济增长动力转换机制。消费和产业"双升级"对产业技术进步的倒逼影响，带动技术进步方式从引进式技术进步向原发式自主创新转换。机制二，经济系统协调稳定机制。产业升级促进分工与协作关系深入发展，缩小区域、城乡差距，促进经济发展更加协调。机制三，绿色生态优先机制。消费者对绿色生态产品的需求引领绿色产业发展，绿色产业的发展和升级创造绿色消费新模式、新业态，带来经济的绿色发展。机制四，内外开放联动机制。消费和产业"双升级"畅通国内经济大循环的堵点，通过现代化产业体系促进国际大循环，并带来国际、国内"双循环"的相互促进，促进经济高质量发展。机制五，收入分配公平共享机制。消费和产业"双升级"不仅能降低商品的供给成本，提高供给的便捷度，还能使劳动报酬相对资本报酬比重提高，形成劳动报酬与资本报酬分配合理、公平共享的格局。

第六章

消费升级对产业升级影响的实证研究

本章利用双向固定效应模型和省级面板数据，研究消费升级对产业升级的影响。在此基础上采用工具变量法解决内生性问题，进一步进行区域异质性分析、动态面板回归分析及影响效应检验。研究发现，消费规模扩大和消费结构升级对产业结构合理化和高级化有显著促进作用，且结构效应大于规模效应；这一促进作用在中西部地区比在东部地区更明显；消费升级主要通过需求收入弹性效应、要素配置效应及技术激励效应影响产业升级。因此，采取相关政策更好地从需求侧的消费升级拉动供给侧的产业升级，对中国经济高质量发展意义重大。

第一节 消费升级对产业升级影响的理论分析

在市场经济中，短期内的有效需求决定了经济的均衡产出，需求侧对供给侧有重要的牵引作用。因此，消费升级作为需求侧的结构变化升级，对供给侧的产业升级具有重要的影响，以消费规模扩大和消费结构升级为特点的消费升级能够促进产业升级。在这一逻辑基础上，本节进一步阐述消费升级对产业升级的影响效应，主要分为需求收入弹性效应、要素配置效应和技术激励效应三个方面。

一 消费升级对产业升级影响的需求收入弹性效应

消费升级暗含着人们可支配收入的上升，依照恩格尔定律的逻辑，人们将会减少食品等生存型消费品的消费，也就是说低收入弹性商品的需求占比越来越低，而发展享受型商品和服务会占据更大的消费规模，高收入弹性商品的需求明显增加。市场机制将这一信号从需求端传向供给端，高收入弹性商品的相关产业便能良好的发展壮大，并在经济结构中占据更大的比重（杨天宇、陈明玉，2018）。例如，在第二产业中，人们收入水平的提升将增加他们对于智能化器械、高科技电子产品等的需求，从而提高高新技术产业在国民经济中的占比，实现第二产业内部向高端化演进。在第三产业中，人们收入水平的提升可能会增加他们对文化、教育、娱乐等高收入弹性服务的需求，加快服务业内部的现代化发展和转型升级。

综上所述，这一效应的传导路径可以概括为：消费升级→高需求收入弹性产品需求增加→产业升级。

二 消费升级对产业升级影响的要素配置效应

需求收入弹性效应是基于生产结果（产品）的角度，以倒推思维分析消费升级对产业升级的影响，要素配置效应则是从生产流程中的要素投入角度出发，正向剖析该影响。一般来讲，理性厂商一方面根据上期产品的销售和库存变化情况决定当期的生产量，并调整生产规模和生产结构；另一方面根据近期市场消费需求的变化调整生产产品的种类，设计并创造出符合消费者新需求的新兴产品和服务，完成提升产品质量、更新产品功能等高级化过程，以实现产业升级。总而言之，消费需求的转变，将会直接影响厂商所生产产品的规模，激发厂商创造新产品的动力，当消费升级使消费者对高端化产品服务的需求增加时，厂商就会根据市场信号重新配置生产要素进行生产（龙少波等，2020）。例如，劳动力、资本等生产要素从前被厂商投入传统产业，而后由于消费变化厂商准备将生产要素向中高端产业进行转移，这就自发地提高了要素使用的效率，扩大了中高端制造业和服务业的生产规模，从而实现产业结构高级化（杨天宇、陈明玉，2018）。

综上所述，这一效应的传导路径可以概括为：消费升级→生产要素向中高端产业集聚→产业升级。

三 消费升级对产业升级影响的技术激励效应

随着新一轮科技革命的进行，科学技术对于经济发展的重要性日益凸显，除了劳动力、资本等传统生产要素，技术也是重要的生产要素。

杨天宇和陈明玉（2018）提出，如果说技术进步的起因是消费升级，那么技术进步的结果便是产业高端化。相较于以往传统的生产要素，在产生价值方面，技术将迸发出巨大的优势。当人们的消费需求升级时，厂商将会接收到需求端的信号引导，激励其增强技术创新的投入，使大量高端化、智能化、个性化的新兴产品和服务出现在市场上。新颖的产品和服务不仅刺激新兴产业的出现，还会占据大量市场。同时，人们将会减少传统和低端产品及服务的支出，最终将导致不适应需求的行业产能过剩、就业骤减，其发展受到阻碍甚至退出市场。消费升级激励下的技术创新使这两个方面的因素共同作用，以促使新兴产业快速发展和崛起，并逐渐取代传统产业成为经济主导产业，从而全方位实现产业升级。

综上所述，这一效应的传导路径可以概括为：消费升级→激励厂商进行产品技术创新→产业升级。

消费升级拉动产业升级的影响效应如图6.1所示。

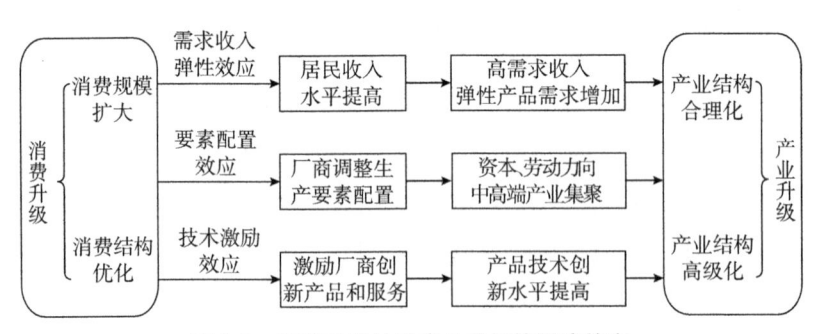

图6.1 消费升级拉动产业升级的影响效应

第二节　消费升级对产业升级影响的实证分析

在分析消费升级影响产业升级影响效应的基础上，本节从相关指标选取、基本模型设定、数据来源及变量描述等环节进行实证研究设计，从而为后续的实证模型验证做准备。

一　相关指标选取

（一）被解释变量

关于产业升级指标，现有研究大多采用非农产业占比衡量，如张翠菊和张宗益（2016）采用第二、第三产业产值之和占 GDP 比重粗略衡量，余红心等（2020）采用第三产业增加值的占比衡量。非农产业占比这一指标确实能在一定程度上反映产业升级，可以在此基础上做更为细致全面的测度。本章参考干春晖等（2011）的做法以及前文定义，从合理化和高级化两个角度来衡量产业升级。

1. 产业结构合理化（SR）

产业结构合理化（SR）主要关注要素的合理配置和协调，是产业间耦合程度的一种体现。产业结构合理化主要反映了产业之间的协调程度及生产要素配置的有效程度。现有研究有的用泰尔指数、结构偏离度等逆向指标测度，其测度的指标值越大，表明产业结构越不合理。为了与高级化的指标形式一致，本章参考韩永辉等（2017）的做法，对传统结构偏离度指标做出调整并根据三次产业的产值占比进行赋权：

$$\mathrm{SR} = -\sum_{i=1}^{3}\left(\frac{Y_i}{Y}\right)\left|\left(\frac{Y_i}{L_i}\Big/\frac{Y}{L}\right) - 1\right| \tag{6.1}$$

式中，i 为产业；Y_i 为 i 产业的产值；Y 为总产值，用于衡量产出结构；L_i 为 i 产业就业人数；L 为总就业人数，用于衡量就业结构。SR 的值越大，说明产业结构越趋于协调合理。

2. 产业结构高级化（SH）

产业结构高级化（SH）主要关注三次产业产值的比例关系，也是大多现有研究用于衡量产业升级的方式，主要表现为经济主导部门随着经济发展从第一产业到第二产业再到第三产业的转变，体现为三次产业的比例结构发生变化。本章参考汪伟等（2015）的做法，分别对第一、第二、第三产业赋予 1/6、2/6、3/6 的权重，计算公式为

$$\mathrm{SH} = \frac{1}{6}\sum_{i=1}^{3}\frac{Y_i}{Y}\cdot i = \frac{Y_i}{Y}\cdot\frac{1}{6} + \frac{Y_i}{Y}\cdot\frac{2}{6} + \frac{Y_i}{Y}\cdot\frac{3}{6} \tag{6.2}$$

式（6.2）中的符号含义与式（6.1）相同。SH 的值越大，产业结构越趋于高级化。

（二）核心解释变量

关于消费升级指标，不同文献有各自的衡量方法：杨天宇和陈明玉（2018）简单采用人均收入的提高衡量消费升级；余红心等（2020）将消费升级等同于消费结构升级，用三四类非生存型支出占比衡量。本章

在借鉴已有文献的基础上，根据前文对消费升级的定义，从两个维度较为全面地衡量消费升级，分别是消费规模的扩大和消费结构的升级。

1. 消费规模（consum）

消费升级在量上主要表现为消费规模的扩大，本章选择人均消费增长率这一指标衡量，代表了居民消费能力和消费水平的提高速度。

2. 消费结构（constru）

消费升级在质上则主要表现为消费结构的升级，本章选择发展享受型消费支出的占比来衡量[①]，也是现有文献衡量消费结构升级的最主要的指标。

（三）控制变量

此外，本章还控制了其他可能影响到产业升级的因素，包括：

1. 固定资产投资水平（inve）

固定资产投资主要通过购置技术装备、改造产业部门生产能力等手段实现资本要素在各个产业间分配和流动，促进相对优势产业的发展。固定资产投资水平是推动生产力发展和经济结构转型的动力之一，也是产业升级的重要影响因素（Acemoglu and Guerrieri，2008；余红心等，2020）。本章采用全社会固定资产投资总额占GDP的比重作为测度指标。

2. 对外开放水平（open）

随着经济全球化发展，对外开放水平对一国产业结构升级的影响日益重大。通过对本国比较优势产品的出口和本国比较劣势产品的进口，充分发挥本国产业比较优势，实现国际分工与合作，不断促进本国产业结构优化升级（赵云鹏、叶娇，2018）。本章采用进出口总额占GDP的比重作为测度指标。

3. 财政支出水平（fisc）

政府的公共财政支出在一定程度上能促进发展中国家产业升级。政府可以运用财税激励手段实施产业政策以调节资源在产业间的配置，从而促进产业结构合理化。本章采用地方政府预算支出占GDP的比重作为测度指标。

[①] 根据国家统计局划分的八大类消费支出，本章将除衣着、食品、居住外的家庭设备用品及服务、医疗保健、交通通信、教育文化娱乐、其他商品及服务等视为发展享受型消费。

4. 人力资本水平（educ）

在中高端产业不断发展的今天，产业升级不仅需要物质资本的投入，更需要人力资本发挥潜在优势。本章采用人均受教育年限作为测度指标①。

5. 基础设施水平（infra）

基础设施建设存在正外部效应，通过地区分工合作和产业集聚，提升各地生产率，降低交易成本，促进区域产业升级。本章借鉴现有文献做法，采用公路密度（单位面积公路里程）作为测度指标。

6. 城镇化水平（urban）

众多研究表明城镇化对产业升级有着显著的促进作用，一方面城镇化率提高快速增加新兴消费需求，另一方面增加第二、第三产业的就业水平，从供需两个方面共同推进新兴产业的发展。为此，本章采用城镇人口占年末总人口的比重作为测度指标。

（四）中介变量

为检验消费升级对产业升级影响的需求收入弹性效应、要素配置效应及技术激励效应，引入以下三个中介变量。

1. 高端产品销售情况（tecinco）

需求收入弹性效应指的是消费升级使高收入弹性产品的需求增加，从而拉动产业升级。高收入弹性的产品往往是附加值较高的高端产品，产品需求反映到市场层面就是产品的销售情况，鉴于数据的可得性，本章采用高技术产业产品的营业收入占工业营业收入的比重作为测度指标②，以检验需求收入弹性效应。

2. 高端产业就业水平（tecpeo）

要素配置效应指的是消费升级促使厂商优化要素配置结构以提高生产效率，从而促进产业升级。鉴于数据的可得性，本章以劳动力这一生产要素为例，采用高技术从业人员占比作为测度指标，以检验要素配置

---

① 本章在计算人均受教育年限时，对学历为文盲、小学、初中、高中、本专科分别赋予0年、6年、9年、12年、16年的权重，再除以所有学历人口之和得到人均受教育年限。
② 本章对高技术产业的定义来自《中国高技术统计年鉴》的划分，包括医药制造业、电子及通信设备制造业、计算机及办公设备制造业、医疗仪器设备及仪器仪表制造业、信息化学品制造业五类。

效应。

3. 产业技术创新水平（tecmark）

技术激励效应指的是消费升级激励厂商加大技术创新力度，从而推动产业升级。现有文献常用专利数、R&D经费、政府财政科技支出等作为技术创新的指标，而技术市场成交额能更全面地反映技术成果的规模和技术市场的活力，体现实际产业技术创新水平。因此，本书采用技术市场成交额占GDP的比重作为测度指标，以检验技术激励效应。

二 基本模型设定

在确定衡量消费升级和产业升级指标的基础上，本章构建如下两个基本的双固定效应计量模型：

$$\mathrm{SR}_{it} = \alpha_0 + \alpha_1 \mathrm{consum}_{it} + \alpha_2 \mathrm{constru}_{it} + \alpha_3 X_{it} + \mu_i + \nu_t + \varepsilon_{it} \quad (6.3)$$

$$\mathrm{SH}_{it} = \beta_0 + \beta_1 \mathrm{consum}_{it} + \beta_2 \mathrm{constru}_{it} + \beta_3 X_{it} + \mu_i + \nu_t + \varepsilon_{it} \quad (6.4)$$

式中，下角标 i、t 分别为省份和年份；SR_{it}、SH_{it} 分别为 i 省份 t 年的产业结构合理化指数、高级化指数，二者为本章的被解释变量；consum_{it}、$\mathrm{constru}_{it}$ 分别为 i 省份 t 年的消费规模、消费结构，二者为本章的核心解释变量；X_{it} 为控制变量；μ_i、ν_t 分别为未观测到的省份和时间固定效应；ε_{it} 为随机扰动项；α、β 为主要关注的参数；α_1、α_2 为核心估计参数，如果 α_1、α_2 显著为正，则分别说明消费规模扩大和消费结构升级确实能够推动产业结构合理化发展；β_1、β_2 为核心估计参数，如果 β_1 和 β_2 显著为正，则分别说明消费规模扩大和消费结构升级确实能够推动产业结构高级化发展。

三 数据来源及变量描述

本章选取的数据为中国30个省（自治区、直辖市）在2000—2019年的面板数据。囿于数据可得性，不含西藏自治的数据以及港澳台地区的数据。数据主要来自各省份的统计年鉴、《中国高技术产业统计年鉴》、国家统计局、中经网产业数据库、中国经济与社会发展统计数据库、Wind数据库等。对于缺失数据，参考已有文献用贝叶斯线性回归法进行插补。此外，本章利用以2000年为基期的居民消费价格指数对所有价格类变量进行平减处理，并对所有水平值变量取对数值处理以降低波动性和异方差的影响。各变量原始数据的描述性统计如表6.1所示。

表6.1　　　　　　　各变量原始数据的描述性统计

变量类型	变量名称	变量含义	变量表示	观测数	均值	标准差	最小值	最大值
被解释变量	产业结构合理化	产业结构合理化指数	SR	600	-0.639	0.431	-3.348	-0.032
	产业结构高级化	产业结构高级化指数	SH	600	0.374	0.043	0.251	0.504
核心解释变量	消费规模	人均消费增长率	consum	570	0.090	0.070	-0.163	0.925
	消费结构	发展享受型消费支出占比	constru	600	0.398	0.039	0.278	0.509
控制变量	固定资产投资水平	固定资产投资总额/GDP	inve	600	0.624	0.259	0.208	1.516
	对外开放水平	进出口总额/GDP	open	600	0.303	0.371	0.013	1.722
	财政支出水平	政府预算支出/GDP	fisc	600	0.204	0.095	0.069	0.628
	人力资本水平	人均受教育年限	educ	600	8.591	1.093	5.438	12.681
	基础设施水平	单位面积公路里程	infra	600	0.737	0.488	0.021	2.118
	城市化水平	城镇人口占比	urban	600	0.509	0.152	0.232	0.896
中介变量	高端产品销售情况	高技术产业产品营业收入占比	tecinco	570	0.090	0.076	0.002	0.408
	高端产业就业水平	高技术从业人员占比	tecpeo	570	0.011	0.013	0.001	0.062
	产业技术创新水平	技术市场成交额/GDP	tecmark	570	0.011	0.021	0.001	0.161

注：表中变量均未经对数变换的原始数据统计分析，实证研究中则对指数和增长率以外的变量取对数。

第三节　消费升级对产业升级影响的回归结果分析

基于上述理论分析和研究设计，以下通过实证分析中国消费升级对产业升级的影响，分为基准回归分析、内生性问题分析、区域异质性分析和动态面板回归分析四个部分。

一　基准回归分析

本节首先建立控制省份和年份效应的双固定效应模型，并对式（6.3）和式（6.4）进行回归，初步分析消费升级对产业升级的影响。

具体回归结果如表 6.2 所示。

表 6.2　消费升级对产业升级影响的双固定效应模型回归结果

变量	产业结构合理化（SR）		产业结构高级化（SH）	
	模型 1	模型 2	模型 3	模型 4
consum	0.006 (0.004)	0.005 (0.004)	0.004** (0.002)	0.012** (0.005)
constru	0.118*** (0.046)	0.102*** (0.045)	0.057* (0.032)	0.102 (0.105)
inve		-0.016 (0.044)		-0.017* (0.009)
open		0.039 (0.029)		0.021*** (0.006)
fisc		0.247*** (0.092)		0.089*** (0.022)
educ		0.905*** (0.328)		0.027 (0.312)
infra		0.172*** (0.056)		0.125** (0.058)
urban		0.240*** (0.089)		0.151 (0.531)
常数项	-0.337*** (0.051)	-0.495*** (0.101)	0.424*** (0.012)	0.491*** (0.117)
省份固定效应	控制	控制	控制	控制
年份固定效应	控制	控制	控制	控制
N	570	570	570	570
R^2	0.373	0.432	0.820	0.835

注：***、**、* 分别表示在 1%、5% 和 10% 的统计水平下显著，括号内为以省份聚类的稳健标准误；下同。

由表 6.2 可以看出，消费升级对产业升级的影响从各方面来看都呈正向关系，这与本章理论分析的预期是相符的。其中，模型 1 和模型 2 考察了在无控制变量和有控制变量的情况下，消费规模扩大和消费结构升级对产业结构合理化的影响。结果显示，消费规模扩大对产业结构合理化都呈不显著的正向影响，而消费结构升级对产业结构合理化的影响都在 1% 的水平下显著，这体现了消费升级的结构效应相比规模效应更有利于产业结构合理化的发展。对比两个模型的系数发现，加入控制变量后，核心解释变量的系数略有下降。

模型 3 和模型 4 则考察了在无控制变量和有控制变量的情况下，消费规模扩大和消费结构升级对产业结构高级化的影响。结果显示，消费规模扩大对产业结构高级化的影响都在 5% 的水平下显著，而消费结构升级对产业结构高级化的影响，于没有控制变量时在 10% 的水平下显著，加入控制变量后不再显著，这体现了消费升级的规模效应相比结构效应更有利于产业结构高级化发展。对比两个模型的系数发现，加入控制变量后，核心解释变量的系数略有上升。

这说明消费规模扩大和消费结构升级对产业升级产生正向影响。一方面，消费规模的扩大意味着居民需求量的增加，消费需求的拉动刺激厂商进行更多产品与服务的生产与供给，企业将争取更多的资金用于扩大生产规模。同时，新增和替代的先进设备和流水线投资将提高企业生产效率和生产技术水平，企业可能通过用资本替代劳动力、加快技术创新等方式实现自身的高效运作和转型升级，促进产业结构的合理化和高级化。另一方面，消费结构升级意味着人们对发展享受型消费需求、高品质消费需求的占比增加，而对生存型消费需求和低品质消费需求的占比减少，这将刺激中高端产业及服务型产业的发展，从而激励各产业的企业提高技术水平、优化产业供给结构，促进产业结构高级化发展。同时，消费需求的引导使全社会生产要素向着更具生产力的企业和行业流动，提高了全社会资源配置和利用的效率，使得产业结构更趋于合理化。

考察控制变量的回归结果情况可知，在模型 1 和模型 2 中，财政支出水平、人力资本水平、基础设施水平和城市化水平对产业结构合理化的影响在 1% 的水平下显著为正；在模型 3 和模型 4 中，对外开放水平、财政支出水平和基础设施水平对产业结构高级化的影响均在5%的水平下显著为正。此外，固定资本水平对产业结构合理化不显著，而对高级化的影响在10%水平下显著为负。

从上述分析可以看出，虽然核心解释变量的回归系数均为正，但其显著性可能受到该模型严重内生性问题的影响，故在排除内生性干扰后作进一步分析。

二　内生性问题分析

根据现有文献，不仅有学者研究消费升级对产业升级的拉动作用，还有学者反向研究产业升级对消费升级的推动作用，发现产业升级一方面可以通过产品创新激发新的消费需求，另一方面可以通过改善要素配置提高收入水平，在两种效应的共同作用下促进消费升级（龙少波等，2020）。由此看来，消费升级和产业升级可能存在互为因果的关系，因此有必要考虑并解决内生性问题，以减少偏误。

为此，本节构建了工具变量，并采用两阶段最小二乘法（2SLS）进行回归。参考易行健和周利（2018）的做法，对消费规模和消费结构两个内生变量分别构建"Bartik instruments"，采用省级指标滞后一期值与全国指标在时间上的一阶差分的乘积作为消费规模和消费结构的工具变量，计算公式为

$$\text{Bconsum} = \text{consum}_{i,t-1} \times \Delta\text{consum}_{t,t-1} \tag{6.5}$$

$$\text{Bconstru} = \text{constru}_{i,t-1} \times \Delta\text{constru}_{t,t-1} \tag{6.6}$$

"Bartik instruments"之所以能较好地克服内生性问题，其原因在于：一方面，全国的消费规模和消费结构反映的是全国整体的消费升级程度，不会明显受到某个省份消费规模和消费结构变动的影响，本节测算并比较了2019年各省份的人均消费支出，发现中国主要的消费大省（直辖市）为上海市、北京市、浙江省和天津市，其人均消费支出占全国消费总支出的比重分别为7.25%、6.84%、5.09%、5.09%，均不到10%，认为这些经济发达的省份的消费规模相比全国消费规模总量来说并不大，因此可以将全国范围的指标相对于某个具体省份的指标看作外生的；另一方面，单个省份的内部需求冲击一般而言不会重要到同国家层面的消费升级程度显著相关，因此该工具变量是有效的。引入工具变量的2SLS回归结果如表6.3所示。

表 6.3　消费升级对产业升级影响的引入工具变量的 2SLS 回归结果

变量	产业结构合理化（SR）		产业结构高级化（SH）	
	模型 1	模型 2	模型 3	模型 4
consum	0.071*** (0.276)	0.048** (0.022)	0.019*** (0.006)	0.012** (0.005)
constru	1.056** (0.492)	0.949** (0.452)	0.269** (0.114)	0.184** (0.092)
inve		−0.037 (0.127)		−0.012 (0.016)
open		0.042 (0.049)		0.014** (0.007)
fisc		0.518*** (0.172)		0.094*** (0.022)
educ		1.186*** (0.435)		0.043 (0.036)
infra		0.132** (0.066)		0.232*** (0.080)
urban		0.508* (0.290)		0.164* (0.093)
常数项	0.270 (0.452)	−2.189** (1.074)	0.615*** (0.106)	0.693*** (0.127)

由表 6.3 可知，在排除内生性干扰之后，4 个模型中核心解释变量的系数都在 5% 的水平下显著为正，并且系数大小有明显的增加，即消费升级对产业升级在各方面都表现出显著的正向影响。相比模型 1 和模型 3，模型 2 和模型 4 中消费规模和消费结构的系数略有下降但仍然显著。模型 2 和模型 4 控制了其他因素，因此相对合理且估计结果更接近真实。下文以纳入控制变量的模型 2 和模型 4 为准进行解释。

在模型 2 中，消费规模扩大对产业结构合理化的影响系数为 0.048，说明消费规模每扩大 1%，产业结构合理化指数将上升 0.048 个单位；消费结构升级对产业结构合理化的影响的系数为 0.949，说明消费结构升级每提高 1%，产业结构合理化指数将上升 0.949 个单位。一方面，随着消费规模的扩大，产品的市场需求增大，激励厂商扩大生产规模，规模经济的存在提高了生产效率，优化了生产要素的配置，产业结构趋于合理；另一方面，居民消费结构升级使中高端产品需求增加，这会引导和促进生产要素向中高端产业流动聚集，优化整个产业体系中生产要素的配置比例，从而促进产业结构合理化。从二者的对比来看，消费升级的结构效应相比规模效应更能促进产业结构协调化、合理化发展，说明前者的"质变"可能比后者的"量变"更能引导和激励生产要素大规模调整和优化配置，不断适应需求侧的消费结构升级。

在模型4中，消费规模扩大对产业高级化影响的回归系数为0.012且在统计水平下显著，说明消费规模每扩大1%，产业结构高级化指数将上升0.012个单位；消费结构升级对产业高级化影响的系数为0.184，说明消费结构升级每提高1%，产业结构高级化指数将上升0.184个单位。本书认为，一方面，消费规模的扩大使消费产品的多样性增加，吸引更多的厂商参与市场竞争，激烈的竞争又促使厂商创造多样化的产品和服务以获得更大的优势，从而促进产业向高级化发展。另一方面，消费结构升级意味着人们的消费需求逐渐从物质生存型向服务享受型转变，中高端产品服务需求的增加可以促进高附加值工业和服务业的创新发展，带来行业间和行业内的高级化发展。此外，同样发现消费升级的结构效应相比规模效应更能促进产业结构的高级化，"质变"比"量变"的拉动作用更加明显。

控制变量的回归结果与基准回归基本一致，说明结论相对稳健。回归结果显示，财政支出水平、基础设施水平和城市化水平对产业升级具有较为显著的促进作用。对外开放水平、人力资本水平则对产业升级的不同方面表现出了差异化的影响：对外开放水平对产业结构高级化的影响更显著，可能是因为对外开放主要通过国外先进技术的引进和模仿实现国内产品和服务的创新，更能促进产业高端化；人力资本水平对产业结构合理化的影响更显著，可能是因为人力资本水平的提高意味着劳动力质量的上升，使劳动力这一生产要素的配置更为优化，促进产业结构合理化。而固定投资水平对产业升级表现出了不显著的负向作用，可能是因为中国固定资产投资在近年来较多地流向了房地产相关行业，而用于产业部门改造的比例较低，故对产业升级的促进作用尚不明显。

三 区域异质性分析

上文基于工具变量的 2SLS 的估计结果表明，从全国范围这一整体来看，消费升级对产业升级有显著的正向拉动作用。然而，中国存在区域经济发展水平不平衡不充分的基本国情，这可能会导致消费升级对产业升级的影响存在地区异质性。参考赵云鹏和叶娇（2018）的做法，本节将中国 30 个省（自治区、直辖市）的样本划分为发达的东部地区、相对欠发达的中西部地区两个子样本[①]，同样采用克服内生性的 2SLS 进行估计。分地区子样本的 2SLS 回归结果如表 6.4 所示。

表 6.4 消费升级对产业升级影响的分地区子样本的 2SLS 回归结果

变量	产业结构合理化（SR）		产业结构高级化（SH）	
	东部地区	中西部地区	东部地区	中西部地区
consum	0.044* (0.024)	0.056** (0.028)	0.008* (0.006)	0.022*** (0.008)
constru	0.256* (0.057)	0.953** (0.051)	0.142** (0.061)	0.398*** (0.154)
控制变量	控制	控制	控制	控制
常数项	0.211** (0.139)	0.257** (0.144)	0.114*** (0.499)	0.808*** (0.157)

由表 6.4 可知，在分地区子样本的回归中，消费升级仍然显著促进产业升级，且消费升级对产业升级影响的结构效应要大于规模效应，但影响程度在东部地区和中西部地区存在差异。前两列的回归结果表明，与东部地区相比，中西部地区消费升级对产业结构合理化的正向影响更为明显。比较两个核心解释变量的系数，消费升级结构效应在中西部地区的影响远大于东部地区，而规模效应差异不大。

表 6.4 后两列的回归结果表明，消费升级对产业结构高级化的正向

---

① 根据国家统计局的划分标准，东部地区包括北京、天津、河北、辽宁、上海、江苏、浙江、福建、山东、广东及海南共 11 个省份，中西部地区则包括除西藏外的其余 19 个省份，西藏自治区因数据缺失而未纳入实证。

影响也表现为中西部地区更明显，消费规模扩大和消费结构升级对产业结构高级化的影响系数也都大于东部地区。这说明消费升级对产业升级的拉动作用随经济的发展可能存在"边际效应递减"的经济规律，中西部地区的消费升级对产业升级的正向拉动效应要大于东部地区。这主要是因为：对于某个地区而言，作为需求端的消费和作为供给端的产业有时是空间分离的，消费升级的扩散效应使其不仅能拉动当地产业升级，还可能拉动其他区域产业升级。根据干春晖等（2020）、余红心等（2020）的观点，供需失衡带来的消费外溢可能会抑制消费升级对产业升级的正向影响。中西部地区经济水平较低，消费升级更多地拉动当地产业的发展，使当地产业结构快速升级；而东部地区经济水平较高，当地消费升级已经难以仅靠当地产业升级满足，居民消费海外高端产品等消费外溢现象较为普遍，抑制了消费升级对当地产业升级的拉动作用。因此，经济较落后的中西部地区相比经济较发达的东部地区，消费升级对产业升级的正向影响更加明显。

此外，本章还发现消费升级的结构效应在两个地区的差异程度相比规模效应更大，可能是因为消费结构升级对产业升级的影响更为重要且明显，它对经济发展水平差异的敏感度较大。由此，中国更应该采取措施拉动中西部地区的消费需求增长，促进居民消费结构升级，从而促进落后地区产业升级和经济发展，同时发挥东部发达地区的引领作用，以实现各地产业协调均衡发展。另外，其他控制变量的结果与整体回归类似。

四　动态面板回归分析

产业结构升级通常是一个动态变化且具有延续性的演变过程，具有一定的时间惯性，因为产业升级并非一蹴而就，而是在原有产业结构的基础上进行的。因此，在上文静态分析的基础上，本节进一步采用动态面板回归模型进行分析，将被解释变量 SR_{it} 和 SR_{it} 滞后一阶项也作为解释变量，并建立差分 GMM 模型和系统 GMM 模型来估计消费升级对当期产业升级的影响。

首先，在式（6.3）和式（6.4）的基础上，分别纳入产业结构合理化、高级化指数的滞后一阶项，构建的动态面板模型如下：

$$SR_{it} = \alpha_0 + \rho SR_{it-1} + \alpha_1 consum_{it} + \alpha_2 constru_{it} + \alpha_3 X_{it} + \mu_i + \nu_t + \varepsilon_{it} \qquad (6.7)$$

$$\mathrm{SH}_{it} = \beta_0 + \lambda \mathrm{SH}_{it-1} + \beta_1 \mathrm{consum}_{it} + \beta_2 \mathrm{constru}_{it} + \beta_3 X_{it} + \mu_i + \nu_t + \varepsilon_{it} \quad (6.8)$$

式中，SR_{it-1}、SH_{it-1} 分别为合理化指数和高级化指数的滞后一阶项；ρ、λ 分别为它们的待估参数；其余符号与式（6.3）、式（6.4）相同。为进一步缓解内生性问题，进行 GMM 估计以增加结果的稳健性。其中，差分 GMM 是指对式（6.7）和式（6.8）进行一阶差分消除个体效应，并将被解释变量 SR_{it} 和 SH_{it} 滞后二阶项作为工具变量以消除内生性，系统 GMM 则是将差分 GMM 和水平 GMM 看作一个方程系统，其回归结果更具有效性。动态面板模型的回归结果如表 6.5 所示。

表6.5　消费升级对产业升级影响的动态面板模型回归结果

变量	产业结构合理化（SR） 差分GMM	产业结构合理化（SR） 系统GMM	产业结构高级化（SH） 差分GMM	产业结构高级化（SH） 系统GMM
L1.SR	0.948*** (0.012)	0.978*** (0.015)		
L1.SH			0.767*** (0.021)	0.868*** (0.027)
consum	0.002*** (0.001)	0.002*** (0.001)	0.036*** (0.002)	0.032*** (0.003)
constru	0.043*** (0.013)	0.043** (0.023)	0.024*** (0.002)	0.020*** (0.001)
控制变量	控制	控制	控制	控制
常数项	0.039*** (0.007)	0.054*** (0.016)	0.026*** (0.011)	0.038*** (0.004)
AR（1）	0.006	0.004	0.005	0.005
AR（2）	0.951	0.948	0.583	0.751
Sargan检验	1.000	1.000	1.000	1.000

注：AR（1）、AR（2）和 Sargan 检验对应的数值为统计量对应的 p 值。

在动态面板模型估计前，有必要进行 Arellano-Bond 检验和 Sargan 检验。如表 6.5 的检验结果所示，四个模型 AR（1）检验得到的 p 值分别为 0.006、0.004、0.005、0.005，说明一阶差分存在显著自相关关系；AR（2）检验得到的 p 值分别为 0.951、0.948、0.583、0.751，说明二阶差分不存在自相关关系；根据检验原则，4 个模型的扰动项不存在自相关关系。4 个模型 Sargan 检验得到的 p 值均大于 0.1，说明所有工具变量都有效。因此，模型估计结果是可靠的。

由表 6.5 的估计结果可知，在差分 GMM 和系统 GMM 模型中，当期产业结构升级除了受到当期消费升级和其他经济因素的影响，还显著受到上一期产业结构的影响。在引入被解释变量滞后一阶项后，核心解释变量系数仍然显著为正，但数值有所减小，控制变量估计结果与上文类似，故不再赘述。这一模型从纵向时间维度考虑了产业升级的动态影响，同时也表明了结果的稳健性。

第四节　消费升级对产业升级的影响效应检验

在本章第三节计量检验证实消费升级对产业升级具有显著正向影响的基础上，本节进一步检验消费升级对产业升级的主要影响效应。本节选取高端产品销售情况（tecinco）、高端产业就业水平（tecpeo）和产业技术创新水平（tecmark）三个中介变量检验上述三大影响效应，即需求收入弹性效应、要素配置效应和技术激励效应。一是若消费升级带来了居民的高端产品需求比例越高（高端产品销售 tecinco），市场机制引导厂商进入高端产业、扩大高端产业生产规模从而带来产业升级，则验证需求收入弹性效应的存在。二是若消费升级带来居民对高端产品需求增加而引导劳动力等要素向高端产业流动（高端产业的就业增加 tecpeo），从要素配置优化方面支撑产业升级，则验证要素配置效应的存在。三是若消费升级带来了居民的高端产品需求增加，激励企业进行技术创新以跟上居民需求升级，从而带来产业升级，则验证技术激励效应的存在。

为此，参考 Hayes 和 Schorkow（2013）、温忠麟和叶宝娟（2014）的中介效应检验方法，在基准回归的基础上，首先检验被解释变量对中介变量的影响，即 a_1 和 a_2 的显著性，如式（6.9）。然后在基准回归模型中加入中介变量并检验其对被解释变量的影响，即 b_1 和 c_1 的显著性，如式（6.10）和式（6.11）。若两步检验系数均显著，则说明这一中介效应显著；反之需进一步做 Sobel 检验，若显著则仍可说明中介效应显著。

$$M_{it} = a_0 + a_1 \text{consum}_{it} + a_2 \text{constru}_{it} + a_3 X_{it} + \mu_i + \nu_t + \varepsilon_{it} \quad (6.9)$$

$$\text{SR}_{it} = b_0 + b_1 M_{it} + b_2 \text{consum}_{it} + b_3 \text{constru}_{it} + b_4 X_{it} + \mu_i + \nu_t + \varepsilon_{it} \quad (6.10)$$

$$\text{SH}_{it} = c_0 + c_1 M_{it} + c_2 \text{consum}_{it} + c_3 \text{constru}_{it} + c_4 X_{it} + \mu_i + \nu_t + \varepsilon_{it} \quad (6.11)$$

根据检验原理，首先，检验核心解释变量消费升级对中介变量的影响。如表 6.6 的 Panel A 所示，在保持控制变量不变且控制省份和年份固定效应的前提下，检验居民消费升级对高端产品销售、高端产业就业以及产业技术创新水平的影响。一是第（1）列的回归结果表明，消费规模的扩大和消费结构的升级分别在 1% 和 5% 的水平下显著提高了高端产品的销售量，说明消费升级使居民增加对高端产品的需求，促进了高端消费品市场的繁荣。二是第（2）列的回归结果表明，消费规模的扩大和消费结构的升级在 5% 的水平下显著提高了高端产业的就业水平，说明消费升级优化了生产要素的配置，促使优质的人力资源不断向高端产业转移，提高了高端产业的就业水平。三是第（3）列的回归结果表明，消费规模的扩大和消费结构的升级在 1% 的水平下显著提高了产业的技术创新水平，说明消费升级激励了厂商进行多维度的技术创新以适应市场需求的变化。

表 6.6　消费升级对产业升级影响效应的检验结果

	Panel A 消费升级对中介变量的影响		
变量	（1）	（2）	（3）
	tecinco	tecpeo	tecmark
consum	0.504***	0.106**	0.335***
	(0.076)	(0.050)	(0.132)
constru	0.693**	0.153**	0.509***
	(0.335)	(0.065)	(0.148)
控制变量	控制	控制	控制
省份固定效应	控制	控制	控制
年份固定效应	控制	控制	控制
N	570	570	570
R^2	0.403	0.537	0.431

续表

<table>
<tr><th colspan="7">Panel B 中介变量对产业升级的影响</th></tr>
<tr><td rowspan="2">变量</td><td colspan="2">(1)</td><td colspan="2">(2)</td><td colspan="2">(3)</td></tr>
<tr><td>SR</td><td>SH</td><td>SR</td><td>SH</td><td>SR</td><td>SH</td></tr>
<tr><td>tecinco</td><td>1.102**
(0.530)</td><td>0.888***
(0.308)</td><td></td><td></td><td></td><td></td></tr>
<tr><td>tecpeo</td><td></td><td></td><td>0.507
(0.338)</td><td>0.803**
(0.390)</td><td></td><td></td></tr>
<tr><td>tecmark</td><td></td><td></td><td></td><td></td><td>0.206
(0.145)</td><td>0.570***
(0.108)</td></tr>
<tr><td>consum</td><td>0.014
(0.021)</td><td>0.044***
(0.012)</td><td>0.013
(0.015)</td><td>0.014**
(0.006)</td><td>0.165
(0.133)</td><td>0.049***
(0.013)</td></tr>
<tr><td>constru</td><td>0.116**
(0.048)</td><td>0.126***
(0.034)</td><td>0.141**
(0.055)</td><td>0.148***
(0.017)</td><td>1.487**
(0.579)</td><td>0.151***
(0.039)</td></tr>
<tr><td>控制变量</td><td>控制</td><td>控制</td><td>控制</td><td>控制</td><td>控制</td><td>控制</td></tr>
<tr><td>省份固定效应</td><td>控制</td><td>控制</td><td>控制</td><td>控制</td><td>控制</td><td>控制</td></tr>
<tr><td>年份固定效应</td><td>控制</td><td>控制</td><td>控制</td><td>控制</td><td>控制</td><td>控制</td></tr>
<tr><td>N</td><td>570</td><td>570</td><td>570</td><td>570</td><td>570</td><td>570</td></tr>
<tr><td>R^2</td><td>0.444</td><td>0.348</td><td>0.420</td><td>0.760</td><td>0.436</td><td>0.316</td></tr>
</table>

横向比较消费规模和消费结构的系数大小，仍发现消费升级的结构效应要大于规模效应，与上文的结论相符。纵向比较表6.6Panel A 中三大效应的系数，发现需求收入弹性效应的中介变量影响作用最大，要素配置效应次之，而技术激励效应的影响作用相对最小。本书认为这可能是因为，消费升级对产业升级影响的需求收入弹性效应相对直接，消费升级促使人们购买高收入弹性产品和服务，作为一种直接的需求冲击和市场信号可以较快传至供给端，主要在短期内发挥作用；要素配置和技术激励的作用则相对间接，无论是资本、劳动力的流动和配置，还是技术的引进和创新都需要较长的时间才能逐渐适应消费端的变化。

其次，检验中介变量对被解释变量产业升级的影响。一是表6.6的Panel B 第（1）列结果显示，高端产品销售对产业结构的合理化和高级化程度的影响分别在5%和1%的水平下显著，说明高端产品销售拉动了相关高端产业的兴起和发展，从而促进产业升级。同时，根据表6.6Panel A的结果，这两个系数显著为正也证明了需求收入弹性效应这一中介效应存在。二是表6.6Panel B第（2）列结果显示，高端产业就业水平显著促进了产业结构高级化，而对合理化的影响不显著，需要进一步做Sobel检验，而检验得到Z统计量为1.224大于临界值0.97，仍可说明中介效应显著，证明了要素配置效应的存在，即消费升级通过优化生产要素在产业间的流动配置实现产业升级。三是表6.6Panel B第（3）列结果显示，在1%的水平下，产业技术创新显著促进了产业结构高级化，同样对合理化的作用不显著，故进行Sobel检验。而Sobel检验得到Z统计量为1.239，大于临界值0.97，仍论证该中介效应显著，证明了技术激励效应的合理性。此外，表6.6Panel B的6个模型中包含的核心解释变量至少有一个显著，说明上述中介效应部分中介效应。

综合以上中介效应检验结果可以看出，前文所述的需求收入弹性效应、要素配置效应和技术激励效应这三大影响效应是合理的。

第五节　本章小结

本章构造测度消费升级和产业升级的指标并利用省级面板数据，从实证方面研究了消费升级对产业升级的影响，并验证了消费升级影响产业升级的三大影响效应，即需求收入弹性效应、要素配置效应和技术激励效应。

本章的实证结果表明，消费规模扩大和消费结构优化对产业结构合理化和高级化都有着显著的正向影响，且消费升级的结构效应相比规模效应更能促进产业升级。另外，异质性分析表明，中西部地区的消费升级对产业合理化和高级化的促进作用相比东部地区都更为明显，验证了消费升级对产业升级的影响程度随经济发展"边际递减"的规律。最后，本章利用高端产品销售情况、高端产业就业水平和产业技术创新水平三个中介变量，证明了消费升级通过需求收入弹性、要素配置和技术激励三大效应促进产业升级的合理性。

针对以上研究结论，本章进一步提出以下政策建议。

第一，完善收入分配体系，推进共同富裕，激发居民消费潜力和加快消费升级以促进产业升级。深化落实初次分配、再分配等措施的协调配套改革，使社会财富分配公平合理。致力于实现中等收入群体倍增计划，保持其可支配收入与经济同步增长，刺激居民消费潜力释放和消费结构优化，拉动和牵引产业升级。

第二，充分发挥市场机制，促进资源优化配置。通过市场规则、市场竞争、市场价格优化资源配置系统，畅通要素向中高端产业流动，实现社会效益最大化。在发挥市场资源配置决定性作用的同时，处理好政府与市场的关系，明确政府在经济活动中应有的职能，促进企业不断创新升级，更充分地发挥经济主体的活力，促进整个经济系统资源的优化配置。

第三，改革完善户籍制度、职业教育制度等制度体系，构建激励企业技术创新的税收政策。户籍制度改革放宽城市落户限制，提高流动人口的社会保障权益，以快速提高其消费意愿。职业教育制度改革帮助工人提升技术水平以增加工人额外收入，增强其消费能力。针对企业的税收优惠政策、补贴政策等，则能激发企业自主研发创新的动力，促进技术进步和产业高级化发展。

第四，改善消费基础设施环境，加快培育并发展消费新业态。加快建设新一代信息技术发展，促进新型基础设施建设，有效提升基础设施运转效率和服务水平，为未来新的消费增长点提供动力，拉动新兴的产业发展。加快产品服务创新和供给结构的优化，打造消费新业态，推动消费结构和消费模式升级，为供给端的产业升级提供需求动力。

第七章

产业升级对消费升级影响的实证研究

本章将中国家庭追踪调查（CFPS）的面板数据与家庭所在地级市进行匹配，利用家庭层面和城市层面的合并数据实证检验了产业升级对居民家庭消费升级的影响，并分析了影响的异质性及作用效应。结果显示，产业升级促进了居民家庭消费升级。从不同收入群体异质性来看，产业升级显著提高了中等收入家庭的发展享受型消费支出占比，且效应高于总体平均效应。从户主年龄异质性来看，产业升级对中年户主家庭消费升级的影响作用最大。从效应分析来看，产业升级通过收入增长效应和创新引领效应两大效应促进居民消费升级。

第一节 产业升级对消费升级的理论效应分析

根据第五章的理论分析可知，产业升级将通过收入增长效应、创新引领效应两个作用效应推动居民消费升级，如图7.1所示。

一 收入增长效应

在市场机制作用下，产业升级引导生产要素流向生产效率高、附加值高的产业，使要素的配置更加合理高效，提升国民收入和经济发展质量，提高了居民收入，促进了消费升级。一方面，在产业升级过程中通过市场机制提高了生产要素的配置效率，增加了要素的边际报酬。人作为劳动、技术、管理经验、知识等生产要素的提供者，收入也随着要素报酬的提升而提升。另一方面，产业升级进程中的技术创新提高了全要素生产率，有利于降低企业成本，并增加企业产出和盈利，使地区生产总值增长加快，居民的收入水平提高。

随着居民家庭收入的增加，消费的预算更加宽松，在生存温饱等基本消费需求被满足后，人们对更高层次、更多样化的发展享受型消费有了更多需求。家庭对需求收入弹性大的商品消费量上升，对满足个性化、智能化、绿色环保等中高端需求的产品消费量增多，带来家庭消费支出水平的不断提升，同时消费结构呈现高级化趋势。

二 创新引领效应

低端产能过剩和高端产能不足导致中国供给端无法很好地满足消费需求，"供需错配"问题突出，不利于居民消费升级。因此，产业升级带来高端产能供给增加，带动居民消费升级。

一方面，产业升级过程中厂商对生产要素分配、生产技术创新等做出的调整，会改良产品与服务的质量、性能和效用，提高消费者使用体验，引导居民消费扩容提质，带来消费升级。而且，产业升级使厂商的生产率提高、生产成本降低，更加有能力为消费者提供质优价廉的产品与服务，引导居民更加绿色、高端的消费需求。另一方面，产业升级往往伴随着新技术、新产品的出现，市场竞争机制的作用促使厂商不断推出性能更优、更加差异化和个性化的产品，能够满足异质性消费者不同层级的消费需求。新产品的出现扩大了消费者的选择范围并创造了新的消费需求，提升了消费者效用，可以有效引导消费向更加高级化的消费品转移甚至打造新的消费模式、业态和场景，促进居民消费升级。

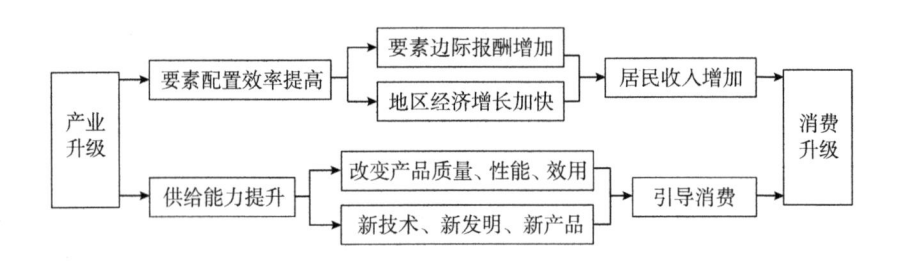

图7.1 产业升级对居民家庭消费升级的影响效应

第二节 产业升级对消费升级影响的数据说明和模型设定

一 数据来源

本章将中国家庭追踪调查（CFPS）2010年、2012年、2014年、2016年、2018年的数据和地级市层面的数据进行合并作为实证检验的数据集。其中，家庭层面的微观数据来自CFPS，城市层面的数据来自《中国城市统计年鉴》以及各省份、各地级市的统计年鉴、统计公报等。

本章将样本家庭与其所在地级市进行匹配，成功匹配了115个地级市。剔除关键变量缺失以及家庭收入、家庭消费性支出、家庭杠杆率、家庭消费率异常的家庭后，得到由43739个观测值组成的2010年、2012年、2014年、2016年、2018年共五期的面板数据。

二 变量说明

（一）被解释变量

本章的被解释变量为居民家庭消费升级。消费升级可以体现为消费规模的扩大和消费结构的升级。其中，消费规模的扩大主要是指人们的消费支出绝对规模和消费率随着经济水平和收入的提高而不断提升。消费结构的升级则意味着居民的消费从生存型向发展型、享受型转变，消费结构不断高级化，不断满足人类更高层次的需求。本章主要利用消费结构升级度量当下中国人均收入不断提高、居民消费升级的情况。借鉴潘敏和刘知琪（2018）的做法，将CFPS八大类消费性支出划分为生存型消费支出（食品、衣着和居住支出三类）、发展型消费支出和享受型消费支出（包括其余五类消费支出）[①]。本章采用家庭的发展享受型支出占消费性总支出的比重度量居民家庭消费升级。

（二）解释变量

本章的核心解释变量为产业升级。产业升级的主要表现是经济发展

[①] 包括食品、衣着、居住、生活用品及服务、交通通信、教育文化娱乐、医疗保健、其他商品及服务8项子类。

进程中不同产业间规模比例关系发生变化，并向更加有利于经济协调、高质量发展的方向调整。主要表现为国民经济由以第一产业为主向第二、第三产业占优转变，产业内部由以低技术、初级产业为主向高技术、知识密集型产业占优转变。借鉴徐敏和姜勇（2015）的思路，本章引入产业结构层次系数来表征地级市的产业升级程度，计算公式为

$$\text{upgrade} = \sum_{i=1}^{3} S_i i = S_1 \times 1 + S_2 \times 2 + S_3 \times 3 \tag{7.1}$$

式中，upgrade 为地级市产业结构升级指数；S_i 为第 i 产业占地区生产总值的比重。

（三）控制变量

本章的控制变量包括家庭层面、户主层面和地级市层面的控制变量三个部分[①]。

1. 家庭层面的控制变量

家庭层面的控制变量，包括家庭收入、老年人口比、少儿人口比、总房贷、总房产、是否自有住房、家庭杠杆率和家庭学龄儿童个数。

（1）根据生命周期—持久收入假说，家庭消费将主要受到家庭持久收入而不仅仅是当期收入的影响，因此家庭资产也会影响居民当期消费。本章选取家庭收入和总房产价值来控制这两个因素的影响，家庭收入采用问卷中该家庭当年全部家庭纯收入变量衡量[②]，总房产价值为家庭现住房市价和其他房产的市价之和。

（2）家庭老年人口比和家庭少儿人口比。用于测度生命周期理论框架下人口年龄结构对家庭消费的影响，分别由家庭中 65 岁及以上人口数、14 岁及以下人口数除以家庭总人口数得到。

（3）房地产财富效应对家庭消费的影响在自有住房和非自有住房的家庭样本中实现机制不同（杜莉等，2013），本章设立家庭是否自有住房虚拟变量予以控制，自有住房取值为 1，否则为 0。

（4）家庭杠杆率可能成为家庭总支出的影响因素，本章将家庭杠杆率纳入控制变量，由总负债除以总资产得到。

---

① 本章选取家庭经济问卷中的财务回答人作为户主，由于 2010 年问卷没有此项问题，因此 2010 年采用家中主事者作为户主。

② 包括工资性收入、财产性收入、经营性收入、转移性收入和其他收入五项收入。

2. 户主层面的控制变量

户主层面的控制变量，包括户主年龄、户主性别、受教育年限、婚姻状况、健康状况、住院情况和参加医疗保险情况。

（1）户主性别为虚拟变量，男性取值为1，女性取值为0。

（2）户主婚姻状况在问卷中分为未婚、在婚（有配偶）、同居、离婚、丧偶五种情况，简化起见，将在婚记为1，其他记为0。

（3）户主健康状况分为以下5个等级：1为非常健康，2为很健康，3为比较健康，4为一般，5为不健康。

（4）户主住院情况为虚拟变量，过去12个月因病住院记为1，否则记为0。

（5）户主参加医疗保险情况为虚拟变量，参加了医疗保险记为1，没有参加医疗保险记为0。

3. 地级市层面的控制变量

地级市层面的控制变量，包括地方政府力量和当地金融发展程度。

其中，地方政府力量用地级市财政支出占地区生产总值的比重衡量，金融发展程度用年末金融机构人民币各项贷款余额占地区GDP的比重衡量。此外，对所有名义价格类变量均用以2000年为基期的CPI进行了价格平减，并取对数形式以减少数据的波动性。主要变量的描述性统计如表7.1所示。

表7.1　　　　　　　　主要变量的描述性统计

变量名	观测数	均值	方差	最小值	最大值
消费结构升级指数	43739	0.429	0.207	0.000	1.000
产业结构升级指数	43739	2.315	0.168	1.943	2.806
家庭收入（万元）	43739	5.876	13.543	0.044	1139.000
少儿人口比	43739	0.126	0.177	0.000	0.857
老年人口比	43739	0.138	0.320	0.000	1.000
总房贷（万元）	43739	1.778	9.698	0.000	400.000
总房产价值（万元）	43739	39.937	113.800	0.000	8000.000
是否自有住房	43739	0.884	0.320	0.000	1.000
家庭杠杆率	43739	0.150	1.108	0.000	50.000
家庭学龄儿童个数	43739	0.411	0.686	0.000	6.000

续表

变量名	观测数	均值	方差	最小值	最大值
家庭城乡分类	43739	0.495	0.500	0.000	1.000
户主年龄	43739	51.790	13.270	16.000	97.000
户主性别	43739	0.567	0.495	0.000	1.000
受教育年限	43739	7.424	4.574	0.000	22.000
婚姻状况	43739	0.875	0.331	0.000	1.000
健康状况	43739	2.906	1.301	1.000	5.000
过去12个月是否住院	43739	0.116	0.320	0.000	1.000
是否参加医疗保险	43739	0.909	0.287	0.000	1.000
政府力量	43739	0.201	0.119	0.044	0.809
金融发展程度	43739	1.087	0.668	0.141	7.450

三 模型设定

为了检验产业升级对居民家庭消费升级的影响，本章建立以消费升级为被解释变量、产业升级为核心解释变量的双向固定效应面板数据模型。具体模型设定如下：

$$\text{structure}_{cft} = \beta_0 + \beta_1 \text{upgrade}_{ct} + \beta_2 \text{family}_{cft} + \beta_3 \text{city}_{ct} + u_f + v_t + \varepsilon_{cft} \quad (7.2)$$

式中：structure_{cft} 为城市 c 的家庭 f 在第 t 年的发展享受型消费占比；upgrade_{ct} 为城市 c 在第 t 年的产业结构升级指数；family_{cft} 为家庭和户主层面的控制变量；city_{ct} 为城市层面的控制变量；u_f 为家庭固定效应；v_t 为时间固定效应；ε_{cft} 为随机误差项；β_1 为本章重点关注的系数，表示产业升级对居民家庭消费升级的影响效应，若 β_1 显著为正，说明产业升级推动了居民家庭消费升级，反之则阻碍了消费升级。

四 内生性问题

本章可能面临潜在的内生性问题，导致模型估计结果有偏。一是反向因果问题。居民消费是厂商生产的最终目的和动力，消费需求作为一种重要的市场信号，通过市场机制引导厂商对其生产决策做出调整，因此居民消费升级可能对产业结构升级产生影响。二是遗漏变量问题。同一地区的消费和生产可能同时受到地区历史、社会、文化因素和经济增长等不可观测因素的影响，导致产业升级和随机误差项相关。

为此，借鉴周茂等（2018）构建工具变量的思路，本章构造了产业结构升级指数的外生预测值作为产业升级的工具变量，具体思路如下。根据以上分析，城市 c 在第 t 年第 i 产业（$i=1, 2, 3$）占地区生产总值的比重 S_{cit} 具有较强的内生性，因此利用给定的期初（本章设定为 2003 年）三次产业占比 S_{ci03}（$i=1, 2, 3$）和外生的该城市三次产业增长的预测值构造 S_{cit} 的工具变量 S_{cit}^{p}。

首先，城市 c 从期初（2003 年）到第 t 年第 i 产业的产值增长率的预测值 g_{cit}^{p} 为

$$g_{cit}^{p} = \frac{\text{output}_{-cit}}{\text{output}_{-ci03}} - 1 \tag{7.3}$$

式中：output_{-cit} 和 output_{-ci03} 分别由第 t 年和期初（2003 年）全国除城市 c 外的其他所有城市第 i 产业的产值加总得到。这里采用第 i 产业全国（不包括该城市）增长的总趋势预测该城市第 i 产业的增长情况。由于全国除去该城市第 i 产业整体的增长情况和该城市第 i 产业的增长情况均与中国当年该产业发展情况紧密相关，二者具有强相关性，满足工具变量的相关性要求。同时，该预测值是全国第 i 产业不包括该城市值的增长总趋势，因此全国其他城市的产业发展情况不会直接影响该城市的居民消费行为，或被该城市的居民消费行为影响，从而满足外生性要求。本章认为选取预测值作为产业升级的工具变量较好地满足了工具变量的两个要求，是合理的工具变量。

其次，城市 c 从期初到第 t 年两期之间的总产值增长率预测值为

$$g_{ct}^{p} = \sum_{i=1}^{3} S_{ci03} g_{cit}^{p} \tag{7.4}$$

再次，可得到 S_{cit} 的预测值 S_{cit}^{p} 为

$$S_{cit}^{p} = S_{ci03} \frac{1+g_{cit}^{p}}{1+g_{ct}^{p}} \tag{7.5}$$

最后，得到城市 c 在第 t 年产业结构升级指数 upgrade_{ct} 的外生预测值 upgrade_{ct}^{p} 为

$$\text{upgrade}_{ct}^{p} = \sum_{i=1}^{3} S_{cit}^{p} i \tag{7.6}$$

式中，upgrade_{ct}^{p} 为本章构造的产业结构升级指数的工具变量。

第三节 产业升级对消费升级的实证结果分析

一 基准回归分析

本节首先进行双向固定效应模型的面板数据估计，如表7.2所示。表7.2第（1）列的结果显示，产业结构升级指数的估计系数显著为正，符合预期。考虑到本章模型存在的内生性问题，采用产业结构升级指数预测值作为产业升级的工具变量，利用两阶段最小二乘法对双向固定效应模型进行再次估计，所得结果如表7.2第（2）列至第（5）列所示。考虑到内生性问题，下文的所有回归分析均采用工具变量估计结果，并使用异方差稳健标准误。

表7.2　产业升级对消费升级影响的基准回归结果

变量名	FE (1)	2SLS (2)	2SLS (3)	2SLS (4)	2SLS (5)
产业结构升级指数	0.201*** (0.039)	0.461*** (0.129)	0.457*** (0.130)	0.425*** (0.129)	0.463*** (0.134)
家庭收入对数	0.001 (0.002)	0.001 (0.002)	0.001 (0.002)	0.001 (0.002)	0.001 (0.002)
少儿人口比	-0.087*** (0.012)		-0.081*** (0.012)	-0.086*** (0.012)	-0.087*** (0.012)
老年人口比	0.001 (0.007)		0.003 (0.007)	0.001 (0.007)	0.001 (0.007)
总房贷对数	-0.001*** (0.001)		-0.002*** (0.001)	-0.002*** (0.001)	-0.001*** (0.001)
总房产对数	0.001 (0.001)		0.001 (0.001)	0.001 (0.001)	0.001 (0.001)
是否自有房产	0.008 (0.006)		0.008 (0.006)	0.008 (0.006)	0.008 (0.006)
家庭杠杆率	0.001 (0.001)		0.002 (0.001)	0.001 (0.001)	0.001 (0.001)
学龄儿童数	0.016*** (0.003)		0.015*** (0.003)	0.015*** (0.003)	0.015*** (0.003)
年龄	-0.007* (0.004)			-0.007* (0.004)	-0.007 (0.004)

续表

变量名	FE	2SLS			
	（1）	（2）	（3）	（4）	（5）
性别	-0.045 (0.063)			-0.041 (0.059)	-0.042 (0.059)
受教育年限	0.003** (0.001)			0.003** (0.001)	0.003** (0.001)
婚姻状况	0.046*** (0.009)			0.046*** (0.009)	0.046*** (0.009)
健康状况	0.011*** (0.001)			0.011*** (0.001)	0.011*** (0.001)
是否住院	0.069*** (0.004)			0.069*** (0.004)	0.069*** (0.004)
是否参加医保	0.006 (0.005)			0.006 (0.005)	0.006 (0.005)
政府力量	-0.096** (0.042)				-0.113*** (0.042)
金融发展程度	-0.003 (0.003)				-0.005 (0.003)
常数项	0.299 (0.210)				
观测值数	43739	36376	36376	36376	36376
R^2	0.059	0.036	0.039	0.057	0.057
截面数	19452	12089	12089	12089	12089
家庭固定效应	是	是	是	是	是
时间固定效应	是	是	是	是	是

注：括号内为异方差稳健标准误，*、**、***分别代表在10%、5%和1%的统计水平下显著；下同。

首先，在表7.2第（2）列中，除核心解释变量产业结构升级指数外，没有加入任何控制变量。从第（3）列、第（4）列、第（5）列的结果可以看到，随着控制变量的依次加入，产业升级对居民家庭消费升级的影响始终在1%的水平下显著为正，且系数变化不大，说明产业升级在总体上促进了中国居民消费升级，而且是稳健的。

其次，为了防止遗漏变量造成的问题发生并考虑到控制变量的完整性，本节以第（5）列的回归结果为准予以解释。其中，产业升级前的回归系数为0.463且显著，说明产业结构升级指数每提升1个单位，居民家庭发展享受型消费支出占比将上升0.463。这说明产业升级确实显著地促进居民消费升级。符合理论预期。从控制变量的情况来看，家庭收入对数的回归系数为正，但系数较小且不显著，说明仅靠收入水平的提升无法有效拉动中国居民消费升级。少儿人口比系数显著为负，说明随着家庭少儿抚养比的下降，家庭消费结构呈现更加高级化的趋势。随着中国市场经济的不断发展完善，家庭的孩子数量和孩子支出质量之间呈现一定的替代关系，这主要是儿童抚养成本大幅上升造成的。家庭对孩子的人力资本投资尤其是教育投资增加，使家庭消费结构呈现高级化趋势，与此同时，中国生育意愿下降、家庭孩子数量有所减少，家庭少儿抚养比不断下降。此外，家庭学龄儿童数回归系数显著为正，也印证了对孩子教育支出的增加会使家庭消费结构更加高级化。老年人口比和家庭消费结构高级化正相关，说明中国人口老龄化促进了居民家庭消费升级。总房贷对居民消费结构高级化的影响显著为负，且总房产价值对消费结构高级化的促进作用不显著且系数远小于房贷，说明目前住房资产对居民消费的作用主要体现为流动性约束效应和房奴效应，而住房的财富效应并不明显，大部分家庭因房贷支出而挤压了家庭消费。家庭杠杆率对居民消费升级的影响为正但系数不显著，这说明中国杠杆率上升对消费升级没有明显的影响。

从户主的特征变量来看，户主的年龄和性别对家庭消费升级没有显著影响，但户主受教育年限越长的家庭发展享受型支出占比越高。这可能是因为家庭未来收入预期的数额和稳定性均与户主受教育程度呈正相关关系，因而更有条件和意愿进行消费升级。户主已婚的家庭比户主未婚的家庭发展享受型支出占比高0.046。户主身体健康状况越差，家庭消费结构越呈现高级化，可能是由家庭医疗保健支出增加导致的。户主过去12个月是否因病住院的回归系数验证了这一推测，从结果来看，户主过去12个月因病住院的家庭比其他家庭的发展享受型支出占比高0.069，说明医疗保健支出在一定程度上存在"非自愿支出"的特征。政府力量与居民消费升级显著负相关，可能的原因是，居民消费结构更低的地区往往社会经济发展水平也较低，政府有更大的动机干预经济社会的发展。

二 稳健性检验

本部分将对产业升级影响居民家庭消费升级的基础回归结果进行稳健性检验（表7.3）。

表7.3 产业升级对消费升级影响的稳健性检验回归结果

变量名	（1）GMM回归	（2）产业升级滞后一期值	（3）第三产业和第二产业之比	（4）恩格尔系数	（5）缩小样本量
产业结构升级指数	0.295*** (0.059)			−1.203*** (0.135)	0.465*** (0.139)
产业结构升级指数滞后值		0.225** (0.092)			
第三产业和第二产业产值之比			0.193*** (0.058)		
观测值数	36376	36376	36376	36352	34583
R^2	0.058	0.058	0.035	0.017	0.058
截面数	12089	12089	12089	12081	11630
控制变量	是	是	是	是	是
家庭固定效应	是	是	是	是	是
时间固定效应	是	是	是	是	是

（一）采用GMM回归

考虑到本章所用样本截面数较多，可能存在异方差问题，而在存在异方差的情况下，GMM估计仍然是稳健与最优的。因此，本章将前文测算的城市产业结构升级指数的工具变量（指数的预测值）和指数的滞后一期值共同作为工具变量进行GMM估计，结果如表7.3第（1）列所示。可以看到，产业升级对消费升级的影响仍然在1%的水平下显著为正。

（二）更换核心解释变量

1. 考虑产业升级的滞后影响

由于厂商生产行为决策的改变需要一定的周期才能发挥作用，居民消费升级不仅受到城市当期产业升级的影响，还可能受到城市上一期产业升级状况的影响。因此，将产业结构升级指数替换为滞后一期值作为核心解释变量进行回归,结果如表7.3第(2)列所示。可以发现,滞后一期值的产业升级仍然显著促进了居民消费升级,但其作用效果要小于当期值。

2. 替换产业升级的衡量方法

产业结构升级的重要特征之一是经济结构服务化(吴敬琏,2013),参考干春晖等(2011)的衡量方法,本章采用城市第三产业与第二产业产值之比作为核心解释变量进行回归,结果如表7.3第(3)列所示。可见,产业升级变量前的估计系数在1%的水平下显著为正,仍然支持产业升级促进了居民消费升级的结论。

(三) 更换被解释变量

一般而言,恩格尔系数与收入水平呈反向变动关系,家庭发展享受型消费支出占比则随着收入增加而呈增加态势。因此,食品支出占比下降可以在一定程度上从反面印证家庭消费结构的高级化。为此,本章将被解释变量替换为恩格尔系数进行回归,结果如表7.3第(4)列所示。可见,产业升级变量前的系数显著为负,说明产业升级降低了居民家庭的食物支出在整个家庭支出中的比重,再次印证产业升级确实有利于促进家庭消费升级。

(四) 缩小样本量

考虑到回归结果可能受到极端值的影响,本章删除了家庭收入和家庭消费支出小于1%分位数和大于99%分位数的样本家庭,对模型再次估计,结果如表7.3第(5)列所示。可以看到,在排除极端值的影响后,产业升级对消费升级的系数显著性和大小并没有发生明显变化,说明估计结果依然稳健。

第四节 产业升级对消费升级影响的异质性分析和效应分析

一 产业升级对消费升级影响的异质性分析

(一) 城乡异质性

由于历史等各方面因素,中国存在城乡经济社会发展的二元化结构,城乡居民家庭在收入水平、消费习惯、基础设施等方面差异巨大。

因此，产业升级对城市和农村居民家庭的消费升级可能存在不同影响，有必要对这种异质性进行分析。

为此，本节将家庭户籍分类虚拟变量（城市取值为1，农村取值为0）引入回归模型，并加入产业升级和城乡虚拟变量的交乘项，以探究产业升级在城市和农村家庭之间的异质性影响。此外，考虑到中国人口流动性较大，部分户籍分类为农村的家庭可能长期居住在城市，无论是在消费习惯方面，还是在享受的基础设施水平、产业辐射水平等方面都与城市家庭相似，因此本节还引入了家庭所在社区性质虚拟变量（居委会取值为1，村委会取值为0）及其与产业升级指数交乘项来控制家庭居住地的影响，以验证结果的稳健性。

从表7.4的回归结果可以看出，无论是采用户籍分类的方法，还是采用居住地分类的方法，城乡（社区性质）虚拟变量的回归系数均显著为正，交乘项的系数均显著为负。这就意味着在中国，城市家庭的发展享受型消费占比高于农村家庭，城市家庭的消费结构更加高级化。但在其他条件不变的情况下，同样程度的产业升级对农村家庭的消费升级带动作用大于城市。对此可能的解释是，近年来，随着收入水平的迅速提升，城市家庭发展享受型支出占比已经达到较高水平，已处于产业升级拉动消费升级的边际效应递减阶段，故带动作用较小；而相比城市家庭，农村家庭消费升级的空间更大，且伴随着互联网的普及和消费习惯的变化等因素的影响，产业升级能够更大幅度带动农村家庭发展享受型消费占比的提升。

表7.4　产业升级对消费升级影响的城乡异质性分析

变量名称	城乡虚拟变量		社区性质虚拟变量	
	（1）	（2）	（3）	（4）
产业结构升级指数	0.340*** (0.116)	0.340*** (0.119)	0.338*** (0.119)	0.336*** (0.122)
城乡虚拟变量	0.434*** (0.078)	0.425*** (0.078)		
产业升级×城乡	-0.195*** (0.034)	-0.192*** (0.034)		

续表

变量名称	城乡虚拟变量		社区性质虚拟变量	
	(1)	(2)	(3)	(4)
社区性质虚拟变量			0.456*** (0.076)	0.463*** (0.076)
产业升级×社区性质			-0.197*** (0.032)	-0.200*** (0.032)
观测值数	36376	36376	36108	36108
R^2	0.040	0.060	0.039	0.060
截面数	12089	12089	12015	12015
控制变量	否	是	否	是
家庭固定效应	是	是	是	是
时间固定效应	是	是	是	是

（二）不同收入群体异质性

居民家庭消费主要受到家庭持久收入的影响，有必要考察在不同收入水平的家庭子样本中，产业升级对消费升级的异质性影响。本章按照家庭收入分位数将样本家庭划分为低收入家庭、中等收入家庭和高收入家庭三组进行回归，结果如表7.5所示。结果显示，产业升级显著促进了中等收入家庭的发展享受型支出占比提升，对低收入家庭和高收入家庭发展享受型支出占比的提升作用不显著。从回归系数来看，中等收入家庭的回归系数最大，城市产业结构升级指数每增加1个单位，中等收入家庭的发展享受型消费占比将提升0.587，高于总体平均效应。其次是低收入家庭，而高收入家庭系数最小。

表7.5　产业升级对消费升级影响的不同收入家庭异质性分析

变量名称	(1) 低收入家庭	(2) 中等收入家庭	(3) 高收入家庭
产业结构升级指数	0.271 (0.212)	0.587** (0.234)	0.167 (0.237)
观测值数	8657	8294	8131
R^2	0.065	0.054	0.061

续表

变量名称	（1）低收入家庭	（2）中等收入家庭	（3）高收入家庭
截面数	2554	2486	2495
控制变量	是	是	是
家庭固定效应	是	是	是
时间固定效应	是	是	是

产生上述结果的原因可能是，部分低收入家庭尚处在满足基本生存需求的阶段，产业结构升级、有效供给的增加并不会明显地促使低收入群体消费市面上的新产品或者更多地进行发展享受型消费，而是更多花费在生存型消费支出上，因此产业升级对低收入家庭消费升级的带动作用不显著。中等收入家庭具有较强的消费能力和消费意愿，最容易受到有效供给增加和消费升级的影响，激发其消费潜力释放和提升消费水平，因此产业升级对中等收入家庭消费升级的带动作用最显著。高收入家庭的消费结构已经呈现高级化的形态，且目前中国的高端供给水平还无法很好地满足居民的高端消费需求，形成高端消费外溢的现象，导致产业升级对高收入居民消费升级拉动乏力。

（三）户主年龄异质性

为了考察家庭所属生命周期在产业升级影响居民消费升级中的调节作用，本章按照户主年龄在35岁及以下、36—50岁、51岁及以上将样本的家庭分为三组进行回归，结果如表7.6所示。可见，产业升级对中年户主家庭（户主年龄为36—50岁）消费升级的影响作用最大，其次是老年户主家庭（户主年龄在51岁及以上），而对年轻户主家庭（户主年龄在35岁及以下）的影响最小且不显著。这主要有两个方面的原因。一方面，生命周期理论认为中年是人生收入和财富最多的时期，中年户主家庭对未来收入预期较稳定，产业升级时有能力和意愿提升家庭消费水平，增加发展享受型支出；另一方面，中年户主家庭可能面临着更大的育儿、养老压力，教育和医疗保健等项目支出较多，从而使家庭消费结构呈现高级化。老年户主家庭由于面临退休、预期收入下降等问题，倾向于更加保守的消费行为，再加上老年群体普遍持节俭的消费习惯，家庭发展享受型支出占比水平要低于中年户主家庭。对年轻户主家庭影响较小的原因可能是，户主刚步入职场不久，收入和财富水平相对较低，且年轻户主家庭更容易受到住房房贷拖累，未来不确定性因素多（张大永、曹红，2012），再加上年轻户主家庭要考虑平滑整个生命周期的消费，可能会增加现阶段储蓄以备未来之需。

表7.6　产业升级对消费升级影响的户主年龄异质性分析

变量名称	(1) 35岁及以下	(2) 36—50岁	(3) 51岁及以上
产业结构升级指数	0.122 (0.470)	0.876*** (0.266)	0.483** (0.189)
观测值数	2743	12220	18300
R^2	0.040	0.054	0.056
截面数	1136	4479	6173
控制变量	是	是	是
家庭固定效应	是	是	是
时间固定效应	是	是	是

二　产业升级对消费升级影响的效应分析

根据前文理论部分的分析，产业升级将通过收入增长效应、创新引领效应两个作用效应推动居民消费升级。下文将利用微观数据进行具体的实证分析检验，结果如表7.7所示。

表7.7　产业升级对消费升级的影响效应分析回归结果

变量名称	(1) 收入增长效应	(2) 创新引领效应
产业结构升级指数	0.072** (0.029)	0.207*** (0.013)
常数项		-1.081*** (0.023)
观测值数	1151	7743

续表

变量名称	（1）	（2）
	收入增长效应	创新引领效应
R^2	−0.440	0.646
控制变量	是	是
城市固定效应	是	
时间固定效应	是	

（一）产业升级对消费升级影响的收入增长效应

产业升级对消费升级影响的收入增长效应的实证检验如表7.7第（1）列所示。收入增长效应是指产业升级引起国民收入或居民收入的增长，从而带来消费结构升级。收入增长效应存在与否的关键是产业升级是否带来收入增长，因为收入增长带来消费升级已经被各种理论和实证证实（Keynes，1936）。为此，本章将人均GDP对数值作为被解释变量，产业升级指数作为解释变量进行回归，此外，还加入了政府力量、城市金融发展程度、实际利率[①]等城市层面控制变量。结果显示，产业结构升级显著促进了地区人均生产总值的增长，产业升级可以通过促进地区经济发展、提高居民家庭收入的途径提高居民的消费水平，从而促进居民消费升级。因此，产业升级对消费升级影响的收入增长效应得到证实。

（二）产业升级对消费升级影响的创新引领效应

产业升级对消费升级影响的创新引领效应检验如表7.7第（2）列所示。创新引领效应是指产业升级创造新的产品与服务、新的消费场景，扩大居民的消费选择范围，从而创造新的消费需求并带来消费结构升级。为了表示企业新产品、新技术创新程度，本章将城市每百万人发明专利授权数量作为被解释变量[②]，并将产业结构升级指数作为核心解释变量，控制政府力量、城市金融发展程度、实际利率、人均地区生产总值对数等变量进行回归。结果显示，产业升级显著提高新产品与服务

[①] 实际利率由名义利率减去通货膨胀率得到，名义利率采用官方一年期储蓄存款利率衡量。

[②] 考虑到地级市层面数据可得性，本章仅采用2018年的截面数据进行检验。

的创新能力，产业升级通过增加新产品、应用新技术创造新的消费热点，引领居民消费升级。可见，产业升级对消费升级影响的创新引领效应得到证实。

第五节　本章小结

本章将中国家庭追踪调查（CFPS）2010年、2012年、2014年、2016年、2018年的微观面板数据与家庭所在地区数据进行匹配，利用家庭层面和地区层面的合并数据实证检验了产业升级对居民家庭消费升级的影响，并分析了影响的异质性及作用效应。本章的主要结论如下：

第一，产业升级显著促进了居民家庭消费升级，城市产业结构升级指数每提升1个单位，居民家庭发展享受型支出占比将上升0.463。

第二，从城乡异质性来看，城市家庭的消费升级水平更高，同样程度的产业升级对农村家庭的消费升级促进作用更大。从不同收入群体异质性来看，产业升级显著促进了中等收入家庭的消费结构高级化，且效应高于总体平均效应。从户主年龄异质性来看，产业升级对中年户主家庭消费升级的影响作用最大，其次是老年户主家庭，对年轻户主家庭的影响尚不显著。

第三，效应分析显示，产业升级通过收入增长效应和创新引领效应两大作用效应促进居民消费升级。因此，在经济双循环背景下加快产业升级，从而提高居民收入并创造出新的消费产品和服务，对于促进居民消费升级具有重要的意义。

第八章

消费和产业"双升级"互动效应的实证研究

消费升级与产业升级之间的良性互动，是形成国民经济发展"双循环"新格局的重要条件，也是驱动经济高质量发展的重要基础。因此，本章在前文研究的基础上，进一步研究消费升级与产业升级的互动效应，从而更好地理解消费和产业"双升级"的相互作用机制。本章梳理了消费升级和产业升级互动的理论机制，结合2000—2020年省级面板数据，利用联立方程模型进行实证研究，并对消费和产业"双升级"互动的结论进行稳健性检验。

第一节 消费和产业"双升级"互动效应理论

消费需求是经济循环的起点和终点，是社会生产的动力源泉。消费升级反映出消费者需求层次和市场整体需求层次发生了转变，是经济增长点改变的重要信号之一。党的十九大报告指出，中国现阶段社会的主要矛盾已经转变为人民日益增长的美好生活需要和不平衡不充分的发展之间的矛盾。产业升级则是经济发展的根本动力，产业技术进步、行业间要素流动将带动产业升级并促进经济发展。然而，目前在中国经济的运行中，层次低、技术含量低的产品生产过多，而高技术、高要求层次的产品匮乏，产业在升级中遇到了一定的瓶颈，不能完全有效地满足高层次消费的需求。同时，海外高端消费占据中国高收入人群消费的极大比例，而国内也存在较多的拼单、特卖、小商品等低端消费形式，这种消费"撕裂"的现象,说明消费升级出现了一定的阻滞,限制了中国产业升级。因此,加快推进高端产业发展、挖掘内需潜力,促进产业供给与消费需求的动态匹配,实现消费和产业"双升级"的有效互动,加快畅通国内大循环格局和推动经济高质量发展,是中国当下经济运行亟待解决的现实问题。

一 消费升级与产业升级互动理论机制

消费升级包括消费规模扩大与消费结构升级。一方面,消费规模扩大,表现为消费对经济的拉动越来越明显,消费总量在生产总值中的比重逐渐上升(范剑平,2003)。另一方面,消费结构升级,主要表现为人们在消费中越来越注重商品质量。由于收入的增加和物质生活的丰富,人们在发展享受型商品上的支出占比不断提高,对环保智能、个性多样的商品消费越来越多(王云航、彭定赟,2019)。

产业升级是指产业结构的不断调整,向合理化和高级化两个方面优化(周振华,1990)。产业升级总体上是指根据经济运行逻辑和历史累积协调发展,主导产业由第一产业不断向第二、第三产业转换(姚芳,2016;龙少波等,2020),从低效益不断向高效益的产业发展的过程。在此过程中,地区间的产业将会进行调整,生产要素、人力资源将根据禀赋条件在各地区进行分配,各个层次、各种类型的产业分布将合理化,增加地区产业的总体回报效率,带来产业升级;同时,产业结构进行高级化演进,体现为第二、第三产业的产值占比不断上升,高端产业的规模不断增加,最终实现产业升级。

(一)消费升级促进产业升级

在消费升级的过程中,人们的消费支出规模增大,且对发展享受型产品的支出不断增加,通过需求收入弹性效应、要素配置效应促进产业升级(杨天宇和陈明玉,2018)。同时,消费升级通过技术激励效应刺激企业进行技术创新,从而带来产业升级。从微观角度来看,消费需求的改变直接体现在对不同种类的商品和服务的需求量上。在市场上,不同产业的厂商及时捕捉这一变化,改变优化劳动力、资本投入的配置,并研发技术提高生产率以生产满足消费升级所需的产品与服务,并获得更高的利润和更大的市场规模,促进产业升级。

第一,消费升级通过需求收入弹性效应直接促进产业升级。需求收入弹性效应也称恩格尔效应，是指商品的需求会因为其需求收入弹性不同，而在人们收入水平提升的过程中呈现出不同的发展趋势。随着经济发展，"小康之家"越来越多，人们对需求收入弹性较低的商品的消费量达到饱和，而对需求收入弹性高的商品的消费意愿不断提升，促进后者占据越来越大的市场份额。在现实生活中，高端制造业和服务业的商品需求收入弹性较高，由于需求收入弹性效应的存在，生存型支出在人们的总支出份额中占比逐渐降低，人们将购买更多的发展享受型产品和服务，以满足自己个性多样的需要。这在宏观层面体现为消费升级。通过需求收入弹性效应引导高端制造业和服务业在经济中的比重增加，高端产业逐渐成为主导产业，实现各产业间的协调和产业内部的升级。

第二，消费升级间接通过要素配置效应促进产业升级。要素配置效应是指劳动力、资本要素将会转移到产品价格相对较高的部门，以获得更高的边际报酬（Baumol，1967）。消费结构变化带来的消费升级，相当于在市场上发出了需要厂商改变生产结构、优化资源配置、进行产业升级的信号；同时消费规模的增加将为厂商扩大高端产品的生产提供市场基础。劳动力和资本等生产要素将会持续流入报酬更高的高端产业以寻求更大的市场和更高的报酬率，从而带来高端产业的市场份额逐渐扩大，实现产业升级。因此，消费升级通过要素配置效应助力产业升级。

第三，消费升级通过技术激励效应促进产业升级。居民消费品质的提升与消费需求的不断升级要求产品更新换代和产业不断升级。一般而言，技术进步和创新是实现产业升级的核心保障。随着消费升级的进行，居民增加对发展享受型产品和服务的消费支出，而发展享受型商品主要由高端产业主导，高端产业的发展则亟须企业进行技术改造和创新发展。因此，发展享受型产品需求扩大所带来的消费升级，将会激励企业进行高端产业生产技术的创新，从而拉动产业升级。

（二）产业升级促进消费升级

产业结构向合理化和高级化的产业升级演变中，通过收入增长效应和创新引领效应带动消费升级。产业升级的过程带来经济的增长与居民收入的增加，为居民消费升级提供最根本的财力保障；产业升级过程中创造的新产品、新服务、新消费模式以及新消费业态可以刺激居民消费潜力释放，为消费升级提供物质基础。

第一，产业升级通过收入增长效应促进消费升级。一方面，产业结构合理化根据当地资源禀赋和经济运行要求，合理优化资源配置，提高资源的使用效率，提升企业的生产效率和供给能力以获得更多的销售收入，进而增加居民的收入。收入的提升将增加居民的消费总量以及对发展享受型产品的需求，促进消费规模扩大和消费结构升级。另一方面，产业结构高级化使原材料、资金和技术等资源从低端产业不断向高端产业转移，产业的要素回报率上升，企业的收益也将上升，并带来居民收入水平的提升，形成收入增长效应，带来消费升级。

第二，产业升级通过创新引领效应带动消费升级。产业结构高级化不仅包括产业结构向高端制造业和服务业转变，而且包括技术创新带来新型现代化产业以及符合消费需求的新产品。首先，产业由低端向高端逐渐演变的过程中，新技术的发明应用使高端制造业产能不断扩大，规模经济效应越来越显著，越来越多的居民能够体验产业升级的好处，居民将会增加自己的消费来享受更加优质的、符合自己个性的产品，从而实现消费升级。其次，新技术新发明的出现，可以降低厂商制造新产品的成本，从而使厂商敢于尝试符合消费需求的新产品，创造新的消费热点带来消费规模扩大和消费质量提升，形成创新引领效应，从而实现消费升级。最后，产业实现合理化的布局，将会协调地区产业资源配置，逐步提升各地区具有特有禀赋产业的生产效率，在此过程中，地区可能会出现新的潜在优势产业，创造出新产品或提供新服务，发挥创新引领效应，刺激居民的消费潜力释放和消费结构升级。

（三）消费和产业"双升级"互动机制

居民消费和产业供给是市场上需求与供给两方面的体现。消费升级反映市场需求规模和层次的提升，产业升级代表市场供给质量的提升。消费升级表现为消费规模扩大和消费结构升级，通过需求收入弹性效应、要素配置效应以及技术激励效应促进产业升级；与此同时，产业升级通过产业结构向合理化和高级化的变迁，发挥收入增长效应和创新引领效应，提高居民的劳动报酬并创造新的消费热点，从而促进消费升级。在市场这只"看不见的手"的调节下，厂商生产与消费者购买自然而然发生，消费升级和产业升级形成良性互动，如图8.1所示。

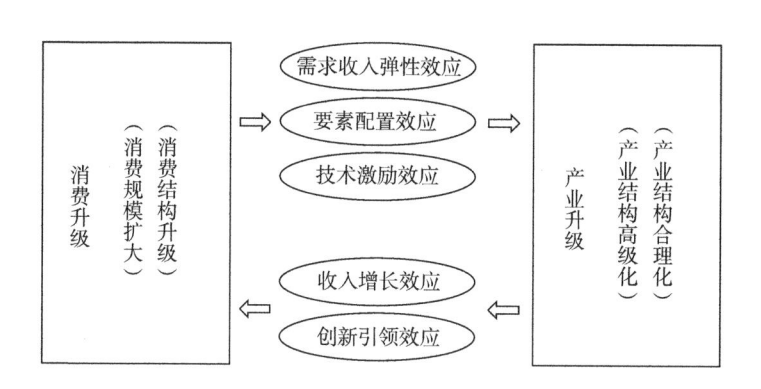

第八章 | 消费和产业"双升级"互动效应的实证研究

图 8.1 消费和产业"双升级"互动机制

第二节 消费和产业"双升级"互动的研究方法

一 数据来源说明

本节构建的消费升级①、产业升级指标以及控制变量的省际面板数据涵盖中国 31 个省（自治区、直辖市）②，时间跨度为 2000—2020 年，数据主要来源于国家统计局网站、历年《中国统计年鉴》，部分省份 2013 年前的农村消费数据来源于《中国农村统计年鉴》，相关农村和城市居民人数、就业人数来源于《中国人口与就业统计年鉴》。

二 消费和产业"双升级"互动机制的模型构建

消费升级和产业升级的互动影响是本节关注的重点，如果消费和产业"双升级"机制之间存在相互影响，则使用单向的单一方程回归可能难以将消费升级和产业升级之间的内部互动关系同时刻画出来，并且可能存在产业和消费反向因果的内生性问题。然而，联立方程模型（simultaneous equations model，SEM）是通过构建一组结构方程，能够对存在内在关系的多个方程同时进行估计，可以对存在内生影响的变量进行回归的模型。因此，本节同时将消费升级和产业升级指标作为内生

---

① 由于在 2013 年以前的消费支出数据实行城乡分开调查，因此 2000—2013 年的居民消费平均支出数据是用历年各省份农村与城镇人口比重作为权重与农村和城镇的消费支出乘积再求和所得到的。

② 不包含港澳台地区。

159

变量，并构建消费和产业"双升级"互动影响的联立方程模型，不仅能考虑和缓解内生性问题，也能充分体现二者的互动机制。

$$\text{Ind}_{it} = \beta_0 + \beta_1 \times Cg_{it} + \sum_{j=2}^{n} \beta_j \times Y_{it} + \varepsilon_{it} \tag{8.1}$$

$$Cg_{it} = \alpha_0 + \alpha_1 \times \text{Ind}_{it} + \sum_{j=2}^{n} \alpha_j \times X_{it} + \gamma_{it} \tag{8.2}$$

式中，下标 i 代表省份（$i = 1, 2, 3, \cdots, 31$）；下标 t 代表年份（$t = 2000, 2001, \cdots, 2020$）；$\varepsilon_{it}$、$\gamma_{it}$ 为随机误差项，且服从独立分布。

式（8.1）是产业升级结构方程，其中，Ind_{it} 是产业升级指标，Y_{it} 为一组关于产业升级的控制变量。

式（8.2）是消费升级结构方程，其中，Cg_{it} 是消费升级指标，X_{it} 为一组关于消费升级的控制变量。

三 变量选取和处理

承前文所述，本章认为消费升级包括消费规模扩大和消费结构升级两个方面，产业升级包括高级化和合理化两种升级方向。因此，本章将对式（8.1）、式（8.2）中的消费升级、产业升级指标进行分解，构建4个联立方程组进行回归，全面考察消费和产业"双升级"互动关系。

1. 在产业升级结构方程式（8.1）中，核心解释变量是消费升级

消费升级表现为居民消费支出规模逐渐扩大，且发展享受型支出的比重逐渐增加的趋势。因此，消费升级用消费规模扩大和消费结构升级两个指标来表示。

（1）消费规模指标（Cr）。依据经济学理论，消费支出规模可以使用消费率来衡量，消费率是用居民的消费支出与收入的比值来度量的。具体而言，本章使用人均消费支出与人均GDP的比值来表示：

$$Cr_{it} = \text{perSpend}_{it} / \text{perGDP}_{it} \tag{8.3}$$

式中，下标 i、t 分别代表省份和年份；perSpend_{it} 代表各省份历年的人均消费支出；perGDP_{it} 代表各省份历年的人均GDP，使用各省份历年GDP除以各省份历年总人口计算所得。人均消费率 Cr 越大，表示居民消费支出占收入的份额越多，消费规模扩大所带来的消费升级越明显。

(2) 消费结构升级指标（Cs）。根据国家标准的统计指标，将中国居民的消费支出划分为衣、食、住、行等八大类，参考程名望和张家平（2019）的做法，将前三类（衣、食、住）的消费支出划分为生存型支出；发展型支出则为家庭设备类别和交通通信类别的消费支出之和；享受型消费支出是指医疗项目、教育娱乐项目以及其他项目的总支出。进一步参照颜建军和冯君怡（2021）的做法，对三种支出类型进行加权赋值获得消费结构升级指数（Cs）。

$$Cs_{it} = 1 \times Sur_{it} + 2 \times Dev_{it} + 3 \times Enj_{it} \tag{8.4}$$

式中，下标 i、t 分别为省份和年份；Sur_{it} 为人均生存型消费支出占人均消费支出比重；Dev_{it} 为人均发展型支出占人均消费支出比重；Enj_{it} 为人均享受型支出占人均消费支出比重。Cs 值越大，表明居民消费支出中的发展享受型支出比例越高，消费结构越高级。

2. 在消费升级结构方程式（8.2）中，核心解释变量为产业升级

依据前文的分析和定义，本节通过产业结构高级化和产业结构合理化这两个指标来衡量产业升级。

(1) 产业结构高级化指标（Is）。产业结构高级化主要体现为主导产业从第一、第二产业为主转向以第三产业为代表的高端产业。本章参考徐敏和姜勇（2015）的做法，对各省份三次产业增加值占比进行赋权再求和，产业越高级则所赋权重越大。最终建立的产业结构高级化系数（Is）为

$$Is = \sum_{i=1}^{3} q_i \times \frac{i}{6} = q_1 \times \frac{1}{6} + q_2 \times \frac{2}{6} + q_3 \times \frac{3}{6} \tag{8.5}$$

式中，q_i 为各省份第 i 产业的增加值占各省份地区生产总值的比重。各省份 Is 值越大，则该地区产业结构越高级。

(2) 产业结构合理化指标（Ih）。结构偏离度 $\left(E = \sum_{i=1}^{n} \left| \frac{(Y_i/L_i)}{(Y/L)} - 1 \right| \right)$ 是大多数文献衡量产业结构合理化的指标之一。本章参考韩永辉等（2017）所构建的合理化系数（Ih）方法，在结构偏离度指标之前乘各产业产值占总产值的比重，通过这一产值赋权体现了各产业的重要程度。其公式为

$$Ih = -\sum_{i=1}^{n}(Y_i/Y)|(Y_i/L_i)/(Y/L)-1| \qquad (8.6)$$

式中，下标 i 为产业类型；Y_i 为各产业增加值；Y 为地区生产总值；L_i 为各产业就业人数；L 为总就业人数。产业结构越不合理，Ih 值越小；产业结构越合理，则 Ih 值越大。

3. 控制变量

（1）Y_{it} 是产业升级结构方程的一组控制变量。本节参考左鹏飞等（2020）、汪伟等（2015）以及袁航和朱承亮（2018）的研究，加入科技水平、人力资本、基础设施水平、经济发展水平四个产业升级控制变量作为指标。本节对科技水平、人力资本做了对数处理，经济发展水平采用人均可支配收入衡量。

（2）X_{it} 是消费升级结构方程的一组控制变量。参考孙早和许薛璐（2018）、杨伟明等（2021）的研究，选取影响消费升级的控制变量：老年抚养比、政府一般预算支出中的教育支出和医疗支出，以及就业率。

本章实证部分的产业升级、消费升级以及相应的控制变量构建说明如表8.1所示。

表8.1 相关变量的选取说明

变量类型	变量名称	变量表示	变量说明
内生变量	消费率	Cr	见式（8.3）
	消费结构指数	Cs	见式（8.4）
	产业结构高级化	Is	见式（8.5）
	产业结构合理化	Ih	见式（8.6）
产业升级控制变量	科技水平	lnpatent	国内发明专利申请授权量（对数）
	人力资本	lnperedu	人均受教育年限（对数）
	基础设施水平	infra	每平方千米的公路里程
	经济发展水平	lnperinc	人均可支配收入（对数）
消费升级控制变量	老年抚养比	old	《中国统计年鉴》
	政府教育支出	lnedu	政府预算中教育支出（对数）
	政府医疗支出	lnmed	政府预算中医疗支出（对数）
	就业率	jobra	总就业人数/人口

续表

变量类型	变量名称	变量表示	变量说明
稳健性检验	结构偏离度	E	见式（8.7）
	克拉克产业高级化	Ts	第三产业增加值/第二产业增加值

资料来源：笔者根据相关材料整理所得；下同。

本章有关消费升级和产业升级，以及控制变量指标相应的描述性统计如表8.2所示。

表8.2　　　　　　　　相关变量的描述性统计

变量类型	变量名称	观测值	均值	标准差	最小值	最大值
内生变量	Cr	651	0.32	0.07	0.19	0.68
	Cs	651	0.39	0.04	0.21	0.51
	Is	651	0.38	0.02	0.34	0.47
	Ih	651	−0.59	0.36	−2.33	−0.03
产业升级控制变量	lnpatent	651	8.88	1.91	1.95	13.47
	lnperedu	651	2.13	0.17	1.10	2.54
	infra	651	0.73	0.50	0.02	2.19
	lnperinc	651	9.31	0.78	7.73	11.19
消费升级控制变量	old	651	0.13	0.03	0.06	0.25
	lnedu	651	5.56	1.24	1.94	8.16
	lnmed	651	4.58	1.43	0.86	7.48
	jobra	651	0.54	0.24	0.07	5.95
稳健性检验	E	651	1.92	0.82	0.55	6.03
	Ts	651	1.19	0.62	0.52	5.24

第三节　消费和产业"双升级"互动的实证结果分析

一　总体估计结果及分析

联立方程模型需要用阶条件和秩条件识别是否存在唯一解（伍德里奇，2003），同时需要选择单方程估计方法或系统估计方法，对联立方程进行回归。首先，本节构建的产业与消费"双升级"联立方程模型均为过度识别，存在唯一解，可以进行联立方程回归。其次，本节选择系统估计法。系统估计法考虑了结构方程的内生性以及扰动项之间的相关性，其估计效率相对高于单一方程估计法（陈强，2010）。三阶段最小二乘法（3SLS）是联立方程模型的系统估计方法之一，具有系统估计法的优点。因此，本章对消费和产业"双升级"联立模型的基准回归估计和稳健性检验均采用三阶段最小二乘法（3SLS）①。

为了全面考察消费和产业"双升级"的互动关系，本章对消费升级设置了消费规模扩大和消费结构升级两个维度，产业升级设置了产业结构高级化和产业结构合理化两个维度，而联立方程每次只能考察一组互动关系。因此，我们分别相互组合获得以下联立方程组进行估计：①消费规模扩大与产业结构合理化之间的互动关系联立方程组。②消费规模扩大与产业结构高级化之间的互动关系联立方程组。③消费结构升级与产业结构合理化之间的互动关系联立方程组。④消费结构升级与产业结构高级化之间的互动关系联立方程组。

（一）消费规模扩大与产业升级的互动关系

表8.3为消费规模扩大分别与产业结构高级化和产业结构合理化互动的联立方程估计结果。其中，方程（1）和方程（2）分别是消费规模扩大与产业结构高级化互动的联立方程；方程（3）和方程（4）分别是消费规模扩大与产业结构合理化互动的联立方程。两组联立方程回归结果显示，消费规模扩大与产业结构高级化之间、消费规模扩大与产业结构合理化之间的相互影响均显著为正。具体而言：

表8.3 消费升级（消费规模扩大）与产业升级互动的回归结果

变量	消费规模扩大与产业结构高级化互动的联立方程		消费规模扩大与产业结构合理化互动的联立方程	
	(1)	(2)	(3)	(4)
	Is	Cr	Ih	Cr
Cr	0.038***		0.606***	
	(0.008)		(0.171)	

---

① 在进行3SLS回归之前，使用xtdata命令去除了各变量之间的个体效应。

续表

变量	消费规模扩大与产业结构高级化互动的联立方程		消费规模扩大与产业结构合理化互动的联立方程	
	（1）	（2）	（3）	（4）
	Is	Cr	Ih	Cr
Is		7.480*** (1.096)		
Ih				0.415*** (0.074)
lnpatent	0.001*** (0.001)		0.029*** (0.009)	
lnperedu	-0.010*** (0.004)		-0.013 (0.131)	
infra	-0.001 (0.001)		-0.052*** (0.019)	
lnperinc	0.015*** (0.001)		0.243*** (0.021)	
old		0.245** (0.107)		0.152* (0.092)
lnedu		-0.081*** (0.010)		-0.086*** (0.012)
lnmed		-0.017** (0.008)		-0.009 (0.014)
jobra		0.015*** (0.005)		0.013* (0.008)
常数项	0.245*** (0.007)	-2.103*** (0.373)	-3.248*** (0.222)	1.060*** (0.096)
N	651		651	
R^2	0.756		0.595	

注：＊＊＊$p<0.01$、＊＊$p<0.05$、＊$p<0.1$，括号内为标准误；下同。

在方程（1）和方程（2）中，消费规模扩大对产业结构高级化的影响系数为 0.038，而产业结构高级化对消费规模扩大的影响系数为

7.480。这说明居民消费率每增加1%，会促进产业结构的高级化程度提升0.038%；而产业结构的高级化程度每提高1%，会使消费率扩大7.480%。在方程（3）、方程（4）中，消费规模扩大对产业结构合理化的影响系数为0.606，而产业结构合理化对消费规模扩大的影响系数为0.415。这说明消费率每增加1%，会促进产业结构的高级化程度提升0.606%；而产业结构的高级化程度每提高1%，会促使消费率提升0.415%。以上结果表明，消费规模扩大与产业升级（产业结构合理化与产业结构高级化）之间存在显著的相互促进关系。

（二）消费结构升级与产业升级的互动关系

表8.4为消费结构升级分别与产业结构高级化和合理化互动的回归结果。其中，方程（5）和方程（6）是消费结构升级与产业结构高级化之间互动的联立方程；方程（7）和方程（8）是消费结构升级与产业结构合理化之间互动的联立方程。两组联立方程回归结果显示，消费结构升级与产业结构高级化、消费结构优化与产业结构合理化的相互影响均显著为正。

表8.4　消费升级（消费结构升级）与产业升级互动的回归结果

变量	消费结构升级与产业结构高级化互动的联立方程		消费结构升级与产业结构合理化互动的联立方程	
	（5）	（6）	（7）	（8）
	Is	Cs	Ih	Cs
Cs	0.275*** (0.082)		4.781*** (1.424)	
Is		1.233*** (0.349)		
Ih				0.073*** (0.022)
lnpatent	0.002* (0.001)		0.043** (0.020)	
lnperedu	−0.009 (0.008)		0.296** (0.142)	

续表

变量	消费结构升级与产业结构高级化互动的联立方程		消费结构升级与产业结构合理化互动的联立方程	
	(5)	(6)	(7)	(8)
	Is	Cs	Ih	Cs
infra	0.002 (0.001)		-0.016 (0.025)	
lnperinc	0.007** (0.003)		0.057 (0.053)	
old		0.115** (0.054)		0.042 (0.042)
lnedu		-0.003 (0.006)		-0.008 (0.006)
lnmed		0.002 (0.005)		0.007 (0.006)
jobra		-0.003 (0.004)		-0.007* (0.004)
常数项	0.217*** (0.010)	-0.083 (0.119)	-4.037*** (0.193)	0.456*** (0.030)
N	651		651	
R^2	0.371		0.526	

其中,在方程(5)、方程(6)中,消费结构升级对产业结构高级化的影响系数为0.275,产业结构高级化对消费结构升级的影响系数为1.233。这说明消费结构升级指数每增加1%,会促进产业结构高级化程度提高0.275%;产业结构高级化程度每提升1%,会促进消费结构升级提高1.233%。在方程(7)、方程(8)中,消费结构升级对产业结构合理化的影响系数为4.781;产业结构合理化对消费结构升级的影响系数为0.073。这意味着消费结构升级每提高1%,会促进产业结构的合理化程度提升4.781%;而产业结构的合理化程度每提高1%,会带来消费结构升级0.073%。以上结果表明,消费结构升级与产业升级(产业结构合理化与产业结构高级化)之间存在显著的相互促进关系。

(三) 消费和产业"双升级"互动的综合分析

综合表8.3和表8.4的联立方程回归结果可以看出，消费升级与产业升级的互动关系是相互促进的。这反映出在中国的宏观经济运行中，消费升级和产业升级两者之间存在正向的良性互动关系，从供需两侧共同促进国内经济大循环。与此同时，消费和产业"双升级"互动的正向影响是不对称的（图8.2）。

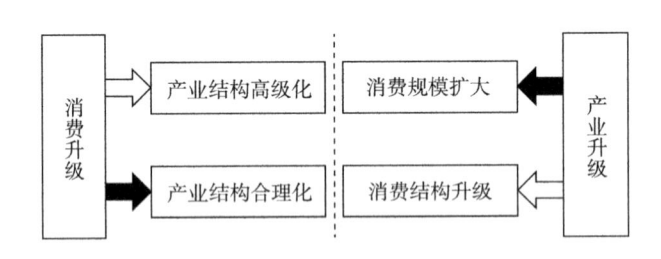

图8.2 消费升级与产业升级不对称影响机制示意

注：黑色箭头代表相对的推动/拉动作用更大，白色箭头代表相对的推动/拉动作用更小。

第一，从消费升级的角度来看，消费升级对产业升级的合理化和高级化两个维度的拉动作用的大小是不对称的。消费升级（消费规模扩大和消费结构升级）对产业结构高级化的影响相对较小，而消费升级（消费规模扩大和消费结构升级）对产业结构合理化的影响较大（0.606>0.038，4.781>0.275）。这表明消费升级对产业结构合理化的推动作用更大，而对产业结构高级化的推动作用相对较小。因此，消费升级所带来的消费规模的增加和需求层次的上升，能显著促进地区产业资源流动和要素配置，显著提升产业结构合理化的程度。

第二，从产业升级的角度来看，产业升级对消费升级两个维度推动作用大小也存在不对称性。产业升级（产业结构高级化和产业结构合理化）对消费规模扩大的影响相对较大，而产业升级（产业结构高级化和产业结构合理化）对消费结构升级的影响较小（7.480>1.233，0.415>0.073）；产业升级对消费规模扩大的推动作用更大，而对消费结构提升的推动作用相对较小。这表明在中国目前产业结构向高级化和合理化调整的过程中，产生的新产品与服务总体上能较好地满足消费者当前的消费需求，消费者购买了更多国内市场上蕴含新技术、新体验的产品，促进了国内消费规模扩大。但是，消费升级对消费结构升级的促进作用有待进一步加强。当前高端产业的升级不能完全满足高收入消费人群的消费升级需求，存在较为明显的消费外溢现象，从而带来产业升级对消费升级促进作用的部分漏出。

此外，上述回归结果也反映出中国消费和产业"双升级"的互动中所呈现的内部协调机制。一是分别对比方程（1）、方程（2）以及方程（5）、方程（6），可以看出：相较于消费升级（消费规模扩大与消费结构优化）对产业结构高级化的拉动作用而言，产业结构高级化对消费升级（消费规模扩大和消费结构优化）的促进作用更大（7.480>0.038，1.233>0.275）。二是分别对比方程（3）、方程（4）以及方程（7）、方程（8），可以看出：相较于产业结构合理化对消费升级（消费规模扩大和消费结构升级）的促进作用，消费升级（消费规模扩大和消费结构升级）对产业结构合理化的拉动作用更大（0.606>0.415，4.781>0.073）。可见，于消费和产业"双升级"内部的非对称影响协调机制下：在产业结构高级化与消费升级的互动中，产业结构高级化更大幅度地促进消费升级；而在消费升级与产业结构合理化的互动中，消费升级又更大幅度地拉动产业结构合理化的发展，从而使消费和产业"双升级"良性互动更加高质量地发展（图8.3）。

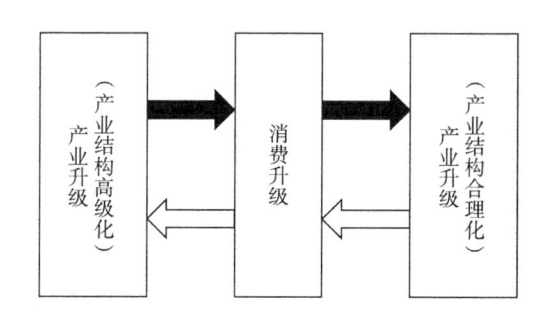

图8.3 消费和产业"双升级"内部协调机制示意

注：黑色箭头代表相对的推动/拉动作用更大，白色箭头代表相对的推动/拉动作用更小。

二 稳健性检验

为了验证以上消费和产业"双升级"互动关系的稳健性，本节在保持消费升级指标和控制变量不变的情况下，对衡量产业升级的两个指标进行替换，使用3SLS重新回归以上模型。其中，产业结构合理化指标使用结构偏离度指标 E（孙超、唐云锋，2020；华德亚、汤龙，2019）来表示。一般而言，产业结构的偏离度越大，说明产业结构越不合理；反之则越合理。其计算公式为

$$E = \sum_{i=1}^{n} \left| \frac{(Y_i/L_i)}{(Y/L)} - 1 \right| \tag{8.7}$$

产业结构高级化的指标，则依据克拉克定律，使用第三产业产值与第二产业产值之比（Ts）来衡量。稳健性检验的回归结果如表8.5和表8.6所示。从各模型的回归结果来看，核心变量的显著性和符号并没有发生改变（结构偏离度越大表示产业结构越不合理，因此消费升级两个指标与其作用的系数符号为负），说明消费和产业"双升级"的互动机制仍然存在，回归结果是稳健的。

表8.5为消费升级和产业升级互动的稳健性检验之一，主要是检验消费规模扩大与产业升级的互动结果的稳健性。与表8.3相比，消费规模与产业升级的两个替换变量回归系数的符号没有改变，表明基本回归结果是稳健的。

表8.5 消费升级（消费规模扩大）和产业升级互动的稳健性检验

变量	结构偏离度与消费规模		第三产业/第二产业与消费规模	
	E	Cr	Ts	Cr
Cr	-1.246*** (0.391)		3.532*** (0.303)	
E		-0.124*** (0.031)		
Ts				0.193*** (0.015)
控制变量	是	是	是	是
常数项	8.247*** (0.567)	0.942*** (0.11)	-2.513*** (0.228)	0.329*** (0.014)
个体效应	控制	控制	控制	控制

续表

变量	结构偏离度与消费规模		第三产业/第二产业与消费规模	
	E	Cr	Ts	Cr
样本量	651		651	
R^2	0.549		0.376	

表8.6为消费升级和产业升级互动的稳健性检验之二，主要是检验消费结构升级与产业升级互动结果的稳健性。与表8.4相比，消费结构与产业升级的两个替换变量回归系数的符号没有改变，表明基本回归结果是稳健的。

表8.6 消费升级（消费结构升级）和产业升级互动的稳健性检验

变量	结构偏离度与消费结构		第三产业/第二产业与消费规模	
	E	Cs	Ts	Cs
Cs	-6.634** (3.103)		12.014*** (3.779)	
E		-0.025** (0.012)		
Ts				0.059*** (0.006)
控制变量	是	是	是	是
常数项	9.411*** (0.486)	0.447*** (0.045)	-2.538*** (0.448)	0.306*** (0.014)
个体效应	控制	控制	控制	控制
样本量	651		651	
R^2	0.614		-1.478[a]	

注：a. 张少军和刘志彪（2013）指出在3SLS和2SLS中，R^2不再局限于被解释变量的一个不变模型之内，残差平方和也不再受到小于总平方和的约束。此时，就可能出现负的R^2。

第四节 本章小结

本章将消费升级分为消费规模扩大和消费结构升级两个维度，产业升级分为产业结构合理化和产业结构高级化两个维度，在理论上和实证上研究了消费和产业"双升级"的互动关系。

在理论上，消费升级通过消费规模扩大和消费结构升级，产生需求收入弹性效应、要素配置效应和技术激励效应推动产业升级；与此同时，产业升级通过产业结构向高级化和合理化调整，产生收入增长效应和创新引领效应拉动消费升级。

在实证上，运用联立方程和升级面板数据验证了消费和产业"双升级"互动机制。首先，基于联立方程模型的结果表明，中国消费和产业"双升级"互动机制是存在的，并且是正向显著的。其次，中国消费和产业"双升级"的互动存在不对称性。消费升级对产业结构合理化的影响大于其对产业结构高级化的影响；而产业升级对消费规模扩大的影响大于其对消费结构升级的影响。最后，消费和产业"双升级"具有内部的联动影响机制。具体表现为，产业结构高级化在与消费升级互动时较大幅度地推动消费升级，而消费升级又更大幅度地拉动产业结构合理化发展，从而实现消费和产业"双升级"的良性互动。

本章的研究对于实现消费和产业"双升级"良性互动，畅通国内经济循环具有深刻的政策含义。首先，基于需求侧角度而设计的促消费升级政策，将会更好地调整产业结构变化。居民消费率提高和消费结构升级会通过市场机制自发促进产业结构的调整，带来消费升级。其次，推进供给侧结构性改革的政策设计，需要考虑消费升级对产业升级的牵引作用，从而使消费和产业"双升级"的互动机制更加协调高效。因此，结合供需两侧的产业政策和消费政策，将有效填补"供给缺口"，使产业和消费"双升级"之间的互动更加有效率，从而打通国内经济循环的堵点，并实现经济高质量发展。

第九章

消费和产业"双升级"耦合协调水平的测度

本章基于2000—2020年中国31个省（自治区、直辖市）的有关统计资料，测度中国八大区域及各省份消费和产业"双升级"耦合协调程度，并探索该耦合协调水平的时序特征和空间分布特征。本章所使用的主要研究方法包括熵权TOPSIS法、耦合协调度模型、Kernel核密度估计、Dagum基尼系数分解法、全局莫兰指数空间自相关检验和β收敛模型等。本章研究发现：中国消费升级和产业升级耦合协调度呈现递增趋势，但整体水平仍处于初级协调发展阶段。中国消费和产业"双升级"耦合发展的区域差异呈先扩大后稳定的态势，且区域间差异是其主要来源，并呈现沿海区域最优、西部区域最次的区域分布格局。不同区域的耦合协调度空间正相关性逐年递增，绝大部分区域消费和产业"双升级"耦合协调度存在显著的绝对β收敛和条件β收敛，且受不同外部因素影响。研究结果表明，消费和产业"双升级"耦合协调程度的测度，对于精确认识中国消费和产业"双升级"协调发展的现状与规律，以及促进经济高质量发展均具有积极的意义。

第一节 消费和产业"双升级"耦合协调测度的意义

改革开放以来，中国经济出现了高速增长，社会建设和民生改善也取得了显著进步。2021年，中国GDP首次达到了114.37万亿元，并已经实现第一个百年奋斗目标，中国的大国经济已经从之前的高速增长迈向高质量发展阶段。在中国式现代化建设进程中，消费需求和产业供给的高质量发展及其动态匹配对于畅通国民经济大循环以及促进经济高质量发展具有重要意义。

一方面，消费需求既是经济活动的出发点和落脚点，又是经济稳定运行的"压舱石"。消费升级对经济需求质量的提升发挥积极效应，成为推动国民经济持续健康稳定运行的关键动力。在中国人均收入逐渐提高的今天，消费对推动中国经济高质量发展的意义日益凸显。而当前逆全球化浪潮和外部不确定性的上升也从客观上促使中国需要从以出口导向为主的外向型经济向以内需为主导的新发展格局转变。长期以来的"两头在外、大进大出"的经济发展战略已不适用于当前的中国现实，顺势而为地调整为内外兼顾的经济"双循环"新格局是必然选择，而这需要强有力的国内市场以及消费升级加以支撑。另一方面，产业供给是国民经济循环的基础，起先导性作用，产业升级对经济供给质量的提升有决定性作用。因此，大力加强关键产业的创新能力并加快产业链、供应链转型升级，是实现经济高质量发展的供给基础。

可见，消费升级和产业升级能从需求侧和供给侧显著地改善经济质量，促进经济高质量发展。然而，一方面，当前中国消费升级仍然存在一系列现实困境亟待解决，如人均消费体量和消费率不足、消费增速下降、居民消费意愿不强、消费升级速度放缓以及消费环境不尽完善等，这些问题制约了国内经济循环中需求端质量的提升；另一方面，中国产业升级存在明显的短板和缺陷，包括产业结构层次较低、高附加值产品较少、核心产业技术创新能力不足而受制于人等，这在一定程度上制约了经济大循环当中供给端质量的提升。

一般而言，消费升级和产业升级的良好互动能更好地提高国民经济的供需动态匹配度，并相互反馈进而推动彼此再升级。但在升级过程中，上述缺陷可能会削弱消费和产业"双升级"的协调程度，从而阻碍经济高质量发展。那么，当前中国的消费升级和产业升级之间是否实现了协同发展？全国以及不同区域的消费和产业"双升级"耦合协调程度有怎样的异质性特征以及演变趋势？影响消费和产业"双升级"耦合协调程度的主要因素是什么？对这些问题的研究和回答，具有重要

第九章 | 消费和产业"双升级"耦合协调水平的测度

意义。

第一,可以更好地测度全国及各区域的消费升级、产业升级的情况,并能深入理解全国及各区域的消费和产业"双升级"耦合协调程度。在经济"双循环"的新发展格局下,有利于为各区域制定加快消费升级、产业升级以及提升"双升级"耦合协调程度的政策提供客观依据。

第二,可以探究影响消费和产业"双升级"耦合协调度收敛的因素,从而为加快各区域"双升级"耦合协调度的收敛提供政策建议。通过分解得到区域间"双升级"耦合协调度的组间差异、组内差异以及空间关联性程度,从而找到区域间"双升级"耦合协调度差异来源的原因,为制定加快区域间经济平衡发展的政策提供来自产业层面和消费层面的参考依据。

第三,提供从耦合协调的视角理解消费和产业"双升级"互动驱动经济高质量发展的机制,从而为消费政策和产业政策协同推进经济高质量发展提供启发。

第二节 消费和产业"双升级"耦合协调的研究现状

一 消费升级测度的相关研究

关于消费升级,大部分学者主要从两个方面对其概念进行阐释:一是消费规模扩大,二是消费结构升级(潘锡泉,2019;龙少波等,2020;陈建等,2022)。

其中,消费规模扩大是指居民消费支出水平或者数量的增加,抑或消费率(消费支出在国民经济中的占比)的不断提高。在测度方面,宋锋华和聂蕊(2022)用人均社会消费品零售总额和人均消费支出来衡量消费规模扩大所表现的消费升级。张予等(2020)将社会消费品零售总额作为测度消费规模扩大的总量指标并赋予较大的权重,将人均消费支出和人均文教娱乐支出作为测度消费规模扩大的均量指标并赋予较小的权重。由于收入是消费支出的决定性因素,杨天宇和陈明玉(2018)将人均居民可支配收入也视为消费规模的重要表征指标。方福前和邢炜(2015)、欧阳崎等(2016)等利用消费与GDP之比(总消

175

费率）作为消费规模扩大的量化指标。可见，人均消费支出、社会消费品零售总额、消费率等是测度消费规模扩大的常用指标。

消费结构升级，主要是指居民的消费偏好由追求数量到追求质量的逐步转变，由以温饱型消费为主向以享受型消费为主的逐步转变（尹世杰，2002）。消费结构升级表现为居民消费层次的上升，更关注社会交往、自我实现、获得尊重等心理需求（雷敬萍，2008）。陈波（2013）认为，中国城镇居民的消费结构升级表现为依次从温饱型、小康型、富裕型及最富裕型演进。在测度方面，学者提出了一系列指标，包括恩格尔系数、发展享受型消费支出占比（陈建等，2022；龙少波等，2021）、文教娱乐支出占比（王志平，2003）、发展系数（韩立岩、夏坤，2007）等。总的来说，虽然不同文献在测度消费升级的具体指标选择上存在差异，但内涵基本一致，即消费升级的测度包括消费规模扩大和消费结构升级两个层面，消费升级反映居民从满足物质生活需求的消费，逐渐转变为满足自我发展和享受的精神层面需求的消费。

二 产业升级测度的相关研究

现有文献多从微观与宏观两个方面来阐述与测度产业升级这一概念。

从微观角度来看，相关文献认为企业是市场经济中推进产业升级的主体。企业为了提升效益、增加利润，自发地利用先进技术以生产高端的产品和服务，不断提高产品和服务的科技价值含量，从而推动宏观层面的产业升级。例如，Makadok和Barney（2001）认为企业的优势和竞争力源于它的高壁垒难复制、有稀缺价值的资源与能力，如自主创新能力等。指出科技企业要实现产业升级应关注国内市场需求结构的变化，渗透与应用高新技术以建立企业的核心资源，由制造商向服务商转型，发展并完善高端价值链。在测度方面，戴翔和张雨（2013）采用企业新产品销售额占其销售总额之比、企业专利数等指标衡量企业升级能力。可见，各产业中企业所提供的产品与服务具有的高科技与高价值含量是产业升级的标志和测度指标。

Archibugi（2003）、沈杨等（2017）认为产业升级就是企业从生产以劳动要素投入为主的产品向生产以资本和技术要素投入为主的产品的转变过程。通过增加产品附加值等方式增强企业竞争力，进而进入获利能力更强的资本技术密集型领域的市场（Gereffi，1999）。可见，企业要素投入结构的转变是衡量和测度产业升级的重要标志。

吴庆（2016）指出，企业打破发展瓶颈的主要方式是产业转移，综合考虑产业特点、产业生命周期、可使用资源、环境保护等因素选择适宜发展的区域，最大化地节约生产成本，提升产品的比较优势。可见，企业生产成本的下降、产品比较优势的上升是所在产业进行转型升级的重要表征指标。随着新一代互联网信息技术的发展和应用，罗序斌和黄亮（2020）用企业数字化、网络化、智能化和绿色化"四化"在制造业中的运用程度衡量产业高质量转型升级程度。

从宏观角度来看，诸多文献认为产业升级是指产业结构合理化和高级化（干春晖等，2011；彭冲等，2013）。其中，产业结构合理化是指通过对生产要素优化配置，实现产业间协调发展（韩永辉等，2017；冯小舟等，2016）。在测度方面，干春晖等（2011）将产业结构偏离度、泰尔指数作为计算指标，以反映产业产值对生产要素的匹配程度及效率。曲红等（2020）用单位 GDP 能源消耗量和单位 GDP 工业废水排放量反映产业发展对资源利用和环境保护的合理度。

产业结构高级化是指经济发展重心由第一产业向第二、第三产业转变的过程（付凌晖，2010），并伴随产值、就业人员、国民收入等由低级产业向高级产业变化（苏东水，2005）。随着中国工业化进程加快，经济增长方式发生了深刻变革，产业逐渐趋于高附加值化和现代化。在测度上，众多学者基于三次产业视角构建了产业高级化计量指标，如产业结构超前系数（何平等，2014）、非农业产值占比、第二产业与第三产业产值之比（周振华，1990）、高级化指数（付凌晖，2010）、带有权重的高级化指数（徐德云，2008）等。此外，杨天宇和陈明玉（2018）参考美国高端产业标准，选取制造业和服务业全要素生产率全面评价教育、技术等方面的进步，进而测度产业高级化程度。

三 消费升级和产业升级耦合协调测度的相关研究

消费升级和产业升级之间的互动作用，有利于供需之间形成互为动力的良性循环。消费升级和产业升级的耦合协调程度越高，两者之间互为因果、互相促进的作用就越明显。

第一，消费市场规模扩大和消费结构优化所反映的消费者偏好变化会影响厂商的生产决策，进而引领产业升级（石奇等，2009；陈洁，2020）。一是消费升级通过需求收入弹性效应拉动产业升级。随着中国社会生产力的不断提高以及人民物质文化生活日益丰富，居民更加追求个性化、差异化、高端化的消费品，而企业盲目投资和生产趋同产品易导致市场疲软、商品大量积压以及消费外流（尹世杰，2002）。因此，市场上高收入弹性的产品与服务的需求增大，而低收入弹性的产品和服务的需求减少，这种消费结构和偏好变化的市场信号会被厂商捕捉到并改变生产决策。企业将从生产滞销的低端产品和服务转向生产高端的产品和服务以满足市场需求和获得利润，在产业层面上则表现为产业升级。二是消费升级通过要素配置效应拉动产业升级。在消费升级过程中，高端产业的产品和服务的市场销售行情和盈利情况好，引发资源要素从积压的低附加值产业流向更受大众欢迎的高附加值产业（李世美等，2022），从而在资源要素配置过程助推产业升级。三是消费升级通过技术激励效应拉动产业升级。在消费升级过程中，居民对高端产品和服务的要求不断提高，激励厂商在生产等各环节进行技术创新，采用先进技术使产品向差异化、低碳化等多方面发展（王云航、彭定赟，2019），从而带来产业升级。在消费升级的激励下，企业不断进行创新，在此优胜劣汰的过程中，产业结构渐趋合理化和高级化，由此引发产业升级。

第二，产业升级同样推动了消费升级，具体表现在以下两个方面。一是创新引领效应。产业升级所带来的高科技含量、高文化含量的产品与服务能满足居民日益提高的对物质文化生活的需要，从而刺激消费需求和促进消费结构高端化，推动消费升级（孙早、许薛璐，2018）。此外，产业升级带来的新技术、新服务和新产品还能有效解决低端产能挤占资源和高端产能无法扩张的问题（夏龙、王雪坤，2021），同时丰富消费者的选择范围。二是收入增长效应。在产业升级中，生产要素自由流动、合理配置，有利于提高生产率、增加产品附加值，这将使居民收入增长、消费能力增强，进而推动消费升级（夏龙、王雪坤，2021；陈洁，2020）。

近年来，已有文献开始关注并研究消费和产业"双升级"耦合协调的测度。例如，宋锋华和聂蕊（2022）基于物理学中的容量耦合模型，构建评估消费升级和产业升级两个系统的耦合协调度模型，并得出

第九章 | 消费和产业"双升级"耦合协调水平的测度

耦合协调度值越大，消费升级和产业升级的联合效应就越强的结论。其中，消费升级系统包括消费水平、消费能力、消费结构和消费环境四个维度，产业结构升级系统包括高级化、合理化、高效化和生态化四个维度。张予等（2020）构建了基于创新能力、产业协调程度和生产效率的产业升级体系，以及基于整体消费、均量消费和消费结构的消费升级体系，在此基础上计算其耦合值。类似地，夏龙和王雪坤（2021）也采用了耦合协调度模型，赋予消费升级和产业升级同等的权重进行两者的耦合协调度评价。而董宁和胡伟（2021）用产业升级变量的增加值与消费升级变量的增加值之比衡量耦合程度。其研究认为，当该值大于0时，消费升级和产业升级并举，反之则降级；比值的绝对值越大，消费升级和产业升级之间的差距也越大。

通过对既有文献的梳理发现，关于消费和产业"双升级"耦合协调的问题在以下三个方面值得进一步探讨。一是当前多数文献仅对消费和产业"双升级"的关系进行定性研究，而鲜有文献定量分析消费升级和产业升级两者之间的相互作用与耦合协调关系。二是借助耦合模型技术深入探讨消费和产业"双升级"系统间的关系，并测算各省份两者耦合协调度的文献更是少见。三是现阶段还缺少对中国消费和产业"双升级"耦合协调度的时间演变脉络、空间分布差异、空间相关性等方面的研究。而这些方面的研究，对厘清全国及各区域消费和产业"双升级"的各自情况、耦合程度及其原因有重要作用，也能为有关部门出台消费政策和产业政策以促进经济高质量发展提供参考。

基于此，本章可能的边际贡献包括：其一，基于中国31个省（自治区、直辖市）的面板数据，分别构建消费升级和产业升级子系统，利用耦合协调度模型全面测算了2000—2020年中国以及各区域消费和产业"双升级"耦合协调度。本章将两个子系统整合为一个消费和产业"双升级"的大系统，定量测算了中国与各区域消费和产业"双升级"耦合协调度值。其二，运用Kernel核密度估计法探索了中国消费和产业"双升级"耦合协调度的动态演进过程，并运用Dagum基尼系数及其分解法研究了区域差异及其差异来源。其三，运用全局莫兰指数和β收敛模型验证了中国各区域消费和产业"双升级"耦合协调度的空间自相关性和收敛性，并挖掘了影响收敛位置的外部因素。本章为全面地理解和把握消费和产业"双升级"耦合协调程度及其演变规律，以及推动经济高质量发展提供了一定的参考依据。

第三节 消费和产业"双升级"耦合协调测度方法

一 指标体系的构建

消费和产业"双升级"耦合协调程度的测度，需要分别构建消费升级和产业升级指标体系，再于此基础上进行两大指标体系的耦合分析。在借鉴前人研究成果的基础上，同时兼顾测度指标的层次性，遵循数据的科学性和易得性等原则，本章构建了包含消费升级和产业升级2个子系统、6个准则层、17个具体测算指标的指标体系，形成消费和产业"双升级"耦合协调度模型，如表9.1所示。

表9.1 消费和产业"双升级"耦合协调系统指标体系

综合系统	子系统	准则层	具体测算指标	指标属性
消费和产业"双升级"耦合协调度模型	消费升级系统	消费规模	社会消费品零售总额（百亿元）	+
			人均消费支出（万元）	+
		消费增长	人均消费支出同比增长率（%）	+
			社会消费品零售总额同比增长率（%）	+
		消费结构	恩格尔系数（%）	-
			发展享受型消费占总消费支出比重（%）	+
			生存型消费占总消费支出比重（%）	-
	产业升级系统	产业结构高级化	产品市场发育程度	+
			要素市场发育程度	+
			第三产业占比（%）	+
			产业结构高级化指数	+
		产业结构合理化	产业结构偏离度	-
			产业结构合理化指数	+
			泰尔指数	-
		产业结构生态化	工业废气排放量/区域GDP（百吨/亿元）	-
			工业废水排放量/区域GDP（万吨/亿元）	-
			固体废弃物排放量/区域GDP（万吨/亿元）	-

(一) 消费升级系统指标体系

随着国民经济由高速增长轨道转入中高速增长轨道，如何有效地激发居民消费潜力释放和促进消费升级，逐渐成为增强经济内生增长动力的关键。消费升级关系到消费品质的提升和真实效用水平的提高。在借鉴已有文献的基础上，本章选择从三个维度较为全面地衡量消费升级，分别是消费规模、消费增长和消费结构升级。

1. 消费规模

消费升级在数量上主要表现为消费规模的扩大，本章选择社会消费品零售总额和人均消费支出来衡量（石明明等，2019），代表居民消费能力。

2. 消费增长

消费升级在数量上还表现为消费增长的提速，本章选择人均消费支出同比增长率和社会消费品零售总额同比增长率来衡量，代表消费增长速度。

3. 消费结构升级

消费升级在结构上主要表现为消费结构的优化，即食品等物质性支出占比的持续下降，以及非商品性消费支出占比的持续上升（石明明等，2019）。本章选取恩格尔系数、发展享受型消费支出占比和生存型消费支出占比来衡量消费结构的优化程度。其中，根据国家统计局划分的八大类消费支出，本章将除衣着、食品、居住外的其余五大类支出（生活用品及服务、医疗保健、交通通信、教育文化娱乐、其他商品及服务支出）视为发展享受型消费。

(二) 产业升级系统指标体系

已有文献主要将产业升级定义为产业结构高级化和合理化两个方面（干春晖等，2011）。同时，吕明元和陈磊（2016）认为，在当前中国大力提倡生态文明建设的新形势下，产业结构升级还应兼顾产业结构生态化发展。为了多维度地反映产业升级的状况，本章从产业结构的高级化、合理化和生态化三个方面构建产业升级指标体系。

1. 产业结构高级化类指标

产业结构高级化主要表现为三次产业的顺序演进和产品附加值的增加。本章选用产品市场发育程度、要素市场发育程度、产业结构高级化指数和第三产业产值占比作为产业结构高级化的测度指标。

（1）产品市场、要素市场发育程度。产品市场与要素市场共同构成了行业产品市场成长的根基。其发育程度越高，消费市场偏好的变动就越能更快且全面地体现在生产决策中，资源要素也越能更快地流动到所需的生产环节中（干春晖等，2011）。同时，市场化水平的提高也有助于政府落实优化产业政策，进而推动产业升级。参考王小鲁等（2019）的计算结果，本章用产品市场和要素市场发育程度分指数来表示。

（2）产业结构高级化指数。参考徐敏和姜勇（2015）的做法，本章的产业结构高级化指数构建如下：

$$\mathrm{SH} = \frac{1}{6}\sum_{i=1}^{3}\frac{Y_i}{Y} \times i = \frac{Y_1}{Y} \times \frac{1}{6} + \frac{Y_2}{Y} \times \frac{2}{6} + \frac{Y_3}{Y} \times \frac{3}{6}, \frac{1}{6} \leq \mathrm{SH} \leq \frac{1}{2} \tag{9.1}$$

其中，SH值越高，说明产业结构越趋于高级化；反之，SH值越低，则说明产业结构越趋于低级化。

（3）第三产业产值占比。用第三产业产值占总产值的比重来表示：

$$T = Y_3/Y \tag{9.2}$$

2. 产业结构合理化类指标

产业结构合理化主要是指通过生产要素合理配置实现各产业间的协调发展。本章选用产业结构偏离度、产业结构合理化指数以及泰尔指数加以衡量。

（1）产业结构偏离度。产业结构偏离度是指以要素投入结构与产出结构的搭配之比作为测度指标（韩永辉等，2017），具体计算公式为

$$E = \sum_{i=1}^{n}\left|\frac{(Y_i/L_i)}{(Y/L)} - 1\right| = \sum_{i=1}^{n}\left|\frac{(Y_i/Y)}{(L_i/L)} - 1\right| \tag{9.3}$$

其中，E值越小，生产要素的配置越接近合理，产业结构越合理；反之，则越不合理。

（2）产业结构合理化指数。产业结构合理化指数是加权后的产业结构偏离度，考虑了各个产业的相对重要性，具体公式为

$$SR = -\sum_{i=1}^{n}(Y_i/Y)|(Y_i/L_i)/(Y/L)-1| \tag{9.4}$$

其中，SR 值越大，产业结构越合理；反之，则越不合理。

（3）泰尔指数。泰尔指数原用于衡量个人或区域间收入差距，参考干春晖等（2011）的研究，它也可度量现有产业结构和均衡状态之间的差距。TL 值越小，产业结构越合理；反之，则越不合理。具体公式为

$$TL = \sum_{i=1}^{n}(Y_i/Y)\ln\left(\frac{Y_i/Y}{L_i/L}\right) \tag{9.5}$$

上述五个公式的字母含义相同，Y 为产出，L 为劳动投入，i 为第 i 产业部门，n 为产业总数。

3. 产业结构生态化类指标

产业结构生态化主要是指产业发展同时实现高效产出、资源持续利用和环境保护。参考魏敏和李书昊（2018）的研究，本章选取单位 GDP 的工业废气、废水和固体废弃物排放量来衡量产业结构的生态化水平。三个指标的值越小，则表示产业结构的生态化水平越高。

（三）数据来源

本章构建的消费和产业"双升级"耦合协调系统以及控制变量的省际面板数据，覆盖中国 31 个省（自治区、直辖市），时间跨度为 2000—2020 年。数据主要来自国家统计局、历年《中国统计年鉴》、各省份统计年鉴、中经网产业数据库、《中国能源统计年鉴》等。部分数据通过计算加工处理后得到，如产品市场发育程度、要素市场发育程度等。

二　消费和产业"双升级"耦合协调度测算

（一）熵值 TOPSIS 法

本章用熵值 TOPSIS 法测算消费升级和产业升级的指标权重，并构建消费和产业"双升级"耦合协调度模型，计算过程如下。

1. 数据标准化处理

为消除消费升级和产业升级各指标量纲不一致的效应，各项原始指标需标准化，计算公式如下：

$$Y_{ij} = \begin{cases} \dfrac{x_{ij}-\min(x_{ij})}{\max(x_{ij})-\min(x_{ij})}, & X_{ij} \text{ 为正向指标} \\ \dfrac{\max(x_{ij})-x_{ij}}{\max(x_{ij})-\min(x_{ij})}, & X_{ij} \text{ 为逆向指标} \end{cases} \tag{9.6}$$

式中，i 为省份；j 为测度指标；X_{ij}、Y_{ij} 分别为原始和标准化后的测度指标值。

2. 计算标准化后的指标 Y_{ij} 的信息熵 E_j 以及指标权重 W_j

$$E_j = \ln\frac{1}{n}\sum_{i=1}^{n}\left[(Y_{ij}/\sum_{i=1}^{n}Y_{ij})\ln(Y_{ij}/\sum_{i=1}^{n}Y_{ij})\right] \tag{9.7}$$

$$W_j = (1-E_j)/\sum_{j=1}^{m}(1-E_j) \tag{9.8}$$

3. 构建加权矩阵 **R**

$$\boldsymbol{R} = (r_{ij})_{n \times m} \tag{9.9}$$

其中，$r_{ij} = W_j \times Y_{ij}$。

4. 根据 **R** 矩阵构建最优方案 Q_j^+ 和最劣方案 Q_j^-

$$Q_j^+ = (\max r_{i1}, \max r_{i2}, \cdots, \max r_{im}) \tag{9.10}$$

$$Q_j^- = (\min r_{i1}, \min r_{i2}, \cdots, \min r_{im}) \tag{9.11}$$

5. 计算各测度方案与 Q_j^+ 和 Q_j^- 的欧氏距离 d_i^+ 和 d_i^-

$$d_i^+ = \sqrt{\sum_{j=1}^{m}(Q_j^+ - r_{ij})^2}, \quad d_i^- = \sqrt{\sum_{j=1}^{m}(Q_j^- - r_{ij})^2} \tag{9.12}$$

6. 计算理想方案与测度方案的相对接近度 Z_i

$$Z_i = \frac{d_i^-}{d_i^+ + d_i^-} \tag{9.13}$$

其中，Z_i 介于 0—1，Z_i 值越大代表该省份的第 i 个系统的发展水平越高，反之，则越低。

7. 构建耦合度模型

$$C(Z_1, Z_2, \cdots, Z_L) = n \times [Z_1 Z_2 \cdots Z_L/(Z_1 + Z_2 + \cdots + Z_L)^L]^{1/L} \tag{9.14}$$

其中，$L=2,3,\cdots$，代表系统个数。特别地，本章基于两个系统的耦合度模型表示为

$$C_{ab} = 2 \times [Z_a Z_b/(Z_a + Z_b)^2]^{1/2} \tag{9.15}$$

其中，耦合度 C_{ab} 的值介于 0—1。

8. 构建耦合协调度模型

$$T_{ab} = \alpha Z_a + \beta Z_b, \quad D_{ab} = \sqrt{C_{ab} \times T_{ab}} \tag{9.16}$$

式中，T_{ab} 为消费升级系统与产业升级系统的综合评价指数，反映两者的整体协同效应；α、β 分别为两个系统的权重系数，设定 $\alpha+\beta=1$。本

章认为,消费升级和产业升级作为供需两侧质量提升的指标,在促进经济高质量发展中具有同等重要的作用,故确定消费升级系统和产业升级系统的权重均为 0.5,即 $\alpha=\beta=0.5$。D_{ab} 为消费和产业"双升级"耦合协调度,D_{ab} 值越大,耦合协调程度越高;反之,则越低。其中,D_{ab} 介于 0—1,本章将耦合协调度区间均匀划分为 10 个等级(周德田、冯超彩,2020),具体划分标准如表 9.2 所示。

表 9.2 耦合协调关系的判断标准

负向耦合(失调发展)		正向耦合(协调发展)	
耦合协调度区间	类型	耦合协调度区间	类型
(0, 0.1)	极度失调	[0.5, 0.6)	勉强协调
[0.1, 0.2)	严重失调	[0.6, 0.7)	初级协调
[0.2, 0.3)	中度失调	[0.7, 0.8)	中级协调
[0.3, 0.4)	轻度失调	[0.8, 0.9)	良好协调
[0.4, 0.5)	濒临失调	[0.9, 1.0)	优质协调

(二)Kernel 核密度估计

Kernel 核密度估计法利用密度曲线反映观测变量的分布情况。参考赵文举和张曾莲(2022)的方法,本章对中国 31 个省(自治区、直辖市)的消费和产业"双升级"耦合协调度水平进行 Kernel 核密度估计。假设 D_1,D_2,…,D_n 是第 1 个省份到第 n 个省份的消费和产业"双升级"耦合协调度随机变量,且符合独立同分布的条件。密度函数 $f(x)$ 的估计式为

$$f(x) = \frac{1}{nh} \sum_{i=1}^{n} K \frac{D_i - d}{h} \tag{9.17}$$

式中,n 为样本个数;d 为耦合协调度均值;h 为带宽;$K(d)$ 为高斯核密度函数。具体公式为

$$K(d) = \frac{1}{\sqrt{2\pi}} \exp\left(-\frac{d^2}{2}\right) \tag{9.18}$$

(三)Dagum 基尼系数分解法

本章利用 Dagum 基尼系数分解法(Dagum,1997)测度了中国消费和产业"双升级"耦合协调度相对区域差异,其计算公式为

$$G = \frac{\sum_{j=1}^{k}\sum_{h=1}^{k}\sum_{i=1}^{n_j}\sum_{r=1}^{n_h}|y_{ji}-y_{hr}|}{2n^2\bar{y}} \qquad (9.19)$$

$$\overline{Y_h} \leq \cdots \overline{Y_j} \leq \cdots \overline{Y_k} \qquad (9.20)$$

式中，y_{ji}（y_{hr}）为 j（h）区域内部某一省份的消费和产业"双升级"耦合协调度值；$\bar{y}$ 为全国消费和产业"双升级"耦合协调度均值；n 为区域内省份个数；k 为区域个数，本章将全国分为八大经济区（故 $k=8$），即东北综合经济区（辽宁、吉林、黑龙江）、北部沿海综合经济区（山东、河北、北京、天津）、东部沿海综合经济区（上海、江苏、浙江）、南部沿海综合经济区（广东、福建、海南）、长江中游综合经济区（湖南、湖北、江西、安徽）、黄河中游综合经济区（陕西、河南、山西、内蒙古）、大西南综合经济区（广西、云南、贵州、四川、重庆）、大西北综合经济区（甘肃、青海、宁夏、西藏、新疆）[①]。

G 为总体基尼系数，可分解为三个部分：区域内差异贡献 G_w、区域间差异贡献 G_{nb}、超变密度贡献 G_t，满足 $G=G_w+G_{nb}+G_t$，相关计算公式如下：

$$G_{jj} = \frac{\frac{1}{2\overline{Y_j}}\sum_{i=1}^{n_j}\sum_{r=1}^{n_j}|y_{ji}-y_{jr}|}{n_j^2} \qquad (9.21)$$

$$G_w = \sum_{j=1}^{k} G_{jj}p_j s_j \qquad (9.22)$$

$$G_{jh} = \frac{\sum_{i=1}^{n_j}\sum_{r=1}^{n_h}|y_{ji}-y_{hr}|}{n_j n_h(\overline{Y_j}+\overline{Y_h})} \qquad (9.23)$$

$$G_{nb} = \sum_{j=2}^{k}\sum_{h=1}^{j-1} G_{jh}(p_j s_h + p_h s_j) D_{jh} \qquad (9.24)$$

$$G_t = \sum_{j=2}^{k}\sum_{h=1}^{j-1} G_{jh}(p_j s_h + p_h s_j)(1-D_{jh}) \qquad (9.25)$$

$$D_{jh} = \frac{d_{jh}-p_{jh}}{d_{jh}+p_{jh}} \qquad (9.26)$$

---

① 依据国务院发展研究中心发表的《地区协调发展的战略和政策》报告所提出的八大综合经济区的具体构想。

$$d_{jh} = \int_0^\infty dF_j(y) \int_0^y (y-x) dF_h(x) \tag{9.27}$$

$$p_{jh} = \int_0^\infty dF_h(y) \int_0^y (y-x) dF_j(y) \tag{9.28}$$

式中，D_{jh} 为 $j(h)$ 区域之间的消费和产业"双升级"耦合协调度的相对影响；d_{jh} 为区域间消费和产业"双升级"耦合协调度的差值；p_{jh} 为超变一阶矩；$F_j(F_h)$ 为 $j(h)$ 区域的累计密度分布函数。

（四）空间相关性测度

为探究消费和产业"双升级"耦合协调度是否存在空间相关性，本章计算了消费和产业"双升级"耦合协调度的全局莫兰指数 I，具体的计算公式为

$$I = \frac{n}{S} \frac{\sum_{\alpha=1}^n \sum_{\beta=1}^n \omega_{\alpha\beta}(u_\alpha - \bar{u})(u_\beta - \bar{u})}{\sum_{\alpha=1}^n (u_\alpha - \bar{u})^2} \tag{9.29}$$

式中，$n=31$，为省份数；$\omega_{\alpha\beta}$ 为省份 α 与省份 β 间的空间权重；$S=\sum_{\alpha=1}^n\sum_{\beta=1}^n \omega_{\alpha\beta}$ 为所有空间权重的集合；$u_\alpha(u_\beta)$ 为省份 $\alpha(\beta)$ 的消费和产业"双升级"耦合协调度值。全局莫兰指数介于 [-1, 1]，当值大于 0 时，在空间上呈现高值—高值、低值—低值的分布特征；当值等于 0 时，在空间上随机分布；当值小于 0 时，在空间上呈现高值—低值的分布特征。全局莫兰指数的绝对值越接近 1，空间相关性越强；反之，则越弱。

（五）β 收敛模型

基于 Elhorst（2010）的空间效应模型，本章进行了消费和产业"双升级"耦合协调度的绝对 β 收敛检验和条件 β 收敛检验，具体的模型公式为

$$y_{i+1} = \ln CCD_{i,t+1} - \ln CCD_{i,t} = \alpha + \beta_1 \ln CCD_{i,t} + \beta_2 \text{Contrls} + \rho w_{ij} y_{i+1} + \cdots + \delta_1 w_{ij} \ln CCD_{i,t} + \delta_2 w_{ij} \text{Contrls} + \mu_i + \gamma_i + \varepsilon_i \tag{9.30}$$

式中，i 为省份；t 为年份；$\ln CCD$ 为消费和产业"双升级"耦合协调度值；y 为其变化值；Contrls、α、β、w_{ij}、μ_i、γ_i、ε_i 分别为控制变量、截距项、收敛系数、空间权重矩阵、地区固定效应、时间固定效应和误差项；ρ、δ 为空间效应系数。

第四节　消费和产业"双升级"耦合协调程度的特征描述与分布动态

一　耦合协调度的直观验证

本章计算了中国以及各区域的消费升级和产业升级变化趋势状况，以便对其变化有直观的感受。图 9.1 和图 9.2 分别为中国及八大区域消费升级和产业升级的变化趋势，主要呈现为以下特点。

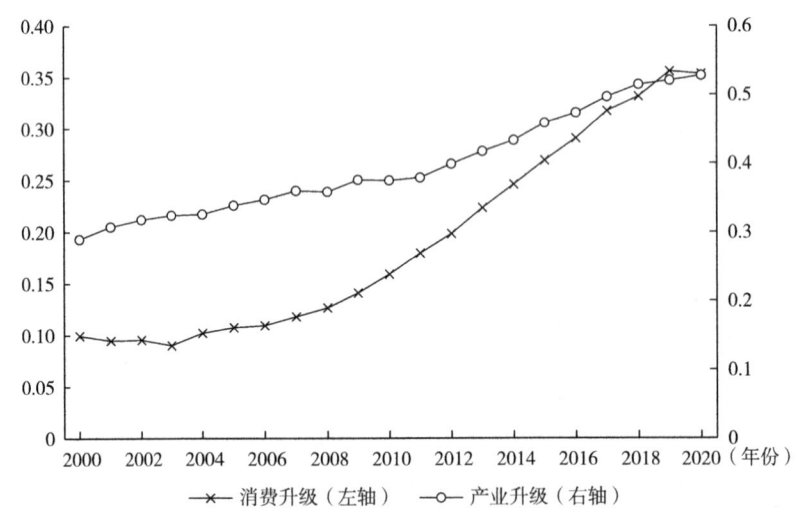

图 9.1　全国消费升级（左轴）和产业升级（右轴）走势

资料来源：原始数据来源于国家统计局，图中数据由笔者计算得到。

（a）东北综合经济区　　（b）北部沿海综合经济区

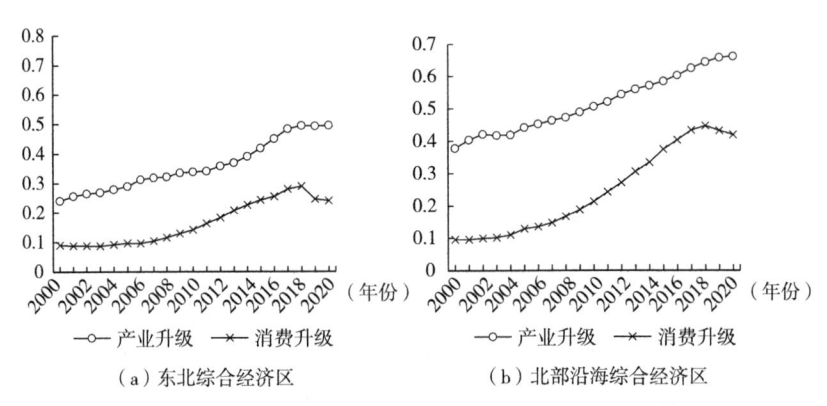

图 9.2　中国八大区域消费升级和产业升级变化趋势

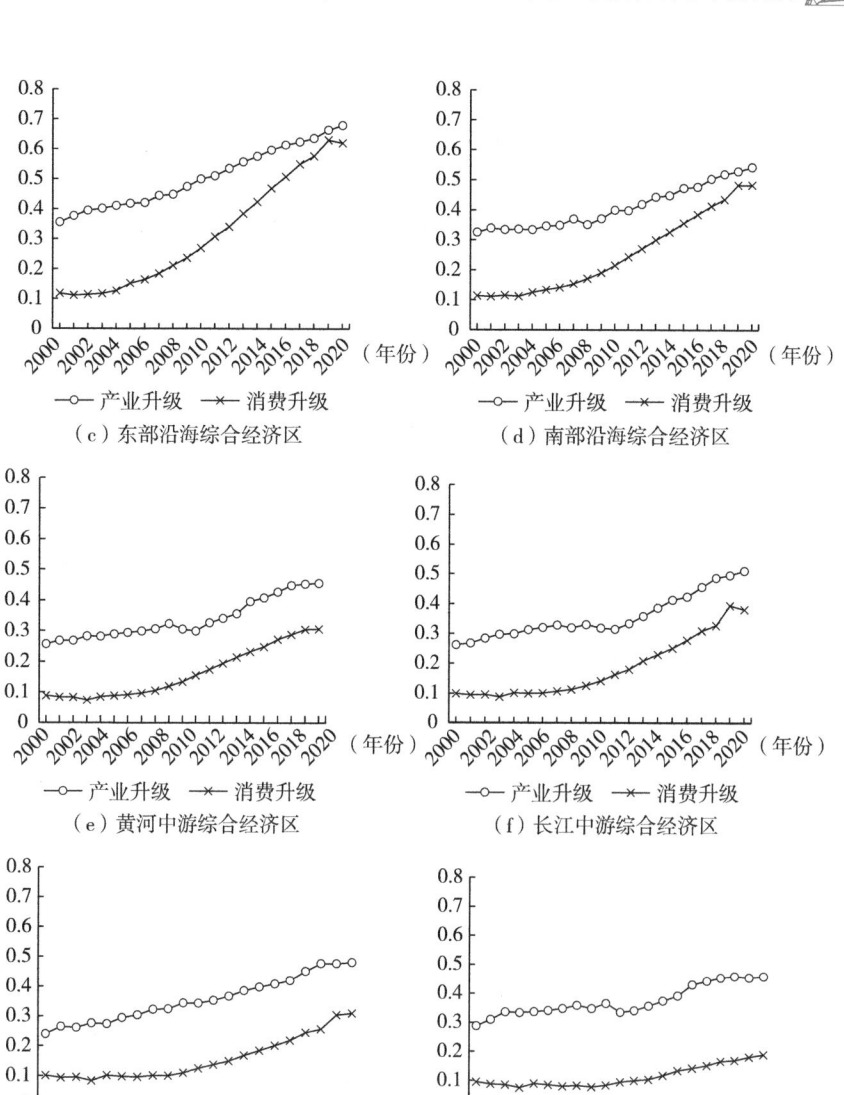

图 9.2 中国八大区域消费升级和产业升级变化趋势（续）

资料来源：原始数据来源于国家统计局，图中数据由笔者计算得到。

第一，中国及八大区域的消费升级和产业升级均呈现不断提高的态势，且不同区域具有相似的发展趋势。譬如，受新冠疫情的不利冲击影响，2020年中国及八大区域的消费升级和产业升级的提升速度同时减

189

缓或负增长，这说明消费升级和产业升级之间存在相互依存、密不可分的耦合关系。

第二，消费升级提高速度快于产业升级，从而带来高端消费需求和高端产业供给之间的矛盾。因此，未来我们需要继续加快经济增长动力的转换，逐步实现由引进式向原发式发展模式的转变，加快自主创新对产业升级的牵引作用，并优化资源在产业间的配置，提升消费升级和产业升级之间的耦合协调程度。

第三，从各区域之间的横向对比分析可以看出，区域间消费升级和产业升级发展不平衡现象较为突出。其中，北部沿海综合经济区和东部沿海综合经济区的消费升级和产业升级水平具有明显优势，而大西北综合经济区、大西南综合经济区和东北综合经济区发展程度最低。总体而言，消费升级和产业升级水平均呈现东、中、西依次递减的空间分布特征，与经济发展水平的空间布局基本一致。

二 消费和产业"双升级"耦合协调度的整体特征

图9.3展示了2000—2020年中国消费和产业"双升级"耦合协调度变化趋势，主要呈现以下三个特征。

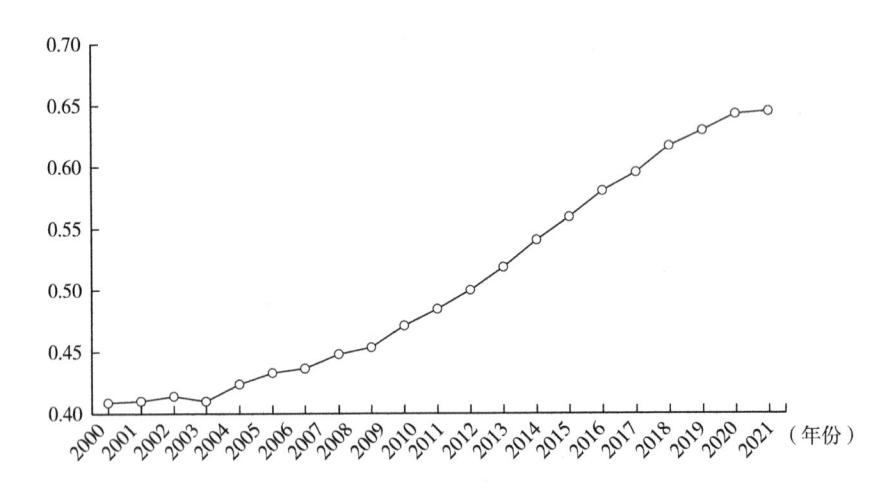

图9.3 中国消费和产业"双升级"耦合协调度变化趋势

资料来源：原始数据来源于国家统计局，图中数据由笔者计算得到。

第一，中国消费和产业"双升级"耦合协调度呈现上升趋势，从

2000年的0.409上升至2020年的0.645,年均增长率为2.3%。随着经济的不断发展,居民消费水平有了很大提高,消费结构和消费质量明显改善。在此背景下,中国消费需求持续扩大,消费成为拉动经济增长的主要动力。近年来,中国不但千方百计地改善消费环境以激发消费潜力释放和加快消费升级,而且不断推进产业链现代化、发展现代服务业等,从而促进产业升级。

第二,中国消费和产业"双升级"耦合协调度仍处于相对较低的水平,与优质协调发展的标准尚存在一定差距。2000—2011年,中国消费和产业"双升级"耦合协调度处于0.4—0.5的较低区间,这反映了在此期间中国消费升级和产业升级之间的互动耦合关系仍不够紧密,两者之间的良性促进影响仍不够深入。消费需求与产业生产结构匹配不合理的问题和矛盾较为突出。直到2012年,中国消费和产业"双升级"耦合协调度值才首次突破0.5,勉强达到协调标准。2012—2020年,中国消费和产业"双升级"耦合协调度呈现进一步增长态势,处于0.52—0.64的初级协调耦合标准范围内,但始终未突破0.7的协调水平。

第三,中国消费和产业"双升级"耦合协调度变动具有一定的阶段性特征。例如,2000—2008年,消费和产业"双升级"耦合协调度增速较为缓慢,年均增长率仅为1.30%。然而,2009—2020年,耦合协调度增速明显加快,年均增长率达2.90%。这主要是由于:一方面,随着国民人均收入水平的提高和对外开放程度的深入,大量国际高端商品与服务涌入中国市场,使中国消费者拥有了更多的选择,这在一定程度上倒逼国内消费品市场供求结构优化调整以推动消费升级;另一方面,中国步入经济新常态并在此后进行了供给侧结构性改革,在低端过剩产能下降的同时,高端产业做大做强,进而完善供给结构,推动产业升级,更好地适应消费升级的需求。加之,中国劳动力、资本、土地等生产要素从低端过剩产业中得以释放并转移至高端制造业和服务业,在一定程度上促进了中国高端制造业和第三产业的快速发展,使生产结构优化并推动产业升级,从而更好地匹配消费升级的需求。

三 消费和产业"双升级"耦合协调度演变的区域特征

为了进一步考察消费和产业"双升级"耦合协调度的区域异质性,

本章对中国八大区域的"双升级"耦合协调度进行了测度和比较。图 9.4 展示了中国八大区域消费和产业"双升级"耦合协调度的变化趋势，可以看出，中国消费和产业"双升级"耦合协调度具有明显的区域异质性特征，总体呈现沿海区域最优、中部区域居中、西部区域最次的分布格局，这恰好与中国区域经济发展的状况相一致。具体而言：

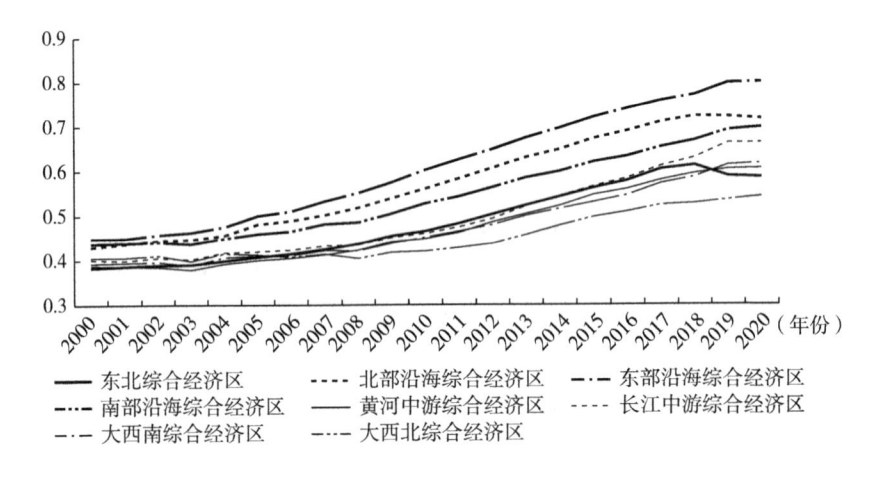

图 9.4 八大区域消费和产业"双升级"耦合协调度变化趋势

一是中国东部沿海综合经济区的耦合协调度居各区域的首位，是中国消费升级和产业升级耦合协调程度最高的区域。2020 年，东部沿海综合经济区的耦合协调度达到 0.8，是中国首个达到良好协调标准的区域。二是长江中游、黄河中游、东北和大西南综合经济区的消费和产业"双升级"耦合协调度水平和提升速度相似，近 3 年维持在 0.6 水平波动，处于初级协调的区间。其中，2018 年以来长江中游综合经济区的消费和产业"双升级"耦合协调度水平持续上升，并维持原有较高的增速，展现两者充分的耦合互动的发展潜力；而 2018 年以来东北综合经济区的消费和产业"双升级"耦合协调度水平首次出现负增长，说明近年来东北综合经济区在消费和产业供需匹配方面的发展遭遇了一定"瓶颈"。三是大西北综合经济区是中国消费和产业"双升级"耦合协调程度相对最低的区域。2000—2020 年，大西北区域的消费和产业"双升级"耦合协调度均值仅为 0.45，在总体上虽保持了平稳增长的态势，但仍与中国其他七大区域存在较大差距。

从根本上讲，中国不同区域的消费和产业"双升级"耦合协调度的差异性格局与区域经济基础、自然资源、交通聚落、科技水平和人口人才数量等因素密切相关，也符合当前中国消费和产业"双升级"发展现状。例如，沿海区域具有明显的地理区位优势，是中国对外开放最早、开放程度最高的区域，在对外经济交流与合作中具有得天独厚的地域优势。自改革开放以来，国内大量的资金、技术、设备以及先进的管理方式和理念等被引入东部沿海区域，推动该区域技术进步和经济结构优化。与此同时，东部沿海区域的快速发展显著提升了居民收入水平，并激发消费升级的速度变快，从而带来供需两端同时改善的良性循环，带来消费和产业"双升级"耦合协调程度的较快提升。相反，由于地理位置和历史性的原因，西部区域没有交通便利的区位优势，技术进步和产业发展也相对迟缓，其产业升级程度处于相对滞后的位置；与此同时，西部区域经济发展相对滞后，居民消费能力较弱且消费结构升级也比较缓慢。在区域"非均衡"发展战略下，中国区域间经济发展不充分不平衡的问题依然较为突出，西部区域与其余区域经济发展拉开较大差距，消费升级和产业升级的耦合协调程度也不及其他区域。

进一步地，本章再具体考察八大区域内各省（自治区、直辖市）的消费和产业"双升级"耦合协调程度变化趋势差异。图9.5展示了中国八大区域内各省份消费和产业"双升级"耦合协调度变化趋势。

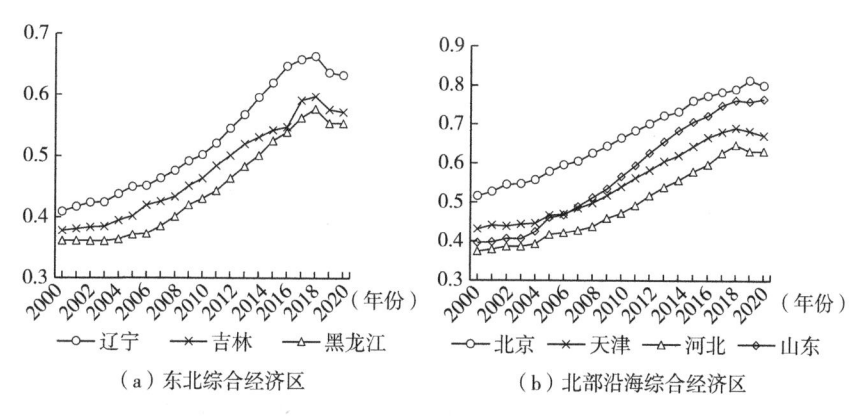

图 9.5 中国八大区域各省份消费和产业"双升级"耦合协调度变化趋势

(c) 东部沿海综合经济区　　　　　　　(d) 南部沿海综合经济区

(e) 黄河中游综合经济区　　　　　　　(f) 长江中游综合经济区

(g) 大西南综合经济区　　　　　　　　(h) 大西北综合经济区

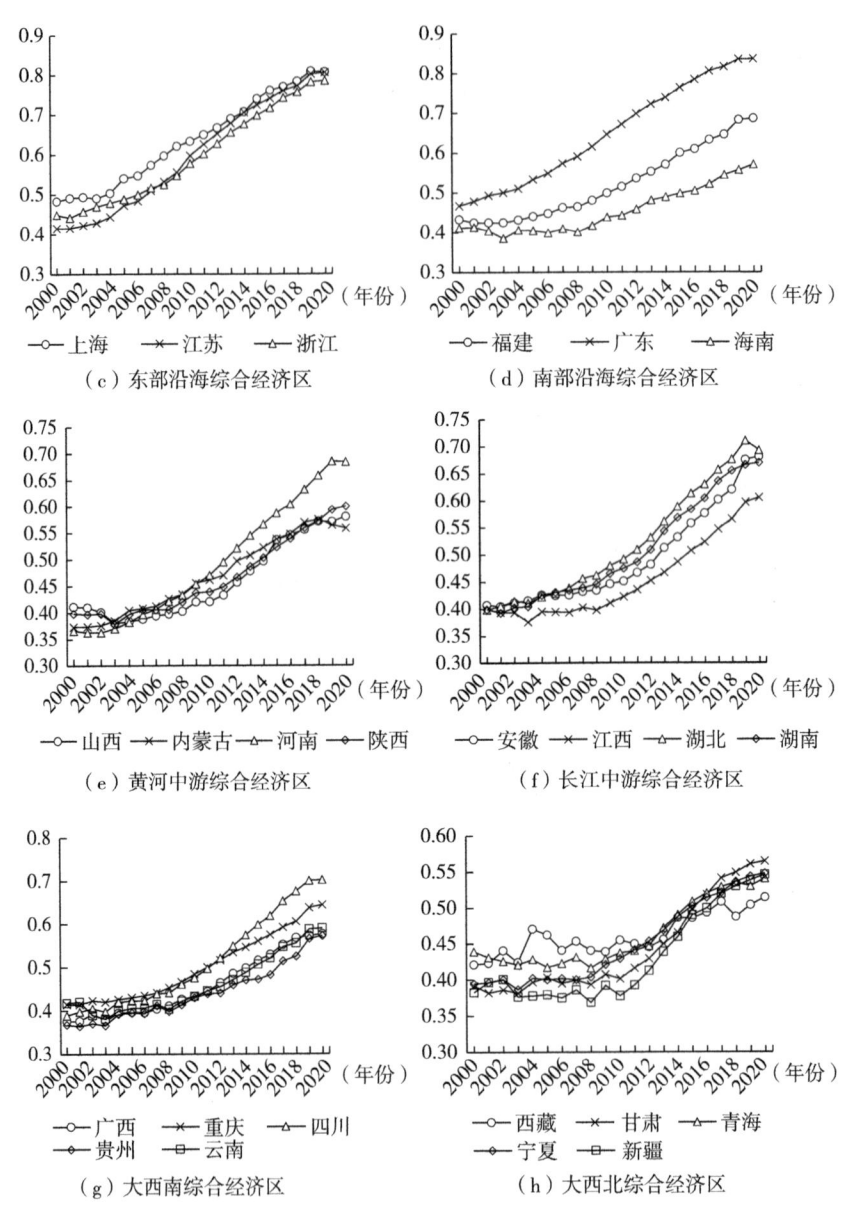

图 9.5　中国八大区域各省份消费和产业"双升级"耦合协调度变化趋势（续）

资料来源：原始数据来源于国家统计局，图中数据由笔者计算得到。

第一，东北、东部沿海、黄河中游、长江中游、大西北综合经济区内部各省份的消费和产业"双升级"耦合协调度的数值和走势较为相似，彼此未产生较大差距，说明这些区域内消费和产业"双升级"耦合协调程度较为一致，并未出现较大的分化。

第二，由图9.5（b）可以看出，北部沿海综合经济区内部各省份之间的消费和产业"双升级"耦合协调程度的差距较大。其中，北京的消费和产业"双升级"耦合协调程度最佳，河北则表现最差。2020年北京和河北的消费和产业"双升级"耦合协调度值分别为0.76和0.63，相差幅度达到了0.13，两者分别处于中度协调阶段和初步协调阶段。

第三，由图9.5（d）看出，南部沿海综合经济区内部各省份之间差距最大。其中，广东省消费和产业"双升级"耦合协调程度远优于海南省，两省在2020年的"双升级"耦合协调度值分别为0.84和0.57，相差数值达到0.23，分别处于良好协调阶段和勉强协调阶段。

第四，由图9.5（g）看出，大西南综合经济区内部各省份的消费和产业"双升级"耦合协调程度发展不平衡。四川和重庆作为西部率先发展的区域，其消费和产业"双升级"耦合协调程度明显较高，而贵州等地仍处于较低水平。因此，大力提高经济发展程度是提升消费升级和产业升级耦合度的重要基础。

四 消费和产业"双升级"耦合协调度的分布动态特征

我们进一步分析中国以及八大区域的消费和产业"双升级"耦合协调度的分布动态特征。图9.6展示了2000—2020年中国消费和产业"双升级"耦合协调度的Kernel核密度估计，反映了过去20年间中国各区域消费和产业"双升级"耦合协调度的动态分布，本章发现了以下结论。一是从波峰的移动来看，中国消费和产业"双升级"耦合协调度分布曲线的主峰有逐年向右移动的趋势，这说明中国整体的消费升级和产业升级的耦合程度发展水平是在不断提升的。二是核密度估计图的主峰高度逐渐下降且宽度增大，这反映了中国消费和产业"双升级"耦合协调度在各区域的发展趋于不平衡性，即在不同耦合协调度水平下均有省份分布。

图9.7显示了中国八大区域消费和产业"双升级"耦合协调度的Kernel核密度估计，具有以下显著特征。一是随着时间的推移，八大区域的消费和产业"双升级"耦合协调度Kernel核密度图像波峰均不同程度地由低向高移动，这说明中国各区域的消费和产业"双升级"耦合协调度均有所提高。其中，三大沿海综合经济区核密度图像的主峰移

动幅度最大，东北、黄河中游、长江中游综合经济区次之，而大西南、大西北综合经济区最小。这再次说明东部沿海区域较中部、西部、东北等区域的消费和产业"双升级"耦合协调度提升速度更快。二是北部、南部沿海综合经济区图像的波峰高度明显下降，这说明这两大区域内部

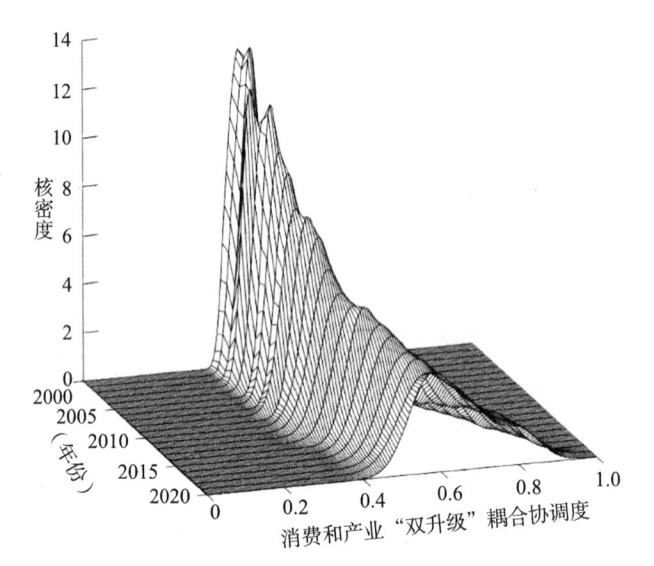

图 9.6　中国消费和产业"双升级"耦合协调度的 Kernel 核密度估计

资料来源：原始数据来源于国家统计局，图中数据由笔者计算得到。

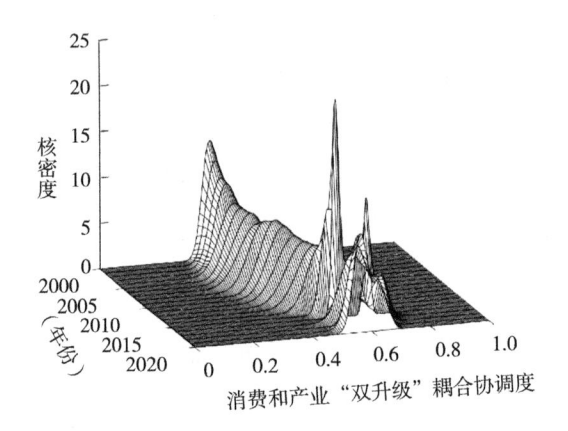

（a）东北综合经济区

图 9.7　中国八大区域消费和产业"双升级"耦合协调度的 Kernel 核密度估计

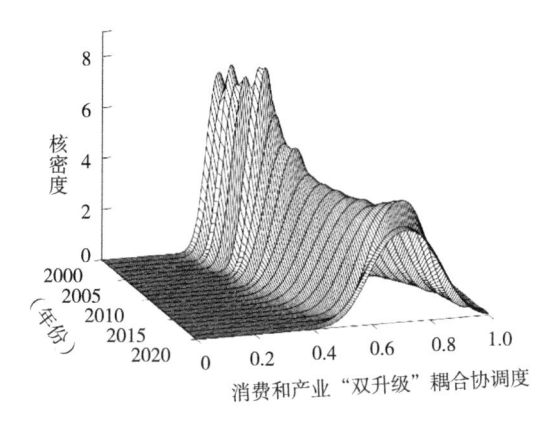

第九章 消费和产业"双升级"耦合协调水平的测度

（b）北部沿海综合经济区

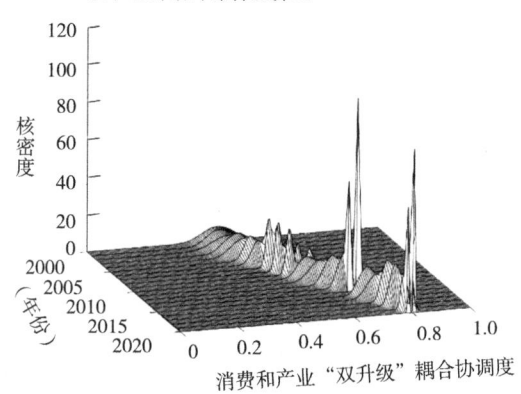

（c）东部沿海综合经济区

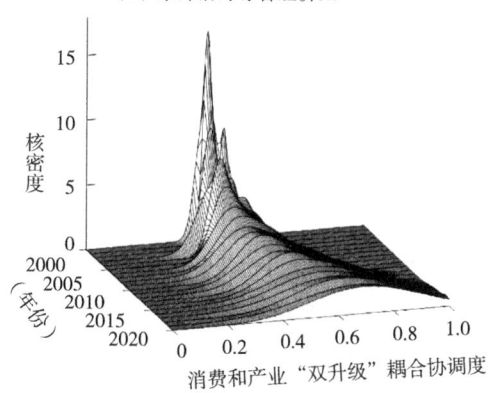

（d）南部沿海综合经济区

图 9.7 中国八大区域消费和产业"双升级"耦合协调度的 Kernel 核密度估计（续）

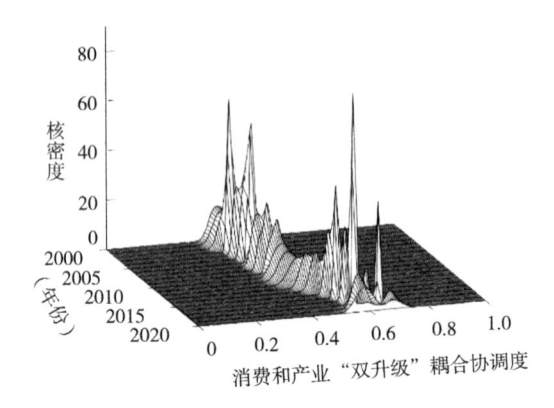

(e）黄河中游综合经济区

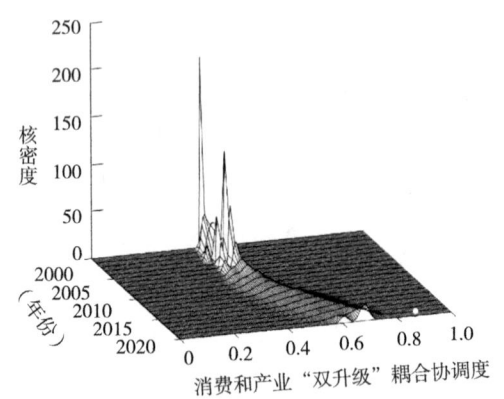

(f）长江中游综合经济区

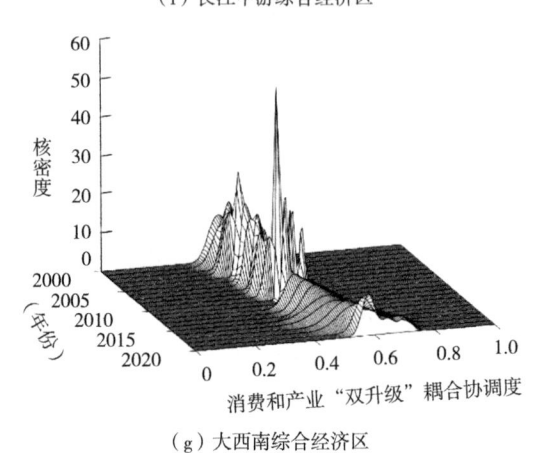

(g）大西南综合经济区

图9.7 中国八大区域消费和产业"双升级"耦合协调度的Kernel核密度估计（续）

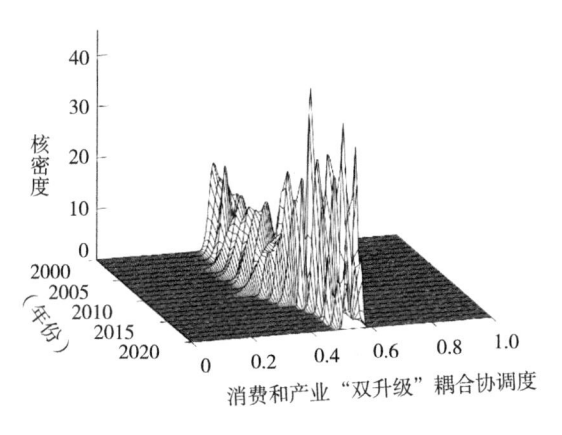

第九章 消费和产业"双升级"耦合协调水平的测度

(h) 大西北综合经济区

图 9.7 中国八大区域消费和产业"双升级"耦合协调度的 Kernel 核密度估计（续）

资料来源：原始数据来源于国家统计局，图中数据由笔者计算得到。

各省份的消费和产业"双升级"耦合协调度的集中度下降且分布更广泛，区域内各省份的耦合协调度水平差距变大；反之，东部沿海、大西北综合经济区的消费和产业"双升级"耦合协调度的集中度有所上升，意味着这两大区域内各省份的消费和产业"双升级"耦合协调度水平差距缩小。

第五节 消费和产业"双升级"耦合协调度的空间差异与分解

一 消费和产业"双升级"耦合协调度的总体差异

为了获得消费和产业"双升级"耦合协调度的差异来源，本章对其进行分解并做进一步分析。如图 9.8 所示，2000—2020 年，中国消费和产业"双升级"耦合协调度的基尼系数呈明显上升趋势，由 2000 年的 0.045 上升至 2020 年的 0.079。这说明中国 31 个省（自治区、直辖市）的消费和产业"双升级"耦合程度的空间差异有所加剧。同时，中国区域的消费和产业"双升级"耦合协调度的基尼系数具有较为明显的阶段性特征。2000—2012 年的基尼系数上升速度较快，年均增长率达到 5.31%，并在 2012 年达到峰值 0.084。而在 2013 年以后，基尼系数较为平稳且居高不下，在 0.082 水平上下波动。这充分说明近年来中国各省份之间消费和产业"双升级"耦合协调度的差距仍较显著，并未明显改善。

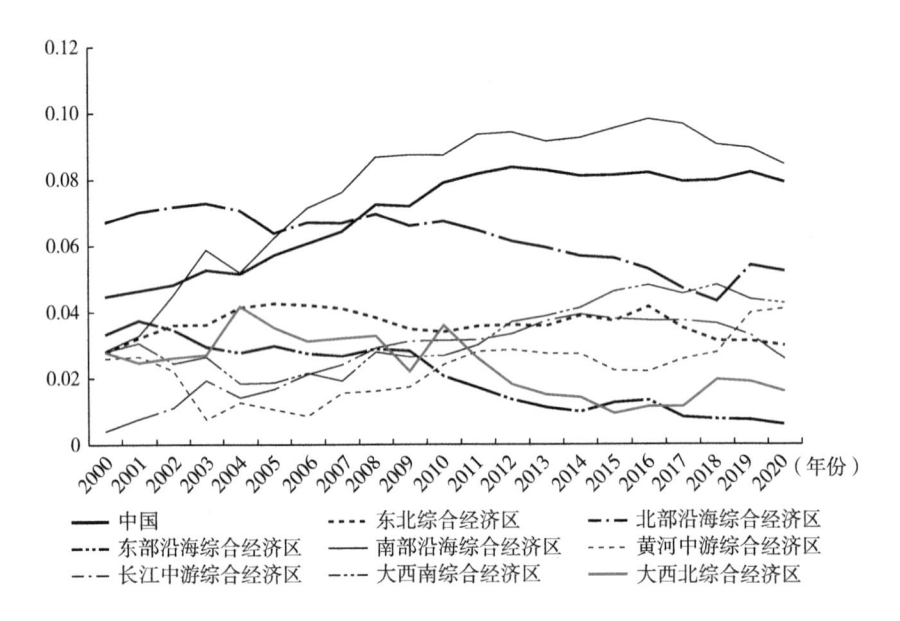

图 9.8 中国及八大区域消费和产业"双升级"耦合协调度基尼系数变化趋势

资料来源：原始数据来源于国家统计局，图中数据由笔者计算得到。

二 消费和产业"双升级"耦合协调度的区域内差异

图 9.8 所示的中国及八大区域消费和产业"双升级"耦合协调度基尼系数的变化趋势，主要有以下三个特点。

第一，南部沿海综合经济区是消费和产业"双升级"耦合协调度基尼系数水平最高且增速最快的区域。2000—2011 年，该区域的消费和产业"双升级"耦合协调度基尼系数迅速增长，其年均增长率为 13.17%，远超其余七大区域。这说明该区域内的福建、广东和海南三省在这段时期内"双升级"耦合协调的发展速度不同，彼此之间产生了较大差距。此外，这种组内差距一直维持到 2020 年，消费和产业"双升级"耦合协调度基尼系数居高不下，维持在 0.09 水平线上下波动。

第二，在三大沿海综合经济区中，东部沿海综合经济区的消费和产业"双升级"耦合协调度基尼系数出现明显下跌，由 2000 年的 0.03 下降至2020年的0.006。这说明在最近20年里，东部沿海综合经济区内部的上海、江苏、浙江的消费和产业"双升级"耦合协调发展趋势趋近，区域内耦合协调差距得到有效缓解。北部沿海综合经济区的消费和产业"双升级"耦合协调度基尼系数在前10年间保持在0.065水平线上下波动，在随后10年出现轻微幅度的下降。

第三，东北、黄河中游、长江中游、大西南和大西北综合经济区的消费和产业"双升级"耦合协调度基尼系数水平较低，普遍处于0.04水平线以下。这说明这五大区域内各自所含省份的消费和产业"双升级"耦合协同发展水平相当，彼此之间差距相对较小。其主要原因在于国家政策和区域协同发展的有效结合，例如振兴东北老工业基地、中部崛起、西部大开发等战略将区域内的各省份紧密连接起来，使各省份在经济发展上互利互惠，进而缩小区域内的消费和产业"双升级"耦合协调度的差异。

三 消费和产业"双升级"耦合协调度的区域间差异

为了比较区域间的差异，本章进一步绘出了中国八大区域间的消费和产业"双升级"耦合协调度基尼系数水平差异，如图9.9所示。

第一，从差异大小的角度看，东、西部之间的消费和产业"双升级"耦合协调度的组间差距最大。其中，大西北—东部沿海综合经济区的区域间的消费和产业"双升级"耦合协调度基尼系数最大，近5年的均值为0.184；大西北—北部沿海综合经济区次之，近5年的均值为0.140；大西南—东部沿海综合经济区紧随其后，近5年的均值为0.138。另外，近5年的东北—黄河中游、东北—长江中游综合经济区的区域间的消费和产业"双升级"耦合协调度基尼系数最小，其均值分别为0.040和0.043。这说明中国消费和产业"双升级"耦合协调度的区域间差异，主要是由耦合协调度提升迅速的三大沿海区域和提升缓慢的西部区域之间的差异所造成的。

第二，从差异变化趋势的角度看，区域间的消费和产业"双升级"耦合协调度的差异具有阶段性特征。2000—2012年，绝大多数区域的消费和产业"双升级"耦合协调度的基尼系数呈上升趋势。其中，最为显著的是大西北—东部沿海综合经济区的区域间的基尼系数，由2000年的0.055上升至2012年的0.195，12年增加了0.14。大西北—北

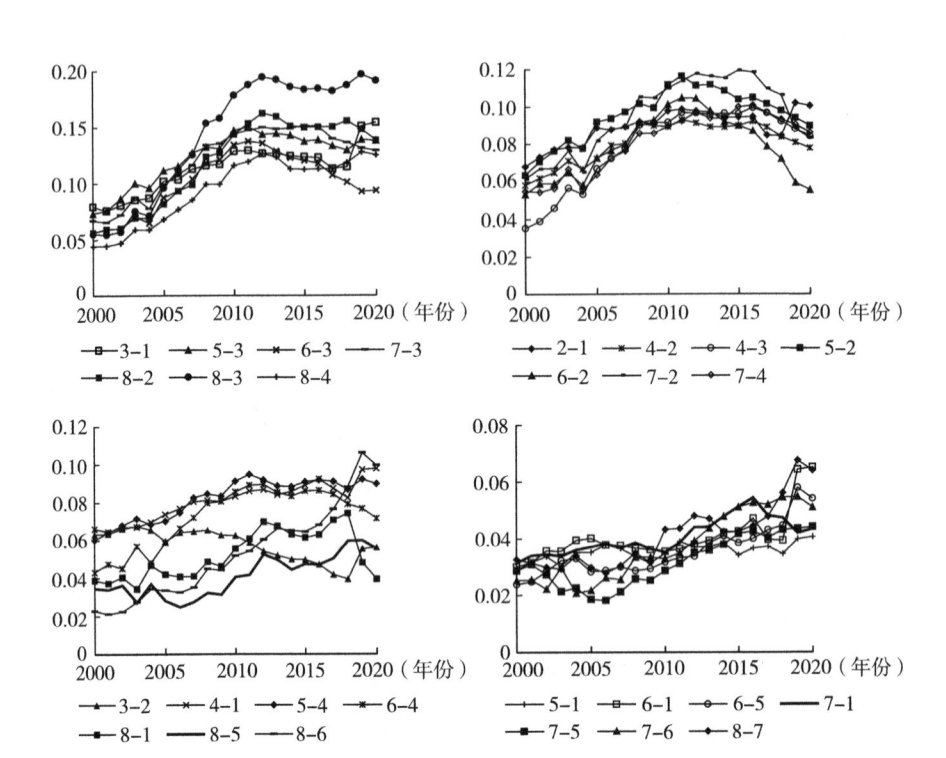

图9.9 消费和产业双升级耦合协调度区域间基尼系数变化趋势

注：其中，1代表东北综合经济区，2代表北部沿海综合经济区，3代表东部沿海综合经济区，4代表南部沿海综合经济区，5代表长江中游综合经济区，6代黄河中游综合经济区，7代表大西南综合经济区，8代表大西北综合经济区。

资料来源：原始数据来源于国家统计局，图中数据由笔者计算得到。

部沿海综合经济区的区域间的基尼系数增长幅度次之，由2000年的0.056上升至2012年的0.163，增加了0.107。黄河中游—东北综合经济区的区域间的基尼系数增长幅度最小，由2000年的0.032上升至2012年的0.037，仅增加了0.005。

2013—2020年，不同区域间的消费和产业"双升级"耦合协调度差异的变化趋势不同。其中，区域间基尼系数具有明显下降趋势的区域有黄河中游—东部沿海综合经济区、黄河中游—北部沿海综合经济区、大西南—北部沿海综合经济区和大西北—东北综合经济区，说明上述区域间的消费和产业"双升级"耦合协调度的差异缩小。其中，最显著的是黄河中游—北部沿海综合经济区，区域间基尼系数由2013年的

0.098下降至2020年的0.056，减少了0.042。而区域间基尼系数具有明显上升趋势的区域有东北—东部沿海综合经济区、东北—黄河中游综合经济区和大西北—黄河中游综合经济区，说明上述区域间的消费和产业"双升级"耦合协调度的差异扩大。其中最显著的是大西北—黄河中游综合经济区，由2013年的0.066上升至2020年的0.1，增加了0.034。

四 消费和产业"双升级"耦合协调度的差异来源分析

为了进一步分析消费和产业"双升级"耦合协调度的差异来源，本章将造成差异的贡献分解为组间差异（区域间差异）；组内差异（区域内差异）以及超变密度三部分。其中，组间差异是指"双升级"耦合协调度在不同区域间的差异，组内差异是指"双升级"耦合协调度在同一区域内不同省（自治区、直辖市）之间的差异；超变密度是指因组间重叠引致的这部分基尼系数（张卓群等，2022），即低耦合协调度区域中存在部分省份的耦合协调度值大于高耦合协调度区域中部分省份的耦合协调度值。若同时提升低值区域中高值省份的耦合协调度值和降低高值区域中低值省份的耦合协调度值，则可能同时增加组内差异、降低组间差异、加剧组间重叠部分的不平等程度，致使总体基尼系数不降反升。中国消费和产业"双升级"耦合协调度的区域间差异、区域内差异和超变密度的贡献率变化走势如图9.10所示。

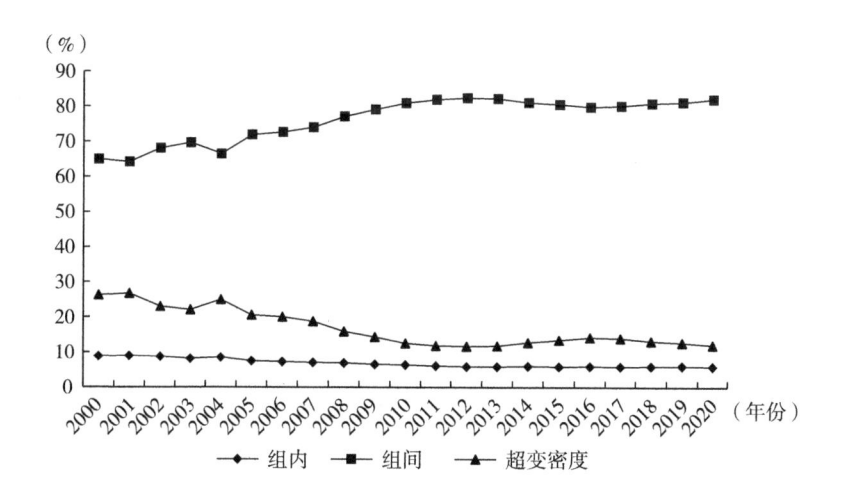

图9.10 中国消费和产业"双升级"耦合协调度差异贡献率变化走势

资料来源：原始数据来源于国家统计局，图中数据由笔者计算得到。

从差异贡献率占比成分来看，2000年以来，中国消费和产业"双升级"耦合协调度的区域间差异是总体差异的主要来源，其占比达到60%—80%；其次是超变密度，其贡献占比为10%—30%；贡献最小的是区域内差异，其占比为5%—10%。这说明区域间差异是造成中国消费和产业"双升级"耦合协调度差异的最主要原因，需特别重视。

从差异贡献率发展趋势来看，组间差距对消费和产业"双升级"耦合协调度的贡献度逐渐增大，而超变密度和组内差距的贡献度逐步下降。其中，2000—2012年，组间差异贡献率呈现明显的上升趋势，由2000年的64.93%上升至2012年的82.43%，增长17.50%，然而，组内差异贡献率始终维持在5%—10%，未产生较大波动。而2013—2020年组间差异贡献率维持在80%的水平，超变密度贡献率维持在10%—15%，组内差异贡献率维持在5%—6%。由此可见，缓解区域间差异是中国未来消费和产业"双升级"耦合协调度实现区域平衡发展的主要着力点。

第六节 消费和产业"双升级"耦合协调度的 β 收敛检验

一 消费和产业"双升级"耦合协调度的空间相关性检验

为了进一步考察消费和产业"双升级"耦合协调度的空间相关性，本章进行了全局莫兰指数（Moran's I）检验。当Moran's I>0时，说明存在空间正相关性，即区域间以高值—高值、低值—低值的状态分布；当Moran's I<0时，存在空间负相关性，即区域间以高值—低值的状态分布；当Moran's I=0，空间分布具有随机性。此外，当Moran's I的绝对值越大，空间相关性越明显。

如表9.3所示，消费和产业"双升级"耦合协调度的空间相关性具有明显的阶段性特征。一是2000—2004年中国消费和产业"双升级"耦合协调度的全局Moran's I均为负但不显著，这说明在21世纪早期中国消费和产业"双升级"耦合协调程度的空间相关性较弱。二是2005—2007年的全局Moran's I均为正但未通过显著性检验，这段时期是全局 Moran's I 由负到显著为正的过渡时期，说明中国消费和产业"双升级"耦合协调度空间正相关性逐步提高。三是 2008—2020 年的全局 Moran's I 均显著为正，这说明消费和产业"双升级"耦合协调度已具备较强的空间相关性和空间依赖性，即邻近区域的消费和产业"双升级"耦合协调度水平会相互影响。此外，在研究期内，消费和产业"双升级"耦合协调度的全局 Moran's I 的数值呈现上升趋势，由 2000 年的 -0.062 上升至 2020 年的 0.084，这说明中国消费和产业"双升级"耦合协调度的空间正相关性总体上在不断提高，区域之间的消费和产业"双升级"耦合协调水平的辐射带动效应在逐步增强。

表 9.3　中国产业消费"双升级"耦合协调度全局 Moran's I

年份	Moran's I	年份	Moran's I	年份	Moran's I
2000	-0.062	2007	0.017	2014	0.076***
2001	-0.059	2008	0.039**	2015	0.080***
2002	-0.057	2009	0.047**	2016	0.082***
2003	-0.022	2010	0.055**	2017	0.084***
2004	-0.047	2011	0.066***	2018	0.089***
2005	0.002	2012	0.076***	2019	0.082***
2006	0.010	2013	0.077***	2020	0.084***

注：**$p<0.01$、***$p<0.001$。
资料来源：原始数据来源于国家统计局，图中数据由笔者计算得到。

二　消费和产业"双升级"耦合协调度的 β 收敛检验

（一）绝对 β 收敛

绝对 β 收敛是指在不考虑外界因素的影响下，组内各样本具有趋向收敛于同一稳态的特征（吕岩威等，2020）。本章利用绝对 β 收敛来测度区域内部各省（自治区、直辖市）的消费和产业"双升级"耦合协调度是否具有趋向于收敛同一稳态的特点。

如表 9.4 所示，消费和产业"双升级"耦合协调度的绝对 β 收敛的检验结果。一方面，2000—2020 年，全国区域，以及东北、南部沿海、

表 9.4　消费和产业"双升级"耦合协调度的绝对 β 收敛的检验结果

变量	全国区域	东北综合经济区	北部沿海综合经济区	东部沿海综合经济区	南部沿海综合经济区	黄河中游综合经济区	长江中游综合经济区	大西南综合经济区	大西北综合经济区
$CCD_{i,t-1}$	-0.0725*** (-5.91)	-0.2234*** (-2.78)	-0.0691 (-1.53)	-0.0712 (-1.31)	-0.0665*** (-3.11)	-0.0221 (-0.62)	-0.1302** (-2.98)	-0.0737* (-1.91)	-0.0882 (-1.59)
$W \times CCD_{i,t-1}$	0.0817*** (6.96)	0.2224*** (2.76)	0.0755 (1.54)	0.0838 (1.52)	0.0890*** (4.55)	0.0422 (1.14)	0.1582*** (3.64)	0.1053*** (2.67)	0.1195** (2.08)
ρ	0.7698*** (21.95)	0.5580*** (7.88)	0.4974*** (6.21)	0.3997*** (4.46)	0.3742*** (3.95)	0.4702*** (5.63)	0.5842*** (8.74)	0.5289*** (6.95)	0.4735*** (5.68)
σ^2	0.0001*** (17.40)	0.0001*** (5.11)	0.0001*** (6.06)	0.0001*** (5.28)	0.0001*** (5.29)	0.0001*** (6.10)	0.0001*** (6.00)	0.0001*** (6.82)	0.0001*** (6.86)
N	62	60	80	60	60	80	80	100	100
R^2	0.0075	0	0.0015	0.0608	0.0063	0.0645	0.1358	0.1072	0.0837

注：① ( ) 内为系数所对应的 t 值；② $*p<0.05$，$**p<0.01$，$***p<0.001$。
资料来源：原始数据来源于国家统计局，图中数据由笔者计算得到。

长江中游和大西南综合经济区的绝对β系数显著为负，说明全国范围以及这四大区域存在消费和产业"双升级"耦合协调度的绝对β收敛，具有趋向收敛于相同稳态的特征，但大西南综合经济区的收敛趋势相对较弱；另一方面，通过比较绝对β收敛系数绝对值的大小得知，上述四大区域和全国区域的消费和产业"双升级"耦合协调度的收敛速度为东北综合经济区>长江中游综合经济区>大西南综合经济区>全国区域>南部沿海综合经济区。然而，北部沿海、东部沿海、黄河中游和大西北这四大综合经济区的绝对β系数未通过显著性检验，说明现阶段上述区域消费和产业"双升级"耦合协调度不存在显著的绝对β收敛，区域内部各省（自治区、直辖市）的"双升级"耦合协调程度的趋同性不明显。

（二）条件β收敛

条件β收敛是指在综合考量外界因素的影响下，组内各样本具有趋向收敛于同一稳态的特征（吕岩威等，2020）。然而，不同经济体或区域的稳态往往不同，故区域间差异长期存在。本章用条件β收敛讨论区域内部各省（自治区、直辖市）的消费和产业"双升级"耦合协调度是否具有趋向收敛于各自稳态的特征。

消费和产业"双升级"耦合协调度两条件β收敛的检验结果如表9.5所示。2000—2020年全国及八大区域的条件β系数显著为负，说明上述区域均存在条件β收敛，即在不同的外部因素影响下，各区域的消费和产业"双升级"耦合协调度会趋向收敛于各自的稳态，但东北综合经济区的收敛趋势相对较弱。另外，通过比较条件β收敛系数绝对值大小，得知上述区域的消费和产业"双升级"耦合协调度收敛速度为东部沿海综合经济区>东北综合经济区>大西南综合经济区>北部沿海综合经济区>南部沿海综合经济区>大西北综合经济区>长江中游综合经济区>黄河中游综合经济区>全国区域。

进一步地，本章研究与条件β收敛过程相关的五大外部因素对其造成的影响，包括城镇化率、经济发展状况、财政支出规模、基础设施水平和贸易自由度（夏龙、王雪坤，2021）。其中，城镇化率（URB）为各省份年末城镇人口与总人口的比值，经济发展状况（GDP）为人均GDP，财政支出规模（FIN）为政府财政支出占GDP比重，基础设施水平（INF）为每平方千米的公路里程数，贸易自由度（COM）为进出口

表 9.5 消费和产业"双升级"耦合协调度的条件 β 收敛的检验结果

变量	全国区域	东北综合经济区	北部沿海综合经济区	东部沿海综合经济区	南部沿海综合经济区	黄河中游综合经济区	长江中游综合经济区	大西南综合经济区	大西北综合经济区
$CCD_{i,t-1}$	-0.1663*** (-8.27)	-0.4402* (-1.73)	-0.3434*** (-3.63)	-1.0792*** (-4.27)	-0.3384*** (-4.42)	-0.1929*** (-3.07)	-0.2670*** (-2.84)	-0.3825*** (-5.38)	-0.3376*** (-4.84)
URB	0.0230*** (2.82)	0.0038 (0.07)	0.0423 (1.49)	0.1152*** (3.10)	0.0346 (1.52)	0.1968* (1.74)	-0.0009 (-0.04)	0.0069 (0.09)	0.1555* (1.97)
GDP	0.0014*** (3.29)	-0.0030 (-0.98)	0.0030** (2.10)	-0.0188*** (-3.54)	0.0058*** (2.80)	0.0001 (0.04)	0.0047 (1.17)	0.0093** (2.46)	-0.0115* (-1.66)
FIN	0.0204*** (4.75)	0.1295*** (3.04)	0.0598** (2.20)	-0.0119 (-0.26)	0.0285* (1.73)	0.0306 (1.00)	0.0077 (0.20)	0.0705*** (3.39)	0.1658** (2.52)
INF	0.0077*** (3.11)	0.0270 (0.63)	0.0197** (2.25)	0.1451*** (3.10)	0.0340*** (2.90)	0.0020 (0.29)	-0.0001 (-0.02)	-0.0019 (-0.36)	0.0332 (1.14)
COM	0.0119*** (3.06)	0.1302** (2.39)	0.0092 (1.27)	-0.1653*** (-4.15)	0.0104 (0.67)	-0.0003 (-0.01)	-0.0990** (-2.01)	0.0176 (-0.93)	-0.0393 (-1.60)
$W \times CCD_{it-1}$	0.0033 (0.05)	-0.5404 (-1.41)	-0.1993 (-1.14)	-1.2244*** (-3.09)	-0.0498 (-0.54)	-0.0008 (-0.01)	-0.0594 (-0.50)	-0.2386* (-1.72)	0.0730 (0.69)
$W \times URB$	-0.0378 (-1.55)	0.0320 (0.35)	-0.0052 (-0.13)	0.1391** (2.47)	-0.0498 (-1.52)	-0.2537* (-1.88)	-0.0512 (-1.19)	0.0781 (0.82)	-0.1233 (-1.13)
$W \times GDP$	0.0001 (0.09)	-0.0108 (-1.45)	0.0015 (0.61)	-0.0276*** (-3.43)	0.0017 (0.64)	0.0077 (1.27)	0.0057 (0.88)	0.0108 (1.45)	-0.0122 (-1.04)

续表

变量	全国区域	东北综合经济区	北部沿海综合经济区	东部沿海综合经济区	南部沿海综合经济区	黄河中游综合经济区	长江中游综合经济区	大西南综合经济区	大西北综合经济区
$W \times \mathrm{FIN}$	0.0332 (1.81)	0.2304** (2.80)	0.1013 (1.58)	-0.0704 (-0.99)	0.0280 (1.40)	0.0022 (0.03)	0.0484 (0.98)	-0.0147 (-0.34)	0.2968 (1.58)
$W \times \mathrm{INF}$	-0.0065 (-1.32)	0.0211 (0.25)	-0.0119 (-0.75)	0.2285** (3.09)	-0.0028 (-0.18)	-0.0035 (-0.32)	0.0073 (0.94)	-0.0167 (-1.82)	0.0062 (0.10)
$W \times \mathrm{COM}$	-0.0022 (-0.29)	0.1787* (2.15)	0.0047 (0.50)	-0.2194*** (-3.67)	0.0206 (1.15)	0.1126 (1.19)	-0.0188 (-0.22)	-0.0344 (-1.32)	0.0764 (1.16)
ρ	0.7006*** (15.02)	-1.0742*** (-14.71)	0.3931*** (4.19)	-0.9803*** (-12.02)	0.3044** (2.91)	0.3219** (3.18)	0.3684*** (3.79)	0.2857** (2.62)	0.4071*** (4.31)
σ	0.0001*** (17.42)	0.0000*** (4.19)	0.0001*** (6.15)	0.0000*** (4.81)	0.0000*** (5.34)	0.0000*** (6.22)	0.0000*** (6.18)	0.0000*** (6.99)	0.0001*** (6.91)
N	620.0000	60.0000	80.0000	60.0000	60.0000	80.0000	80.0000	100.0000	100.0000
R^2	0.2811	0.0317	0.1779	0.0178	0.0613	0.0303	0.4452	0.4249	0.1024

注：$*p<0.05$、$**p<0.01$、$***p<0.001$。

资料来源：原始数据来源于国家统计局，图中数据由笔者计算得到。

总额占 GDP 比重。

基于条件 β 收敛模型的回归结果发现：第一，城镇化率能显著地正向影响全国区域，以及东部沿海、黄河中游和大西北综合经济区的消费和产业"双升级"耦合协调度，对东北、北部沿海、南部沿海和大西南综合经济区的影响虽也为正向但不显著。一方面，城镇化率的提高能显著增加居民收入，并增加其发展享受型支出的比例，进而引发消费升级；另一方面，城镇化率的提升带来工业和服务业的就业人口比例的增加，要素资源向高级产业流动，并提高农业的生产效率和全要素生产率，进而促进产业升级。可见，城镇化的推进能提高消费和产业"双升级"耦合协调度。因此，中国应继续有序推进新型城镇化建设，缩小城乡收入差距和加快城乡融合，改善城乡居民消费结构和优化产业结构，推进消费和产业"双升级"的良性互动。

第二，经济发展状况对不同区域的消费和产业"双升级"耦合协调度会产生不同的影响。一方面，人均 GDP 水平的提升显著促进了全国区域，以及北部沿海、南部沿海、大西南综合经济区的消费和产业"双升级"耦合协调度向更高水平收敛。一般而言，在经济发展的过程中，不仅伴随产业结构从第一产业逐步向第二、第三产业转移的产业升级过程，同时还伴随人均收入水平提高和发展享受型支出占比增大的消费升级过程。因此，经济发展水平的提高能够带来消费和产业"双升级"耦合协调度提高。另一方面，经济发展水平负向影响了东部沿海和大西北综合经济区的"双升级"耦合协调度收敛。对于东部区域而言，经济发展水平和居民收入水平提高很快，尤其是高收入人群的消费升级速度快于产业升级的速度，高端消费与服务产业的发展不能完全满足和适应高端消费需求，带来明显的"消费外溢"现象（马龙龙、刘畅，2013），从而不利于消费和产业"双升级"耦合协调度的提升和收敛。对于西部区域而言，经济发展和收入水平提升的速度相对缓慢，消费升级速度也相对较慢；而其产业升级速度相对消费升级较快，且国内发达区域的产品可以跨区域在西部区域供给，造成西部区域的产业升级快于消费升级，不利于消费和产业"双升级"耦合协调度的提高与收敛。

第三，财政支出规模对消费和产业"双升级"耦合协调度有普遍的正向影响，尤其显著促进全国区域，东北、北部沿海、南部沿海、大西南及大西北综合经济区的消费和产业"双升级"耦合协调度的提升与收敛。财政支出的增加不仅能直接增加要素生产率、优化劳动力配置，带来产业升级；还能提高劳动者收入水平、改善其消费习惯、提高消费水平，进而优化消费结构和扩大消费规模（谭笑，2022）。因此，财政支出促进消费和产业"双升级"耦合协调度的提高和收敛。

第四，基础设施水平显著地促进全国区域，以及北部沿海、东部沿海和南部沿海综合经济区的消费和产业"双升级"耦合协调度的提升和收敛，而对东北、黄河中游、大西北、长江中游和大西南综合经济区的影响不显著。基础设施的完善有利于加快要素资源自由流动和合理配置，促使较高禀赋的人力资源、以金融服务等为主的总部经济向沿海区域的大城市集聚，而使普通劳动力、以制造业为主的工厂经济向中小城市集聚（吴福象、沈浩平，2013），从而加快沿海区域的消费和产业"双升级"耦合协调度的提升和收敛，但对内陆区域的影响相对不显著。

第五，贸易自由度对不同区域的消费和产业"双升级"耦合协调度产生异质性影响。一方面，贸易自由度显著正向影响全国区域和东北综合经济区。贸易自由化带来的进口竞争效应、技术创新效应、消费需求增加效应等有效促进新产业建立与成长，进而推动产业结构优化（殷功利，2018）；与此同时，进出口增加带来的经济增长和收入提升效应会促进居民消费升级。因此，贸易自由度提高对消费和产业"双升级"耦合协调程度具有提升作用。另一方面，贸易自由度显著负向影响东部沿海和长江中游综合经济区的消费和产业"双升级"耦合协调度。对于东部沿海等发达区域而言，贸易自由度上升带来进出口增加、收入增长和消费升级，但产业升级并不能完全满足发达区域高收入人群的消费升级的需求，造成其进口国外高端消费品和"消费外流"现象，从而不利于消费和产业"双升级"耦合协调程度的提升和收敛。因此，未来东部沿海综合经济区等区域需要加快提升产业升级的速度和对外开放的质量，不断满足其消费升级的需要，从而实现"双升级"耦合协调程度的上升。

第七节 本章小结

本章分析了消费升级和产业升级的耦合协调程度及其收敛性与影响因素，主要运用了熵权 TOPSIS 法、耦合协调度模型、Kernel 核密度估计、Dagum 基尼系数分解法、全局莫兰指数空间自相关检验和 β 收敛模型等，探析 2000—2020 年中国 31 个省（自治区、直辖市）的消费升级和产业升级的发展水平，以及消费和产业"双升级"的耦合协调程度、时序分布动态、空间差异、空间相关性和影响因素等。其主要结论如下。

第一，中国消费升级和产业升级之间的耦合协调关系渐趋密切，但是消费和产业"双升级"耦合协调度水平仍停留在相对初级的层面。此外，由于受不同区域的经济基础、自然资源、交通聚落、科技水平和人口人才数量等因素的影响，中国消费和产业"双升级"耦合协调度具有明显的区域异质性，在整体上呈现沿海区域最优、西部区域最低的分布格局。

第二，从时序分布动态的角度来看，近年来全国消费和产业"双升级"耦合发展趋于不平衡。其中，北部沿海、南部沿海综合经济区的消费和产业"双升级"耦合协调度的集中度有所下降，东部沿海、大西北综合经济区的耦合协调度的集中度有所上升。

第三，从空间差异的角度来看，中国消费和产业"双升级"耦合协调度总体差异有所加剧且呈现阶段性特征，主要原因是沿海区域和西部区域的区域间差异显著。此外，南部沿海综合经济区是区域内差异最显著的区域。

第四，从空间相关性和影响因素的角度来看，中国消费和产业"双升级"耦合协调度的空间正相关性总体不断提高，在城镇化率、经济发展状况、财政支出规模、基础设施水平和贸易自由度等因素的影响下，趋向收敛于各自稳态。

第十章

消费和产业"双升级"协同驱动经济高质量发展实证分析
——面板数据方法

本章利用前面构建的消费升级指数和产业升级指数与经济高质量发展指标体系，研究消费和产业"双升级"对经济高质量发展的协同驱动作用。为此，本章采用双固定效应模型和省级面板数据进行估计，并对结果进行稳健性检验。考虑到由于消费升级、产业升级两者之间的互动机制，本章还在模型中引入了两者的交叉项，以研究其对经济高质量发展的影响作用。实证结果表明，消费和产业"双升级"显著地驱动了经济高质量发展。

第一节 消费和产业"双升级"驱动经济高质量发展的理论分析

生产和消费是整个国民经济循环中最主要的两个环节，产业供给与消费需求在很大程度上体现了国民经济供需两端的情况。根据之前的理论探讨和实证研究，产业升级能够促进消费升级，而消费升级又能牵引产业升级，两者具有相互促进和协同发展的重要机制（龙少波等，2021）。消费和产业"双升级"的良性互动代表着国民经济供需两侧质量的同时改善，从而对经济高质量发展产生积极影响。因此，实证研究消费和产业"双升级"驱动经济高质量发展的存在情况，进而为政府部门制定促进消费和产业"双升级"、缓解供需结构性过剩和短缺并存的矛盾，以及促进经济高质量发展的政策具有重要启发意义。

一 消费升级拉动经济高质量发展的理论机制

消费升级主要是指消费规模扩大和消费结构升级。作为最终需求，消费规模扩大和消费结构升级，都会对经济高质量发展产生重要影响。

（一）消费规模扩大能显著地促进经济高质量发展

第一，消费规模扩大能促进市场分工更加细化和深化，提高经济的生产效率，促进经济高质量发展。消费需求规模的扩大是市场销售和生产规模扩张的前提，是企业发挥规模优势、降低生产成本的基础，也能够促进市场分工和提升经济效率，从而促进经济高质量发展。

第二，总体消费规模扩大能够提高各群体的消费水平并促进社会公平共享。一般而言，社会总体消费规模的扩张，对消费效用最大化的要求越发凸显，表现为生活和福利的改善覆盖到更多的居民群体（崔耕瑞，2021）。同时，因消费规模扩大带来的就业机会的增加在缩小居民收入差距方面也发挥了一定的作用。这些都能有效促进社会公平共享程度的提高，为经济高质量发展奠定基础。

第三，消费规模扩大有利于吸引外资进入，促进经济开放发展。超大的消费规模意味着中国在超大规模市场上具备明显优势，有利于扩大对外开放。受国内强大规模优势和巨大消费需求的吸引，越来越多的商品和服务进入国内市场，带来外商直接投资增加和商品进口数量增加。外资为国内实体经济发展和循环带来了技术和资本（龙少波等，2021），在畅通国际经济循环的同时推动国内经济循环，驱动经济开放发展。

（二）消费结构升级也能促进经济实现高质量发展

第一，消费结构升级激励企业进行技术革新，促进经济高质量发展。消费结构升级对技术提出更高的要求引导技术升级（李世美等，2022），而技术升级通过提高生产效率，促进产业升级；同时，消费结构升级又引导要素从低端产业向高端产业涌进，激励企业进行技术创新以在高端产业获取市场垄断利润，从而有利于淘汰低端落后产业产能，刺激新产品、新服务的出现和发展（杨天宇、陈明玉，2018；陈冲、吴炜聪，2019），从而引导产业结构升级并推动经济高质量发展。

第二，消费结构升级通过引导供给结构优化，实现消费需求与产业供给之间的动态平衡，从供需双侧发力共同推进经济协调发展。在消费者对低端产品的需求达到一种相对饱和状态之后，转而会更多地选择品质更高、创新性更强的高端产品。为满足消费者高端消费需求，厂商通过重新配置生产要素调整供给结构，实现经济的供需协调稳定，促进经济高质量发展。

第三，消费结构升级过程中居民对绿色生态健康产品与服务需求的增加促进经济向绿色转型发展。随着收入水平的普遍提高和整体消费能力的增强，绿色生态消费优先等消费理念逐渐深入人心，绿色消费在潜移默化中成为共识，绿色、生态、环保消费占居民家庭消费支出的比重明显上升，引致企业开发和生产高品质的绿色产品与服务，从而驱动经济向绿色发展方向转型。

第四，居民消费结构升级促进农村产品与服务品质提升，有利于引导农业高质量发展并提升农村居民收入，从而降低城乡间收入差距，有利于发展成果的共享。消费结构升级带来的产业升级，会使越来越多的农村劳动力涌入工业、服务业等高生产率行业，使其收入水平大幅提升，提高收入分配的公平共享性。

第五，消费结构升级过程中对国外高品质消费品的需求促进经济开放高质量发展。中国拥有超大规模市场优势，居民消费结构升级引起对国外高品质商品的进口需求明显增加，增强对外开放中"引进来"的水平与质量。而消费升级所推动的国内产业升级又进一步强化国内现代化产业体系的建立，有助于中国对外出口产品复杂度、附加值的提升以及在全球产业链价值链位置的攀升，提高对外开放中"走出去"的质量和水平。

综上所述，消费升级分别从消费规模扩大和消费结构升级两方面拉动经济高质量发展。具体理论机制如图 10.1 所示。

二　产业升级推动经济高质量发展的理论机制

产业升级主要包括产业结构合理化与产业结构高级化，是经济体系供给结构改善和优化的动态过程，对经济供给质量的提高有重要影响。

第一，产业升级促使技术进步方式从引进式技术进步向原发式自主

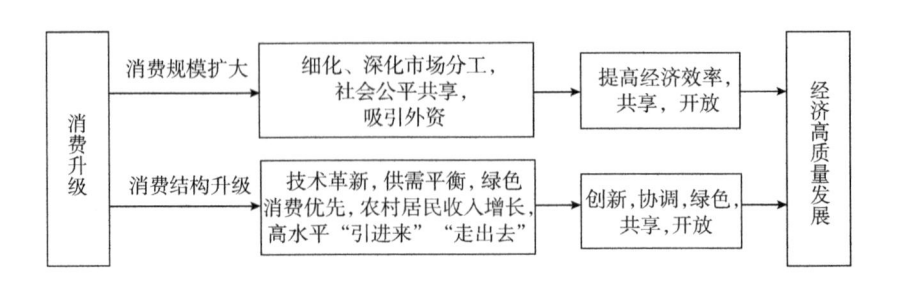

图 10.1　消费升级拉动经济高质量发展的理论机制

创新转换（龙少波等，2021），驱动经济创新发展。在产业升级过程中，与产业进步直接相关的新技术的研发和创新改变了产业已有的生产方式，并带动与之相关的产业发展进步，甚至催生出与新时代居民消费需求更加符合的新兴产业，有利于经济的创新发展。

第二，产业升级对上下游产业具有升级关联效应，有利于经济协调发展。产业升级不仅能够促进已有主导产业的发展，还可以在纵向上通过投入产出关系促进其上下游行业升级，并产生新的具有更高经济附加值的主导产业，从而带来整个产业集群质量的提升以及产业体系的协调发展，并最终促进经济协调发展。

第三，产业升级推动绿色产业发展提升，赋能经济绿色发展。一方面，随着技术进步，互联网、大数据、人工智能等逐渐融入产业升级，与工业绿色转型相关的一大批核心技术不断被攻破使用，传统产业，尤其是与绿色发展相违背的产业也走上了智能化和清洁化改造的道路。另一方面，在产业升级过程中，绿色产业应运而生，并作为一种新业态、新模式迅速发展壮大，从而提升整个产业的绿色化水平。因此，产业升级可以在经济与生态的良性循环中驱动经济绿色发展。

第四，产业升级助推经济共享发展。一方面，伴随产业升级整个过程的技术创新和技术进步能够提高劳动生产率，带来劳动者报酬增长（夏龙、王雪坤，2021），有利于收入的分配共享。另一方面，技术创新创造了成本优势，能够降低商品的生产成本，方便共享发展。大数据、互联网、物联网等现代技术的广泛使用，可以显著降低商品的搜寻成本、运输成本、追踪成本和确认成本（姜长云，2022）。这些技术优势能覆盖到更多的居民群体，带来全民共享与生活福利的改善，并助推经济共享发展。

其五，产业升级有利于加快形成经济"双循环"新发展格局，促进经济开放发展。产业升级过程中的技术进步带来的传统产业的转型升级和新兴产业的出现与发展壮大，不仅能直接优化产出结构，而且能通过产业的上下游关联作用提升整个产业链的产出供给水平和现代化水平（龙少波等，2021），提升本国产业在全球产业链和价值链的位置以及国际竞争力。这既能畅通国内经济大循环在生产环节存在的有效供给不足、产业链技术现代化水平不高的堵点，又有利于促进中国更好地融入开放新格局，驱动经济开放发展。

因此，产业升级通过促进经济创新、协调、绿色、开放、共享五个方面的发展，推动经济向高质量发展不断迈进，具体机制如图 10.2 所示。

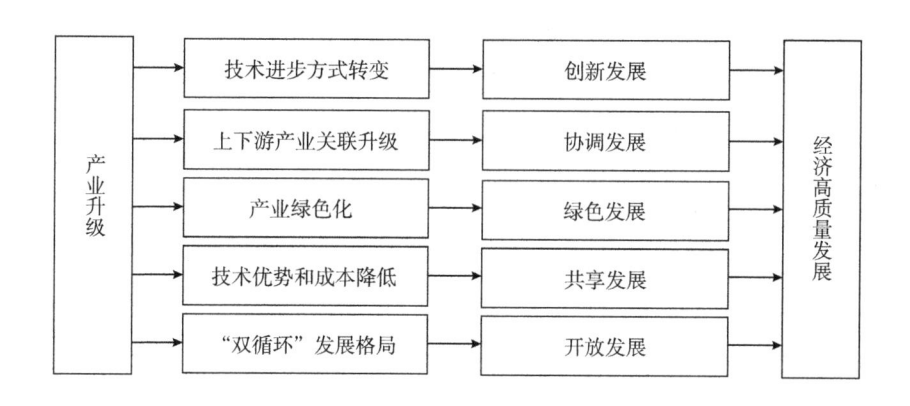

图 10.2 产业升级推动经济高质量发展的理论机制

三 消费和产业"双升级"驱动经济高质量发展的理论机制

消费和产业"双升级"通过经济增长动力转换、经济系统协调稳定、绿色生态优先、内外开放联动、收入分配公平共享五重机制协同驱动经济高质量发展，如图 10.3 所示。

第一，消费和产业"双升级"通过经济增长动力转换机制促进经济高质量发展。高端消费、新型消费需求对高端产业技术进步的倒逼机制，带动技术进步方式向原发式自主创新转换（龙少波等，2021）。因

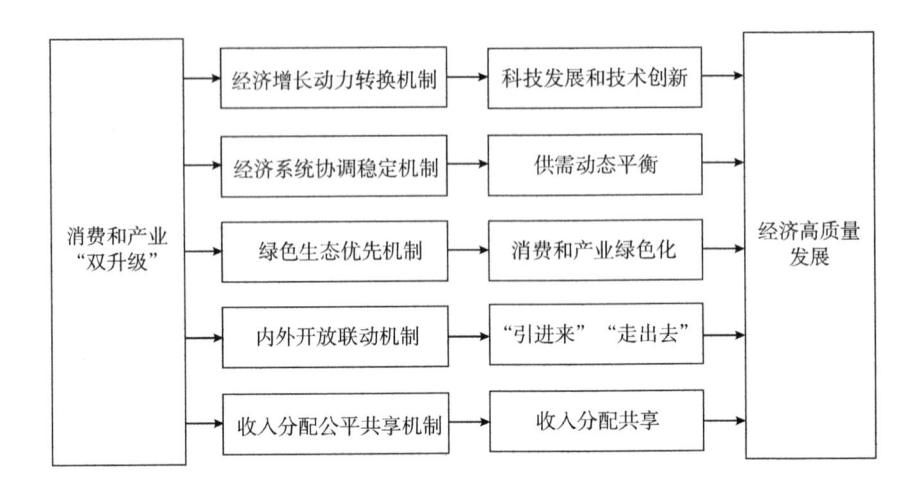

图 10.3 消费和产业"双升级"驱动经济高质量发展的理论机理

此，消费升级和产业升级的良性互动，既为自主创新提供了持续不断的需求，又为科技发展和技术创新提供了源源不断的动力，使得技术进步方式转换促进经济增长动力转换，驱动经济创新发展。

第二，消费和产业"双升级"通过经济系统协调稳定机制促进经济高质量发展。一方面，消费升级和产业升级都会增加就业机会和渠道，从而带来一部分新增就业群体的可支配收入的增长和消费能力的提升，释放这部分群体的消费潜力（陈洁，2020），扩大消费规模，畅通国内经济大循环在消费环节存在的堵点。另一方面，消费升级倒逼产业技术进步带来的传统产业的转型升级和新兴产业的发展壮大，不仅能直接优化产出结构，而且能通过产业的上下游关联作用提升整个产业链的产出供给水平和现代化水平（龙少波等，2021），畅通国内经济大循环在生产环节存在的堵点。因此，消费和产业"双升级"通过供需动态匹配，从供需两侧驱动经济加快实现高质量发展。

第三，消费和产业"双升级"通过绿色生态优先机制促进经济高质量发展。一方面，居民消费升级对绿色生态产品消费的增加和绿色健康消费理念的变化，引导传统产业中对环境具有污染且效率较低的产业进行升级，并促进绿色产业的发展壮大。另一方面，绿色产业升级又创造更多绿色环保健康产品与服务供居民选择，推动消费新业态、新模式的发展，刺激消费热点出现，引领居民的消费需求升级。消费升级与产业升级的良性互动从供需两侧共同发力推动绿色发展，从而驱动经济高质量发展。

第四，消费和产业"双升级"通过内外开放联动机制促进经济高质量发展。一是国内消费升级要求进口产品与服务质量提高，提升"引进来"的产品与服务的质量。随着居民收入水平提升，在消费需求升级的同时，国内供给，尤其是高质量供给明显滞后。中国在许多高端产品供给领域同发达国家存在差距，进口无疑成为弥补高质量供给不足的重要渠道。二是产业升级带来国内产业供给质量提升，提高本国"走出去"的产品与服务质量。这主要是因为进口品会对国内相关替代品形成竞争压力，从而倒逼国内企业通过加大科研投入和加强人才引进等方式加快技术创新和进步，以提高产品和服务的质量。三是消费和产业"双升级"的过程总要求引进部分先进技术，从而促进经济高质量发展。部分先进技术和知识产权的进口不仅可以弥补国内原发式自主创新技术进步的不足，而且能够激励和倒逼国内企业自主创新（顾晓燕、朱玮玮，2022；蔡海亚、徐盈之，2017），从而推动经济高质量发展。

第五，消费和产业"双升级"通过收入分配公平共享机制促进经济高质量发展。一方面，在消费和产业"双升级"的进程中，产业结构得到优化升级，劳动生产率不断提高，从而带动经济增长和劳动者报酬增长（夏龙、王雪坤，2021）。另一方面，第三产业的扩张和新业态、新模式的兴起发展，会增加就业渠道和就业机会，提升居民可支配收入。这两方面因素共同作用带来了收入分配的共享，从而驱动了经济高质量发展。

第二节　消费和产业"双升级"驱动经济高质量发展的研究方法

一　变量选取

（一）解释变量

1. 产业升级

参考干春晖（2011）、韩永辉（2017）提出的观点，产业升级主要包括产业结构合理化和产业结构高级化两方面。其中，产业结构合理化衡量产业间发展协调的情况，使用韩永辉（2017）提出的产业结构合理化（ISR）指数进行测度，计算方法如式（10.1）所示。而产业结构高级化则主要衡量产业结构由低端产业向高端产业迈进的情况，使用产业结构高级化（ISH）指数来测度，计算方法如式（10.2）所示：

$$\mathrm{ISR} = -\sum_{i=1}^{n} \frac{Y_i}{Y} \left| \frac{Y_i/L_i}{Y/L} - 1 \right| \tag{10.1}$$

$$\mathrm{ISH} = \frac{1}{6} \sum_{i=1}^{n} \frac{Y_i}{Y} \times i, \quad \frac{1}{6} < \mathrm{ISH} < \frac{1}{2} \tag{10.2}$$

式中，Y 为产出产值；L 为劳动力投入；i 为第 i 个产业部门；n 为产业部门总个数。ISR 值越小，经济越偏离均衡状态，产业结构越不合理；相反，产业结构越合理。

2. 消费升级

借鉴沈中奇（2020）和龙少波等（2021）的研究，本书将消费升级定义为消费规模扩张和消费结构升级。根据定义，分别选用人均消费支出增长率（PCR）和消费结构升级（CSU）指数来衡量消费规模扩张和消费结构升级，其计算公式分别如下：

$$\mathrm{PCR} = \frac{C_t - C_{t-1}}{C_{t-1}} \times 100\% \tag{10.3}$$

$$\mathrm{CSU} = \frac{\mathrm{DEC}_t}{C_t} \times 100\% \tag{10.4}$$

式中，C 为人均消费支出；DEC 为人均发展享受型消费支出；t 为年份。

本章所涉及的相关解释变量的说明，如表 10.1 所示。

表 10.1　　相关解释变量的说明

变量	指标	公式	说明
产业升级	产业结构合理化	$\mathrm{ISR} = -\sum_{i=1}^{n} \frac{Y_i}{Y} \left\| \frac{Y_i/L_i}{Y/L} - 1 \right\|$	ISR 值越大，产业结构越合理；ISH 越小，产业结构越高级
	产业结构高级化	$\mathrm{ISH} = \frac{1}{6} \sum_{i=1}^{n} \frac{Y_i}{Y} \times i, \ \frac{1}{6} < \mathrm{ISH} < \frac{1}{2}$	

续表

变量	指标	公式	说明
消费升级	人均消费支出增长率	$PCR = \dfrac{C_t - C_{t-1}}{C_{t-1}} \times 100\%$	PCR、CSU 值越小，消费规模越小、消费层级越低；相反，消费规模越大、消费层级越高
	消费结构升级	$CSU = \dfrac{DEC_t}{C_t} \times 100\%$	

注：Y 指产出产值，L 指劳动投入，i 指第 i 个产业部门，n 是产业总数；C 指人均消费支出，DEC 指人均发展享受型消费支出，t 指年份。

（二）被解释变量

本章的被解释变量为经济高质量发展（Dquality）指数。这是由创新、协调、绿色、开放、共享五个维度综合构成的经济质量指数。其构建方法已经在第四章进行了详细的论述，其中：

（1）创新发展应从投入与产出两方面来衡量，分别以研发经费支出占 GDP 的比重和规模以上高技术企业 R&D 活动人员折合全时当量来衡量研发经费和研发人员的投入，将创新型企业比重、专利授权数和技术市场成交额作为创新产出。

（2）协调发展主要体现在城乡协调、收入分配协调、空间结构协调和基础设施建设协调等方面，分别用城乡居民可支配收入比、劳动报酬占 GDP 比重、城镇化率和交通基础设施差距衡量，其中，用公路密度来衡量交通基础设施差距。

（3）绿色发展应考虑到节能减排和生态环保，本章选取了单位 GDP 能耗、单位 GDP 废气排放量、单位 GDP 工业固体废物排放量和工业污染治理完成投资四个基础指标。

（4）开放程度和开放成效能很好地反映中国当前的开放发展情况，以进出口总额反映外贸依存度，以外商直接投资（FDI）和对外直接投资（OFDI）占 GDP 的比重来衡量开放成效，以接待国际旅游人数反映国际交往。

（5）共享发展则涉及公共服务和人民生活，分别反映在医疗保险覆盖率和人均教育支出、城镇居民登记失业率和社会保障与就业支出占财政支出比重四个方面。

关于经济高质量发展体系的赋权,本章采用第四章的做法:对于新发展理念的一级指标创新、协调、绿色、开放、共享均赋予20%的同等权重;对于各三级指标则采取客观赋权法的 AHP 层次分析法进行赋权,最终合成经济高质量发展总指数。中国经济高质量发展指标体系及各指标权重如表10.2所示。

表10.2　　　　　　经济高质量发展指标体系　　　　　　单位:%

一级指标	二级指标	三级指标	具体衡量指标	权重
创新	创新投入	研发经费	研发经费/GDP	12.50
		研发人员	规模以上高技术企业 R&D 活动人员折合全时当量	37.50
	创新产出	创新型企业	规模以上有 R&D 活动的高技术产业企业数/规模以上企业单位数	32.00
		专利授权	专利申请授权数/人口	5.00
		技术市场	技术市场成交额/人口	13.00
协调	城乡协调	城乡居民可支配收入比	城乡居民可支配收入比	59.00
	收入分配协调	劳动报酬占 GDP 比重	就业人员工资总额/GDP	12.00
	空间结构协调	城镇化率	城镇人口比率	23.00
	基础设施建设协调	交通基础设施差距	公路密度	6.00
绿色	能源利用效率	单位 GDP 能耗	能源消费量/GDP	20.00
	污染物排放率	单位 GDP 废气排放量	二氧化硫排放总量/GDP	11.00
		单位 GDP 工业固体废物排放量	工业固体废物产生量/GDP	11.00
	生态环保治理	污染治理	工业污染治理完成投资/GDP	48.00
开放	外贸开放度	外贸依存度	进出口总额/GDP	52.00
	投资开放度	外商投资	FDI/GDP	20.00
		对外投资	OFDI/GDP	20.00
	人员流动开放程度	国际交往	接待国际旅游人数	8.00

续表

一级指标	二级指标	三级指标	具体衡量指标	权重
共享	公共服务	医疗保险覆盖率	城镇基本医疗保险年末参保人数合计/总人口	25.00
		人均教育支出	教育经费支出/总人口	25.00
	人民生活	失业率	失业率	25.00
		社会保障和就业	社会保障支出/一般公共预算支出	25.00

（三）控制变量

由于经济高质量发展指标体系涉及的各类经济指标已经十分广泛，考虑到可能影响到经济高质量发展的其他因素，以及虑数据的可得性，本章所选取的五个控制变量分别为市场化指数（MI）、人口自然增长率（NIR）、贷款余额占 GDP 的比重（DK）、少年儿童抚养比（CDR）和老年人口抚养比（ODR）。其中：

（1）市场化指数反映地区市场化水平和程度，由政府与市场的关系、非国有经济的发展、产品市场的发育程度、要素市场的发育程度、市场中介组织发育程度和法律制度环境五个方面指数合成。市场化指数的计算参考王小鲁和樊纲（2021）的研究。

（2）人口自然增长率主要是衡量人口增长对经济高质量发展的影响。在人口老龄化渐趋严重的现实情况下，人口红利逐渐消退，人口发展状况将成为经济高质量发展不可忽视的因素之一。

（3）贷款余额占 GDP 的比重由国内金融机构各项贷款余额与 GDP 计算得到，可以用来表征金融发展和反映金融深度（何诚颖等，2013），主要衡量信贷对经济发展的支持力度。林毅夫和孙希芳（2008）曾以此指标来衡量银行业结构，并研究其与经济增长的关系。可见，贷款作为融资的"重头戏"，会对经济高质量发展产生一定影响。

（4）少年儿童抚养比是指某一人口总体中少年儿童（0—14 岁）人口数与劳动年龄（15—64 岁）人口数之比，反映每 100 名劳动年龄人口要负担多少名少年儿童。

(5) 老年人口抚养比是指某一人口总体中老年（65岁及以上）人口数与劳动年龄（15—64岁）人口数之比，表明每100名劳动年龄人口要负担多少名老年人。这是从经济角度反映人口老龄化社会后果的重要指标之一。

二 数据来源

本章所需数据来源于国家统计局、《中国统计年鉴》、各省份统计年鉴、《中国高技术产业统计年鉴》、《中国工业统计年鉴》、《中国环境统计年鉴》、《中国能源统计年鉴》、中国人民银行、中国金融学会、国家外汇管理局等。市场化指数原始数据来源于《中国分省份市场化指数报告（2021）》和Wind数据库。在计算过程中的个别缺失数据，通过移动平均法补齐。基于数据可得性和统计口径一致性的原因，中国的4个省份（西藏、香港、澳门、台湾）未加入样本。

三 模型设定

由于每个省份的经济发展水平不同且发展阶段又在不断变化，同一时点的不同省份、同一省份在不同时点的特征是明显不同的。本章实证检验消费和产业"双升级"对经济高质量发展的驱动作用，为减少因遗漏变量而带来估计误差，参考薛军民和靳娟（2019）、张彩彩和石荣（2022）的做法，拟选用双固定效应模型。双固定效应即个体时点双固定效应，其中个体层面的固定效应控制不可观察的个体层面特征，而年份层面的固定效应控制所有地区不随时间改变的特征。

本章所构造的双固定效应模型如下：

$$\text{Dquality}_{it} = c + \beta_1 \text{ISR}_{it} + \beta_2 \text{ISH}_{it} + \beta_3 \text{PCR}_{it} + \beta_4 \text{CSU}_{it} + \beta_5 \text{MI}_{it} + \beta_6 \text{NIR}_{it} + \beta_7 \text{DK}_{it} + \beta_8 \text{CDR}_{it} + \beta_9 \text{ODR}_{it} + \alpha_i + \gamma_t + \mu_{it} \quad (10.5)$$

考虑到消费升级和产业升级之间存在互动关系，分别将产业结构合理化和人均消费支出增长率的交互项、产业结构合理化和消费结构升级的交互项、产业结构高级化和人均消费支出增长率的交互项，以及产业结构高级化和消费结构升级的交互项分别纳入回归方程进行实证研究，以进一步研究消费和产业"双升级"互动对中国经济高质量发展的影响。因此，实证计量模型还应包括以下四个方程：

$$\text{Dquality}_{it} = c + \beta_1 \text{ISR}_{it} \times \text{PCR}_{it} + \beta_2 \text{ISH}_{it} + \beta_3 \text{CSU}_{it} + \beta_4 \text{MI}_{it} + \beta_5 \text{NIR}_{it} + \beta_6 \text{DK}_{it} + \beta_7 \text{CDR}_{it} + \beta_8 \text{ODR}_{it} + \alpha_i + \gamma_t + \mu_{it} \quad (10.6)$$

$$\mathrm{Dquality}_{it}=c+\beta_1\mathrm{ISR}_{it}\times\mathrm{CSU}_{it}+\beta_2\mathrm{ISH}_{it}+\beta_3\mathrm{PCR}_{it}+\beta_4\mathrm{MI}_{it}+$$
$$\beta_5\mathrm{NIR}_{it}+\beta_6\mathrm{DK}_{it}+\beta_7\mathrm{CDR}_{it}+\beta_8\mathrm{ODR}_{it}+\alpha_i+\gamma_t+\mu_{it} \quad (10.7)$$

$$\mathrm{Dquality}_{it}=c+\beta_1\mathrm{ISH}\times\mathrm{PCR}_{it}+\beta_2\mathrm{ISR}_{it}+\beta_3\mathrm{CSU}_{it}+\beta_4 MI_{it}+$$
$$\beta_5\mathrm{NIR}_{it}+\beta_6\mathrm{DK}_{it}+\beta_7\mathrm{CDR}_{it}+\beta_8\mathrm{ODR}_{it}+\alpha_i+\gamma_t+\mu_{it} \quad (10.8)$$

$$\mathrm{Dquality}_{it}=c+\beta_1\mathrm{ISH}\times\mathrm{CSU}_{it}+\beta_2\mathrm{ISR}_{it}+\beta_3\mathrm{PCR}_{it}+\beta_4\mathrm{MI}_{it}+$$
$$\beta_5\mathrm{NIR}_{it}+\beta_6\mathrm{DK}_{it}+\beta_7\mathrm{CDR}_{it}+\beta_8\mathrm{ODR}_{it}+\alpha_i+\gamma_t+\mu_{it} \quad (10.9)$$

式中，Dquality 为经济高质量发展指标；c 为常数项；β_j（$j=1$，2，…，9）为解释变量或控制变量的系数；i、t 分别为省份和年份；ISR、ISH 分别为产业结构合理化和产业结构高级化，用来测算产业升级；PCR、CSU 分别为人均消费支出增长率和消费结构升级，用来测算消费升级；MI、NIR、DK、CDR 和 ODR 为控制变量，分别表示市场化指数、人口自然增长率、贷款余额占 GDP 的比重、少年儿童抚养比和老年人口抚养比；α_i 为个体效应；γ_t 为时间效应；μ_{it} 为独立且同分布的随机误差项。

第三节 消费和产业"双升级"驱动经济高质量发展的实证分析

一 描述性统计

本章各变量的描述性统计结果见表 10.3，中国经济高质量发展指数、产业升级指标、消费升级指标，以及市场化程度、人口自然增长率、信贷可得性、少年儿童抚养比和老年人口抚养比都存在较大的时间和地区差异。这一方面体现了中国经济社会发展的进步，另一方面说明了中国各省（自治区、直辖市）的经济社会发展不平衡，全国经济社会协调发展任重道远。

表 10.3　描述性统计

变量	样本量	均值	最大值	最小值	标准差	中值	Jarque-Bera 检验
Dquality	360	0.332	0.741	0.117	0.119	0.309	79.110***
ISR	360	-0.457	-0.032	-1.267	0.265	-0.416	32.069***

续表

变量	样本量	均值	最大值	最小值	标准差	中值	Jarque-Bera 检验
ISH	360	0.394	0.472	0.355	0.021	0.394	253.371***
PCR	360	0.093	0.393	-0.985	0.084	0.095	89006.250***
CSU	360	0.413	0.494	0.328	0.034	0.413	5.414*
MI	360	7.798	11.934	3.359	1.880	7.817	7.438**
NIR	360	4.908	11.470	-7.800	2.889	4.990	30.293***
DK	360	1.423	2.774	0.609	0.451	1.332	33.011***
CDR	360	0.228	0.383	0.096	0.063	0.232	10.192***
ODR	360	0.142	0.255	0.074	0.036	0.137	34.926***

注：Jarque-Bera 检验为正态分布的偏度和峰度的拟合优度检验，其原假设为样本服从正态分布。*、**、*** 分别表示在 10%、5%、1% 的统计水平下显著。

二 回归结果分析

我们采用双固定效应模型对式（10.5）至式（10.9）进行回归分析，估计结果如表 10.4 所示。

表 10.4 消费和产业"双升级"驱动经济高质量发展的回归结果

变量	式（10.5）Dquality	式（10.6）Dquality	式（10.7）Dquality	式（10.8）Dquality	式（10.9）Dquality
ISR	0.0035 (0.0221)			0.0084 (0.0220)	0.0027 (0.0218)
ISH	0.8758** (0.4385)	0.9194** (0.4342)	0.7770* (0.4461)		
PCR	0.0426* (0.0224)		0.0333 (0.0227)		0.0447** (0.0223)
CSU	0.2411*** (0.0771)	0.2674*** (0.0697)		0.2339*** (0.0772)	
MI	0.0103*** (0.0035)	0.0107*** (0.0035)	0.0100*** (0.0035)	0.0098*** (0.0035)	0.0099*** (0.0035)
NIR	0.0020 (0.0015)	0.0018 (0.0015)	0.0017 (0.0015)	0.0019 (0.0015)	0.0020 (0.0015)

续表

变量	式（10.5）Dquality	式（10.6）Dquality	式（10.7）Dquality	式（10.8）Dquality	式（10.9）Dquality
DK	-0.0473*** (0.0134)	-0.0477*** (0.0133)	-0.0375*** (0.0131)	-0.0429*** (0.0132)	-0.0465*** (0.0133)
CDR	-0.05666 (0.1248)	-0.0640 (0.1235)	-0.0972 (0.1253)	0.0115 (0.1202)	-0.0013 (0.1189)
ODR	0.1877 (0.1344)	0.1664 (0.1324)	0.1912 (0.1356)	0.2105 (0.1344)	0.2010 (0.1337)
ISR×PCR		-0.0560 (0.0379)			
ISR×CSU			0.1057* (0.0552)		
ISH×PCR				0.1185** (0.0555)	
ISH×CSU					0.6680*** (0.1813)
常数项 C	0.1669 (0.2016)	0.1391 (0.1959)	0.3106 (0.2015)	0.5532*** (0.0541)	0.5312*** (0.0544)

注：*、**、***分别表示在10%、5%、1%的统计水平下显著，括号中的数值为标准误差。

第一，从式（10.5）的回归结果来看，产业结构高级化（ISH）、人均消费支出增长率（PCR）和消费结构升级（CSU）对经济高质量发展的影响系数分别在5%、10%和1%的统计水平下显著为正，这说明产业结构高级化、消费规模扩大和消费结构升级能够显著地驱动经济高质量发展。具体来看，产业结构高级化指数每提高1个单位，经济高质量发展指数就会提高约0.876个单位；人均消费支出增长率每提高1个单位，经济高质量发展指数就会提高约0.043个单位；消费结构升级指数每提高1个单位，经济高质量发展指数则会提高约0.241个单位。这一实证结论与上述理论分析相一致。其一，在产业结构优化升级过程中，高新、绿色、环保等新技术的研发和使用改变了原有的生产方式，并带动了上下游相关产业的发展和技术创新，带来整个产业体系的完善和提升经济供给质量。而且技术创新能够创造成本优势，提高劳动生产率，提升经济效率，促进经济高质量发展。其二，消费规模扩大可以通过促进市场分工的细化和深化并提高经济生产效率而促进高质量发展。消费结构升级引导激励厂商进行技术创新和改善供给质量，且有利于改善生活水平，加快人力资本积累，从而进一步加强创新能力。消费升级所带来的农产品价值的增加有利于缩小城乡收入差距，促进城乡区域协调和共享发展。与此同时，消费规模扩大和消费结构升级有利于吸引外资，推动对外开放，促进经济高质量发展。

值得注意的是，当前的产业结构合理化对经济高质量发展的驱动作用似乎并不显著。这可能是因为产业结构合理化在推动经济高质量发展时还受到许多因素的制约。例如，虽然中国的产业结构有所优化，但是不同产业间要素流动存在一定门槛，阻碍要素资源的优化配置和产业结构的协调发展，造成产业体系中同时存在低端产能过剩与高端产能缺位共存的现象，不利于促进经济高质量发展。

第二，就消费升级和产业升级互动对经济高质量的影响而言，产业结构合理化和消费结构升级（ISR×CSU）、产业结构高级化和人均消费支出增长率（ISH×PCR）以及产业结构高级化和消费结构升级（ISH×CSU）三个交叉项对经济高质量发展的促进影响显著。而产业结构合理化和人均消费支出增长率的交互项（ISR×PCR）对经济高质量的影响尚不显著。

在式（10.6）中，产业结构高级化（ISH）、消费结构升级（CSU）对经济高质量发展的影响系数分别在5%和1%的统计水平下显著为正，这与基准回归结果一致。但是，产业结构合理化和人均消费支出增长率的交互项（ISR×PCR）不显著。这表明产业结构合理化与消费规模扩大的互动作用对经济高质量发展的驱动作用不显著。中国消费支出规模出现了较大的增长，但不同地区的人均消费支出差异较大，从而不能很好地通过拉动区域产业结构的协调发展来对经济高质量发展产生积极影响。

在式（10.7）中，产业结构高级化（ISH）、产业结构合理化和消费结构升级的交叉项（ISR×CSU）对经济高质量发展的影响系数均在

10%的统计水平下显著为正。这表明产业结构合理化和消费结构升级之间的互动作用能驱动经济高质量发展。一方面，在市场经济条件下，为满足日益增长的消费需求和适应消费结构升级，厂商会加大高端产品的生产，劳动力也从低端行业部门向高生产率部门转移和涌进，劳动力要素的跨部门流动提高了全社会的劳动生产率，使高端制造业和高新产业得到有效迅速的发展，产业结构更加协调，并推动经济高质量发展。另一方面，产业结构合理化通过市场机制重新配置生产要素，提高要素的使用效率，增加要素的边际报酬率。要素报酬的提升直接带来居民收入的提升，居民收入的提升又直接带来消费量的增长和消费品质的提升，优化消费结构，由此驱动经济高质量发展。

在式（10.8）中，产业结构高级化和人均消费支出增长率的交叉项（ISH×PCR）、消费结构升级（CSU）对经济高质量发展的影响系数分别在5%和1%的统计水平下显著为正。这表明产业结构高级化和消费规模扩大之间的互动作用也能显著驱动经济高质量发展。一方面，产业中新技术的研发和使用改变了生产方式，能够提高劳动生产率，并降低生产成本，使厂商能够为消费者提供更多价廉质优的产品与服务，扩大消费规模。同时，第三产业的扩张和新业态、新模式的兴起不仅能推动消费新业态、新模式的发展，扩大消费领域，而且可以通过增加就业渠道和就业机会，提升居民可支配收入和消费能力，激发消费潜力释放，促进消费，驱动经济高质量发展。另一方面，消费规模扩大也能激励企业进行技术革新以占领更大的市场份额，引导要素资源的流动与重新优化配置，提高资源要素的使用效率。在此过程中促进传统产业转型变革和新兴产业快速发展壮大，并逐渐取代传统产业成为主导产业，推动经济高质量发展。

第三，在式（10.9）中，产业结构高级化和消费结构升级的交叉项（ISH×CSU）、人均消费支出增长率（PCR）对经济高质量发展的影响系数分别在1%和5%的统计水平下显著为正，这说明产业结构高级化和消费结构升级的良性互动能够驱动经济高质量发展。一方面，消费结构升级可以通过需求收入弹性效应、要素配置效应和技术激励效应引导产业结构升级，从供给侧推动经济高质量发展。另一方面，产业结构高级化又能通过创新引领效应和收入增长效应促进消费结构升级，从需求侧拉动经济高质量发展。因此,产业结构高级化和消费结构升级的良性互动既能牵引高质量需求,又能推动高质量供给,最终驱动经济高质量发展。

另外,从表10.4还可以看出,市场化水平(MI)的提高能够显著驱动经济高质量发展,人口自然增长率(NIR)、少年儿童抚养比(CDR)和老年人口抚养比(ODR)对经济高质量发展的影响并不显著,而贷款余额占GDP的比重(DK)起了阻碍作用。这可能是由中国当前存在的贷款质量不高、贷款比例不合理等问题引起的。例如,当大量资金流入股市和房市时,实体经济的发展空间被挤占;当金融机构贷款向大企业倾斜时,中小企业的融资难问题仍然没有得到解决,这些都不利于经济高质量发展。

三 稳健性检验

前文通过对消费和产业"双升级"驱动经济高质量发展的影响关系进行实证分析,得出了一些重要结论。为了验证这些结论的准确性和可靠性,需要对以上模型进行稳健性检验。

人力资本是促进经济发展最具创造性和能动性的生产要素,对经济高质量发展的作用至关重要。加快人力资本积累能够减缓潜在增长率放缓,提升经济发展效益和改善民生福祉,从而推动经济高质量发展。因此,人力资本(HC)可能会对经济高质量发展有重要影响。为此,本章将人力资本(HC)作为控制变量加入上述模型中进行稳健性检验,分析结果如表10.5所示。其中,人力资本(HC)采用各省份人口数与人均受教育年限的乘积来表示。

表10.5 消费和产业"双升级"驱动经济高质量发展稳健性检验结果

变量	式(10.5) Dquality	式(10.6) Dquality	式(10.7) Dquality	式(10.8) Dquality	式(10.9) Dquality
ISR	0.0020 (0.0220)			0.0058 (0.0219)	0.0013 (0.0217)
ISH	0.7442* (0.4430)	0.7791* (0.4394)	0.7145 (0.4525)		

续表

变量	式（10.5） Dquality	式（10.6） Dquality	式（10.7） Dquality	式（10.8） Dquality	式（10.9） Dquality
PCR	0.0400* (0.0224)		0.0318 (0.0228)		0.0414* (0.0223)
CSU	0.2755*** (0.0792)	0.2984*** (0.7143)		0.2745*** (0.0793)	
MI	0.0093*** (0.0035)	0.0097*** (0.0035)	0.0096*** (0.0036)	0.0088** (0.0035)	0.0089*** (0.0035)
NIR	0.0014 (0.0015)	0.0013 (0.0015)	0.0014 (0.0016)	0.0014 (0.0015)	0.0014 (0.0015)
DK	−0.0424*** (0.0136)	−0.0428*** (0.0135)	−0.0345** (0.0136)	−0.0380*** (0.0134)	−0.0416*** (0.0134)
CDR	−0.0707 (0.1245)	−0.0768 (0.1232)	−0.1077 (0.1259)	−0.0165 (0.1203)	−0.0325 (0.1193)
ODR	0.2324* (0.1362)	0.2146 (0.1345)	0.2110 (0.1377)	0.2576* (0.1356)	0.2460* (0.1349)
HC	0.0144* (0.0080)	0.0147* (0.0080)	0.0067 (0.0079)	0.0165** (0.0079)	0.0159** (0.0078)
ISR×PCR		−0.0554 (0.0379)			
ISR×CSU			0.1070* (0.0552)		
ISH×PCR				0.1103** (0.0553)	
ISH×CSU					0.7403*** (0.1838)
C	0.1790 (0.2010)	0.1561 (0.1954)	0.3229 (0.2021)	0.5005*** (0.0595)	0.4833*** (0.0590)

注：*、**、***分别表示在10%、5%、1%的统计水平下显著，括号中的数值为标准误。

通过表10.4和表10.5的对比发现，对应模型的解释变量以及交互项的符号和显著性基本一致，除了有数值大小和显著性程度的微小差异。这意味着在控制变量中增加人力资本（HC）时，消费和产业"双升级"对经济高质量发展的影响作用与前文结果基本一致，说明得到的结论是稳健可靠的。

第四节 本章小结

本章基于2009—2020年中国30个省（自治区、直辖市，西藏除外）的省级面板数据，通过建立双固定效应模型对消费和产业"双升级"协同驱动经济高质量发展的作用进行了实证研究，并得出以下结论。

首先，产业结构高级化、消费规模扩大和消费结构升级显著驱动中国经济高质量发展。产业结构高级化，一方面，通过新技术的研发和使用改变原有的生产方式，并带动上下游相关产业的发展和技术创新，从而带来整个产业体系的完善和经济供给质量的提升；另一方面，通过技术创新带来的成本优势，提高劳动生产率，促进生产要素合理有效再配置。消费规模扩大和消费结构升级既可以促进市场分工的细化和深化，并提高经济生产效率进而促进高质量发展，又能引导技术升级，牵引高质量需求，推动高质量供给，从而驱动经济高质量发展。

其次，产业结构合理化和消费结构升级（ISR×CSU）、产业结构高级化和人均消费支出增长率（ISH×PCR）以及产业结构高级化和消费结构升级（ISH×CSU）三个交叉项对经济高质量发展具有显著影响。因此，消费升级和产业升级之间存在互动机制，其良性互动能驱动经济高质量发展。

最后，当前的产业结构合理化及其与消费规模扩大的互动对经济高质量发展的驱动作用似乎并不显著。这可能是因为产业结构合理化在推动经济高质量发展时还受到许多因素的制约。一方面，从中国经济发展现状来看，各区域间的产业发展不协调不均衡的问题依然突出，不同产业间存在阻碍要素流动的门槛，造成产业体系中存在低端产能过剩与高端产能缺位共存的现象，不利于促进经济高质量发展。另一方面，中国不同地区的人均消费支出差异较大，不能很好地通过拉动区域产业结构的协调发展来对经济高质量发展产生积极影响。

总之，实证研究表明，消费和产业"双升级"的良性互动对经济发展质量有积极的影响。因此，实证研究消费和产业"双升级"驱动经济高质量发展的存在情况，进而为政府部门制定促进消费和产业"双升级"、缓解供需结构性过剩和短缺并存的矛盾，以及促进经济高质量发展的政策具有重要启发意义。

第十一章

消费和产业"双升级"协同驱动经济高质量发展实证分析
——系统动力学仿真方法

消费和产业"双升级"驱动经济高质量发展问题具有复杂的、多维的和动态的特征，本章利用系统动力学模型进行进一步的实证研究。研究结果发现：首先，消费和产业"双升级"互动具有多条路径且呈现非对称、非线性的关系。其次，消费和产业"双升级"驱动经济高质量发展的作用是多重机制路径共同影响形成的。最后，多重机制路径中涉及的关键要素具有动态特征，呈现不断变化的趋势。本书采取系统动力学模型就消费和产业"双升级"驱动经济高质量发展进行分析，从而更加科学地展现出系统内部的多重反馈回路并模拟出系统的动态变化趋势，以弥补前文计量方法的不足。

第一节 系统动力学理论

一 系统动力学概述

考虑到消费和产业"双升级"对经济高质量发展影响问题的复杂性和动态性，本章采用系统动力学（system dynamics）方法对其进行研究。系统动力学方法最早是由美国麻省理工学院的福瑞斯特（J. W. Forrester）教授提出的一门分析信息反馈系统、解决系统问题的交叉性、综合性学科。系统动力学学科性质表明，一方面，系统动力学的主要目标是分析系统的内部结构与变量之间的互动关系。另一方面，系统动力学可以与其他学科融合，共同解决实际问题。系统动力学具备丰富的理论基础，包括反馈控制、系统分析、计算机模拟等，运用系统性思维的方式对复杂的问题进行分析与模拟，展现出复杂系统的内在特征以及动态演变规律。系统动力学的研究方法具有以下特征。

第一，系统动力学模型具备综合性、动态性、反馈性的特点，特别适用于解决复杂、动态、非线性的系统问题。一方面，系统动力学模型对模型变量的数量以及性质都没有要求，这表明系统动力学模型能够同时容纳多个关键变量，极大程度还原真实系统的全貌。另一方面，系统动力学模型可以展现结构、功能与行为间的动态关系，直观反映系统内部的反馈机制。因此，系统动力学模型适用于研究消费和产业"双升级"驱动经济高质量发展这样复杂的、动态的大系统问题。

第二，系统动力学采取定量与定性相结合的研究方法，可以对研究对象进行多维分析。一方面，系统动力学可以遵循现实系统发展的规律，合理地构建出反映系统内部反馈结构的因果关系图；另一方面，系统动力学可以结合数据及一些计量方法对模型进行模拟仿真，展现整个系统的动态演变过程。

第三，系统动力学具备一定的预测功能，为政策建议提供基础。系统动力学模型可以通过计算机模拟仿真出不同政策情景下系统的演变规律，归纳出最合适的政策组合，从而提出更为精准的政策建议。系统动力学模型可以模拟消费升级和产业升级的不同变动组合对经济高质量发展的影响情况，从而为政策的制定提供决策依据。

本章所研究的消费和产业"双升级"驱动经济高质量发展的问题正是一个涉及多个维度、多重机制的复杂的、动态的大系统，需要借助系统动力学的方法更为综合全面地展现出经济系统内部的反馈机制与互动的动态关系。因此，下文采用系统动力学的方法进行进一步研究。

二 系统动力学建模原则、步骤与适用性

（一）系统动力学建模原则

系统动力学建模是一个非常复杂的过程，必须明确系统内部各部分之间存在的矛盾、相互制约关系与作用以及产生的结果和影响。因此，建立系统动力学模型必须遵循以下原则（王其藩，2009）。

第一，目的原则。在建模之前必须确定一个清晰的目标，系统动力学建模集中于问题与矛盾，是为了研究和解决问题进而建立模型，而不是为了系统本身而建模。例如，在本章中，我们集中研究消费升级与产业升级的互动循环，以及"双升级"互动对经济高质量发展的作用机制。

第二，就简原则。由于知识与思维的局限性，模型构建必定存在不足与遗漏，因此在建模过程中需要尽可能地缩小模型的边界，将关注点集中于核心问题，而将相对不重要的因素忽略。例如，在本章研究中，我们构建的消费和产业"双升级"驱动经济高质量发展的模型只需要根据上文阐述的理论机制构建技术激励效应、收入增长效应、要素配置效应等几条关键路径，不需要把其他可能对经济高质量发展有影响但不符合"双升级"互动的因素包括在模型中。

第三，有效原则。在简化模型的同时必须关注模型的有效性问题。系统动力学建模既要明确系统的边界，又要考虑到模型的置信度问题，还要求系统内部的要素能够形成有效的系统问题、系统行为。也就是说，在简化消费和产业"双升级"驱动经济高质量发展的模型时，要保证系统的科学性与合理性，模型中的关键要素需要正确地描绘出消费升级与产业升级互动的反馈回路，模型模拟的行为方式要与现实经济运行的轨迹趋于一致。

(二) 系统动力学建模步骤

一般而言，系统动力学建模主要分为以下五个步骤（王其藩，2009），如图11.1所示。

第一步，系统分析。收集建立该系统所需的相关资料与数据，明晰系统要解决的问题、划分系统的边界，并确定内生变量、外生变量以及输入量。

第二步，系统的结构分析。分析系统总体与局部的反馈机制、变量与变量之间的关系，并确定回路与回路的反馈耦合关系及其性质。

第三步，建立定量的规范模型。确定模型中的状态变量、速率变量、辅助变量并建立各个变量之间的数量关系。

第四步，模型模拟与政策分析。结合系统动力学理论以及实际情况，模拟不同政策组合下模型的变动情况，从而获得丰富的信息，以此

第十一章 消费和产业"双升级"协同驱动经济高质量发展实证分析

为基础进一步修改、完善模型。

第五步，模型的检验与评估。利用系统动力学方法对模型进行检验，验证模型是否与真实系统一致。

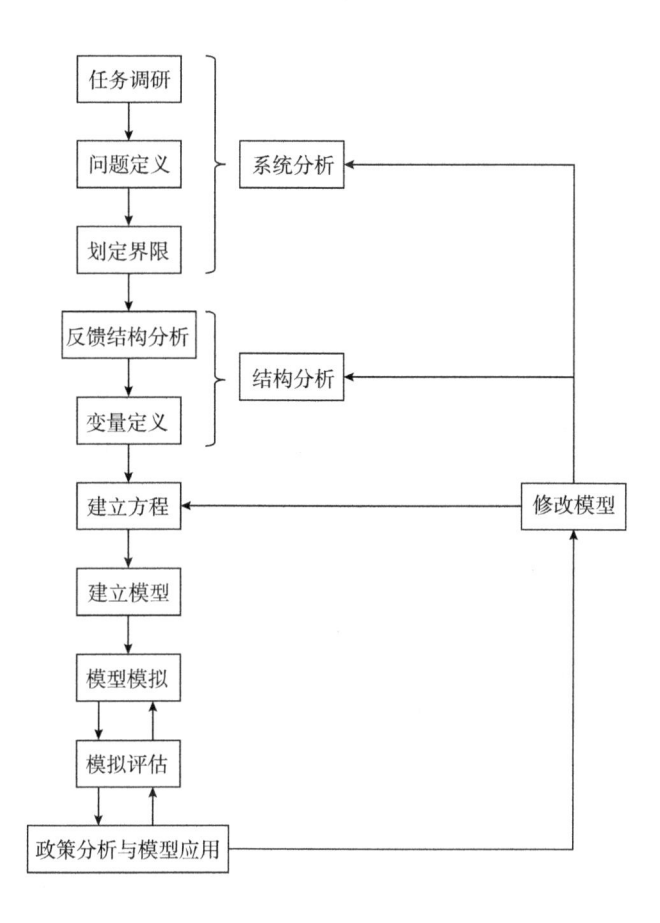

图 11.1 系统动力学建模流程

（三）系统动力学模型对本问题的适用性分析

系统动力学模型的综合性、复杂性、非线性等优势和特征，适用于消费和产业"双升级"驱动经济高质量发展的问题的研究。具体而言：

第一，系统动力学模型已经成功地应用于多个相关的社会经济领域问题的研究，为研究消费和产业"双升级"驱动经济高质量发展的问题提供了经验借鉴。例如：杨亚东等（2020）利用系统动力学对乡村优势特色产业发展动力机制作出分析；杜志平等（2020）采用系统动力学方法研究了跨境电商物流联盟多方博弈行为；李涛等（2022）采用系统动力学方法，设置情景模拟新冠疫情对北京经济发展的影响。已有相关文献说明了系统动力学模型可用于经济问题的分析。而本章所研究的消费升级、产业升级以及经济高质量发展属于经济社会发展的重要问题，采取系统动力学的方法进行研究具有可行性与合理性。

第二，系统动力学模型能够描绘系统内部的反馈结构，对呈现消费和产业"双升级"的互动路径以及"双升级"互动驱动经济高质量发展作用机制而言有一定的优势。消费和产业"双升级"驱动经济高质量发展是一个涵盖许多影响因素的复杂系统性问题，研究过程中不仅要验证消费升级和产业升级之间的互动机制，还需要深入研究二者互动协同驱动经济高质量发展的作用机制，模拟出其逻辑关系与互动路径。因此，一般的计量模型可能很难将内部的交互关系全面地呈现出来。而系统动力学模型具有系统性、反馈性的特点，在复杂系统关系的量化与系统结构分析方面具有独特的优势（Rahmandad，2015），模型能够直观地描绘出系统内部各个变量之间的交互关系与反馈机制，从而能够科学、合理地构造出复杂的经济系统。因此，系统动力学模型对于研究消费和产业"双升级"驱动经济高质量发展机制的反馈回路与动态交互关系具有独特的优势。

第三，系统动力学模型具有更高的数据包容性，对于处理数据不完整的系统方面具有其自身的优势（牟新娣等，2020）。消费和产业"双升级"驱动经济高质量发展作为一个复杂的、综合的非线性系统，涉及了大量相关的经济变量，并对变量的数据长度与数据类型有很高的要求。但是，有些经济指标存在无法精准度量或者某些数据缺失的问题，如果采用一般的经济计量模型可能会影响模型精度以及稳健性。而系统动力学模型不仅能够对模型进行定量分析，还能对模型进行定性分析，即使是在部分数据缺失的情况下也能够较为合理地进行模型构建与模拟仿真。因此，采用系统动力学模型分析消费和产业"双升级"驱动经济高质量发展的问题在数据方面也具有一定的优势。

第二节 消费和产业"双升级"驱动经济高质量发展的系统动力学模型构建

本节在前文对消费和产业"双升级"互动路径分析以及"双升级"驱动经济高质量发展的动力机制研究的基础上,遵循系统动力学建模原理构建消费和产业"双升级"驱动经济高质量发展的系统动力学模型。该模型的重点研究对象为消费和产业"双升级"互动路径以及"双升级"驱动经济高质量发展的机制。

一 消费和产业"双升级"驱动经济高质量发展系统的建模目的

本章构建消费和产业"双升级"驱动经济高质量发展系统动力学模型的目的如下:一是从总体上验证消费和产业"双升级"互动,以及"双升级"驱动经济高质量发展的存在性。其主要包括:验证消费升级与产业升级存在双向互动,消费升级促进经济高质量发展,产业升级促进经济高质量发展,以及消费升级与产业升级互动产生合力协同促进经济高质量发展。二是准确识别消费和产业"双升级"的内部互动机制,分析影响消费和产业"双升级"互动的关键要素。准确识别消费升级、产业升级推动经济高质量发展的动力机制,分析畅通国内经济循环的关键路径。三是利用系统动力学模型进行模拟与仿真,提出畅通消费和产业"双升级"互动路径以驱动经济高质量发展的政策建议。

二 消费和产业"双升级"驱动经济高质量发展系统的边界

一般而言,系统是由单元、单元的运动以及信息组成的,系统的结构是由各个单元有机组合而成的,各单元的运动共同形成系统统一的行为与功能。因此,系统动力学模型需要根据研究系统的范围来确定所必须包括的单元,即需要明确系统的边界,规定哪一部分应该划入模型。

本书研究的系统边界是消费和产业"双升级"互动以及"双升级"驱动经济高质量发展的过程。其中,消费升级通过需求收入弹性效应、要素配置效应和技术激励效应赋能产业升级,产业升级通过创新引领效应、收入增长效应推动消费升级。消费和产业"双升级"内部互动形成合力,通过经济增长动力转换机制、经济系统协调稳定机制、绿色生态优先机制、内外开放联动机制以及收入分配公平共享机制驱动经济高质量发展。

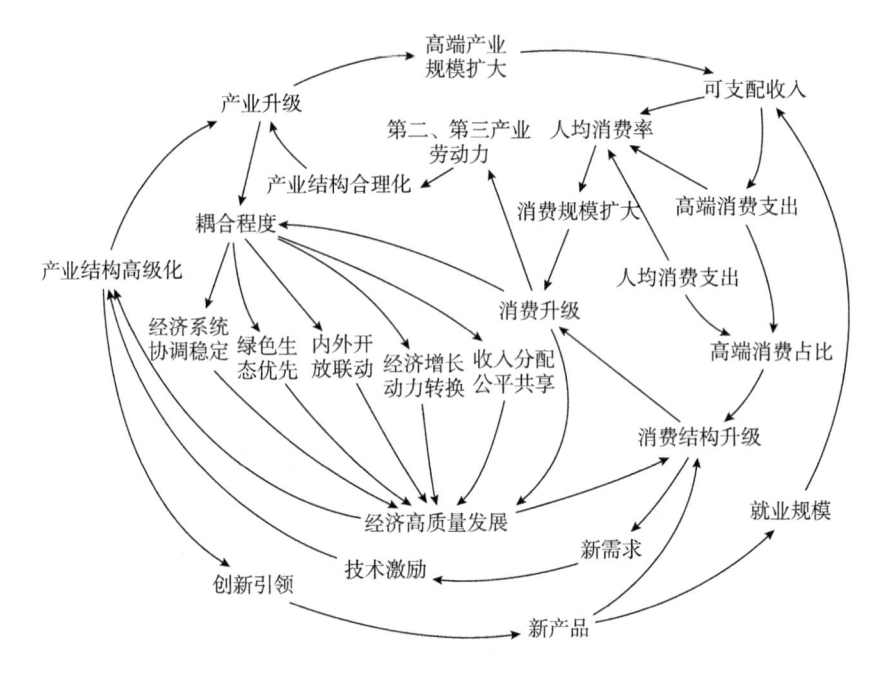

三 消费和产业"双升级"驱动经济高质量发展系统的因果关系

在系统动力学中，因果关系图主要是用于描绘各个影响因素之间相互关系的工具，它能够直观地描绘系统内部变量之间的因果关系，再现真实的系统结构，展现出与现实经济运行趋势一致的行为方式。同时，由于因果关系图模拟了真实经济运行的逻辑关系，可以对系统内部的反馈机制做出定性分析。基于前文对消费和产业"双升级"驱动经济高质量发展的分析与研究，本节在综合分析影响消费和产业"双升级"互动机制以及"双升级"驱动经济高质量发展的影响因素的基础上，运用 Vensim 软件对消费和产业"双升级"以及"双升级"驱动经济高质量发展的机制做出简单、直观的描述，如图 11.2 所示。

图 11.2 消费和产业"双升级"驱动经济高质量发展系统的因果关系

上述因果关系图反映了消费和产业"双升级"驱动经济高质量发展的循环过程，消费升级与产业升级互动以及"双升级"驱动经济高质量发展具有多重路径，其关键要素也存在多重交互关系。但是，本节主要根据上文的理论机制对其中关键的反馈回路进行分析，从消费升级促进产业升级的作用路径、产业升级促进消费升级的作用路径以及消费和产业"双升级"合力协同驱动经济高质量发展三大方面分析关键要素的交互关系。具体涉及消费升级对产业升级影响的需求收入弹性效应、技术激励效应、要素配置效应，以及产业升级对消费升级影响的收入增长效应、创新引领效应等反馈回路，具体如下。

（一）消费升级促进产业升级的反馈回路

1. 反馈回路一：要素配置效应

具体的反馈回路如下：消费升级→第二、第三产业劳动力→产业结构合理化→产业升级→高端产业规模扩大→可支配收入→消费升级。

此反馈回路为正反馈回路，描绘了消费升级通过要素配置效应带动产业升级的循环路径。消费升级下市场需求结构变化引起生产要素的重新流动，劳动力要素由生产率低的产业向生产率高的产业流动。劳动力资源在产业间的再配置优化了产业结构，提高了产业结构的合理化程度，从而完成消费升级对产业升级的促进作用。在新一轮的产业升级中，劳动力要素更多地集中于高端产业，增加了高端产业的投入水平，从而扩大高端产业的生产规模。高端产业规模的扩大带来了产业结构升级。而产业升级提高了国民的收入水平以及消费能力，进而推动新一轮的消费升级。由此，形成了消费升级—要素配置效应—产业升级—消费升级的经济循环。

因此，该反馈回路得以证实，则说明：①消费升级可以通过要素配置效应提高产业结构合理化程度，从而推动产业升级。②产业升级下的高端产业规模扩大，通过收入增长效应刺激需求端完成新一轮的消费升级。

2. 反馈回路二：需求收入弹性效应

具体的反馈回路如下：可支配收入→高端消费支出→高端消费占比→消费结构升级→消费升级→经济高质量发展→产业升级→高端产业规模扩大→可支配收入。

反馈回路二为正反馈回路，描绘了消费升级发挥需求收入弹性效应引导产业升级的路径。根据需求收入弹性效应，收入提高会增加居民对发展型、享受型消费品的需求，提高居民对高端产品消费的支出比重，从而引导消费结构升级。消费结构升级推动了经济高质量发展，同时在市场上释放生产信号，引导生产端适应性升级，从而引发产业结构性优化调整。在新一轮的产业升级下，高端产业规模不断扩大，再一次引发需求端的结构升级。由此，形成消费升级—需求收入弹性效应—产业升级—消费升级的良性互动循环。

可见，如果该反馈回路得以证实，则可以说明以下机制的存在：①消费升级通过需求收入弹性效应对产业升级发挥促进作用。②消费升级与产业升级互动循环形成合力驱动经济高质量发展。

3. 反馈回路三：技术激励效应

具体的反馈回路如下：消费结构升级→新需求→技术激励→产业结构高级化→产业升级→可支配收入→消费结构升级。

此反馈回路为正反馈回路，描绘消费升级发挥技术激励效应推动产业升级的作用路径。消费升级中的消费结构升级催生了新需求的涌现，需求结构转变升级刺激产业端主动提高技术进步水平，不断优化升级产品结构，从而更好地满足市场需求。在新需求刺激新技术的过程中，产业结构向高级化方向演变，形成了消费升级对产业升级的技术激励效应。在此基础上，产业升级发挥收入增长效应对消费规模以及消费结构的正向反馈机制，再一次推动消费升级，从而完成消费升级—技术激励效应—产业升级—消费升级的经济循环。

因此，该循环回路若得以证实，则说明：①消费升级通过技术激励效应刺激产业内技术进步，推动产业结构向高级化升级，进一步推动产业升级。②产业升级通过收入增长效应推动消费升级，形成消费升级与产业升级的双向互动路径。

（二）产业升级促进消费升级的反馈回路

反馈回路四：收入增长效应

具体的反馈回路四为：产业升级→高端产业规模扩大→可支配收入→人均消费率→消费规模扩大→消费升级→经济高质量发展→产业升级。

反馈回路四是正反馈回路，描绘了产业升级通过收入增长效应促进消费升级并带动经济质量提升的路径。产业升级带来了产业规模的扩张，并带动了整个国内生产总值的提升，居民整体的收入水平因此而提升。在收入增长效应的作用下，居民消费能力与消费需求规模得到提高，由此实现了居民消费在数量和规模上的升级，从而带来消费升级。进一步地，在需求端居民消费升级的引导下，经济质量进一步提升，并再一次促进产业升级，从而完成整个国民经济的循环。

因此，该反馈回路得以证实，则说明：①产业升级可以发挥收入增长效应促进消费升级。②产业升级—收入增长—消费升级—产业升级的循环回路对经济质量产生正向溢出效应，推动经济高质量发展。

反馈回路五：创新引领效应

产业结构高级化→创新引领→新产品→消费结构升级→消费升级→耦合程度→经济高质量发展→产业结构高级化。

反馈回路五是正反馈回路，描绘了产业升级通过创新引领效应推动消费升级的动态过程。产业升级下产业结构高级化提高了产业内部技术进步水平与自主创新能力，供给端自发形成的技术革新优化了产品结构体系，为消费市场带来了大量新产品，进而直接引导消费结构升级。在此基础上，需求端进行了新一轮的消费升级，进一步提高了与产业升级之间的耦合程度，并对经济高质量发展产生积极作用。经济高质量发展又为新一轮的产业升级营造了更有利的宏观环境，刺激了新一轮的产业升级，从而完成产业升级—创新引领—消费升级—产业升级的经济循环。

因此，该反馈回路得以证实，则说明：①产业升级可通过创新引领效应促进消费升级。②产业升级与消费升级互动形成合力推动经济高质量发展。

（三）消费和产业"双升级"合力协同驱动经济高质量发展

反馈回路六：消费升级与产业升级互动形成合力，通过五大机制协同驱动经济高质量发展

反馈回路六：消费升级/产业升级→耦合程度→经济增长动力转换/经济系统协调稳定/绿色生态优先/内外开放联动/收入分配公平共享→经济高质量发展→消费升级/产业升级。

反馈回路六是正反馈回路，前五条反馈回路阐述了消费升级与产业升级互动循环的过程，此回路重点突出"双升级"形成合力协同驱动

经济高质量发展的动态路径。消费升级与产业升级互动提高了两者的耦合程度，增强了供需两端动态平衡的能力，为经济高质量发展提供更为强劲的动力。在有效匹配的基础上，消费升级与产业升级合力通过增长动力转换、系统协调稳定、绿色生态优先、内外开放联动、收入分配公平共享五大机制的共同作用促进经济高质量发展。在经济高质量发展的背景下，经济发展的宏观环境转变，引导消费升级与产业升级不断深化，形成"双升级"与经济高质量发展的有效互动，从而畅通整个经济大循环。

因此，该反馈回路得以证实，则说明：①消费升级与产业升级形成合力推动经济高质量发展。②经济高质量发展下宏观环境的变动引发新一轮的消费升级与产业升级，并进一步畅通经济大循环。

四 消费和产业"双升级"驱动经济高质量发展系统的流量存量

消费和产业"双升级"驱动经济高质量发展的因果关系图直观地展现了整个系统的逻辑关系与反馈路径，对于我们理解其中的互动路径与机制奠定了初步的基础。但是，因果关系只能展现系统动力学的逻辑思维，不能表示不同性质的变量的区别以及各个变量之间的数量关系。而流量存量图可以在此基础上进一步展现出系统中不同性质变量的区别，从而刻画出消费和产业"双升级"驱动经济高质量发展系统的内部反馈机制与动态演变过程。

为此，本章将消费规模扩大、消费结构升级、人均消费支出、产业结构合理化、产业结构高级化、第二产业劳动业和第三产业劳动力等作为水平变量，将增长动力转换、绿色生态优先、系统协调稳定、收入分配公平共享、内外开放联动、耦合程度、新产品、新需求、高端消费支出、人均可支配收入、教育支出占比等作为辅助变量。在因果关系图的基础上，根据消费和产业"双升级"驱动经济高质量发展的作用机制及各变量的实际运动情况，按照系统动力学的建模原理，构建消费和产业"双升级"驱动经济高质量发展系统的流量存量，如图11.3 所示。

第十一章 | 消费和产业"双升级"协同驱动经济高质量发展实证分析

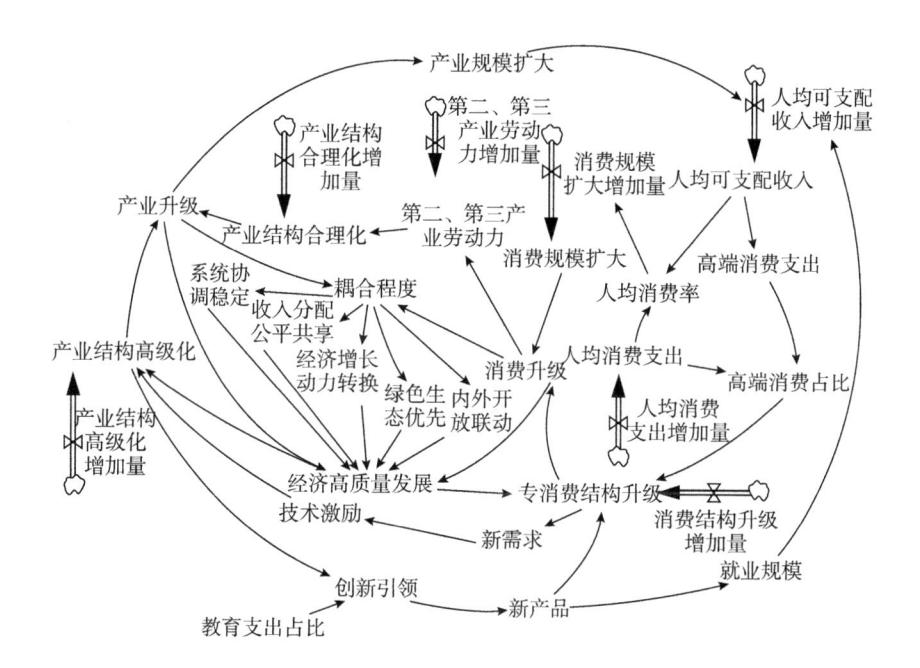

图 11.3　消费和产业"双升级"驱动经济高质量发展系统的流量存量

（一）模型主要的变量方程

在建立消费和产业"双升级"驱动经济高质量发展系统的流量存量图之后，需要对模型中的关键变量进行设置，从而完成对模型的定量分析。具体公式如表 11.1 所示。

表 11.1　消费和产业"双升级"驱动经济高质量发展系统模型变量设置

变量名称	变量类型	表达式
消费升级	辅助变量	1/2×消费规模扩大+1/2×消费结构升级
消费规模扩大	水平变量	INTEG（消费规模扩大增加，0.3）
消费结构升级	水平变量	INTEG（消费结构升级增加量×经质量×5×新产品×10，0.382）
产业升级	辅助变量	1/2×产业合理化+1/2×产业高级化
产业结构合理化	水平变量	INTEG（产业合理化增加量×第二、第三产业劳动力，0.6314）
产业结构高级化	水平变量	INTEG（产业高级化增加量×经济质量×技术激励×2，0.396）
耦合程度	辅助变量	2×产业升级$^{1/2}$×消费升级$^{1/2}$/（产业升级+消费升级）

续表

变量名称	变量类型	表达式
经济质量	辅助变量	1/5×(内外开放联动+经济增长动力转换+收入分配公平共享+经济系统协调稳定+绿色生态优先)×(消费升级+产业升级)

(二) 参数设定

系统中涉及的所有变量的原始数据均来自国家统计局。其中，特别对消费升级、产业升级两个关键指标做出详细说明。

根据前文的定义，本节将消费升级分为消费规模扩大与消费结构升级两个方面。其中，消费规模扩大采用人均消费率来表示，而消费结构升级采用发展享受型消费占比来表示。具体公式如下：

消费规模扩大：$C_r = perSpend/perGDP$ （11.1）

消费结构升级：$CSU = DEC_t/C_t$ （11.2）

式中，C 为人均消费支出；DEC 为人均发展享受型消费支出。

本节延续上文对产业升级的定义，将产业升级分为产业结构合理化与产业结构高级化两个部分，具体公式如下：

产业结构高级化：$SH = \frac{1}{6}\sum_{i}^{3}\frac{Y_i}{Y} \times i = \frac{1}{6} \times \frac{Y_1}{Y} + \frac{2}{6} \times \frac{Y_2}{Y} + \frac{3}{6} \times \frac{Y_3}{Y}$ （11.3）

产业结构合理化：$SR = 1 - \sum_{i}^{n}\left(\frac{Y_i}{Y}\right)\left|\frac{Y_i}{L_i}\bigg/\frac{Y}{L} - 1\right|$ （11.4）

式中，Y 为产值；L 为就业人数；i 为产业；n 为产业部门数。

第三节 消费和产业"双升级"驱动经济高质量发展的系统动力学模型仿真及分析

一 消费和产业"双升级"驱动经济高质量发展系统动力学模型的有效性分析

上文根据系统动力学理论以及消费和产业"双升级"驱动经济高质量发展的理论机制构建了系统动力学模型，本节的任务是对模型进行有效性检验，从而评估模型的运行逻辑是否与真实的经济运行保持一致。根据建模的目标，有效性检验的重点在于判断消费升级推动经济高质量发展、产业升级促进经济高质量发展以及消费升级与产业升级互动形成合力驱动经济高质量发展三条路径是否存在，以及判断消费和产业"双升级"的内部互动路径是否符合逻辑。有效性检验主要通过直观检验以及历史检验两种方式进行。

（一）直观检验

直观检验主要是检验模型结构是否与实际系统一致，以及模型中的速率变量、状态变量与反馈结构是否合理地模拟了实际系统的主要特性。从上文构建的因果关系图与流量存量图可知，本章构建的消费和产业"双升级"驱动经济高质量发展的系统动力学模型与实际系统较为一致，其中涉及的相关变量以及反馈回路较为合理。另外，通过系统动力学软件自带的检测功能进行检测，检测结果显示模型运行也未出现错误。因此，由直观检验可以得出本章构建的消费和产业"双升级"驱动经济高质量发展的模型系统是合理的、有效的，即消费升级、产业升级，以及消费和产业"双升级"的合力均能作用于经济高质量发展。同时，本章所构建的反馈循环路径能够较为合理地刻画供需两端的消费升级和产业升级共同发力以畅通国内经济循环、推动经济高质量发展的动态路径。因此，本章构建的系统动力学模型通过直观检验，初步验证了该模型的有效性。

（二）历史检验

在直观检验的基础上，本章将历史数据与拟合数据作对比，从历史检验结果进一步验证模型的有效性。根据"十四五"规划，中国将于2035年基本实现社会主义现代化。因此，本章选取2013—2035年作为仿真区间，仿真步长为1年，将2013—2020年的历史数据作为模型历史检验的基础。本章选取消费升级、产业升级作为系统的检验变量，将模型拟合数据与历史数据进行比较，以检验模型的有效性。

消费升级、产业升级的历史检验的有效性判断重点在于观测消费升级、产业升级的历史值与拟合值是否一致，或者计算其相对误差。一方面，从直观的数据分析消费升级和产业升级的拟合情况，以此精准地判断模型的有效性（表11.2、表11.3）。分别对比消费升级和产业升级的历史数据与拟合数据发现，产业升级的误差皆在3%之内，误差在允许范围内。然而，消费升级的拟合值与历史值之间存在一定的差异。在2019年之前，消费升级的拟合值与历史值之间的误差在3%之内；而2020年误差呈现出较大波动，达到7.11%。2020年消费升级的预测值与历史值的较大偏差主要是由突发的新冠疫情的负向冲击造成的。因此，从数据差异来看，初步判断产业升级的指标预测较为精准；除了2020年新冠疫情对消费的外生冲击外，消费升级指标的预测也较为精准。因此，从历史检验结果来看，建立的模型是有效的。

表 11.2　消费升级历史检验的历史数据和拟合数据对比

年份	历史数据	拟合数据	误差绝对值（%）
2013	0.3436	0.3410	0.76
2014	0.3510	0.3453	1.62
2015	0.3583	0.3495	2.46
2016	0.3639	0.3537	2.86
2017	0.3612	0.3578	1.02
2018	0.3602	0.3620	0.33
2019	0.3645	0.3661	0.22
2020	0.3447	0.3704	7.11

资料来源：笔者根据国家统计局数据和模型计算而得；下同。

表 11.3　产业升级历史检验的历史数据和拟合数据对比

年份	历史数据	拟合数据	误差绝对值（%）
2013	0.5140	0.5137	0.00
2014	0.5310	0.5231	1.49
2015	0.5446	0.5327	2.19
2016	0.5506	0.5426	1.49
2017	0.5521	0.5527	0.05
2018	0.5570	0.5630	0.99
2019	0.5679	0.5736	0.86
2020	0.5808	0.5844	0.43

另一方面，我们再利用图形观测消费升级和产业升级的历史值与拟合值的变化趋势，从动态变化趋势判断消费升级和产业升级指标拟合数值与实际数值是否具有一致性（图 11.4、图 11.5）。在产业升级方面，产业升级指标的历史值与拟合值都呈现出不断上升的变化趋势，且两者的差距较小。由此可以推断，本章构造的系统动力学模型能够较为科学、有效地模拟产业升级变化的趋势。在消费升级方面，2020 年前的消费升级指标的拟合值和历史值呈现较为一致的变动态势，而在 2020 年存在一定的背离现象，也就意味着系统动力学模型较好地反映了消费升级前期的变化趋势。

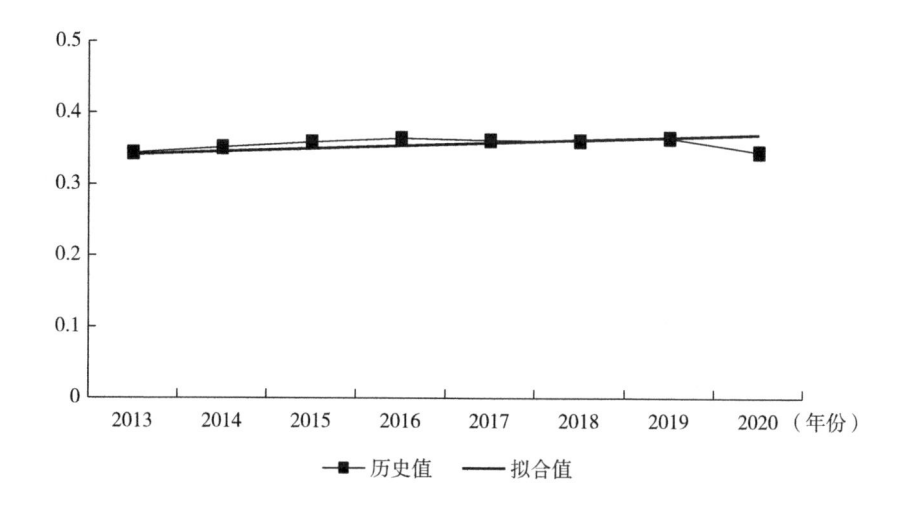

图 11.4 消费升级的历史检验

我们进一步分析 2020 年消费升级指标拟合值与历史值出现背离的原因。在 2020 年之前，消费升级指标的拟合值与历史值的拟合程度较好，且都呈现出相似变动的趋势，两者之间的较大差距主要发生在 2020 年之后。也就是说，本章构造的消费升级指标并未完全违背现实经济的运行逻辑与趋势，消费升级模拟的拟合值与历史值突然存在较大的差距很有可能是由不可预料的外在冲击造成的。而现实情况确实与猜测的结果一致，在 2020 年突如其来的新冠疫情冲击下，中国消费支出同比下降 1.6%，阻碍了消费规模扩大以及消费结构升级，造成消费升

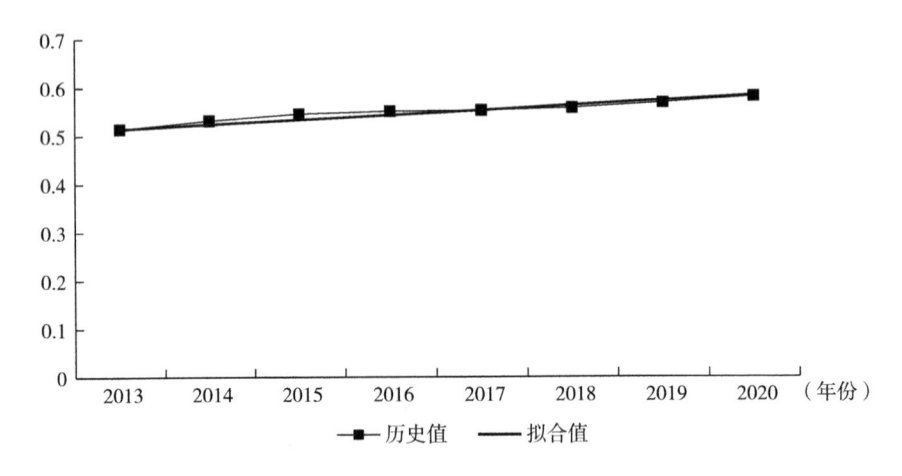

图 11.5　产业升级的历史检验

级指标的突然下降。然而，任何模型只是基于现实经济正常运行逻辑而建立的，只能描绘出正常状态下可能的演化趋势。因此，突如其来的外生冲击造成消费升级指标的拟合值与历史值的偶尔偏离是可以理解的，并不能说明所建立的模型存在逻辑问题或有效性偏差。因此，本章构建的系统动力学模型的结果是较为可靠的和有效的，可以较为真实地描绘中国消费和产业"双升级"驱动经济高质量发展的动态路径。

二　消费和产业"双升级"驱动经济高质量发展系统动力学模型的结果分析

（一）消费升级与产业升级互动的模拟结果分析

研究消费和产业"双升级"驱动经济高质量发展的问题，首先需要证明消费升级与产业升级之间存在双向互动、相互促进的作用。图 11.6（a）以解释变量产业升级为横坐标、被解释变量消费升级为纵坐标来描绘两者的交互关系，消费升级随产业升级水平的提升而提升。同样，以解释变量消费升级为横坐标，被解释变量产业升级为纵坐标来展现两者的反馈关系［图 11.6（b）］，产业升级同样随着消费升级水平的提高而不断升级。由此可以推断，消费升级与产业升级之间确实存在双向互动、相互促进的关系，具备畅通经济循环以及促进经济高质量发展的基础。

第十一章 | 消费和产业"双升级"协同驱动经济高质量发展实证分析

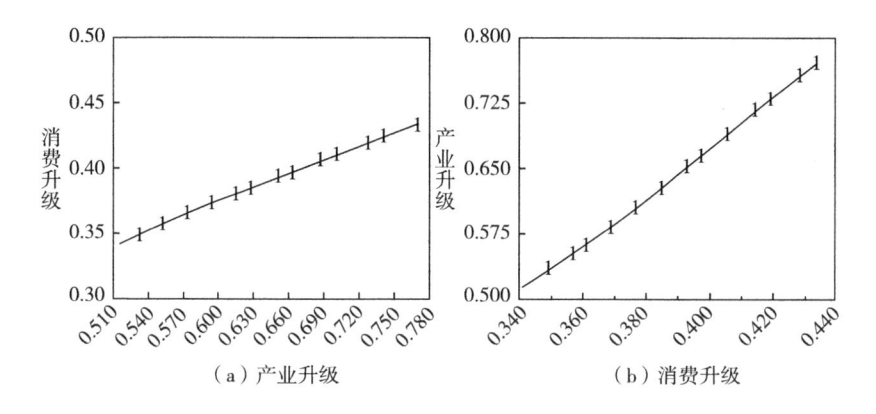

图 11.6 消费升级与产业升级互动

尽管消费升级与产业升级之间存在相互促进的关系，两者的升级程度与升级速度却有所差异（图 11.7）。在升级程度方面，模拟仿真期间内的产业升级程度始终低于消费升级程度。其结果表明，当前阶段中国的产业升级程度低于消费升级程度，中国供给端存在"低端过剩、高端不足"的结构性问题，需要更加重视供给体系的调整与变革以适应消费升级的变化趋势。这也与中国产业体系产能过剩、消费外流等现实经济状况相一致。在升级速度方面，产业升级速度明显高于消费升级速度，有利于两者的进一步耦合协调互动。其原因可能在于：一方面，中国实行"供给侧"结构性改革，加快了产业升级的速度。另一方面，中国产业升级程度较低，改革的边际效益更大，进一步加速了产业升级。

（二）消费升级和产业升级促进经济高质量发展的模拟结果分析

在证实消费升级与产业升级存在双向互促作用的基础上，进一步证明消费和产业"双升级"驱动经济高质量发展。

第一，分析消费升级与产业升级分别直接推动经济高质量发展的作用。经济高质量发展水平是消费升级和产业升级的增函数，经济高质量发展水平随着消费升级程度的提升而不断提高［图 11.8（a）］；同样地，经济高质量发展水平也随着产业升级程度的提升而提高［图 11.8（b）］。由此可知，消费升级与产业升级都可以直接作用于经济高质量发展，并对经济高质量发展产生积极影响。

251

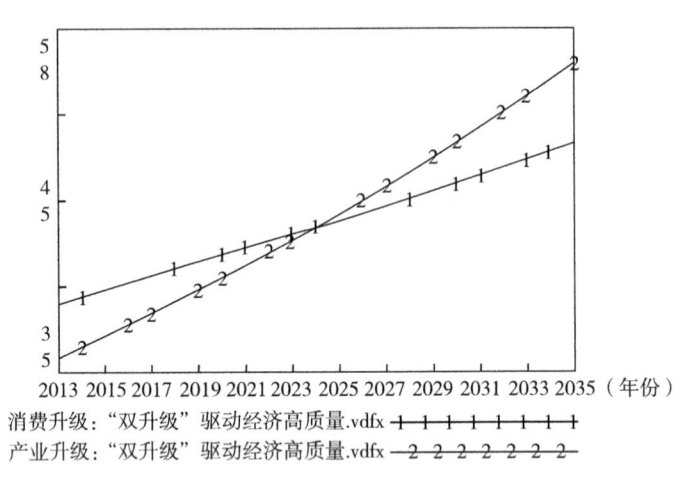

图 11.7　消费升级与产业升级的对比

(a) 消费升级促进经济高质量发展

(b) 产业升级促进经济高质量发展

(c) "双升级"合力促进经济高质量发展

(d) 消费升级与产业升级促进经济高质量发展对比

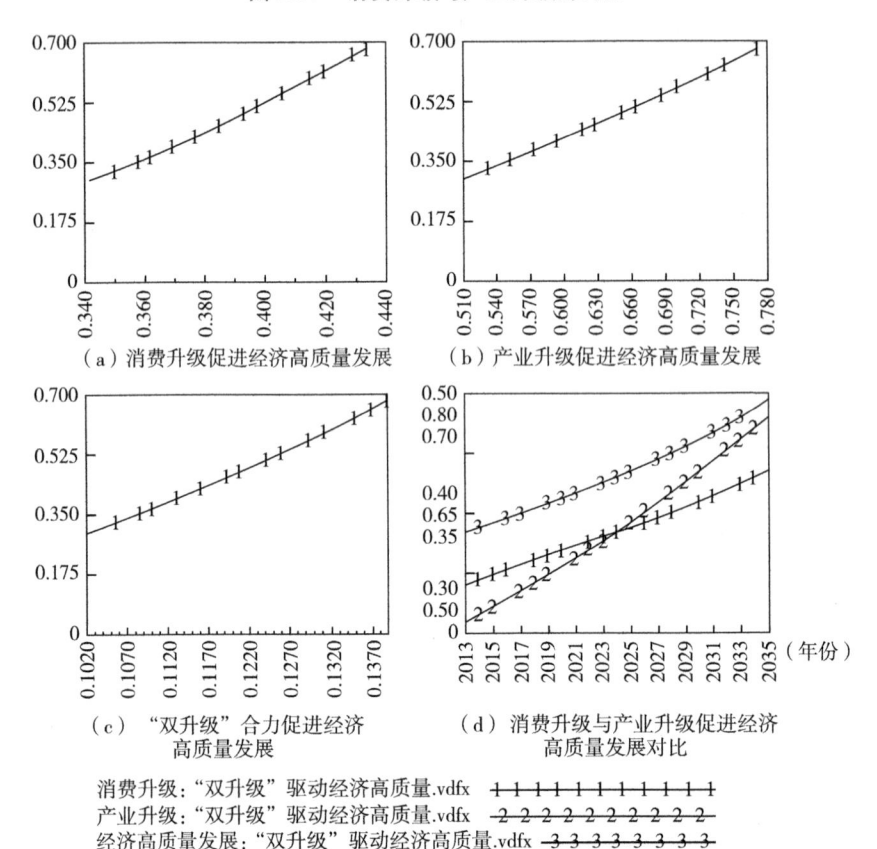

图 11.8　消费升级与产业升级驱动经济高质量发展

第十一章 | 消费和产业"双升级"协同驱动经济高质量发展实证分析

第二，研究消费升级与产业升级形成合力协同促进经济高质量发展的情况。如图 11.8（c）所示，随着消费升级与产业升级耦合程度的提升，即两者的合力不断增强，经济高质量发展水平进一步提高。这说明消费升级和产业升级之间互相引导、互相促进，在相互作用中不断提高两者之间的耦合匹配程度从而形成合力驱动经济高质量发展。

第三，进一步比较消费升级与产业升级对经济高质量发展的作用效果。如图 11.8（d）所示，曲线 1 表示消费升级，曲线 2 表示产业升级，曲线 3 表示经济高质量发展。在仿真区间前期（2013—2024 年），消费升级的曲线始终位于产业升级曲线之上，也就是说消费升级对经济高质量发展的促进作用更为显著。其原因可能是前期中国经济发展更注重"量"的积累与产业"规模"的扩大，而"质"的变革进展相对缓慢，从而致使供给端产生低端过剩与高端不足共存的结构性问题，在一定程度上制约了产业升级对经济高质量发展作用的发挥。但在仿真区间后期（2025 年后），产业升级曲线位于消费升级曲线之上，产业升级曲线的斜率高于消费升级曲线的斜率，其结果表明产业升级速度将快于消费升级，在产业端结构性调整之后会对经济高质量发展贡献更大的力量。

（三）消费和产业"双升级"合力通过五大作用机制驱动经济高质量发展的模拟结果分析

前文已经证实了消费和产业"双升级"形成合力能推动经济高质量发展，本节进一步分析消费和产业"双升级"合力通过增长动力转换、经济系统协调稳定、绿色生态优先、内外开放联动、收入分配公平共享五大机制对经济高质量发展的影响。

总体上看，消费和产业"双升级"通过五大机制都能对经济高质量发展产生正向促进作用。如图 11.9 所示，曲线 1 表示增长动力转换机制，曲线 2 表示内外开放联动机制，曲线 3 表示收入分配公平共享机制，曲线 4 表示系统协调稳定机制，曲线 5 表示绿色生态优先机制，曲线 6 表示经济高质量发展。由该图可知，五大机制的作用均呈现持续上升的趋势，并推动经济高质量发展。但是，五大作用机制对经济高质量发展的作用程度并不相同。具体如下。

第一，消费和产业"双升级"通过内外开放联动机制对经济高质量发展的促进作用最明显。这与改革开放以来中国较好地利用国内、国

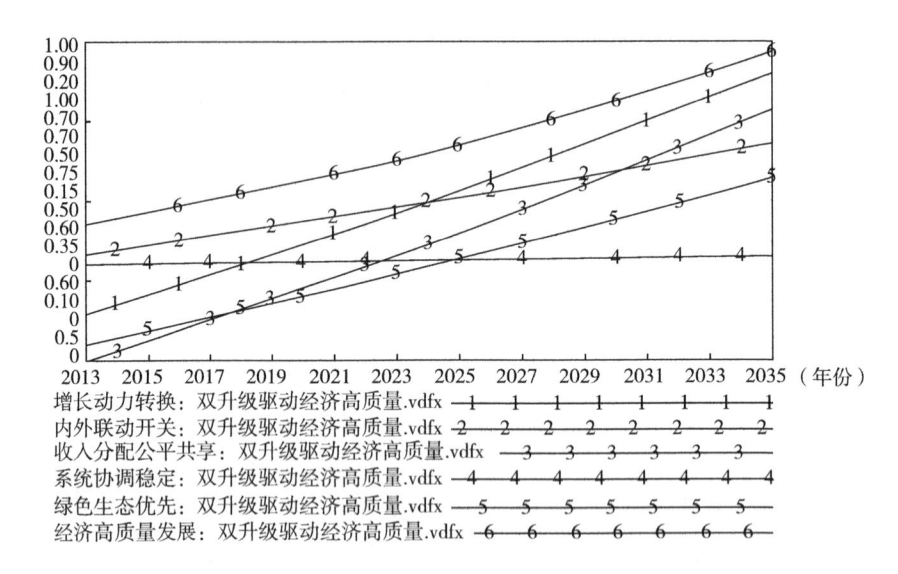

![图11.9 五大机制与经济高质量发展情况的模拟]

图 11.9 五大机制与经济高质量发展情况的模拟

际两大市场和两种资源实现经济飞速发展的事实相一致。模型的拟合趋势说明，如果加快构建经济双循环新格局，不断提高对外开放的深度和广度，未来内外开放联动依然对于中国经济高质量发展有重要的促进作用。因此，即使当前中国经济发展所面临的全球外部风险与不确定性增强，我们依然需要重视和实行更高水平的对外开放、建设更高水平的开放型经济体，畅通国外经济循环和促进经济高质量发展。

第二，消费和产业"双升级"通过增长动力转换机制对经济高质量发展的作用次之，且上升速度最快，有成为驱动经济高质量发展第一动力的趋势。拟合结果表明，中国前期的增长动力对经济高质量发展起到一定的积极作用，但不能充分释放经济发展的潜力。经济发展初期，中国依靠"引进式"技术进步为主的方式获得经济的快速增长，但这种技术进步的方式具备资本偏向特征，导致资本对劳动报酬的挤压，不利于中国消费升级（周晓波和陈璋，2021；龙少波，2021）。另外，当追赶经济体与发达经济体先进技术前沿面的差距缩小到一定程度时，引进式技术进步的局限性凸显。由于发达国家对最前沿核心技术的保密，追赶国家依靠引进式技术进步方式不能获得最前沿的关键核心技术，带来技术进步和经济增长动力迟缓的问题，不利于中国产业升级和经济高

第十一章 | 消费和产业"双升级"协同驱动经济高质量发展实证分析

质量发展。因此，为了加快消费升级与产业升级有效互动路径的形成，必须转换至以自主创新为主的原发式技术进步方式，才能为经济高质量发展提供更长期、更有活力的增长动力。

第三，消费和产业"双升级"通过收入分配公平共享机制对经济高质量发展的驱动作用较为显著，且上升速度较快。一方面，在消费升级与产业升级的有效互动中，产业结构的优化升级和劳动生产率的提高会带来经济的增长和劳动者报酬增长（夏龙、王雪坤，2021），从而有利于收入的分配共享。另一方面，消费和产业"双升级"互动中，技术创新创造出的成本优势叠加消费规模优势，降低商品的生产平均成本，让更多群体能够分享经济发展的最新成果。而且收入分配的公平共享能够提高全社会的平均消费倾向和降低消费不平等性，促进消费潜力释放并带来消费升级，从而带来进一步的消费和产业"双升级"并促进经济高质量发展。可见，消费和产业"双升级"通过收入分配公平共享机制保障了经济成果能够惠及社会各阶层，提高社会总的福利水平，从而驱动经济高质量发展。

第四，消费和产业"双升级"通过绿色生态优先机制驱动经济高质量发展的作用在逐渐增强。一方面，随着居民可支配收入明显增加，中国居民的消费理念和偏好开始转变，绿色生态的健康消费理念逐渐深入人心，居民对绿色生态产品的需求明显增加，带动绿色产业的发展以及传统产业转型升级，从而促进经济供给的高质量发展。另一方面，绿色产业升级过程中的技术创新提高绿色生态产品价值，要素报酬的提升带来居民收入的提升并促进消费升级，从而促进经济高质量发展。因此，消费和产业"双升级"通过绿色生态优先机制驱动经济高质量发展。

第五，消费和产业"双升级"通过经济系统协调稳定机制拉动经济质量上升的速度较为缓慢，对经济发展质量的促进作用没有明显的增强。一方面，国内产业升级的速度慢于消费升级的速度，带来了国内产品与服务供给满足不了高端消费需求的问题，从而导致"消费外流"的现象，带来经济供需不协调的问题。另一方面，当前中国城乡、区域之间产业升级和消费升级发展不充分、不平衡的问题依然存在，不利于经济的协调稳定和经济的高质量发展。为此，需要进一步理顺和畅通经济系统协调稳定的机制，使其未来在推动经济高质量发展方面发挥更大的作用。

（四）模型结果分析小结

可见，消费和产业"双升级"驱动经济高质量发展动力学系统模型较为科学、合理地展现了"双升级"对经济高质量发展的影响。基于此模型得出以下结论：一是消费升级和产业升级呈现出不断升级的趋势，消费升级与产业升级之间存在双向促进的关系。消费与产业相互牵引、相互促进，共同推动耦合程度的不断提升，形成了消费和产业"双升级"的良好态势。二是消费升级、产业升级各自均能驱动经济高质量发展。同时，消费和产业"双升级"互动形成的合力通过增长动力转换、系统稳定协调、绿色生态优先、内外开放联动、收入公平共享五大机制发挥对经济高质量发展的驱动作用。三是五大机制都能正向作用于经济质量的提高，但作用效果存在差异。内外开放联动、增长动力转换、收入公平共享机制、绿色生态优先机制对经济高质量发展的影响更为明显，且增长动力转换的影响呈现出较快增长趋势，而经济系统稳定协调对经济高质量发展的影响作用有待进一步加强。

三 消费和产业"双升级"驱动经济高质量发展系统动力学模拟情景分析

基于消费和产业"双升级"驱动经济高质量发展的系统动力学模型的原理以及政策需要，本节设定两种模拟情景即提高消费升级程度、提高产业升级程度进行分析。通过比较模拟情景与原始情景下经济高质量发展的变化趋势差异，以期寻求消费和产业"双升级"变动在促进经济高质量发展中的影响作用，从而更为科学地提供相关的政策建议。

（一）模拟情景一：提高消费升级程度

该情景主要从消费规模扩大与消费结构升级两个方面来分析消费升级的变化情况，以及由此而带来的消费升级、消费升级和产业升级的耦合程度、经济高质量发展的变动情况。在此基础上，我们进一步分析比较了当前消费规模扩大与消费结构升级对经济高质量发展的影响程度，从而研判政策实施的侧重点。

1. 消费规模扩大对"双升级"以及经济高质量发展的影响

该情景模拟在其他因素不变的情况下，人均消费支出量提高后

第十一章 | 消费和产业"双升级"协同驱动经济高质量发展实证分析

（消费规模扩大），重要变量的变化趋势。如图 11.10 所示，每个分图中位置靠下面的曲线代表原始情景，位置靠上面的曲线代表消费规模提高后的模拟情景。通过变化趋势对比图发现，消费规模扩大后，消费升级、消费和产业"双升级"的耦合程度以及经济高质量发展程度都高于原始情景。即人均消费支出提高带来的消费规模扩大提升了消费升级程度，也提高了消费和产业"双升级"之间的耦合程度，并进一步推动了经济高质量发展水平的提升。从拟合之后的变化情况来看，单纯的消费规模扩大对消费升级、耦合程度以及经济高质量发展的作用相对较小。这说明依靠简单的消费规模的扩大，不能很好地通过消费结构优化的方式促使产业升级，从而不利于促进消费和产业"双升级"的耦合协调，造成驱动经济高质量发展的作用效果相对较小。因此，未来政策的设计在扩大居民消费支出的同时还需要优化消费结构，从而更好地畅通经济循环和促进经济高质量发展。

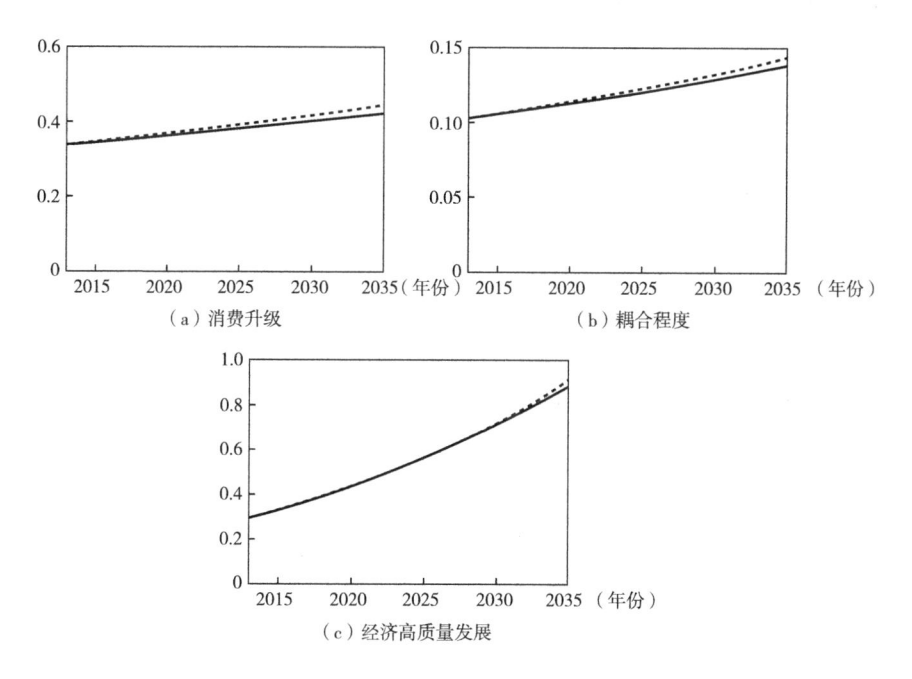

（a）消费升级

（b）耦合程度

（c）经济高质量发展

图 11.10 消费规模扩大后核心指标变动趋势对比

2. 消费结构升级对"双升级"以及经济高质量发展的影响

该情景模拟在其他因素不变的情况下，消费结构升级后，模型中重要变量的变化趋势。在图11.11中，位置靠下面的曲线代表原始情景，位置靠上面的曲线代表消费结构升级程度提高后的模拟情景。变化趋势对比图表明，消费结构升级提后，消费升级、"双升级"耦合程度以及经济高质量发展水平呈现上升的态势，也就是说，消费结构升级通过需求收入弹性等效应对总体消费升级、"双升级"耦合程度的提升以及经济高质量发展具有促进作用。从变化程度来看，模拟前后的差距呈现不断扩大的趋势。其结果表明，相较于消费规模扩大，消费结构升级能更好地加速消费升级，提高消费和产业"双升级"的耦合协调程度，并加快经济高质量发展水平的提升。当前中国居民消费升级存在分层的现象，尽管高收入人群的消费升级不能很好地由国内产业供给得以满足，但中低收入人群的消费升级不足，未来具有很大的潜力。因此，加快中低收入人群收入水平的提升和消费结构优化升级，对缓解当前经济的

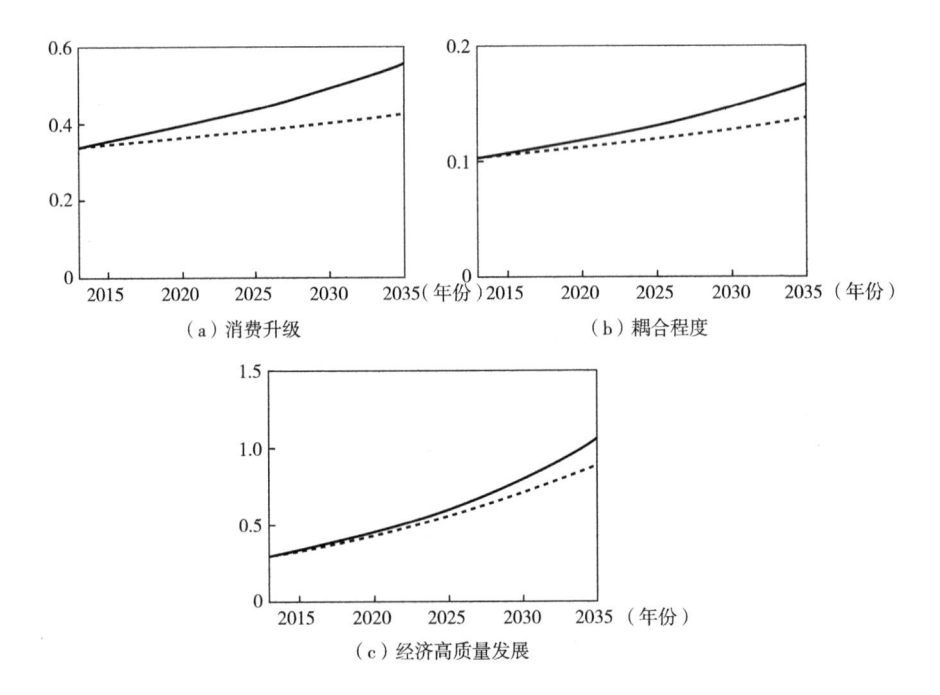

(a) 消费升级

(b) 耦合程度

(c) 经济高质量发展

图11.11 消费结构升级后核心指标变动趋势对比

第十一章 消费和产业"双升级"协同驱动经济高质量发展实证分析

供需矛盾、畅通国民经济循环,以及促进经济高质量发展具有重要意义。

进一步更直观地比较消费规模扩大与消费结构升级对消费升级、耦合程度以及经济高质量发展的作用效果。如图11.12所示,位置靠上面的曲线表示消费结构升级分别对消费升级、耦合程度以及高质量发展的影响变化趋势,位置靠下面的曲线表示消费规模扩大分别对消费升级、耦合程度以及高质量发展的影响变化趋势。可见,消费结构升级情景下的曲线皆在消费规模扩大的曲线之上,即消费结构升级对加快消费升级与经济高质量发展的作用效果更大。因此,一方面,当前阶段推动经济高质量发展需要把重点落在结构调整方面,发挥消费结构升级对产业升级的导向作用,充分释放消费升级对经济结构升级的作用。另一方面,消费规模扩大依然是消费升级以及提升经济质量的重要动力,必须持续深挖并释放国内消费潜力,为经济高质量发展提供长期动力。

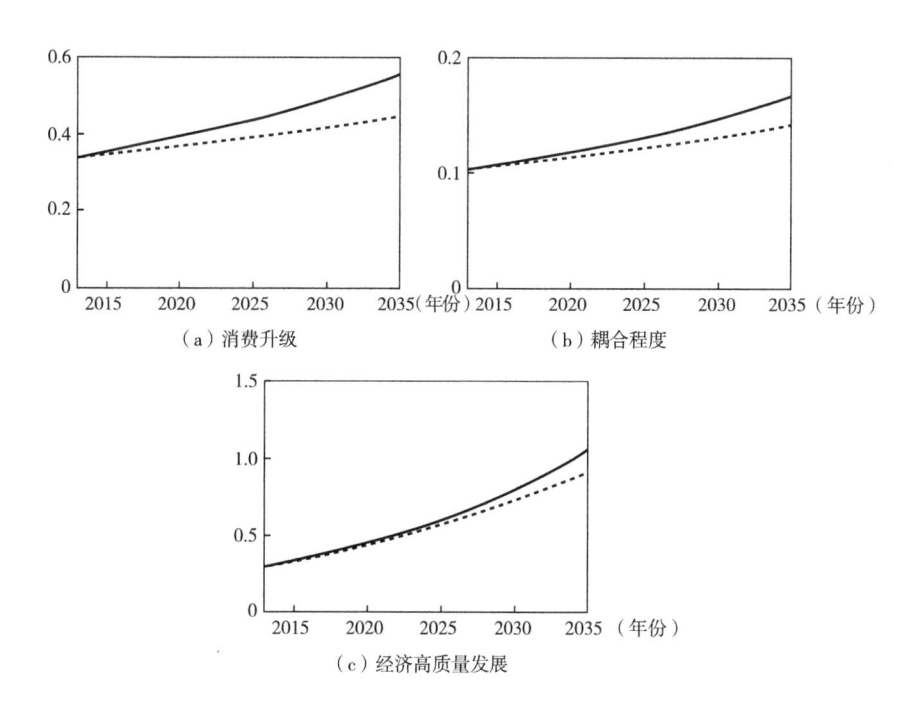

(a) 消费升级

(b) 耦合程度

(c) 经济高质量发展

图 11.12 消费规模扩大与消费结构升级后指标对比

(二) 模拟情景二：提高产业升级程度

该情景分别从产业结构合理化程度提升与产业结构高级化程度提升两个方面，分析模拟产业升级的变化情况，以及由此带来的消费和产业"双升级"耦合程度变动与经济高质量发展的变动情况。

1. 产业结构合理化程度提升对"双升级"以及经济高质量发展的影响

该情景模拟在其他因素不变的情况下，产业结构合理化增加量提高后，模型中重要变量的变化趋势。如图11.13所示，位置靠上面的曲线代表原始情景下各变量变动趋势，而位置靠下面的曲线代表产业结构合理化提高后的各变量变动趋势。从总体趋势来看，产业结构合理化提高后的模拟曲线都高于原始情景下的曲线，表明产业结构合理化程度的提高推动了产业升级、产业和消费"双升级"之间的耦合程度，以及经济高质量发展水平的提升。其结果也验证了前文的观点，产业结构合理化的提升提高了产业和消费供需两端的匹配程度，进一步提升了经济

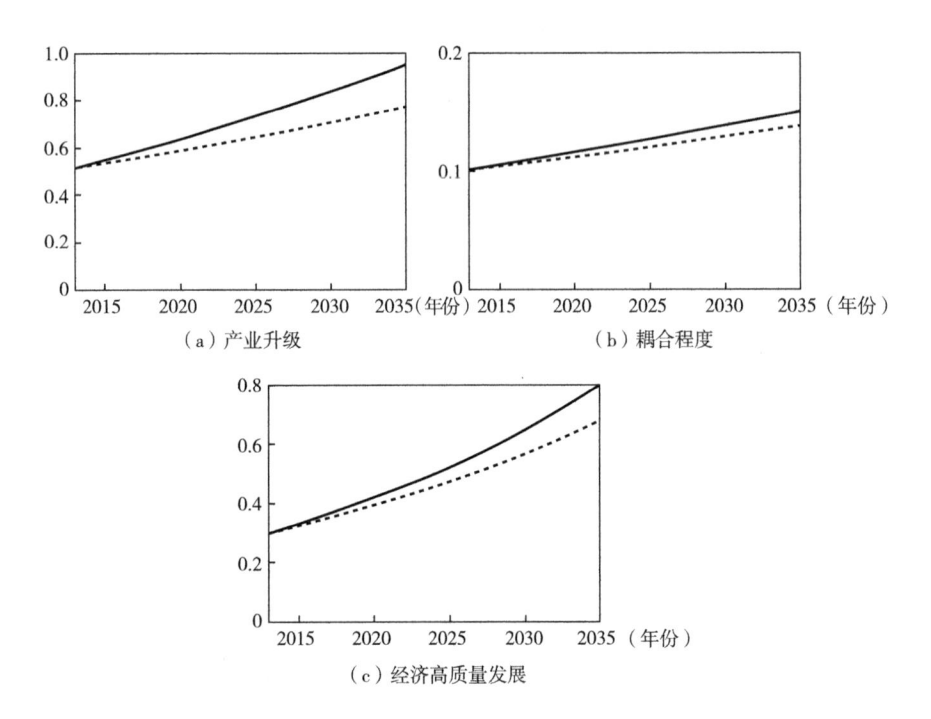

图 11.13　产业结构合理化升级后核心指标变动趋势对比

发展质量。从变化速度来看，模拟情景下的经济高质量发展曲线后期呈现出加速提升的态势，即产业结构合理化对于经济高质量发展存在一定的滞后性和长期性，产业结构合理化对经济高质量发展的促进作用经过长时间的积累发挥更大的作用。

2. 产业结构高级化升级程度提升对"双升级"以及经济高质量发展的影响

该情景模拟在其他因素不变的情况下，产业结构高级化增加量提高100%后，模型重要变量的变化趋势。如图 11.14 所示，位置靠下面的曲线代表原始情景，位置靠上面的曲线代表产业高级化提高后的各变量变化模拟情景。从变化趋势来看，在产业结构高级化程度提高的模拟情景中，产业升级、消费升级和产业升级耦合程度，以及经济高质量发展指标的曲线都位于原始情景之上，表明产业结构高级化程度提高推动了产业升级、消费升级和产业升级的耦合程度，以及经济高质量发展水平的提高。从变化速度来看，产业结构高级化升级后，产业升级以及经济

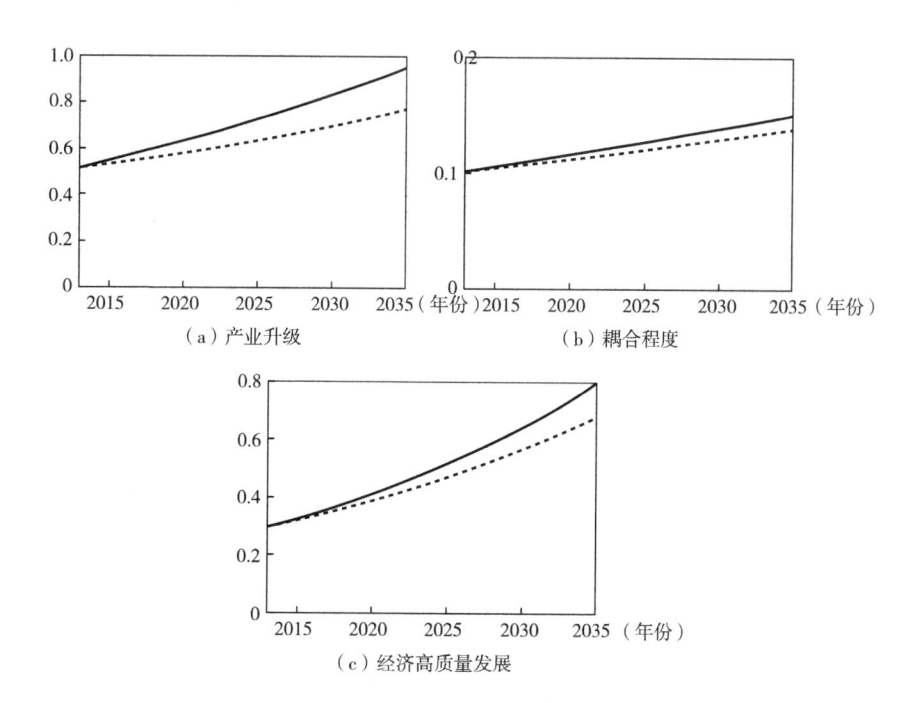

(a) 产业升级

(b) 耦合程度

(c) 经济高质量发展

图 11.14　产业结构高级化升级后核心指标变动趋势对比

高质量发展在后期呈现出加速升级的趋势，即产业结构高级化能为经济发展提供长期的增长动力。

进一步比较产业结构合理化与产业结构高级化对产业升级、消费和产业"双升级"耦合协调程度以及经济高质量发展的作用效果。如图 11.15 所示，位置靠下面的曲线表示产业结构高级化，位置靠上面的曲线表示产业结构合理化。从消费和产业"双升级"耦合协调程度来看，产业结构合理化与产业结构高级化几乎重合，两者作用强度的差异并不显著。然而，从产业升级以及经济高质量发展曲线的变化趋势来看，产业结构合理化对各变量影响的曲线位于产业结构高级化对各变量影响的曲线之上，也就是说，产业结构合理化比产业结构高级化对产业升级以及经济高质量发展的作用更大。这表明，中国产业升级不仅需要关注产业结构的优化升级，更需要关注不同区域以及产业间结构的合理协调性的调整，从而更好地推动经济高质量发展。

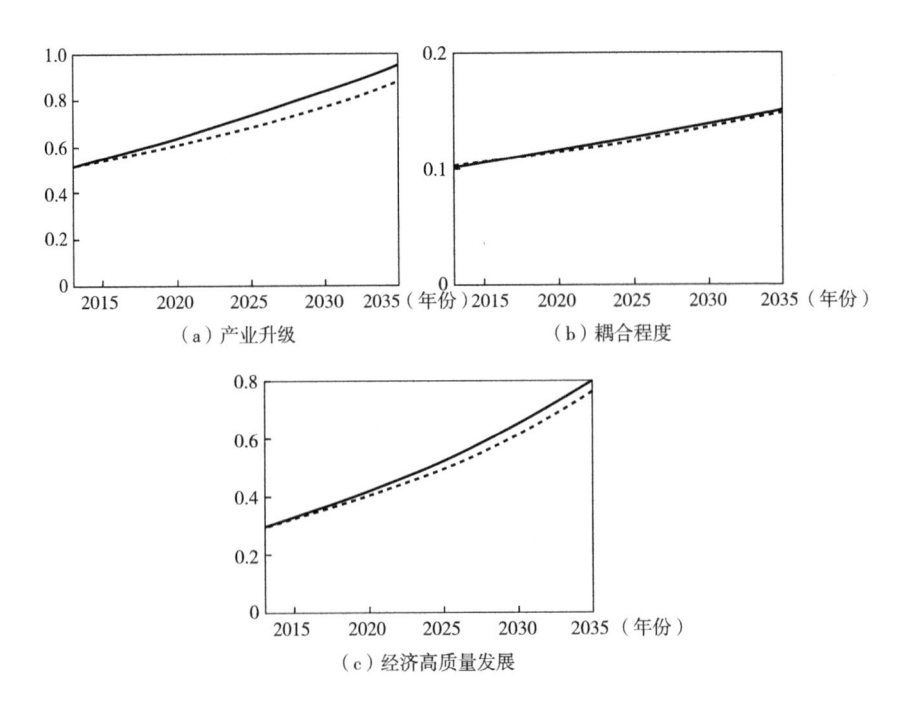

(a) 产业升级

(b) 耦合程度

(c) 经济高质量发展

图 11.15　产业结构合理化与产业结构高级化后指标对比

（三）情景模拟小结

本节模拟了消费升级与产业升级提升两种情景对于经济高质量发展的影响，对比原始情景与模拟情景，得出以下结论。

第一，消费规模扩大程度的提高以及消费结构升级程度的提高对供需两端匹配程度的提升以及经济质量的提高都发挥正向促进作用。但是，相对于消费规模扩大，消费结构升级的作用效果更强，而且消费结构升级对经济质量升级的作用具备长期性。因此，在畅通消费升级驱动经济高质量发展的路径中，要重视消费规模的扩大，不断挖掘并释放居民消费潜力，为经济高质量发展提供长期动力；更需要加快引导消费结构升级转型，强化消费结构升级对产业结构的导向作用，加快经济结构的转型升级和促进经济高质量发展。

第二，产业合理化升级程度的提高以及产业高级化程度的提高都能够加深供需两端的耦合程度，推动经济的高质量发展。但是，产业合理化升级对经济质量升级的作用效果更强，且后期能够加速经济质量的提高。因此，在畅通产业升级驱动经济高质量发展的路径中，不但要大力推动产业高级化发展，更需要强化对产业合理化调整的引导与支持。

第四节　本章小结

本章在梳理系统动力学基本概念及基本的建模步骤的基础上，构建了消费和产业"双升级"驱动经济高质量发展的动力学系统模型。在通过模型直观检验与历史检验的有效性检验后，构建了模型的因果关系图以及流量存量图，并对模型进行了仿真分析，以此得出以下结论。

第一，消费升级、产业升级均能促进经济高质量发展，且消费和产业"双升级"耦合程度的提高增强了两者互动的合力，进一步推动了经济高质量发展。因此，实现经济的高质量发展需要从供需两端同时着手，不但要大力发挥消费升级和产业升级对经济高质量发展的促进作用，更要疏通产业和消费供需两端的堵点，充分发挥供需平衡所形成的合力对经济高质量发展的积极作用。

第二，发挥消费和产业"双升级"对经济高质量发展的驱动作用需要有所侧重。提高经济质量的政策需要侧重于结构性调整，在消费升级方面需要加强对消费结构升级的引导作用，在产业升级方面要重点提高产业结构合理化程度，释放经济结构调整对经济高质量发展的潜力。

第三，强化消费升级对产业升级的引导作用以加速供需两端耦合程度的提高。产业升级与消费升级都呈现不断上升的趋势，但是高收入人群的消费升级程度高于产业升级程度。因此，在强化需求端对供给端的引导作用的同时更需要加强产业升级对消费升级的促进作用，以疏通消费升级与产业升级互动路径中的堵点，努力提高供需两端的匹配程度，从而更好地促进经济高质量发展。

第四，畅通国外经济循环是提高经济质量的重要方面。对外开放对中国经济高质量地提高做出了重要贡献，并且在很长一段时间内都占据重要地位。因此，即使在外部风险加大的情况下，我们依然需要重视对外开放对中国经济发展的积极影响，不断提高和深化对外开放水平和畅通国外经济循环，更好地实现内外联动和促进经济高质量发展。

第五，畅通国内经济循环是提高经济质量的关键环节。畅通国内经济循环需要贯穿创新、协调、绿色、开放、共享的新发展理念。既要强化对创新的政策支持，加快经济高质量发展的增长动力转换；又要促进收入分配公平共享，让经济高质量的成果惠及各个阶层。与此同时，既需要重视引导供需两端深化绿色发展的理念，解决人与自然和谐共生的问题；又要统筹全局，解决中国经济发展不平衡不充分的问题，补齐经济高质量发展的短板。

第十二章

提高消费和产业"双升级"及其耦合协调性的政策建议

基于前文的研究结论，本书尝试提出消费和产业"双升级"协同驱动经济高质量发展的政策体系，助力推进中国式现代化建设。其主要包括两部分：提高消费和产业"双升级"及其耦合协调性的政策建议部分（第十二章），以及消费和产业"双升级"协同驱动经济高质量发展的政策建议部分（第十三章）。

本章主要介绍促进中国消费升级与产业升级，以及提高两者耦合协调性的政策体系。第一节以增强消费升级的内生动力、改善消费升级的外部环境为主要思路，从提高居民收入、优化消费环境、改善消费预期三方面入手，夯实收入硬基础，改善消费软环境，形成多层次促进消费升级的政策组合。第二节依照整体培育产业升级的创新能力和新动能、聚焦产业结构高级化和合理化的总体思路，以发挥市场资源配置的决定性作用和政府引导转型升级的方向性作用为纲领，搭建凝聚政府与市场合力，全方位促进产业升级的政策组合。第三节进一步分别从消费升级对产业升级的收入弹性效应、要素配置效应和技术激励效应，以及产业升级对消费升级的收入增长效应、创造引领效应发力，构建全面深化消费和产业"双升级"耦合协调程度的政策措施。

第一节 夯实消费基础和优化环境促进消费升级的政策

消费决策及其行为作为经济社会的基本活动形态之一，在满足居民日常生活需要的同时，也是社会经济发展的目标与方向，良好的社会消费状况能够持续性地为经济发展带来正向作用。然而在现阶段，多重因素阻滞中国居民消费进一步升级：一是居民尤其是中低收入群体收入增长速度落后于经济增长速度。没有足够扎实的收入基础，难以支撑消费意愿的实现。二是尚不成熟的消费环境与消费基础设施的脱节，阻碍了居民进一步释放消费意愿、拓展消费选择、接受新型消费。三是居民对进一步扩大消费、优化其消费格局缺乏良好的未来预期，消费市场缺乏足够的活性，无法充分地从数量与结构层面带动系列消费决策与行为。为此，本节针对以上问题或现象针对性地提出相应的政策建议，帮助把握未来促进中国居民消费升级的政策发力点与落脚点。

一　提高可支配收入，稳固消费升级基础

作为消费的基础，居民当前及未来收入状况是"促消费"政策体系中最为重要的一环。消费需求是意愿与能力的统一，而意愿在很大程度上会受到能力的促进。在满足当期基本生存需求后，居民"能不能"扩大消费、优化支出依赖剩余的资金空间。而居民"敢不敢"消费取决于未来预期，空闲的资金究竟用作消费还是储蓄，依赖对未来自身收入与市场情况的判断。既要提高当期消费给予居民充足的消费实力，又要稳住消费预期给居民带来良好的消费信心。只有如此，才能更加扎实推进消费升级进程。

（一）保持合理经济增长速度，拓宽居民创收增收渠道

将稳增长、熨波动作为政策核心。经济稳步向前发展是保证居民收入增长和促进消费升级的基础。熨平经济波动，保持合理的经济增速意味着社会经济活动充满活力，带来的是更多的社会需求、就业机会等，能为居民带来更多增收渠道和提高居民收入，促进消费升级。

第一，致力于提高经济产出效率，将创新作为发展驱动力，为经济长期稳定增长提供源源不断的动力。一方面，要大力支持和鼓励企业技术创新，通过原发性自主创新的方式来加快技术进步，通过降低市场准入门槛、优化营商环境、健全知识产权保护制度等措施为新技术、新产业、新产品的出现提供优越的外部条件，激励技术进步，为经济长期增长带来动力。另一方面，要继续采取引进式技术进步的方式获得国外已有的成熟技术，通过先进技术外溢来提高市场主体供给能力和水平，不

断满足新型消费需求，优化居民消费结构，为经济增长提供一定的动能。

第二，完善宏观经济治理水平，灵活采取宏观经济跨周期的总需求调控政策，维持经济的平稳增长。在财政政策方面，继续推行并完善综合税费支持政策体系。将更多的政策资源投放到实体经济特别是小微企业上，扩大有效投资，为市场注入充足活性。在货币政策方面，用快用好政策性开发性金融工具，实现"抛砖引玉"，撬动更多社会资源。切实推动企业融资成本的降低，聚焦重点领域与核心环节，提升货币政策的边际效应。用好财政与货币政策这套"组合拳"，提高对宏观经济的逆周期调节能力以熨平宏观经济波动，引导未来经济稳定增长的预期和市场提振的信心，从而扩大消费需求和促进消费升级。

（二）提升中等收入群体比重，释放农村居民消费需求

第一，推进实施中等收入群体倍增计划，挖掘中低收入人群消费潜能。提升中等收入群体收入在于提升其创造收入的能力，应建立健全职业技艺技能学习培训制度，缩小其与其他群体的人力资本差距，改善其在就业市场的表现和创收能力。中等收入群体的增量提质需要社会各方力量的配合，市场与政府要形成优势互补的局面。一方面，市场参与者要充分利用市场机制，引导资源更多流向中低收入群体。另一方面，政府始终坚持以人为本，出台系列专项政策，完善社会保障兜底体系，重点关注进城农民工、技术工人。市场与政府齐发力，中等收入群体占比不断提升，对社会整体消费意愿的提升有强大的推动作用，最终实现扩内需、促消费。

第二，扎实推进乡村振兴战略，释放农村居民消费潜力。作为人口众多的广阔农村地区，只有提高农村居民收入，才能从根本上释放农村居民消费需求。要根据农村地区实际，结合地理与市场条件发展特色产业，拓宽农村居民增收创收渠道。相比城市，农村地区的市场商业体系与制度建设进度较为缓慢。在农村居民收入水平不断提升的背景下，要不断推进县乡村商业体系建设，如农村电商服务体系、特色产业。乡村振兴战略不断推进，在提升收入的同时加快商业体系与市场建设，使乡村地区消费升级态势越来越明显。

(三)加强医疗、教育、住房等社会保障能力,增强消费升级动力

加强医疗、教育、住房等社会保障能力建设,降低居民预防性储蓄从而增强消费升级动力。

第一,进一步健全养老、医疗等社会福利项目体系的建设,减轻居民在这方面的负担,拓宽居民实现消费升级的资金空间。扩大社会保障体系覆盖面,推动养老、医疗等保险省级统筹,落实异地结算,积极发展商业性养老、医疗保险。从制度上为中国居民尤其是中低收入群体提供无差异的基础养老、医疗保险服务,从而缓解居民日常生活压力,从侧面提高用于扩大消费、优化消费结构的可支配收入,让其真正"敢于消费"。

第二,加快基本公共教育均等化建设。在公共教育层面,一是需要解决青少年基础教育。要优化和完善地区学校布局规划,适应乡村、城镇新型空间布局,进行科学合理配置。二是增强职业教育的适应性,通过人力资本的建设和积累增强居民收入内生增长能力。为低人力资本家庭提供更好的教育保障,提升其人力资本水平,缩小与其他群体人力资本水平的差距,巩固消费升级的收入基础。

第三,加大保障性住房建设力度。扩大住房保障政策覆盖度,降低申请保障门槛。统筹优化社会保障资金使用,加快公租房、廉租房建设,优化调整准入条件。重点关注外来务工人员等住房刚需群体,实行专项政策,切实满足其日常住房需求。同时,实质性支持鼓励房屋出租者采取租金减免等方式为困难家庭减轻住房压力,为其消费升级提供制度与物质保障。

(四)加大消费金融支持力度,释放居民跨期消费潜能

发挥消费金融提供消费信贷的现代金融服务功能,面向有稳定收入的中低端个人客户以满足其跨期消费的需求,从而平滑各期消费和释放消费潜力。利用消费信贷有效破解居民在当前收入无法满足当前消费需求的窘境,尤其增加居民对大额耐用消费品需求能力,具体而言,需要从以下几个方面发力。

第一,切实降低消费信贷成本,提高居民消费信贷获得的简便性。政策部门引导各金融机构在风险可控的前提下,降低个人信贷利率至合理水平,最大化减轻个人信贷成本负担;同时,进一步简化审贷流程,

第十二章 | 提高消费和产业"双升级"及其耦合协调性的政策建议

降低借贷人资料报送的次数和复杂程度,在时效性上不断优化信贷服务;积极拓展掌上银行、网上银行等业务,便利消费者的日常借贷活动。

第二,强化风险管控,降低风险成本,完善个人信用制度体系。各金融机构严格贷款"三查",将风险管控理念贯穿信贷管理全程。要不断完善信贷管理制度,防止逆程序操作带来的金融风险。完善个人信用体系制度,按照群体分类进行信贷资金信用监管,积极开展诚信示范活动,大力宣传诚信信贷行为,依法依规实施失信惩戒,优化个人消费信贷外部环境,使消费金融真正起到释放居民跨期消费潜力、推进消费升级的作用。

二 优化居民消费环境,保障居民消费升级

良好的外部消费环境是消除消费者顾虑的关键,是提高消费意愿与消费能力的"温室大棚"。消费升级说到底是在外部消费环境改善大背景下的升级,消费环境为居民消费升级提供落脚地的软硬件,消费环境改善能显著促进消费健康发展。而消费市场监管的缺失、消费者权益保护的不到位,给居民消费升级带来了"顾虑"而导致其不愿消费;消费基础设施的不完善不配套、商品服务流通渠道的不畅通使得居民更高级的消费需求无法得到满足,无法充分释放消费潜力;新型消费热点与模式的萌芽是否能够得到充分的呵护,也是决定未来居民消费支出结构,形成居民消费新格局,不断推进消费升级的关键。

(一)优化消费外部环境,提升居民消费满意度

通过优化消费外部环境消除消费者顾虑,激发消费潜力。

第一,坚持市场监管底线"不放松"。政府必须积极发挥市场秩序监管的主导作用,把人民消费权益放在首位。必须惩处和打击线下市场和网上购物中假冒伪劣、鱼目混珠等有失商业诚信的非法行为,让各类市场主体"不敢作假""作不得假"。避免消费市场"恶币逐良币"的现象出现,维护公平公正、有序竞争的消费市场秩序。

第二,聚焦和解决民众消费维权难题。畅通和简化消费者维权渠道,从制度层面为消费者维权提供便利与保障。设立实时投诉监管平台,提升消费者维权响应速度;加大维权意识与途径的宣传力度,支持鼓励消费者维护自身权益。改善消费市场环境需要进一步完善消费市

的监管机制,营造安全放心的消费氛围,畅通消费者维权渠道,切实保护消费者的合法权益。

第三,完善电商市场领域监管的法律法规,改善网上购物环境。落实网络交易平台的监管维权主体责任,对各级各类提供商品及服务的平台进行规范化监管,敦促其积极扮演好网购消费者权益的第一守护人角色。强化网络交易执法力度,对不符合规范的商品或信息给予及时整改处罚,责令平台服务网店提升消费者服务意识,增强消费者网络消费的获得感、幸福感。

(二) 完善消费基础设施建设,拓宽居民消费空间

通过新旧融合改造传统基础设施建设与推进新型消费基础设施建设齐发力,以居民消费体验为归宿,为居民提供更加广阔的消费空间。

第一,对传统百货市场、大型卖场进行数字化、绿色化、智慧化改造,提升居民消费体验。加大周边环境整治力度,实现购物消费环境的清洁化、绿色化,提升居民消费舒适度。将现代信息技术融入消费全过程,提供线上线下融合消费服务,使得传统商场焕然一新。因地施策推进批发市场、农贸集市改造升级,支持城区、县城和重点镇建设农贸交易综合体,鼓励发展新型消费聚集区,为各区域消费者提供新型消费服务场所,使消费需求得到较好满足,推进消费升级。

第二,加强新型消费基础设施建设,促进消费升级。在出行服务方面,随着私家车和移动设备的普及,智能停泊和无线网络服务已成为影响消费的重要因素。为此,要在交通出行、信息服务方面加强应用于创新,为消费者提供便捷快速的出行服务。加强消费者服务中心、公交站点、智能导引系统、安全设施建设,推进电子商贸硬件设施建设,建设交易公用空间,为产品服务公开透明提供平台。优化居民社区生活消费服务综合体建设,提高社区消费的便利性,降低居民消费时间、精力成本。为此,无论是城市管理者和商家都要围绕综合市场、商场等主要消费场所,为消费者提供多元化便利服务,让消费者感受到来去的舒心。

(三) 畅通商品服务流通渠道,提高消费便利化程度

流通是连接生产和消费环节的纽带,而物流作为流通的重要组成部分之一,在消费市场跨入新时代当下更是显现出了重要战略意义。构建

第十二章 | 提高消费和产业"双升级"及其耦合协调性的政策建议

完善高效的现代消费物流设施网络，提供方便快捷的商品流通渠道，有助于充分挖掘居民消费需求、释放居民消费潜力，创造适应国内大循环格局下促进消费升级扩张的硬环境发展条件。

第一，在消费相关物流硬件设施建设上，需建立城乡商贸流通一体化发展的网络，建设城乡共通共享的物流体系。一是提升物流运行效率与质量，优化物流配送路线，保证商品服务通达的时效性。二是提升快递、电商进乡村综合水平，推动农村商贸流通便利升级。既要满足农村消费者对城市产品的多样化需求，又要做到农产品优化配送，满足城市消费者对生鲜农产品的更高品质需求。三是补齐物流短板，加快产品分拨、包装等集配设施和仓储设施建设，实现"一城一仓"。

第二，在商品服务流通渠道的软件建设上，需加大对数字流通基础设施的投入力度。一是加快城乡网络、电子商务等信息化基础设施建设，加速推进农村信息化和网络化普及，实现农产品进城、工业品下乡的高效流通。二是推进大数据与工业互联网在商品流通领域的运用，优化商品服务流通路径，精准对标消费服务需求。在高效率、高质量满足消费者需求的过程中推进消费升级。

（四）培育新型消费热点，拓展居民消费新模式

在深化供给侧结构性改革和扩大内需战略的大背景下，要以更高质量的供给引领和创造新消费需求，注重需求侧管理，创造新型消费模式，满足日益升级的居民市场需求，培育新型消费热点。

第一，促进新型工业生产供给能力提升，满足居民新型需求。一是在智能穿戴设备、智能电子等方面，提高中高端产品比例，从日常生活场景入手，提升消费者生活品质。二是适应中国老龄化进程，针对老年群体推出系列"老年友好型"产品如智能化家具用品、智能化出行服务，便利庞大老年群体的日常消费。三是及时掌握市场需求变动信息。从供给侧发力满足新型消费需求，培育新型消费热点。

第二，加强消费模式与消费渠道的创新拓展，促进消费升级。一是加大产品服务销售的大数据分析，挖掘居民消费新热点，捕捉消费新趋势，为产业发展提供细分产品的市场参考数据，带动市场主体企业加快供给服务模式的更新迭代，更好满足消费需求。二是加快培育新的营销模式，通过产业和新型互联网平台互动，推广线上、线下结合的新零售

模式，促进企业综合考虑各类型、各区域消费者偏好。三是利用互联网、大数据重构消费模式，通过线上线下融合，鼓励电商建设线下实体店，助推企业建设新消费体验馆，与电商共同探索"线下门店+外送到家"新零售模式，持续提升消费体验。四是对消费者尤其是年轻群体进行广泛而深入的调研，推出系列智慧书店、智慧商场等消费场所，以新颖的形式吸引更大的消费关注度。

三 增强消费信心引导消费观念，引领消费升级

促进消费升级不聚焦仅要当前消费状况的改善，更应关注未来经济发展与消费状况，使得居民消费可持续地改善。而未来消费决策及其行为很大程度源自居民对未来经济和收入的预期、消费信心与观念。因此，对消费者心理预期做出正确引导与激励，推动其转变消费观念是推动居民消费升级的前提之一。

（一）改善居民消费预期，提振居民消费信心

要稳定促进消费，关键是稳定消费预期。当前，消费市场急需打通的堵点在于居民消费信心不足，对未来消费预期较差。想要提振消费信心，需要保障好民生，稳住经济总盘，综合施策加快破除抑制消费的系列障碍。

第一，推出系列稳增长促消费的可行措施。如发放消费券、免征或少征消费税等。当前不少地区发放的消费券规定了其用途，只能用于特定的消费，而限制用途客观上会影响消费券的核销率，不利于居民进行多样化的消费选择。应当赋予消费者更大的商品和服务选择权，由定向券更多转向非定向券。

第二，重点关注中低收入群体。作为消费倾向最高的人群，稳住其消费是稳住整个消费市场的重要一环。在推行系列促消费政策的同时针对性地为中低收入群体提供相关配套措施。

第三，着力支持中小微企业的发展，稳住就业大盘。要致力于帮助中小企业纾困解难，推出减税、减租、优化办事审批程序等措施，切实减轻企业负担，助力实体经济复苏，稳住居民收入来源。

第四，大力发展"夜经济""地摊经济"，助力搞活"小店经济"等，扶持城市夜间文旅市场发展，在激发消费潜能的同时拓宽居民增收创收渠道，只有这样民众的消费信心才能得到提振，继而愿意且敢于

消费。

（二）完善居民就业保障制度，稳定居民收入预期

当前就业的工资性收入依然是居民收入的主要来源，只有稳定就业才能稳定当期收入及未来收入预期，也是居民扩大消费、丰富消费选择和消费升级的基础。因此，如何提高就业率、改善居民就业质量，提高居民工资性收入成为消费扩容升级的重要举措。

第一，将促就业放在更加重要的地位。相关部门通过实施扩岗补助等多方面政策，支持企业稳岗扩岗，并提升其吸纳社会就业人员的能力。积极鼓励和支持个人自主创业并以创业带动他人就业，不断完善职业技能培训降低结构性失业，通过稳住就业来稳住收入预期，从而促进消费升级。

第二，重点关注数量庞大的灵活就业人群。临时工、兼职等是灵活就业中最常见的形式，共同特点是其合法权益缺少相关法律法规保护。一边是日益多样的就业形势，另一边是存在时滞的相关劳动法规的建立与完善，这给各类新形式就业人群带来了更大的社会保障负担，导致其消费意愿难以进一步扩大甚至降低。因此，需要进一步加强灵活就业人群的立法保护。

第三，聚焦高校毕业生、农民工等重点人群。对于高校毕业生，各高校与社会组织要加强对毕业生的就业指导培训工作，依据实际情况组织学生开展就业实习工作，累积相关就业经验。持续开展公共就业服务进校园活动和未就业毕业生服务攻坚行动，积极拓展就业渠道，扎实做好就业服务保障。对于农民工，要进一步稳定农民工特别是脱贫人口务工规模，加强地区间劳务协作和信息对接，推进劳务品牌建设，实现居民安居"乐业"，将稳定就业的积极影响作用到居民增收、扩大消费上来。

（三）引导居民消费观念，促进消费偏好转变

合理科学的消费理念是维护好消费升级与经济发展之间关系的基石，因此帮助中国居民树立正确的消费理念尤为重要，这也是有效提升消费水平的前提。

第一，增强全民绿色低碳的生活消费方式。随着"双碳"战略的推进，以资源节约、环境友好为最主要特征的低碳消费模式应成为中国

居民的首选，这不仅有利于为居民建立合理可持续的个人消费模式，保证其长期消费能力，而且能够刺激新消费热点如共享出行、可回收产品的出现，再次激发居民消费需求。

第二，引导居民消费追求不断向高端化演变。随着居民收入不断增加和产品服务的个性化、多样化特征凸显，产品服务品质是否足够高成为居民普遍考虑的问题。实惠低价已不是吸引消费者的最大动力，人们更注重消费体验和多样化的消费选择，更讲求获得感和幸福感。这样的观念转变反映了居民对生活质量改善的需求和消费升级的趋势。

第三，引导居民科学健康消费，杜绝"盲目型""从众型""冲动型"等不可持续的消费行为。引导和推动广大居民消费偏好由单一、固定选择向多样、灵活方向转变，鼓励支持市场主体提升满足消费者各类需求的能力，提升消费者的消费质量与满意度，增强消费黏性。

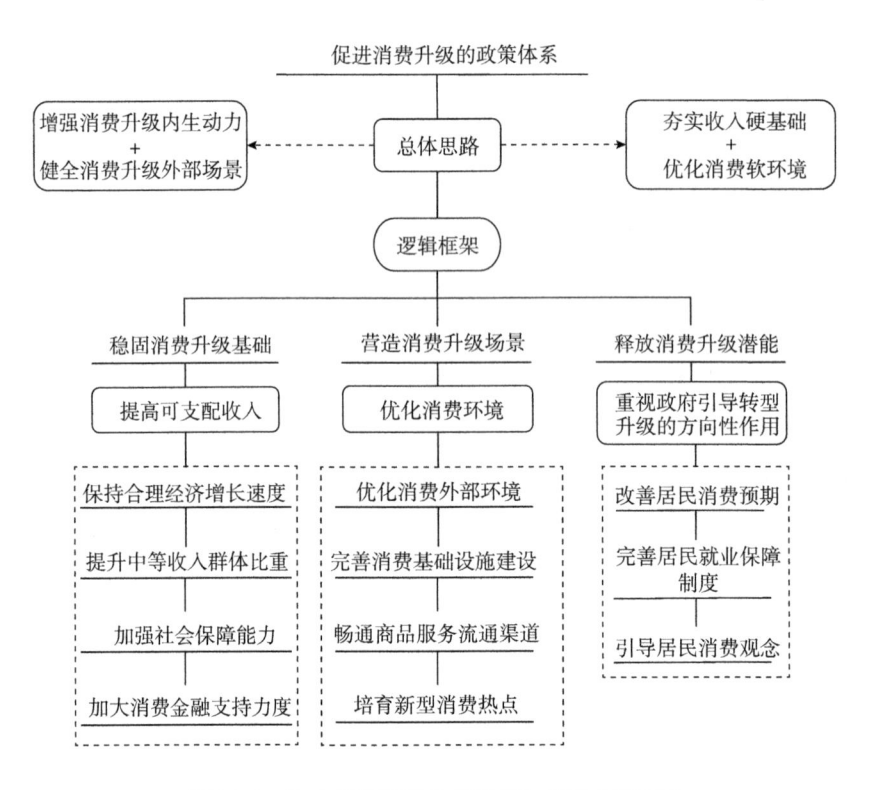

图 12.1　构建促进消费升级政策体系的主要思路

第十二章 | 提高消费和产业"双升级"及其耦合协调性的政策建议

第二节 凝聚市场与政府合力促进产业升级的政策

通过前文对中国产业升级现象现状和存在问题的研究发现，目前中国产业体系的整体转型升级仍然存在诸多问题亟待解决。其中，自主创新能力薄弱，缺乏核心技术竞争优势，已成为阻碍中国加快产业升级的一大难题；产业结构升级较慢带来的低端产品与服务供给过剩与高端供给短缺并存问题，已是供需结构性失衡的痛点所在；而区域间的产业发展不协调问题突出，亟须政府把控引导产业结构合理化发展。为此，本节将分别对中国产业升级现存的以上问题提出相应的政策建议，并进一步指出未来产业升级政策的发力点，以便更好地促进经济高质量发展。

一 增强自主创新能力，培育产业升级新动能

党的二十大报告指出，科技是第一生产力，创新是第一动力。改革开放后，中国依靠购买国外先进设备、软件、专利等引进式技术进步为主的方式，在短期内快速地推进产业发展与升级。但当下中国已发展成为全球制造业第一大国，长期以来对技术引进的过度依赖造成了核心技术受限和"卡脖子"等严重问题。在新发展阶段，要想推进中国产业进一步发展与升级，必须坚持创新驱动，提升自主创新能力，加速培育产业升级新动能，不断塑造产业发展新优势。

（一）加大科技创新投入，引导技术进步方式从引进式向原发式转变

充足的科技创新投入是创新产出的重要保障，未来中国需要进一步加大科技创新的投入力度，并积极地引导技术进步方式从后发模仿的引进式为主向自主创新的原发式为主转变（龙少波等，2021），以科技创新引领现代化产业体系建设。具体来看：

第一，继续加大科研创新投入和激励力度，培育壮大创新主体。一是提高全社会研究与试验发展支出占国内生产总值的比重，加速科技实力从量的积累迈向质的飞跃。二是加大创新激励强度，通过扩大科研经费提取奖励经费范围、提高间接费用比重、扩展劳务费开支范围等措施，切实激励科研人员增加高质量的科技成果产出。三是培育壮大创新主体，通过提高科技型企业研发支出扣除比例，减免高新技术企业需缴

纳的技术开发以及技术转让所属的增值税和所得税等措施,支持高新技术企业蓬勃发展。

第二,努力营造创新环境和创新氛围,鼓励战略性新兴产业和科技集群发展。一是健全知识产权保护体制,通过推进知识产权立法、规范知识产权执法保护、加大司法惩处力度等举措,维护创新主体的合法权益。二是增强政策扶持力度,通过为战略性新兴产业设立专项发展资金等举措,大力扶持前沿信息技术、低碳环保、生物技术等战略性重点产业健康发展。三是加大科技资源集聚共享,引导高科技企业集聚,并积极展开专业分工协作,强化北京、上海、粤港澳大湾区等高新科技集群建设,通过科技集群促进知识交流和技术外溢,加速攻克产业升级发展共性技术难题。

(二)合理加大先进技术引进力度,倒逼国内企业加快自主创新

适宜的技术引进是提高技术进步效率、加快中国技术进步进程的重要方式,未来中国在加强原发式自主创新的同时,需要进一步加大技术引进力度,并合理地引导技术引进发挥对国内企业自主创新的激励和倒逼作用。具体来看:

第一,通过技术和知识产权进口,弥补国内原发式技术创新进步的不足。一是深化对外开放政策,放宽技术和知识产权进口准入限制,接轨知识产权保护与国际标准同频,通过转让、出资、联合开发、许可等多种方式灵活引进先进技术与知识产权,弥补国内原发式技术创新进步不足,加快构建现代化产业体系。二是扩大国际科技交流合作,探索"一带一路"等国际经济合作间的产权交易与技术转移,支持出境出国培训等国际人才沟通交流,为国际科技合作、技术和知识产权引进营造良好环境。三是融通开放引技引智平台,密切与世界一流大学、国际顶尖企业和研发机构间的技术创新战略合作,实施税收抵免等优惠财税政策,吸引跨国公司设立中国研发中心;聚力引进全球范围内优秀人才,支持北京中关村、粤港澳大湾区等地区开展技术移民试点。

第二,通过引进先进技术提高国内全要素生产率,激励和倒逼国内企业自主创新。一是提高先进技术消化吸收能力,通过技术转化出口补贴、建立对引进设备和技术进行消化吸收再创新的专项资金等方式,鼓励企业补强先进技术消化吸收能力,充分发挥技术引进对全要素生产率

的提高作用，激励企业走好"技术引进—消化吸收—研发创新—参与国内、国际市场竞争"的新路子。二是倒逼自主技术创新，限制技术低效能重复引进，完善知识产权保护制度防范恶性竞争，遏制"盲目引进—低效停滞—消极落后—被迫再引进"的恶性循环，避免盲目模仿、侵犯知识产权的行为，倒逼企业快速提高自主创新能力，从同质化竞争跨向差异化竞争，从根本上提高中国企业和产业的国际竞争力。

（三）推动技术成果转化应用，提高中国产业在全球价值链的地位

科技进步的最终目的是提高全要素生产率，助推经济社会发展。未来中国需要加速推进技术成果落地应用，提高技术对产业升级的支撑效率，为中国产业在全球产业链、价值链中地位的提升提供强劲动力。具体来看：

第一，鼓励开展产学研协同创新，提高创新成效。一是建设技术转移服务机构，尝试在高校、科研院所等科研机构培育建设专业化的科技转化服务机构，促进实体企业与科研机构沟通合作，提高研发成果吸纳转化率。二是支持校企共同承担科研项目，加大财政资金支持力度，鼓励科技企业广泛参与高校、科研院所等科研机构牵头的项目，视情况许可科研机构中技术成果的转让和商业化。三是鼓励科研人员入市创业，制定落实市场主体与科研主力双聘机制，从根本上解决科研与生产脱节的问题。

第二，推进技术成果加速与产业结合，加快技术转化支撑产业升级。一是推动高新技术与制造业深度融合，通过科技成果展览、技术进企宣讲等方式，推动互联网、人工智能、物联网、能源清洁等高新技术同各产业尤其是制造业的应用融合，融合新技术、研发新产品、培育新业态、发展新模式，促进先进制造业集群式发展，推动中国产业向全球价值链上游进发。二是鼓励"互联网+"现代服务业发展，大力推进新一代互联网、人工智能等高新技术成果不断突破和广泛应用，加速服务业丰富内涵、分工细化、业态多样和模式创新，快速提升服务网络化和智慧化水平，助力现代化服务业建设。

二 发挥市场资源配置的决定性作用，促进产业结构高级化

产业升级意味着生产要素在产业间与产业内部的合理配置，从低附加值、低技术水平、低资本密度向高附加值、高技术水平和高资本密集

化演进发展。目前，中国产业结构高级化步伐放缓，低端同质化产能竞争过剩，而高端高附加产能供给欠缺，带来供需结构性错位加剧，亟须发挥凸显市场在资源配置中的决定性作用，着力构建更高水平的社会主义市场经济体制，化解产业升级过程中的堵点与难点。

（一）完善市场调节机制，畅通生产要素自由流动渠道

提高产业结构高级化速率，关键要让市场在资源配置中发挥决定性作用，同时理顺政府与市场的关系，让生产要素在各主体间有序、高效流动，从根本上提高市场供给质量，促进中国产业升级。具体来看：

第一，建设完善市场规则体系，加快构建全国统一大市场。一是培育和完善市场规则的机制体系，健全要素市场制度建设。完善相关法律法规，建立符合要素市场新情况、产业发展新动态的公平市场规则。通过市场竞争、市场价格优化资源配置系统，减少要素在产业间和产业内部流动的壁垒，畅通要素向高效能企业、中高端产业流动，实现企业收益和社会效益最大化。二是加速推进全国统一大市场建设，加快形成法治化、市场化、国际化的优质营商环境。破除地方保护壁垒和区域分割藩篱，全面清理针对外地企业、民营企业和外资企业等的歧视性政策，切实统一市场制度规则，畅通国内商品和生产要素自由流动。

第二，理顺政府与市场关系，持续深化"放管服"改革。一是加大简政放权力度，着力解决可能存在的"政府越位管理"问题。改革完善商事制度，重点简化审批许可手续，降低市场准入门槛。推进垄断行业的市场化改革，丰富竞争性环节的市场主体参与。二是扎实放管结合，加快补齐可能存在的"政府监管失位"不足。通过设置"红绿灯"规范和引导资本在法律法规制度框架内健康有序发展。三是巩固优化服务，科学改善政府帮扶方式。带动社会资本，合作发展政府产业引导基金，以市场化方式开展投资，激发企业创新、产业升级的内生动力。同时，依据不同的产业发展特点和产业项目类型，因地制宜制定最优支持方式和科学评估体系，提升政府专项引导资金的使用效率。

（二）建立以市场为主导的产业政策体系，化解低端产能过剩

切实化解同质化产能过剩问题，改良行政性、"一刀切"的粗放式过剩产能治理方式是重中之重。应当认识到过剩产能并不直接意味着落后产能，在产能相对过剩的行业产业内，高效率、高技术的新增产能同

第十二章 │ 提高消费和产业"双升级"及其耦合协调性的政策建议

样应该得到支持。具体来看:

第一,探索建立过剩产业产能淘汰指标的交易市场,鼓励企业利用市场规律,通过兼并重组等方式淘汰低效产能。

第二,健全产业准入的负面清单制度,建立以市场为主导的产业政策体系。改革健全产业市场准入的负面清单,破除地方保护主义倾向,营造公平、公正、公开竞争的良好市场环境,为市场主体主动性赋能,激发市场活力,淘汰产能过剩或技术落后领域的"僵尸企业"。

第三,探索深化与"一带一路"沿线经济主体的国际产能合作。出台税收优惠、出口补贴、境外投资风险补偿等政策,激励保障企业"走出去"实现跨境产能合作,在国际产能合作中提升自主创新能力和要素配置效率,达到缓解产能浪费与加快产业升级并举的目的。

(三)健全以企业为主体的市场创新体系,弥补高端供给短缺

企业是市场供给的第一主体,要想补齐目前高端供给的短板,应从企业着手,以促进头部企业和中小企业协同发展创新为主要方面,促进中国市场供给迈向新的层级。具体来看:

第一,以头部企业为"关键",鼓励和引导引领性企业加大自主研发创新力度。通过提高企业的研发费用加计扣除比重,革新研发费用加计扣除清缴核算方式,以"真金白银"加速企业向自主创新模式动态转换,提高关键中间产品、关键核心技术自给率,解决高端产能供给基础性难题。同时,推动混合所有制改革,激发国有企业活力,发挥制度性优势加速解决供给错位矛盾。

第二,以中小企业为"抓手",鼓励和引导中小企业实施技术改造创新。加大财政政策扶持力度、落实完善税收支持政策,促进科技型中小企业加强外来引进技术的改造与升级,推动外向型中小企业内需和外需并重,准确把握内外技术差距,明确技术创新方向和重点,提高产能升级速度和效率。

第三,支持头部企业与中小企业协同发展,延伸产业链长度,提高价值链、创新链地位,加快实现国内高端供给对国外产能的替代。与此同时,不忘强化中国产业链脆弱环节,提高资源密集型关键产业供给,巩固坚实产业升级基础。目前,中国农业、矿产和石油等关键行业进口依赖性较强,且缺乏定价权与议价权,放大产业链"断链"风险。因

此，应加快农业科技转化应用进程，通过财税倾斜支持农业实现科技化、大规模生产的创新模式。对于能源资源类企业，也应通过系列财税政策鼓励其向清洁新能源方向和深加工综合利用方向发展，保障经济安全高质量发展。

三 重视政府引导的方向性作用，推动产业结构合理化

创新、协调、绿色、开放、共享的新发展理念指引了中国经济高质量发展的路径。其中，城乡区域协调发展、低碳环保绿色发展以及高水平的开放型发展，是构建高质量现代化经济体系的必然要求，也是贯彻产业升级全程的理念性、方向性指导。中国产业升级在发挥市场资源配置决定性作用的同时，应重视政府引导转型升级的方向性作用，把控好产业结构升级的合理化方向。

（一）加强基础设施建设，优化城乡区域产业结构和布局

城乡区域的产业协调发展与不同人民群众发展利益均衡问题密切相关，未来中国需要进一步加强基础设施建设，并着力推进城乡、区域产业结构和空间布局协调平衡发展。具体来看：

第一，持续完善现代基础设施网络，为产业均衡布局提供基础性条件。完备的基础设施建设是企业落地、产业体系化发展的先决条件和必要配套，也是经济高质量发展、人们生活水平提高的底层基础和重要支撑。应审慎财税政策制定以及社会转移资金流向，以政策资金筑底，引导社会资本积极投资新基建等战略性建设项目。其中，应格外注重第五代移动通信、人工智能、工业互联网、大数据中心等新型技术型基础设施体系的平衡性布局和高质量建设，为智能制造、数字经济等新兴技术密集型产业发展提供保障。同时，应加强综合运输通道、交通枢纽和物流网络建设，加快推进交通网络化布局。

第二，平衡产业结构布局和空间布局，着力推进城乡融合发展和区域协调发展。一是全面实施乡村振兴战略，平衡城乡产业结构和布局。加快构筑现代农业产业体系，深耕农村产业升级，打造农村经济发展新一极，优化城乡产业结构。同时，推进新型城镇化建设，优化城镇化空间布局，提高农村和城市边缘地区交通通达深度，优化城乡产业布局。二是鼓励产业企业全面布局，促进区域产业协调发展。积极响应西部大开发、东北振兴、中部崛起的区域发展格局的要求，通过差异化考核制

度、财税倾斜支持、差别化用地政策、省份城市对口帮扶等综合举措，平衡区域产业发展。同时，在城市群、都市圈的基础设施新建中，注重轨道交通的网络化布局，以城市群为中心向外围扩散，逐步完善小范围区域产业体系。

（二）扶持低碳环保产业发展，统筹生态环境保护与经济发展

绿色发展理念注重协调经济发展与自然生态环境保护的矛盾关系，未来中国产业升级需要在减少能源消耗、降低环境污染的同时，加快传统产业转型与新兴产业培育，统筹生态环境保护与经济高质量发展。具体来看：

第一，坚持打好污染防治攻坚战，推进产业绿色转型升级。收紧环保政策，倒逼高污染高能耗产业企业向绿色清洁方向转型升级。按照要求提高环境保护标准、加严环境保护要求。立足实际，科学制定引导性标准，在保证地区产业发展的同时，协调有效推动高污染、高能耗、高排放的传统行业向清洁先进适用的生产方式转变。

第二，加快培育低碳新兴产业，实现环境保护与经济发展并举。立足通信制造、新能源、航空航天、资源深加工综合利用等战略性新兴产业，加强先进技术和优秀人才引进，加大财政资金和税收政策支持，全力攻关产业关键共性技术。通过技术博览交流会、科技中介服务机构等方式，促进关键共性技术推广，继而依托中国完善的工业生产体系和超大规模市场优势，培育推广新兴产业集群的低碳清洁高效发展新模式。

（三）提升产业开放层次，内外协同构筑高水平开放型产业体系

对外开放是中国经济高质量发展的必由之路，未来中国需要进一步提升产业开放层次，从鼓励高质量进口贸易到推动要素和制度开放与世界接轨，深化区域经济开放合作，内外协同构筑高水平开放的现代化产业体系。具体来看：

第一，鼓励高质量进口贸易，加快构筑现代化产业体系。进口的高质量核心零部件、先进生产线、关键软硬件装备等可以补充国内产业链的缺失环节，有利于加快构建现代化产业体系。同时，高质量进口品的增加，会对国内相关替代品形成竞争压力，倒逼国内企业加快技术进步以提高产品质量。

第二，持续深化要素流动性开放和制度性开放，推进产业体系与世

界接轨。切实落实对外开放政策，在国际商品贸易发展成熟的基础上，进一步纵深推进金融资本、商业服务等中高端领域对外开放；在产品和生产要素开放的基础上，进一步同国际经贸规则接轨同频，逐步渐次提高中国在全球贸易中的地位和话语权。在对外开放进程中，以"竞争中性"为原则，保证各经济主体、市场主体所接受的财税政策平等、所享受的金融借贷便利一致，以真实的竞争压力倒逼国内企业提高竞争力。

第三，深化双边、多边、区域经济开放合作，提升中国产业链供应链韧性。推动区域贸易投资协议进一步升级，深化亚太经济合作组织（APEC）、区域全面经济伙伴关系协定（RCEP）等区域价值链产业链合作。一是发挥比较优势，深化各经济体不同要素密集型产业的产能合作。二是在区域价值链、产业链的共同薄弱环节上积极开展创新协作，合作共建共享更优质的先进区域产业链和价值链。三是进一步利用地区与国际经济合作，对中国重点产业领域进行补链、稳链、固链、强链，使中国国内产业链安全、高效地运行以及有序创新，逐步畅通国内外生产大循环，助推中国经济高质量发展。

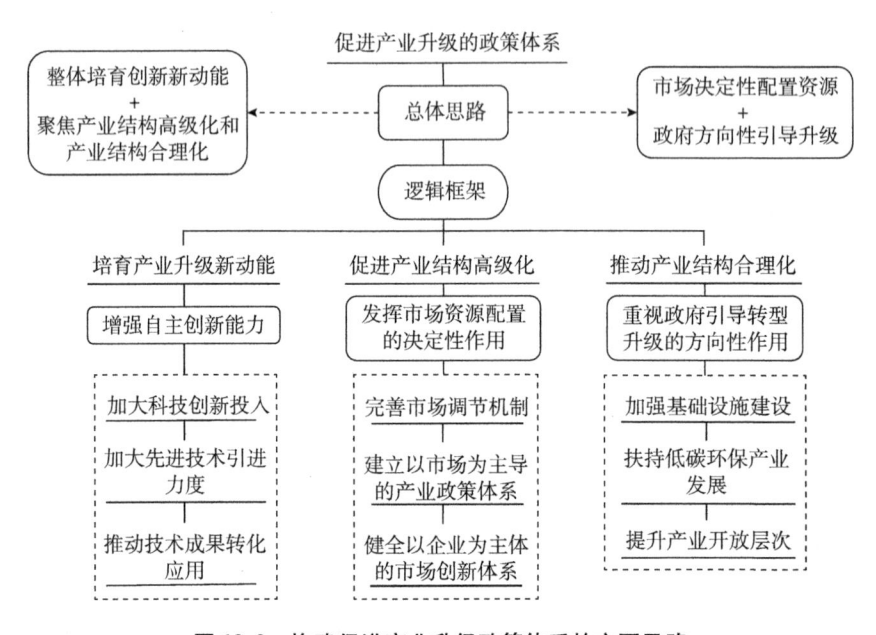

图 12.2　构建促进产业升级政策体系的主要思路

第十二章 | 提高消费和产业"双升级"及其耦合协调性的政策建议

第三节 促进消费和产业"双升级"耦合协调的政策

本章前两节分别提供了促进消费升级和产业升级的政策，本节将进一步提供相应的政策建议，从促进消费和产业"双升级"之间互动的五大效应发力，以提高消费升级和产业升级的协调升级趋势，加强消费和产业"双升级"之间的耦合程度。其中，第一点、第二点和第三点在于深入探究政策应如何发力以发挥消费升级对产业升级的需求收入弹性效应、要素配置效应以及技术激励效应的作用；而第四点、第五点在于研究政策建议如何设计以实现产业升级对消费升级的收入增长效应和创造引领效应。

一 依托需求收入弹性效应，以消费升级拉动产业升级

基于消费升级对产业升级的需求收入弹性效应的机制和路径，未来的政策应及时把握居民的消费趋势和热点变化，促进高收入需求弹性产业的发展。其中，未来特别需要主动引导文旅产业、大健康产业等高收入弹性需求服务业的良性发展，并注重新消费热点的培育，将消费变化信号及时传递到供给端，使收入需求弹性机制发挥更大的效用，促进产业升级。

（一）顺应文化旅游（简称文旅）消费趋势，激发文旅产业活力

文旅产业属于高收入需求弹性的产业，文化旅游能够为居民带来身心上的放松，丰富居民的体验。文旅部官方统计显示，2021 年全国居民教育文化娱乐的人均消费支出为 2599 元，较 2012 年增长 105.9%（文旅部，2022）。居民在文旅消费中的要求逐渐丰富，更加注重在文化旅游消费中的精神获得，关注文旅产品的多样化、个性化、可得性以及安全性。为此，未来应进一步鼓励打造高质量旅游景点，进行多样化线上创新，规范文化旅游项目，顺应居民的文化旅游消费需求，为文旅产业发展提供持续活力。

第一，通过满足居民旅游消费的情感和文化需求，打造非同质化、宣扬自身风土人情的高质量文旅景点，进一步推动旅游产业发展。一是支持各地打造集聚影响力的旅游景点，形成独具当地文化特

色的旅游品牌体系，对因地制宜的旅游开发项目给予大力支持。二是鼓励依据当地景点特色策划推出优质文旅产品线路，带来旅游消费升级。三是鼓励乡村旅游项目开发，对助力乡村振兴等农家乐、农活体验等旅游项目的开发给予支持和引导。四是合理发挥网络红人等视频创作者对于景点的宣传作用，聚集景点的人气。五是对企业进入旅游项目开发、配套设施供应、景区运营等活动给予相应的政策支持。

第二，满足居民个性体验的消费需求，进行多样化线上创新，促进文旅产业价值链延伸和升级。一是促进大数据分析在文旅产业中的应用，鼓励建立文化和旅游消费数据监测体系，为居民提供符合喜好的、精准的营销推送。二是推进网络技术在旅游景点的应用，鼓励各地旅游景点线上线下融合宣传。三是鼓励各旅游景点在电商平台上开设主题店铺，运用当地特色非遗文化、文化手艺等，促进文旅产业与电商相结合。

第三，完善旅游安全制度建设，更好地发挥旅游消费促进旅游产业发展的作用。近年来，居民乐于体验新兴的娱乐项目，露营、潜水、民宿等新兴的旅游项目蓬勃发展。但是，有必要对一些潜在的安全问题进行调整，以更好地规范新型文旅产业发展。例如，各地区露营地点的选择一定要符合地理要求；潜水的深度和范围应予以规定，相应的潜水设备应符合规范，潜水教练的资格应该进行审核；民宿的管理登记以及隐私问题等应出台相应细则予以规范。

（二）规范健康产品市场，促进大健康产业升级发展

随着居民收入水平的增加，居民的健康意识提升。数据显示，2021年中国人均医疗保健消费支出2115元，同比增长14.8%（欧阳洁，2022）。居民健康消费付费意愿增加，心理、保养、保健等健康产业得到极大的发展。为此，应积极迎合居民健康消费需求，进一步规范保健类产品发展，填补心理市场空白，促进健康产业发展。

第一，响应居民健康消费的需求，规范保健类产品的监管，保障健康产业良性发展。由于生活水平的提升，居民越来越注重身体的保养，厂商不断投入研发，生产各类保健产品，研究各类新型的保健服务，以满足居民的消费需求。保健产品不断升级出新，相应标准应及

时更新，并且产品问世应严格审批，以此来保证商家良性竞争。一是对于褪黑素等具有功能性的保健类药品，严格保障成分底线，严厉打击添加非法成分及有害物质超标的行为。二是对于美容仪器和按摩仪等制造企业，应给予相关的政策支持。三是加强对美容院、整容整形医院、按摩店、采耳店等的监管，相应医生和技师的上岗应通过相关考察。

第二，回应居民心理咨询消费的迫切，加快心理健康医疗和疏导的市场化建设，弥补健康产业发展的不足。由于工作强度和生活琐事，居民焦虑、压力等负面情绪变多，居民想要缓解自身的这种亚健康状态，市场上逐渐出现心理咨询等服务，但是目前尚未形成相应的规范，需要政策发力进行一定的引导。一是加强各种正念课程、私人心理室的审核，防止空壳化、价值不正确的课程培训。二是设置对于心理咨询师的考核，严格保障心理治疗的心理安全。三是合理运用公共私营合作制（public-private partnership，PPP）模式，鼓励政府企业合作设立心理咨询项目，扩大心理咨询的受众群体，降低心理疗愈的负担。

（三）培育新消费群体，助推新型产业提质扩容

随着居民收入水平不断提高和消费观念转变，居民将增加高需求收入弹性商品的购买。网络零售、网约车、外卖、直播带货等新消费崛起。总体而言，新消费的范围目前主要停留在城市，但农村、老年、国际客群也存在潜在的新消费需求，因此，应当积极拓展这类新消费群体，满足他们的新消费需求，强化规模效应和降低生产成本，助推新型产业提质扩容。

第一，扩大新消费的农村顾客群体。加大对农村人口互联网安全基础知识与专业技能的训练，通过村干部、打工回乡人士的示范作用，使更多农村居民切身体会电子购物、网上预约等新型消费形态，助力新消费的相关产业在农村发展。

第二，培养新消费的老年顾客群体。通过设计各种新型商品和服务项目，促进老年人的群众生活方式多样化，在老年人群中逐步形成科学健康的消费观念，创造有利于老年人的保健养老、文化旅游、休闲娱乐等服务性产品，扩大新消费相关产业的年龄受众。

第三，吸引新消费的国际顾客群体。积极推动各个大型城市，结合当地特色资源，发挥当地优势，举办电影、旅游、美食、青少年交流等各种娱乐类型的国际活动，带动境外游客入境消费，提升中国城市、人文、自然景观、产业等的国际知名度（毛中根等，2020）。

二 畅通要素配置效应，以消费升级拉动产业升级

为了使消费升级对产业升级的要素配置机制发挥更大效用，畅通消费变化所需要的要素流动，应发挥市场对资源的配置作用，提升消费信号的引导强度；加强教育就业培训，增强劳动要素随消费需求转变的能力；增强基础设施建设，减少要素流动的财力和时间消耗。

（一）发挥市场配置作用，引导要素向高端产业高效流动

由于市场更能及时捕捉消费升级所引起的要素资源流动要求，应积极让市场需求决定要素流动，优化各种生产要素在产业间的配置，促进产业升级。政策可从以下几个角度发力。

第一，破除民间资本在产业间准入的不合理限制，以更开放的市场主体参与来形成更充分的市场竞争，在竞争中促进产业结构合理化和高级化。资源要素的产业间自由配置对提升产业的创新能力和工艺水平起到鲇鱼效应。

第二，打击限制要素自由流动的地方保护主义行为，推进"一照多址""一证多址"等制度改革，简化企业开拓区域业务的手续，降低企业扩大规模经营的地方阻力，鼓励企业跨区域配置资源进行行业的自由竞争。

第三，降低政府部门对要素流动的过度行政干预，厘清行政权力干预市场的边界，避免权力异化和寻租行为，提高要素向高端产业流动的效率。

（二）加强教育就业培训，促进劳动力跨行业流动

居民消费需求的转变，将引起高层次消费品的消费规模增加，并促进产业发展。这一消费变化所引起的产业升级，也将直接增加对高素质的专业技术劳动力的需求。因此，加强劳动力的教育就业培训，将有效促进劳动力跨行业流动，有助于发挥要素配置机制的作用，减缓高技能劳动力供给不足对产业结构转型升级的影响。

第一，鼓励和支持高端制造业、服务业的就业培训、岗位技能培训

第十二章 | 提高消费和产业"双升级"及其耦合协调性的政策建议

和职业技能培训,增强员工的专业技能,保障高端制造业、服务业的劳动要素充足,支撑高端产业的发展。

第二,对在城市的农村转移劳动力和城镇失业人员进行再就业培训,提升灵活就业劳动力的跨行业再就业能力,提升产业人力资源的存量,缓解各产业在升级过程中的劳动要素不足的压力。

第三,鼓励传统行业对员工进行数字化、智能化操作技能等教育培训,增强员工的现代化操作技能,培养传统行业员工的数字化、智能化工作意识,有助于提升传统产业整体的数字化、智能化程度。

第四,强化对农村劳动力的就业培训,促进农村相关产业升级。利用镇办、村办农产品加工制造业、农业观光旅游业培训会的机会增强农民的劳动技能。采取农业技术人员下乡、现代网络远程技术等方式对农业生产进行培训指导,提升农民的农业生产技能,促进农村产业升级。

(三)加强基础设施建设,降低要素的流动成本

加强交通、物流等基础设施建设,特别是加快交通网络布局,推进现代交通建设,通过降低要素的流动成本,为消费升级引起的产业变化所需要的资源流动实现奠定坚实的物质基础。

第一,加快交通网络建设,畅通要素资源的自由流动。一是发展高速铁路、公路等新交通设施的路线布局,丰富东部、中部和西部等区域之间和区域内部的高速铁路、航空运输网络布局,特别是构建西部各省份高铁、航空的网络建设,有效减少要素流动的运输时间。二是推进沿海大型港口、内陆贸易枢纽建设,降低国际资源流动的时间成本。三是丰富京津冀、长三角等各大经济圈的交通网络布局,大力发展轻轨、城际快车等多种新型交通方式,有效提高要素在经济圈中的流通效率。

第二,推进现代交通的配套和数字化建设。一是合理规划现代物流体系的城市布局,在各大区域主要城市,建立各种规格的仓储中心,同时连接区域公路、铁路、航空等运输网络,优化配套物流体系,降低要素物流成本。二是加强数字化交通设施建设,推进大数据、人工智能等技术在交通运输中的应用,提高要素流动效率。

第三,加强城乡间交通基础设施建设,加快城乡资源的双向流

动。一是积极利用高铁的辐射效应，加强农村公路与传统铁路和高铁的连通性，提升劳动力流动效率（余泳泽、潘妍，2019）。二是升级农村交通基础设施，设立各种办法以及分派专业人员，指导农村的邮局快递节点融合、客路运输优化、村公交站台改造，以及农村网络布局和应用。

三 保障技术激励效应，以消费升级拉动产业升级

为了更好地发挥消费升级对产业升级的技术激励机制的作用，应培育自由创新的营商环境，激发面对消费形势变化而产生的企业自发创新；同时通过国际会展和进口博览会等，学习国外消费品所蕴含的新型技术、设计，倒逼国内企业创新和产业升级。

（一）培育自由创新的营商环境，增强消费升级信号引导企业创新的能力

自由创新的营商环境会让厂商面对消费升级信号做出灵活及时的反应，敢于找准机会投入研发和创新以获得垄断利润，从而带来产业升级。为此，需继续深化"放管服"改革，通过优化服务企业流程、给予资金支持、跟踪诉求解决、促进"产学研"合作，能够有效培育自由创新的营商环境，保障技术激励机制更好地发挥作用。

第一，优化企业开办流程，激发市场主体创新热情。全面打通市场监管、公安、税务、银行等业务系统，推动各业务系统中的电子业务交接，简化企业开办放入流程，减少企业开办流程中的"多头跑"现象，降低企业的开办成本。

第二，从多方面给予资金方面支持，缓解企业创新资金困难。通过财政补贴、贷款优惠以及融资帮助，及时缓解企业创新的资金困难，给予企业创新的财力支持。

第三，深入了解企业的诉求，切实为企业纾困解难。将走访企业的服务常态化，深入了解市场主体诉求，着力解决烦扰企业运行的根源问题，及时解决企业的困难，减缓企业运行过程中的阻碍，帮助市场主体安心创业创新。

第四，完善"产学研"体制创新，促进企业与高校之间的科研成果转化落地合作。完善企业与高校对接机制，共同推进校企优秀人才交流合作、科创平台建设，加强专家、院士在企业创新中的引导作

用，帮助企业职工在高校提升学历和获得技能培训，助力产生更多合作成果。

(二) 加强技术和知识产权保护，保证企业技术垄断的必要利润

通过降低专利申请手续，完善专利和产权保护制度等方式，加强技术和知识产权保护，保证企业及时获得技术垄断所带来的利润，强化技术激励机制作用。

第一，优化专利申请服务，降低知识产权申请成本。加快推进知识产权申请开展网上办理的方式，通过开展线上培训、畅通咨询热线、协助权利恢复、强化项目管理等方式为企事业单位提供更加便捷、更加高效的知识产权服务。通过技术垄断利润以保证让企业进行创新，从而激发产品创新的动力，不断推进产业升级。

第二，完善专利评审，防止恶意抢注。推进各级法院和知识产权局对专利评审制度的学习，提升各级法院以及地方知识产权局的执法水平（吴超鹏、唐茚，2016）；鼓励各级政府深入走访企业，开展实地调研，完善专利评审制度；探索商标专利巡回和远程评审，快速处理专利评审中的非正常申请和恶意事件，同时通过加强与海外相关机构的协作，坚决维护知识产权的权限。

(三) 举办进博会等国际会展，发挥国外技术的示范和倒逼作用

利用进博会等国际会展所展出和销售的国外高端消费品，满足国内不能满足的高端消费需求。同时，国内厂商也可以看到国内消费者对国外相关类型高端消费品的需求，激励其技术创新，进行相关产品的设计和生产，打开国内厂商研发思路，发挥技术激励机制，倒逼国内产业升级。

第一，丰富举办的消费品国际会展类型，全方位交流国际商品种类，带动国内消费品产业升级。不仅可以举办综合性的大型国际消费会展，也可以举办分类型的小型消费会展，如国际农产品、旅游、医疗健康等产品交流会以及乡村博鳌峰会等，通过学习国际消费品的品牌和设计理念，带来国内消费理念和相关产业升级的技术的转变，以此加速国内相关商品的研发，促进产业升级。

第二，大力支持中西部地区国际消费会展的举办，带动中西部产业发展和升级，缩小地区间的产业升级水平差距。根据中国区域的优势产

业布局特点，在中西部地区开展与其特色产业紧密相关或者互补的国际消费品会展，通过产品竞争效应、技术溢出或关联效应促进中西部地区产业发展和升级。例如，在中国新疆举办棉花制品、西部农产品等国际会展。

四 运用收入增长效应，以产业升级推动消费升级

为了进一步增强产业升级对消费升级的收入增长机制的效果，应推进现代工业和服务业升级，以产业升级推动居民消费升级；同时，加快农业现代化和规模化经营，助力农村居民消费升级。

（一）推进现代工业智能升级，推动居民消费升级

利用数字技术和智能技术发展推进现代工业智能升级，提高现代工业的全要素回报率，有效增加劳动报酬和扩大居民收入，推动居民消费升级。

第一，大力推进移动物联网、云计算、大数据、人工智能等数字技术与传统领域的深度融合。例如，加快数字技术与生物科学、生命科学领域的融合，打造出生物芯片产业；数字技术与医疗领域结合，衍生出远程医疗等产业；数字技术与能源领域融合，发展出能源互联网技术，推动能源结构转型。利用数字技术创造新的消费场景、新的消费模式等提振消费意愿，引导新型消费和促进消费升级。

第二，积极发挥工业龙头企业的创新引领作用，以可扩散的通用技术带动工业体系的链条式的产业升级。以全球领先的行业龙头企业、国家实验室体系、大学和科研机构、企业研发力量等构成的国家战略科技力量，合作进行工业智能化研发，并率先在龙头企业进行智能化生产链的试点。最终形成扩散性的通用技术带动工业体系的整体升级，助力研究开发新产品、新服务，以新供给创造新需求，促进居民消费升级。

（二）推进现代服务业内涵式发展，推动居民服务消费升级

增强现代服务业的供给质量，推进现代服务业发展将增加作为劳动要素的居民的收入，同时创造质量更好、形式更新的产品与服务，扩大居民消费意愿，推动居民消费升级。

第一，推动生产性服务业向专业化、高级化和价值链的高端延伸，助推消费升级。加快推进研发设计、供应链金融、检验检测认证等附加

值较高的相关服务，鼓励企业提升售后服务质量与生产性服务价值。促进生产性服务与制造业的融合，从而扩大居民的劳动报酬并创造新产品与服务，增强居民的消费意愿。

第二，深化生活性服务业的供给结构和质量优化，助力消费升级。扩大生活性服务的有效供给，推动生活性服务业社会化发展，健全服务质量标准和完善用户反馈机制，加快培育一批服务质量过硬和居民信赖的服务品牌，提升居民生活性服务的消费意愿。同时引导企业以居民需求为导向，积极挖掘居民潜在的生活性服务升级需求，为居民提供更加个性化、多样化的高端服务，并通过业态创新和模式创新带动引领新消费需求，持续推动消费结构升级。

（三）加快农业现代化和规模化经营，助力农村居民消费升级

通过加快农业现代化建设和规模化经营，提升农业的全要素生产率，发挥收入增长效应助力农村居民消费升级。

第一，加快农业现代化建设，提升农业全要素生产效率，倡导发展智慧农业。一是大力推广现代育种技术、智能化播撒、控温、监测等技术在农业生产中的应用，推动现代化机械、农业机器人、机器狗等智能技术的研发和应用。二是加强技术人员对农民的技术指导，通过农技专家下乡指导以及农业技术课程培训，让农民高效地及时掌握现代农业技术，提高农业收益。

第二，推进中国农业规模化经营，提高农业的利润率。一是鼓励相关农业龙头企业下乡与农村对接，发挥对农民的生产帮扶作用。发挥农业生产企业对农民生产的技术指导作用和溢出效应，从而增强农民的生产技能和创收能力，尤其是做好现代化农业机械运作、育种种植技术、病害治理等生产技术方面的指导工作。二是利用国家赋予农村集体土地股权和经营土地资产的权利，鼓励农村集体经济发展规模化农业经营，让农民共同决策，共同经营，共享收入。

五　发挥创新引领效应，以产业升级推动消费升级

增强创新在丰富业态和提质中的作用，推动区域产业集群协同创新发展，发挥产业升级对消费升级的影响的创新引领效应，推动消费升级。

（一）发挥创新在丰富业态和提高质量中的作用，引导消费提质扩容

通过采取相关措施鼓励企业发明创造，同时大力培育创新意识和精神，有效提升产品的设计和生产工艺水平，发挥创新在丰富产业业态和提高产品质量中的作用，通过丰富产品种类和开发新型高端产品来主动引导居民消费，促进消费升级。

第一，发挥财政政策的正向激励作用，鼓励企业进行产品和服务的创新发明。制定财政政策支持企业拓展新兴的产业领域和进行新品研发，促进企业在新兴产业利用自身优势和特色挖掘新工艺、新模式、新产品以及新服务。

第二，通过积极举办行业创新企业评选、最具创新力品牌、创新工艺能人等表彰形式，同时大力促进企业联合高校举办创新创业大赛，通过示范效应培育企业的创新意识和责任担当，激发企业创新的积极性，形成全民创新的良好环境和氛围。

（二）推动区域产业集群的协同创新发展，助推区域消费升级

通过完善区域产业发展统筹协调机制、构建区域中各城市利益共享机制，带动区域产业集群的协同创新发展。区域产业集群协同创新发展带来产业链的融合、上下游联动以及价值增值，为区域提供高品质的产品与服务，从而通过创新引领效应推动区域的居民消费升级。

第一，完善区域产业发展统筹发展机制，根据不同区域的资源禀赋和比较优势，统筹布局产业发展规划，形成产业创新的合力。需要整合区域内同质化产业链条，推进产业链上、下游在区域间清晰布局，形成分工合理、布局优化、优势互补的先进产业集群，增强区域产业创新能力，带来产业升级。

第二，探索构建区域中各城市产业发展利益共享机制，激发区域产业协同创新活力。从区域整体利益出发，进行城市群产业发展规划的统一编制，强化区域中上下游项目落地与配套，着力打造区域产业协作创新发展的利益共同体。同时，鼓励区域中各产业积极开展经济技术合作活动，形成特色产业集群，促进消费升级。

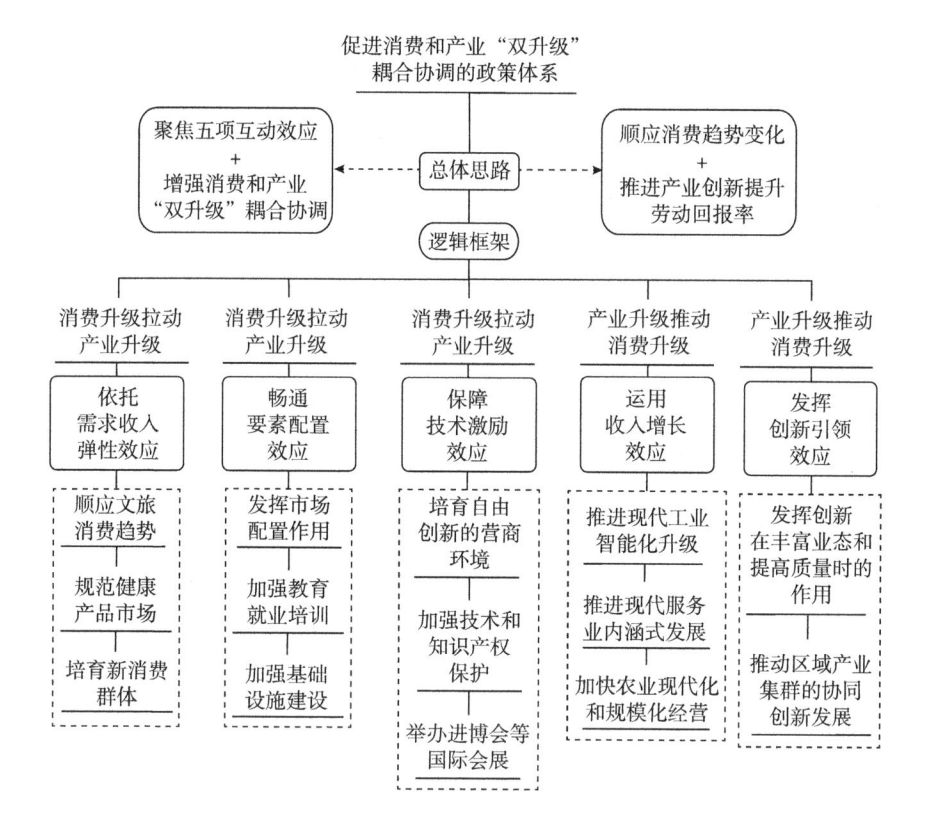

图 12.3　构建促进消费和产业"双升级"耦合协调政策体系的主要思路

第四节　本章小结

本章构建了促进中国消费升级与产业升级，以及深化两者耦合协调程度的政策体系。

第一，在促进消费升级方面，针对居民消费能力和意愿不足、消费环境和消费基础设施尚不成熟、消费市场缺乏足够的活性等问题或现象，以增强消费升级的内生动力、改善消费升级的外部环境为主要思路，提出以下政策建议：一是提高可支配收入，稳固消费升级。二是优化居民消费环境，保障居民消费升级。三是增强消费信心引导消费观念，引领消费升级。

第二,在促进产业升级方面,针对中国产业体系转型升级存在的自主创新能力薄弱、低端供给过剩与高端供给短缺并存、区域间的产业发展不协调等问题,主要依照整体培育产业升级创新动能、聚焦产业结构高级化和合理化的总体思路,提出以下政策建议:一是增强自主创新能力,培育产业升级新动能。二是发挥市场资源配置的决定性作用,促进产业结构高级化。三是重视政府引导转型升级的方向性作用,推动产业结构合理化。

第三,在促进消费和产业"双升级"耦合协调关系方面,从消费升级对产业升级的需求收入弹性效应、要素配置效应和技术激励效应,以及产业升级对消费升级的收入增长效应、创新引领效应发力,构建全面深化消费和产业"双升级"耦合协调程度的政策体系。一是通过激发文旅产业活力、促进大健康产业升级发展和培育新消费群体发挥需求收入弹性效应,以消费升级拉动产业升级。二是发挥市场资源配置作用、促进劳动力跨行业流动和加强基础设施建设畅通要素配置效应,以消费升级拉动产业升级。三是通过培育自由创新的营商环境、加强技术和知识产权保护和举办进博会等国际会展保障技术激励效应,以消费升级拉动产业升级。四是通过推进现代工业智能升级、现代服务业内涵式发展和农业现代化、规模化经营发挥收入增长效应,以产业升级推动消费升级。五是发挥创新在丰富业态和提高质量中的作用,推动区域产业集群协同创新发展,以产业升级推动消费升级。

第十三章

消费和产业"双升级"协同驱动经济高质量发展的政策建议

前面已经分析了加快中国消费升级和产业升级以及增强消费和产业"双升级"之间互动的政策建议。本章将继续先前的政策研究，详细探讨通过消费和产业"双升级"协同驱动经济高质量发展需要采取的政策措施。由第五章的理论分析及后续的实证分析可知，消费和产业"双升级"主要通过经济增长动力转换机制、经济系统协调稳定机制、绿色生态优先机制、内外开放联动机制、收入分配公平共享机制五重机制协同驱动经济高质量发展。因此，如何有效发挥这五重机制的作用效果，是新发展格局下利用消费和产业"双升级"协同驱动经济高质量发展的重要途径。因此，本章将从这五大机制出发，提出消费和产业"双升级"协同驱动经济高质量发展的政策建议。

第一节 加快经济增长动力转换，推动经济高质量发展

一 打破技术路径依赖，培育新的增长动力

从长期来看，技术进步是经济增长的动力，也是产业升级和消费升级的重要推动力。在推进经济高质量发展中，需打破技术引进的路径依赖，加快自主创新，培育新的增长动力。过去以引进式技术进步为主的中国式技术变迁在使中国经济实现高速增长的同时，也导致了中国经济结构的失衡，目前已经无法适应经济高质量发展的要求。因此，中国亟

须加快从以引进式技术进步为主转向以原发式技术进步为主的技术变迁方式。

第一，进一步深化科技创新的体制改革，调动企业自主创新积极性。实施创新驱动发展是一项系统化工程，必须解决由创新主体动力不足和成果应用等切实问题。为此，一是形成全面支持创新的基础制度，去除一切阻碍创新的思想观念和僵化体制，确保研发投入增长、科技成果孵化落地。二是针对中国现存创新体制存在的突出问题，必须充分发挥企业的创新主体作用。弱化对重复引进中低端技术的鼓励，强调产权知识保护，使创新要素在企业聚集。企业应勇挑创新重担，加快突破产业核心技术，提高自主创新能力，着力解决"卡脖子"、技术封锁等难题。三是各级政府应以重大创新项目为牵引，充分激发科研院所和高校创新活力，引导更多科研人员为企业服务，使创新科技成果向企业流动，推进产学研深度融合，加强培育创新型科技企业。

第二，发挥消费升级的牵引作用，引导企业进行产品创新和产业升级。随着中国人均收入水平不断提高，居民的消费结构显现出多元化、高端化特点，消费结构升级明显。为了更好地畅通国内大循环，产品供给侧必须不断创新，以满足消费者需求的动态变化，为消费者提供优质、安全、高效的产品和服务。为此，需要加快推动消费升级，倒逼企业进行自主创新和开发新的产品与服务，以满足居民新的消费需求。一方面，需要提高居民收入水平，释放消费潜力，促进家电、汽车、餐饮等传统消费领域的消费升级。另一方面，发展数字经济，搭建创新消费平台，将数字技术与消费互联网有机结合，落实系列消费政策鼓励国民开展新型消费，提升消费能级，推动新兴产业培育发展。

二 深入实施科教兴国战略，强化创新人才支撑

创新人才是衡量一个国家综合创新能力的重要指标，教育是培养人才、发展人才的基础事业，是民族振兴、社会进步的基石。因此，实现经济高质量发展，必须重点发展教育事业，强化创新人才培养，以人才优先发展战略支撑人才强国战略。

第一，完善基础教育，提高全社会劳动力的平均受教育水平。一方面，加大政府财政教育经费投入，另一方面，鼓励民间资本进入教育领域，形成多元支撑的教育体系。在财政支出方面，应始终遵循重点保障

第十三章 | 消费和产业"双升级"协同驱动经济高质量发展的政策建议

和发展教育事业的原则,增加教育经费投入,完善教育转移支付制度,确保教育支出占财政预算比不断增加。与此同时,各级政府应积极采取政府财政直接补贴、税收减免等措施,集聚民间力量,促进社会办学,发展民办教育事业,形成以政府为主体、全社会共同参与的教育格局。

第二,深化人才发展体制机制改革,建设创新人才强国。培养富有创新精神、具备创新能力、素质过硬的新时代创新创业人才,建设高层次人才队伍,推动中国由人口资源优势转向高素质人力资本优势,是形成原发式技术进步的根本力量。建设创新强国,要坚持人才自主培养,将人力资本开发置于优先地位。明确中国高等教育培养目标,重视创新能力、科学精神、思辨能力的培养,依托产学研用协同平台,培养熟悉市场、具备创新素养的创新创业青年。同时鼓励科教融合,支持高等院校、科研院所和企业组成跨领域、跨学科的综合交叉团队,重点开展前沿性、关键性、应用性的重大创新研究。

第三,健全创新人才服务配套举措,完善创新人才的激励机制。一是坚持用人为本,结合用人需要和实际,向用人主体授权,释放人才创新活力,扫清人才自主创新障碍,将人才从各种科研形式主义、官僚主义中解放出来。二是建立科学合理的人才评价体系,破除"四唯"现象,以职业特性和岗位职责为基础,以市场要求为导向,设置合理评价周期。三是做好人才保障工作,优化企事业单位聘用制度,拓宽人才流通渠道,打破用人过程中的"天花板""独木桥"等限制,贯通人才职业发展渠道。四是强化人才激励制度,更加重视知识、技术等创新要素在收益分配中的比重,为从事不同研究的人才提供与其贡献相匹配的差异化薪酬待遇,对取得重大创新成果的人才予以表彰,打造先进典型。

三 加快需求侧动力切换,蓄积发展持久动力

在经济由高速增长阶段转向高质量发展的阶段中,中国经济形势愈加复杂,可能会导致两种结果:一是不适应增长潜在速度放缓的客观事实而强行将经济增速提到与以往相同的高度。二是对当前阶段出现的经济波动不够重视从而忽略经济本身存在的风险。为了使经济平稳运行,要防止经济短期内大幅上行或下行,使其维持在一个适度区间。为此,从需求侧的动力转换来看,可以从以下三个方面进行需求结构的优化调整,促进经济高质量发展。

第一，加强"新基建"技术创新，放宽市场准入限制，继续加大重点领域的基建，优化投资结构，促进经济高质量发展。过去10年中国交通、水利、通信等基础设施发展已取得历史性的成就，但经济高质量发展对基础设施的建设提出了更高要求，中国在城际高速铁路、人工智能、特高压等"新基建"行业还存在相当大的投资潜力。在经济放缓的背景下，加强"新基建"技术方面的自主创新能力，提升行业整体吸引力，建立配套制度，优化"新基建"领域营商环境，切实降低投资风险，吸引民间投资，通过"新基建"投资带动新一轮经济增长，维持经济增速平稳。

第二，继续推进以人为中心的市民化进程，帮助农民工完成市民化转变，改善消费需求结构，促进经济高质量发展。市民化过程中，农村转移居民对衣食住行的消费需求将在"质"和"量"上要求更高，同时对教育、医疗等方面的需求量将不断扩张，城镇人口增加致使需求规模不断扩张、需求结构不断升级，有利于城镇工业、商业、服务业繁荣发展，并促进产业结构的升级。并且，在市民化过程中产生的大量就业机会，有利于提高居民收入，进一步释放消费潜力。可见，推动市民化进程既能通过增加居民收入带来消费升级，又能够促进产业升级，同时从供需两侧促进经济高质量发展。因此，需要加快完善以人为中心的城镇化制度体系，完善农民工等转移人口的就业创业支持政策，平稳高效地推进市民化。一是在城镇落户条件方面，需要继续推行户籍制度改革，鼓励农村人口向城镇流动，从而适当加快市民化过程，更大规模释放城镇化带来的消费升级潜力。二是需要保障转移人口落户城市后的医疗、养老、教育、住房等方面的条件，保障农民市民化过程中福利不受损害，从而更好地促进消费升级。三是在农村劳动力就业方面，鼓励企业吸纳农村转移劳动力，积极打造农民工就近就业通道，解决农民工"背井离乡"困境。

第三，继续扩大和深化对外开放，积极拓展外需规模和改善出口结构，促进出口需求的高质量发展。一方面，继续推进"一带一路"倡议，从而将中国生产的高品质、低成本产品，以及全球一流的建设能力在沿线发展中国家推广，这不仅有助于解决中国供给过剩问题，助推中国企业升级，还有助于进一步深化对外开放，实现互利共赢，进一步

第十三章 | 消费和产业"双升级"协同驱动经济高质量发展的政策建议

推进经济高质量发展。另一方面，加强与欧美等发达国家和地区合作，提升产业的价值链，积极参与全球竞争。通过加强合作与竞争提升国内的产业发展水平，以国外需求倒逼加快建立国内现代化产业体系的建设，促进经济高质量发展。

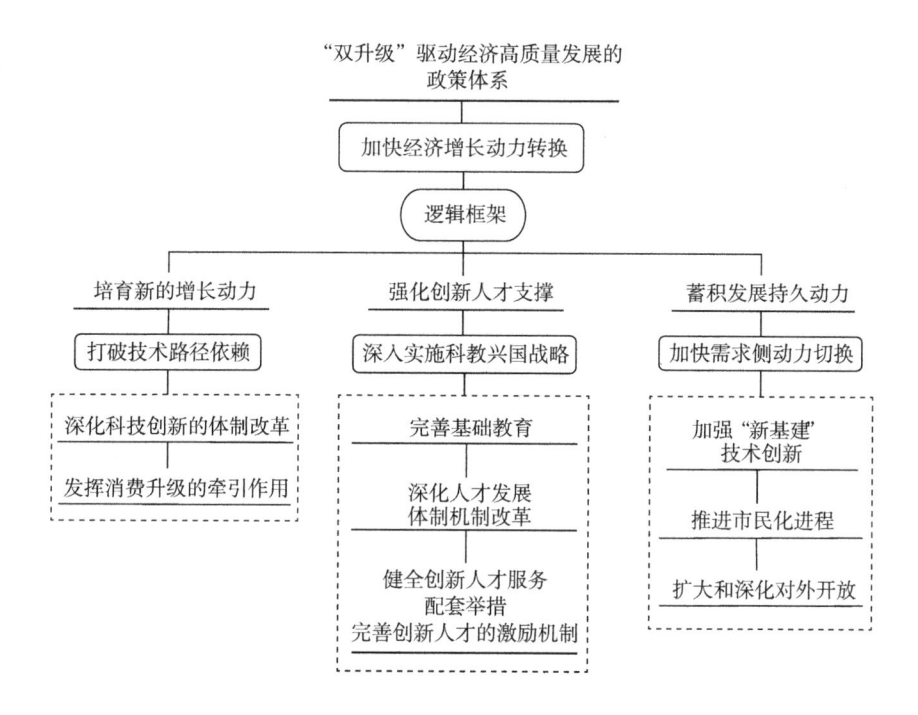

图 13.1 加快经济增长动力转换的政策体系

第二节 增强经济系统协调稳定，保障经济高质量发展

一 提升消费和产业升级匹配度，稳定经济供需结构

消费升级和产业升级的动态匹配能够增强经济系统的协调稳定性。供给和需求是经济发展的一体两面，两者之间的平衡是相对的，不平衡是绝对的（刘鹤，2022）。一方面，如果国内消费升级的速度明显快于产业升级的速度，就会产生国内产品与服务供给满足不了高端消费需求

299

的问题，从而导致"消费外流"现象，带来经济供需结构不协调的问题。另一方面，如果国内产业升级速度明显快于消费升级，则会造成国内高端消费品过剩问题，削减高端消费品产业体系继续升级的动力，也不利于国民经济的稳定协调。因此，从需求端和供给端同时发力是摆脱国内消费市场供需失衡问题的重要举措，对于更好实现消费升级和产业升级耦合协调和相互促进，实现消费需求与产业供给动态平衡有重要作用，从而促进经济系统的协调稳定和高质量发展。为此需要从以下三方面重点发力。

第一，实施扩大内需战略，促进三大需求协调拉动。一是着力培育消费需求，促进消费结构升级。通过发掘居民消费潜力，刺激新型消费模式发展，促进消费升级。通过提升产品的供给质量，并引导市场供给侧推动消费品向种类丰富、质量提升、品牌认可的方向发展，从而进一步激发居民消费潜力。二是着力推动有效投资，优化投资结构。一方面，加大对具有引领性和目标导向性的基建、科创、民生、环保等重大项目投资，促进投资存量的优化。同时，创新投融资方式，加强政府与社会资本合作，促进投资的落地实施。另一方面，提前布局互联网、第五代移动通信技术（5G）、大数据等"新基建"建设，优化投资结构。强化政府的引导作用，加速释放政策红利，进一步优化"新基建"投资发展环境；鼓励社会资本进入，促进"新基建"市场化，提高投资使用效率。三是着力提高国内产品价值含量，优化出口结构。积极发挥中国全产业链优势，围绕重点产业开展重大技术装备攻关项目，促进关键领域的核心技术实现重大突破，不断扩大高铁等优势领域产品的出口，带来出口的高质量发展。

第二，继续深化供给侧结构性改革，加快产业升级。当前和今后一段时期中国经济发展供给侧方面存在结构性失衡问题。一是化解产能严重过剩矛盾，减少无效和低端供给。一方面，采取相关政策遏制产能盲目扩张。根据环境保护法相关法律法规和环保标准，整顿产能过剩行业，淘汰落后产能。另一方面，建立健全激励约束政策和过剩产能退出制度，鼓励过剩产能退出，压缩整合一部分过剩产能。二是加强科技创新，扩大高端和有效供给。增强自主创新能力，促进重点行业和关键领域的核心技术实现重大突破，并将技术成果转化为生产力。同时，强化消费升级的牵引导向作用，以消费带动产品升级换代。

第三，把实施扩大内需战略同深化供给侧结构性改革有机结合起来，加强消费升级和产业升级的动态匹配。一是以深化供给侧结构性改革为主线，促进供需动态匹配。在对外依赖度高、可能会出现断供断链的领域要加快补短板；在有需求升级但未得到有效满足的领域要尽快优化供给结构。二是充分发挥超大规模市场优势，促进供需动态匹配。强大的国内市场给我们带来了规模经济效应、创新优势和抗冲击能力。扩大内需就是要充分用好强大国内市场优势，为企业营造良好稳定的发展环境，以规模扩大、结构升级的内需牵引和催生优质产业供给，促进供需平衡和保持经济的协调稳定。

二 稳定需求侧的升级趋势，防止消费升级和降级共存

通过需求侧升级引导供给侧升级，可以使供需结构向更高水平和更高质量的动态平衡迈进，因此稳定需求侧升级是至关重要的。从中国当前情况来看，尽管居民消费升级是消费发展的长期主流和主趋势，但部分群体的消费降级结构性并存，从而导致全体居民消费存在分层和不平等现象。一方面，财富高度集中的高收入群体的消费升级已经达到很高水平，导致其对高档商品的消费需求快速增加。另一方面，部分低收入群体受到外生负向冲击而存在消费降级风险，只能增加对低端商品消费和减少对发展型、享受型消费品的比例。这种收入和财富的贫富两极分化带来的消费结构升级分化，影响经济社会系统的协调稳定。因此，立足当前"消费升级"和"消费降级"结构性并存的现实，需要进一步调整和优化消费总体结构，拉动经济高质量发展。

第一，深化收入分配制度改革，缩小贫富差距。一是以税收调控居民收入分配。探索完善房产税、遗产税等立法，加大打击偷税漏税行为的力度，合理调节过高收入。二是建立健全工资正常增长机制，增加不同群体劳动收入渠道，提高中等收入者比重。三是继续推进精准扶贫，防止脱贫人口返贫，切实增加低收入群体收入。

第二，减轻居民生活负担，防止消费降级。完善健全社会保障体系，进一步提高财政支出中教育、养老、医疗等社会保障支出的比重，提高较低收入居民的消费能力与消费水平，防止消费降级。特别是针对家庭教育负担重这一情况，重点落实教育体制改革，在全社会形成合理

正确的教育评价导向，彻底整顿当前辅导班丛生的乱象，切实减轻家庭被迫背负的教育负担。

第三，继续从供给端发力，助力消费进一步升级。一方面，针对高收入群体消费升级不能很好满足的问题，要着重加强高端产品和品牌的设计与供给能力，促进海外消费和进口奢侈品消费逐渐回归国内市场。另一方面，针对中高收入群体，要坚持创新驱动，加快科技成果落地并转化应用，丰富产品种类，增加对新型优质产品和服务的有效供给，更好地满足多层次消费群体需求，充分激发市场不同消费群体的潜力。

三 提升产业结构合理化程度，形成高端均衡的现代化产业体系

产业结构协调是经济系统协调稳定的重要内容之一，即三次产业均衡协调发展。具体表现为农业现代化步伐加快、工业结构明显优化、现代生产性和消费性服务业崛起发展。其中，第三产业的扩张和新业态、新模式的兴起不仅能够优化产业结构，还能与第一、第二产业结合提升第一、第二产业的附加值，引领消费规模扩大，带动消费结构升级。因此，促进三次产业之间以及各自内部的协调发展，形成健康合理的产业结构和高端均衡的现代化产业体系，是实现经济系统协调稳定的重要举措。

第一，夯实农业基础，发展现代农业。提升农业内部结构合理化程度，构建高端均衡的现代化农业产业体系。一是推动农业基础设施建设，为现代化农业建设提供硬件保障。推动高标准农田建设，改造完善水利设施，改善农村交通状况，加快实现农村通信电网全覆盖。二是发展现代农业，促进农业增产提质、生态安全。加快农业和农产品加工业、文化旅游业的融合，推动农业不断增产增效。建设特色农产品基地，推动农业向专业化、品牌化方向发展。三是提高农民劳动技能，为现代农业的建设提供农业人才支撑。以现代农业发展需要为导向，培养一批专业化、技能化、高素质农民。

第二，推进新型工业现代化建设，提高高端制造业水平。提升工业内部结构合理化程度，加快推动产业链、供应链向现代化迈进，构建高端均衡的现代化工业产业体系。一是打造产业链、供应链长板。对于具有成本优势和全产业链优势的领域，继续巩固产业在国际上的地位，提升产业质量和品质，构建标准化、专业化、绿色化、智能化的现代化生

产体系。对于具有先发优势的领域，促进核心技术取得重大突破，推动高铁等优势产品不断向国际输出，发挥新材料、新能源等新兴产业链的强链补链功能。二是延长产业链、供应链短板。夯实产业基础，加大技术投入尤其是关键核心技术投入的力度实现补链强链，提高产业抵御内外部风险的能力。

第三，大力发展现代服务业，培育壮大战略性新兴产业。一是大力发展现代服务业。一方面，发展专业化、高端化的生产性服务业，促进其与现代化工农业融合。另一方面，以满足人民美好生活需要为目的，发展多样化、品牌化、绿色化的生活性服务业，增加基础性服务业供给。二是培育壮大战略性新兴产业。一方面，加大现代服务业中科技创新所需要的各要素投入力度，发展现代化产业，打造互补互促的战略性新兴产业增长引擎。另一方面，加强互联网、5G等与工农业深度融合，促进农业专业化、现代化发展，打造世界级现代化制造业集群，促进共享经济和平台经济等的蓬勃兴起和发展壮大。

四 促进区域产业协调发展，形成区域联动的产业集群

统筹区域发展是协调发展理念的内涵之一。区域之间存在不同产业链衔接、互补、交织等关系。各地产业升级可以通过破除地区间行政性壁垒，鼓励东部产业升级带动中、西部产业升级，振兴东北老工业基地产业等方式，加强与其他地区间的分工、协作关系，有利于形成区域联动的产业集群，提升中国整体的产业水平，增强经济系统的协调稳定性。

第一，打破区域间行政性壁垒，引导区域间产业有序转移。需要打破区域间人为设置的壁垒，疏通要素的跨区域流动，实现区域间产业有序转移。一是推动区域经济政策协同建设。以地区经济协调发展为目标加强政策联动，以政策凝聚协调发展合力，促进地区经济联动发展、互补协调。二是推进地区产业协作和区域互助合作，促进地区间、城市间合作支援，促进资源跨区域有序自由流动。三是加强不同区域间产业园区对项目的转移承接能力，提高交通枢纽、数据中心、超导光纤、5G基站等设施的利用率。

第二，加强区域协同联动发展，协力打造世界级现代产业集群。一是充分发挥各地党政联席会议制度作用，制定各区域重点产业集群一

体化布局总规划。明确各地重点产业发展分工方向，促进地方性区域性法规法制对接协同，扭转各行其是，加强重点产业集群协同互补能力，打造基于不同优势的差异化、现代化生产体系。二是根据资源禀赋因地制宜，消弭同质化发展。发挥地区资源禀赋和比较优势，打造因地制宜、分工合理、优势互补的现代化产业集群。进一步整合区域间文化根脉同源的相关产业，促进融合发展。三是加强区域间产学研合作，提升协同创新发展能力。鼓励不同区域和城市间高校、科研院所和企业形成产学研联合体并联合开发新技术、新产品；围绕产业链布局创新链，各区域产业链上下游衔接，市场与应用开发创新协同。

第三，深入实施区域协调发展战略，构建产业互补、分工合理的高质量区域协调发展体系。继续实施西部大开发、东北全面振兴和中部崛起计划，推动东部地区率先实现现代化，并带动其他地区发展；支援革命老区、民族地区建设发展，稳固边疆发展；打造京津冀、长三角、粤港澳、成渝地区现代化产业集群。

五 推动城乡协调融合发展，促进三次产业间的协调稳定

加快推进城乡协调融合发展是解决中国"不平衡""不充分"矛盾，促进经济协调稳定的重要内容之一。而实现城乡间要素自由流动是推进城乡协调融合发展的重要内容之一。一方面，乡村的资源、要素和农产品流向城市，为产业升级提供了物力和人力支持。而农村劳动力在工业等高生产率行业中获得劳动报酬，促进其消费升级。另一方面，城镇的集聚要素流向农村，为农业现代化提供资金、技术、人才等支持，带动农村整体水平提升，缩小城乡差距，促进经济系统动态均衡。因此，推动城乡协调发展，有利于促进城乡共同富裕，促进经济系统协调稳定。

第一，制定实施城乡一体化融合发展规划纲要。一方面，打破传统城乡二元体制，畅通城乡间各要素自由流动。把乡村发展放在整个城乡一体化格局中来把握和审视，鼓励城乡之间更大范围、更大规模地实现要素流动。另一方面，运用各种制度和政策创新，如金融信贷政策、创业激励政策，鼓励城市人力资本要素、金融资本要素、科技要素等向乡村流动，同时运用制度创新促进农村的要素流动和要素有效配置。

第二，推进新型城镇化，加强城乡深度融合。一方面，优化城乡布

第十三章 | 消费和产业"双升级"协同驱动经济高质量发展的政策建议

局,提高特大城镇的辐射带动作用,带动周边城镇乡村经济发展,构建大中小城市、大中小城镇等多等级市镇并存、协调发展的新格局。另一方面,加大农村土地改革力度,促进城乡各要素高效配置、自由流动、平等交换,实现城乡公共服务分配均等化,推动城乡生产生活同步发展。

第三,发展乡村现代产业,促进乡村三次产业融合发展。一是巩固粮食等种植业的安全稳定,发展绿色化、生态化农业。利用互联网等平台推动农产品线上销售,打造特色农产品品牌,提升产品价值含量。二是延伸拓展农业产业链条,构建农业全产业链。发展特色农业,促进农业与第二、第三产业融合发展,充分认识并挖掘乡村的经济、生态价值。

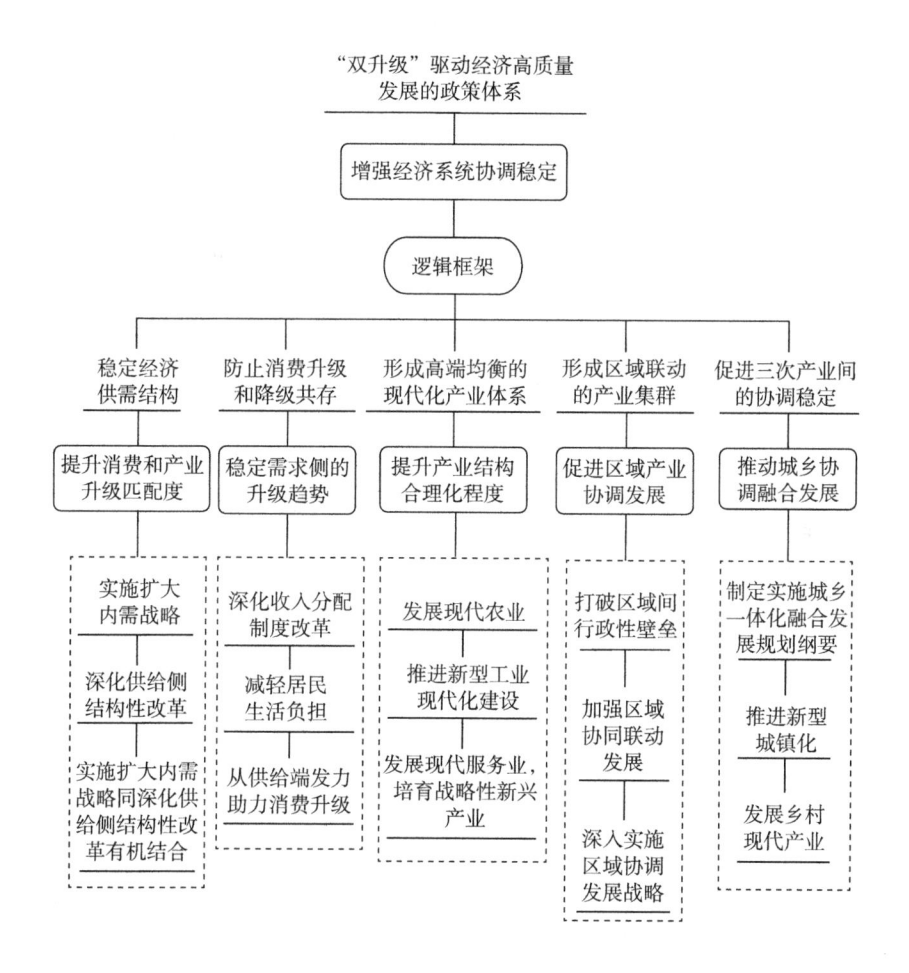

图 13.2 增强经济系统协调稳定的政策体系

第三节　坚持绿色生态优先发展，
助推经济高质量发展

一　坚持绿色生态消费理念，引导绿色生产创新

绿色消费是指以节约资源和保护环境为导向的消费行为。消费者的绿色消费行为可以倒逼厂商开展降低资源消耗、减少环境污染的绿色产品与服务的生产创新，推动经济高质量发展。随着消费者在衣、食、住、行等各方面形成绿色消费习惯，向生产厂商释放"绿色偏好"信号，需求端的绿色消费升级会带动厂商调整商品供应链各环节的生产技术和工艺，形成更高水平的绿色、低碳、环保生产方式。与此同时，生产厂商绿色产品供给的改进和创造会继续引领新的绿色需求，从而形成需求牵引供给、供给创造需求的绿色循环发展经济体系。为此，可以从以下三个方面进行优化。

第一，大力实施全民绿色消费教育，培养国民绿色消费观念。将低碳、环保、节约的消费理念融入学前教育、中小学教育和高等教育体系当中；组织开展高等教育院校第二课堂建设，弘扬绿色消费新风尚，加强青年人思想建设；将绿色消费写入入职培训、职工职业教育，开展文明企业、文明单位培养示范评比。

第二，大力推进"绿色低碳"主题宣传活动。将宣传"绿色消费"作为全国节能周、环保日的重要内容，重点表彰优秀个人和先进集体，充分发挥"示范效应"；加强舆论监管，曝光破坏生态的消费行为，对铺张浪费、奢靡享乐行为予以负激励，营造良好社会氛围。利用好各大社交平台、短视频平台的流量优势，宣传绿色消费的重要性，引导国民自觉绿色消费、低碳生活。

第三，引导国民自觉践行绿色生活方式，推广绿色消费。一是完善社会资源回收再利用体系，畅通二手物品交易渠道，优化个人资源利用效率。二是鼓励发展共享经济，搭建网络拼车、汽车租赁、车位共享等资源共享平台，畅通共享渠道。三是大力推广绿色节能产品，建设规范绿色产品认证体系，保证高效节能产品市场占有率逐步增长。另外，可以对购买绿色产品的消费者给予消费补贴、积分奖励，建立健全对消费者绿色消费行为的正向激励机制。

二 扶持绿色产业发展，引领绿色消费升级

绿色产业是推动生态文明建设的产业基础，也是经济高质量发展的重要手段。由于起步较晚，中国的绿色产业仍处于初级发展阶段，产业发展面临着融资贵、融资难、政策支持欠缺和市场规模不足等问题。为此，解决好以上问题，亟须把握绿色产业发展窗口，坚持绿色发展。

第一，积极发展绿色金融，建立健全绿色低碳市场融资体系。相比西方国家拥有发达的金融体系，国内许多绿色产业的初创者面临缺少项目启动资金、无法转化科技成果并使其规模化、产业化的困境。因此，应该加大绿色金融体系创新，优化信贷结构，加大对节能低碳、绿色能源、基础设施绿色升级改造等领域企业的帮扶力度，提高创业企业融资效率，降低融资成本。

第二，发挥财政政策作用，进一步加大对绿色产业的政策扶持力度。一方面，对绿色产业的小微企业实施普惠性税收减免政策，持续推进减税降费。以税收优惠政策助推绿色产业发展，通过较低税负吸引更多投资者，发挥民间投资的主力军作用，吸纳更多资本投入绿色产品的研发、设计、制造过程，促进绿色产业多元化发展。另一方面，由政府部门带头，对生态友好型产品实施优先采购、强制比例采购措施，提高政府采购支出中绿色产品比重，降低政府消耗并充分发挥政府示范作用，倡导实施绿色采购理念，促进绿色消费，牵引绿色产业的发展。

第三，大力推进"互联网+"与绿色产业发展相结合，助力绿色产业扩大市场规模。一方面，"互联网+"模式可以减少企业供给端信息搜寻和交易成本，促进数据资源整合，促进绿色产业的快速发展。另一方面，"互联网+"模式通过有效结合电商与实体经济，鼓励企业线上销售绿色产品，建立区域服务网络，打造电子商务产业链，以此拓宽市场规模，扩大绿色产品消费受众，释放潜在消费能力。

三 推动绿色发展，促进人与自然和谐共生

经济高质量发展的内涵决定了发展是人与自然和谐共生的可持续发展，必须深入推进环境污染防治，维护生态系统平衡稳定。为此，提出以下三方面建议。

第一，强化企业生产者和消费者的社会责任意识。健全企业生产者

责任延伸制，推动企业在生产过程中主动减少污染材料、有毒材料的使用，降低"三废"排放；强化环保监管，要求企业披露产品能效、碳排放等指标信息。鼓励以可循环使用环保袋替代一次性塑料袋，有效落实限塑令，鼓励酒店宾馆减少提供一次性生活用品，增强全民环保意识、生态意识。

第二，健全生态环保法律法规。进一步修订和完善《节约能源法》《循环经济促进法》等法律，修改现行法律中与碳达峰、碳中和目标不协调的内容；制定完善节约用水用电、资源回收利用、包装管理办法等专项法规与条例，划分政府、企业和消费者应承担的责任与义务。

第三，深入推进城市与农村环境污染防治。一方面，提高城市建设水平，优化城市空间布局，健全城市污染治理基础设施和治理体系，加强水源、大气、土壤污染源头防控，实现"陆海空天"一体化协同控制。另一方面，调动基层组织及民众主观能动性，落实污染防治主体责任。由各方合力，借鉴城市污染治理的先进经验，因地制宜开展农村污水治理、种植业和养殖业污染处理、资源循环利用工作。强化污染防治过程的监督考核，切实促进人与自然和谐共生。

四 优化政府治理能力，将"绿色"纳入政绩考核

当前，中国经济已由高速增长阶段转向高质量发展阶段，过去主要以国民经济增长速度评估干部政绩的做法已不适应当前发展需要。对领导干部的政绩评价不能简单"以 GDP 论英雄"，否则会导致干部为提高地区 GDP 而破坏生态环境，肆意消耗资源。为此，需要将绿色发展绩效指标置于领导干部考核评价体系并赋予更大的权重，将"绿色"纳入政绩考核评价标准，建立科学政绩观，有利于领导干部树立长远发展目标，推进经济高质量发展。

第一，健全干部"绿色政绩"跟踪纪实制度。尝试建立和健全干部"绿色政绩"档案并全程跟踪，准确全面记录干部在职期间绿色发展重大事项的实施和完成情况，客观反映干部工作。成立检查小组，围绕"绿色政绩"档案记录对相关工作人员和知情群众询问核查，确保"绿色政绩"档案的准确性和真实性。将"绿色政绩"档案记录与干部奖惩提拔有机结合，充分调动干部的主观能动性与创造性。

第二，健全公众参与监督制度。衡量干部的"绿色政绩"必须走

好新时代群众路线，真正做到让群众参与、监督、评判，做到考核过程公正公开，切实保障人民群众对干部考核的知情权与监督权。利用报纸、电视、互联网平台等手段向社会公开"绿色政绩"评价标准，保证干部考核公开透明。广泛倾听群众意见，通过公开审议、政务信箱、政务投诉平台等渠道充分收集群众意见并积极反馈，做人民满意的"绿色政绩"考核。

第三，健全绿色发展的激励和惩戒制度。充分利用"绿色政绩"的考核结果，以正确选人用人为导向，对考核结果优秀的干部进行提拔任用，使各领导干部各尽其才；对在发展中不注重自然和谐，一味重视经济增长而损害环境，忽视生态文明建设，最终导致"绿色政绩"考核结果不达标的领导干部予以适度惩戒。

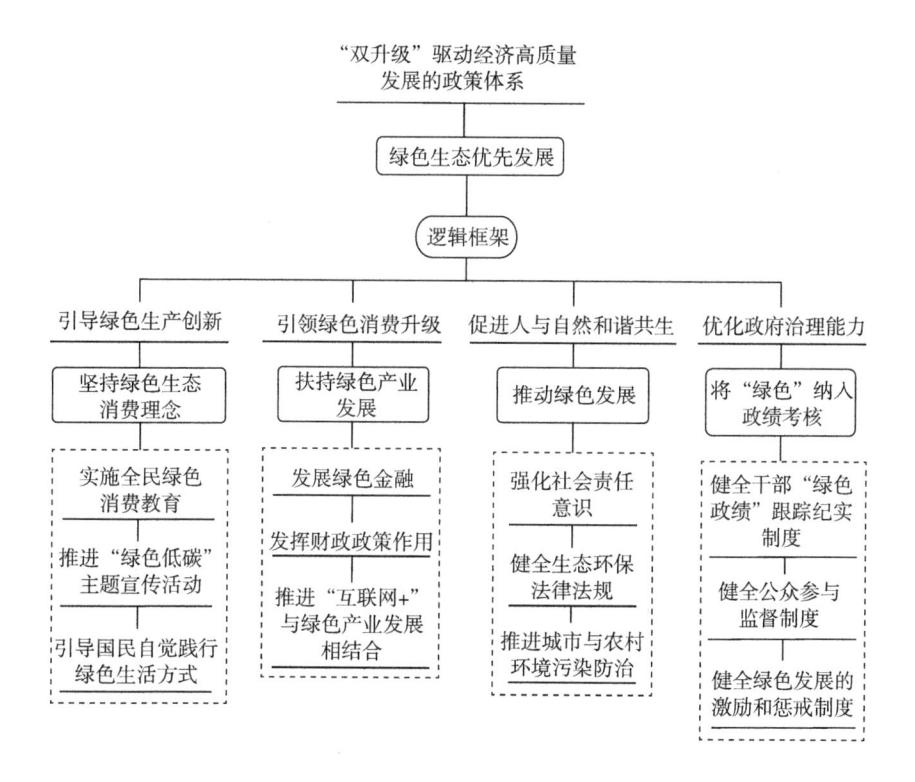

图 13.3　坚持绿色生态优先发展的政策体系

第四节 深化内外开放联动，促进经济高质量发展

一 畅通国内循环，疏通消费和生产环节堵点

消费和生产是再生产环节中重要的两环，消费和产业"双升级"有利于国内消费潜力的释放和现代化产业体系的构建，从而畅通国内经济循环。一方面，消费和产业"双升级"通过增加就业机会，提升居民收入和消费能力，释放消费潜力（陈洁，2020；龙少波等，2021）。另一方面，消费升级倒逼产业升级，不仅能直接优化产出结构，而且能通过产业的上下游关联作用提升整个产业链的产出供给水平和现代化水平（龙少波等，2021）。然而，当前国内经济循环在消费和生产环节还存在许多堵点。因此，疏通再生产环节堵点，畅通国内经济循环，是加快构建新发展格局的关键内容。

第一，增加有效消费需求，疏通消费环节堵点。一是提升居民消费能力。通过完善初次分配机制，解决劳资分配不合理问题；通过增加就业岗位，提高居民收入。二是提高居民消费意愿。建立健全社会保障制度和体系，加大政府社会性消费支出，降低居民个人消费负担；打击假冒伪劣产品，建立健全消费者权益保护相关法律法规，营造良好的消费环境。三是缩小居民消费能力差距。缩小收入差距，调节过高收入，增加不同群体的收入来源与渠道，提高中低收入居民的财产性收入。

第二，提高产业供给质量，疏通生产环节堵点。一是加大产业技术投入，突破掌握高端、关键、核心技术，促进技术进步方式向原发式自主创新转变，实现高端产业技术要素的自我供给。二是提高生产端的供给质量，化解结构性短缺难题。优化调整生产要素投入结构，提升生产力水平，从而优化供给结构，以产业上下游联动增加全产业链高端和有效供给。三是建立健全供给优化的政策制度，进一步改善营商环境。降低和取消设立主体、出资规模等方面的门槛，破除隐性壁垒，鼓励民间资本进入计算机、金融、矿产资源开采等领域；健全完善产权保护制度和体系，明晰产权各主体权责界限，激发企业自主创新活力；降低民营

企业的税收负担，促进其扩大投资并促进产业升级。

二 畅通国际循环，提高"引进来，走出去"质量

产业升级可以通过生产率提高和供给结构优化，发挥国内超大规模市场优势，释放内需潜力，促进产品和要素再生产环节在国内良性循环，疏通国际经济循环中的堵点，加快各要素在国际市场流动，并进一步反哺国内经济循环，从而加快构建双循环新发展格局。因此，统筹推进深层次改革和高水平开放，畅通各要素在国际上循环，提升国际循环的质量和水平，是促进经济高质量发展的重要举措之一。

第一，提高产品与服务出口质量。一方面，加快产业升级，提高出口产品和服务的质量。加快国内现代化产业体系的构建，提升本国产业在全球产业链和价值链的位置以及国际竞争力。另一方面，实施质量强国战略，大力开展质量标准制定和监管，切实促进中国产品、工程、服务质量提升，打造国际品牌，增加出口产品的附加值。

第二，疏通技术参与国际循环的堵点。提高国内自主创新和研发能力，打造关键、核心技术优势，打破发达国家的高技术垄断。与此同时，加快形成中国在国际上技术输出和流通的竞争优势，提高中国产业凭借强大技术竞争力深度参与全球价值链、产业链分工协作的能力，畅通技术要素参与国际循环，促进国内经济高质量发展。

第三，畅通国际资金输出、输入渠道。资金的国际循环包括输出和输入两方面。一方面，推动中国跨境投融资结构不断优化，优化配置中国的外汇储备，提高投资回报率。改变海外投资相对单一的债权结构，促进海外投资渠道多元化。另一方面，拓展中国金融对外开放的深度和广度。促进金融市场双向开放，引进高质量资本，并推动国内高质量资本走向世界。

三 推进高水平对外开放，拓展对外开放的广度和深度

高水平对外开放是促进国内经济高质量发展的重要路径之一。一方面，进口高质量产品和服务满足消费者高层次需求，同时新产品能够刺激新的消费需求，促进消费升级，带来经济需求侧的高质量发展。另一方面，进口的高质量核心零部件、中间投入品、重要装备、生产线等可

以补充国内产业链的缺失环节，加快构建现代化产业体系，并对国内产业造成竞争压力，倒逼国内企业技术进步，促进产业升级，带来经济供给侧质量提升。因此，拓宽对外开放的广度和深度，是经济高质量发展的必由之路。

第一，拓展对外开放的广度。对外开放不能只瞄准传统的欧美国家市场，而是要通过"一带一路"倡议等面向更多的国家和地区。一是推动"一带一路"高层次合作发展，拓宽开放范围。吸引国际各要素向国内流动，加强国内市场同国际市场之间的联动，提高对外贸易合作水平。二是优化国内区域开放布局。坚持东部地区开放先行，促进中西部和东北地区加快开放。三是有序推进人民币国际化。提高对外贸易和跨境业务人民币结算便利化程度，支持数字化单证审核，提升对外开放中人民币业务办理时效。

第二，拓展对外开放的深度。把对外开放规模扩大转向质量和水平提高方向，使参与国际循环的产品与服务贸易的质量和水平更高，引进资本、技术的质量和水平更高。一是加大要素流动型开放机制改革，稳步促进制度的国际对接和开放，加快高质量产品出口，推动更深层次开放。二是加强吸引外资能力，促进蕴含先进技术的重大外资项目落地。三是完善外资安全审查制度，破除外资准入政策门槛，维护公平竞争的一流营商环境。四是深度参与全球产业链分工协作，深化双边、多边、区域合作，维护多元稳定的国际经济格局和经贸关系。

四　织密织牢开放安全网，防范化解各种风险

当前世界局势错综复杂，单边主义、霸权主义等长期存在，经济全球化逆流日益凸显，加上近年来新冠疫情席卷而来，中国经济发展面临越来越恶劣的外部环境。新征程上，开放安全为消费和产业"双升级"提供良好的外部环境，而消费和产业"双升级"又能通过提高消费能力和产业链韧性增强国家综合实力和抵御外部风险能力。因此，必须织密织牢开放安全网，积极防范化解对外开放中的各种风险，推动形成高质量发展和高水平安全协同互促的局面。

第一，在高水平安全中扩大对外开放。一是坚持总体国家安全观，维护国家发展利益，维护人民生命安全，维护政治稳定安全，以国家经济安全推动政治、社会、外交等全方位安全。二是坚持开放和

第十三章 消费和产业"双升级"协同驱动经济高质量发展的政策建议

安全统一发展，兼顾开放与安全，织密织牢开放安全网，提高对外开放中维护国家安全的能力。三是保障人民生命安全，增强经济风险抵御能力和社会安全保障能力，维护国家长治久安，促进形成人民安居乐业的局面。

第二，增强国家综合实力，防范化解各种风险。一是破解经济发展的"卡脖子"问题。加快突破掌握多领域核心技术，弥补重点产业链关键环节的缺失和补齐短板，打造出一整套安全可靠且自主可控的生产供应链条和体系。二是建立健全适应高水平开放的经济监管和风险防范机制，促进金融、市场实现全方位、规范化监管，完善风险应对和开放安全保障体系。三是坚持共同体理念，以负责任大国形象维护世界公平正义，引领全球安全发展、开放发展，维护双边合作、多边合作机制，防范化解系统性风险。

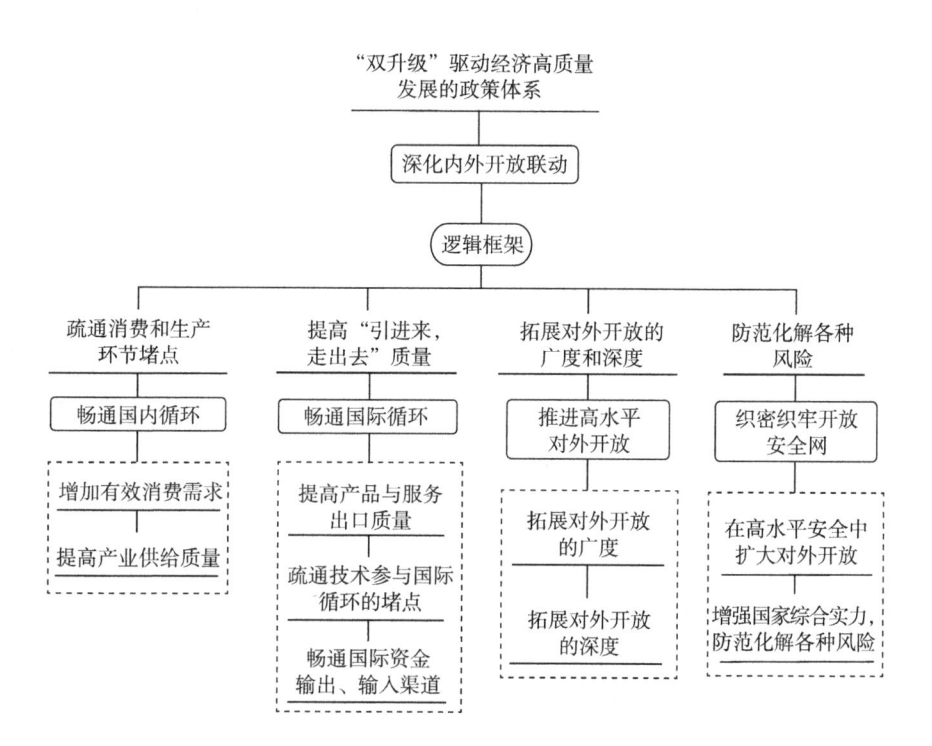

图 13.4 深化内外开放联动的政策体系

313

第五节 促进收入分配公平共享，推进经济高质量发展

一 加大收入分配改革力度，推进共同富裕

在消费和产业"双升级"的进程中，劳动生产率的提高会带来经济的增长和劳动者报酬增长（夏龙、王雪坤，2021）。国民收入"蛋糕"越做越大，为收入分配的共享提供了物质前提。但中国收入分配不公平、不合理的问题依然存在，抑制消费能力提升和消费意愿的释放，不利于经济高质量发展。因此，要使消费和产业"双升级"通过收入的分配共享驱动经济高质量发展，还需要加大收入分配改革力度，缩小收入差距，推进共同富裕。

第一，优化初次分配结构，完善初次分配制度。一方面，在初次分配过程中要重视效率。以按劳分配为主，同时注重其与按生产要素分配的有机结合，充分尊重劳动、资本、知识、技术、管理等生产要素的价值，激发市场各主体活力，以要素价值的充分发挥创造更多的社会财富。另一方面，初次分配要兼顾公平。提高劳动报酬在初次分配中的比例，增加就业岗位，扩大增收渠道，切实实现劳动者报酬随经济增长而增加。

第二，改善再分配制度，提高再分配调节力度。再分配主要包括税收、社保和转移支付。一是调整税制结构。健全更加公平合理的个人所得税制度，通过等级税收削减过高收入；探索完善现代化财产税、房地产税、遗产税等多种税种制度，促进代际公平；建立健全税收监管、征管制度，提高税收监管、征管能力。二是加快构建全覆盖、多层次的社会保障体系。加大政府对教育、医疗等社会保障方面的财政支出，重点帮扶弱势群体；推动社保在城乡、贫困地区、边远地区全覆盖，提高医保报销比例。三是完善转移支付制度。推动实施精准转移支付，提高财政资金使用率；建立健全转移支付全过程监管制度；深化财税体制改革，进一步明晰中央与地方的支出权责。

第三，健全三次分配制度，大力倡导和发展三次分配制度。一是引导慈善事业紧密服务收入分配等重点工作的大局。完善三次分配对初次

分配、再分配的衔接和补充，引导三次分配更加关注民生，更好服务百姓。二是加强慈善部门领导能力建设。加强民政部门、职能部门对慈善组织的双重领导，加快建立慈善组织主管部门、行会组织、行业专家的联系协商机制。三是健全激励保障和约束机制。加强社会救助、慈善事业法律法规的修订工作。研究开征财产税，并落实慈善捐赠税收优惠政策，建立超额捐赠结转制度。

二 促进基础设施互联互通，推动公共服务普惠共享

在消费和产业"双升级"的进程中，一方面，消费升级使居民更加追求便利性消费和更高水平的公共服务，要求促进交通基础设施和现代化通信设施的发展和公共服务质量的提升。另一方面，产业升级过程中的现代产业体系构建会直接带动基础设施不断完善，高质量的产品和服务供给又能直接提高公共服务的质量，推动基础设施在不同地区间互联互通，促进公共服务在城乡区域间普惠共享，最终推动经济高质量发展。

第一，打通基础设施建设堵点，推动城乡区域共建共享、互联互通。交通、物流、信息等基础设施建设是经济社会高质量发展的基础。一是建设高质量"铁水公空管"多层级立体交通网络，完善"一带一路"国内沿线交通体系和西部陆海新通道。二是加快发展物联网，打造高效顺畅的物流体系。健全市、县、镇、村四级现代物流网络体系，建设农村综合物流服务站；打造物流公共信息平台，促进区域物流信息联通。三是完善高效的信息服务体系。完善数字信息基础设施，推进大数据、互联网、5G等规模化覆盖，实现政务、业务等自助办理，为消费升级和产业升级提供便利化信息服务。

第二，打通公共服务供给堵点，推动公共服务普惠共享。新时代对公共服务体系提出了更高的要求。一方面，促进基本公共服务均等化。加快实现农村、边远地区等基本公共服务全覆盖；加大财政向特殊类型地区的转移支付力度；实施乡村建设行动，加快城乡基本公共服务制度统筹。另一方面，促进普惠性非基本公共服务数量和质量提升。完善婴幼儿照护服务体系；全面普及三年学前教育和义务教育；积极发展普惠型养老服务；实施非基本公共服务供给支持优惠政策，降低服务供给成本。

三 促进教育和就业机会公平，优化教育结构推动就业

消费和产业"双升级"促进了教育发展和就业收入增加扩容。一方面，消费规模扩大会带来就业机会的提升，而消费结构的提升，尤其是发展型消费的扩大，能提供更多具有良好身体素质和专业素质的人力资本，促进产业升级，拉动经济高质量发展。而且，消费升级增加教育的需求支出，促进教育相关产业的发展。另一方面，劳动生产率的提高会带来经济的增长和劳动者报酬增长（夏龙和王雪坤，2021），而第三产业的扩张和新兴产业的发展会增加就业渠道和机会，提升居民可支配收入，从而继续促进消费升级。因此，促进教育和就业机会公平，能充分发挥消费和产业"双升级"对教育和就业的促进作用，形成对经济高质量发展的强大驱动力。

第一，加快构建多层次的教育体系，推进教育公平。一是促进义务教育均衡发展。强化学前教育、特殊教育普惠发展，完善覆盖全学段的学业资助体系，促进教育公平。二是统筹职业教育、高等教育、继续教育协同创新，推进职普融通、产教融合、科教融会，提高教育质量。三是加强基础学科、新兴学科、交叉学科建设，加快建设中国特色、世界一流的大学和优势学科（习近平，2022）。

第二，优化就业结构，促进充分就业。一是促进劳动力市场公平竞争，提高劳动力市场的公开性和透明度，重视就业歧视问题，推动反就业歧视的立法和司法。二是提高就业服务能力，鼓励和引导餐饮、文旅、家政等生活性服务业发展，加深产业线上线下融合，提高产业吸纳劳动力能力，扩大就业。三是特别重视和掌握就业困难群体的就业问题，开展免费就业技能培训，开通特殊人群就业扶助通道，精准帮扶。

第三，推动教育与就业紧密结合，以教育公平促进就业公平。一方面，平等对待不同层次高校学生就业，消除就业壁垒。努力营造一种学校和职业有层次无贵贱、劳动最光荣的氛围，平等看待各个层次、各种类型的高等教育，消除对高等职业教育的歧视，各类高校培养的人才在全社会一视同仁，从而消除社会上对就业的各种歧视和人为设置的就业壁垒与障碍。另一方面，加大名校帮扶地方和地方高校的力度。高校尤其是教育资源丰富的名牌大学应该在招生上向弱势群体适当地倾斜；加大各大名校对地方高校的对口支持力度，提升地方高校的教学和人才培

养能力；对于塔底的众多高校，应正确认识自身办学定位，建设特色学科，推动学科知识与职业技能紧密结合，提高学生的就业竞争力。

四 全力实施乡村振兴战略，加快推动城乡融合发展

在消费和产业"双升级"的过程中，一方面，随着产业结构优化升级，农业现代化水平提高，各要素向农村流动，农业部门的产业升级提高了农民的收入，从而降低城乡间收入差距，有利于发展成果的共享。另一方面，消费者绿色环保的消费需求对农村生态环境和生活宜居度提出更高的要求，促进乡村公共服务和生态环境改善，有利于民生福祉普惠。因此，全力实施乡村振兴战略，充分发挥消费和产业"双升级"促进乡村发展振兴、缩小城乡差距、推进共同富裕的作用，从而助推经济高质量发展。

第一，推进农业现代化，促进城乡产业融合。产业是乡村振兴的经济基础。一是实施乡村产业发展政策，继续推进"三农"政策，扶持农村产业发展，打造农村特色产业体系。二是加强城乡产业交流联系，发挥农村劳动力、土地等要素的比较优势，吸引城市产业向周边乡村转移，促进城乡产业融合。三是支持和引导社会资本向乡村流动，发展乡村休闲农业、乡村旅游业和特色农业，提高农业产业现代化水平，促进产业标准化、专业化、多样化。

第二，畅通城乡要素流动，促进城乡要素优化配置。一是畅通人才要素流动。促进城乡人才交流互动，打造一支现代化、专业化、技能化农民队伍。二是优化配置土地要素。深化土地制度改革，维护农民土地合法权益，提高乡村土地资源使用效率。三是畅通资金要素流动。努力增加涉农资金来源渠道，提高财政资金、社会资金等使用效率。四是畅通技术要素流动。增强城市技术对周边乡村的辐射能力，推动技术向乡村转移，促进城乡技术合作。

第三，保护乡村生态环境，建设宜居乡村。生态是指保护生态环境，人与自然和谐共生；宜居是指要给老百姓提供干净舒适的居住环境。为此，一方面，对农村生态系统进行修复和保护。修复因过度开发利用破坏了的生态；健全修复保护机制，开展环境保护工作，保护生态环境，同时加强环境保护的宣传，避免二次污染。另一方面，综合治理农村环境问题。提高村民的环境保护理念，倡导村民爱护环境，保护环

境；提高村民科学种植和养殖的水平；因地制宜发展农业。

五 深入实施区域协调发展战略，缩小和平衡区域发展差距

在消费和产业"双升级"的过程中，一方面，各区域消费群体消费能力和消费层次提升，倒逼当地产业升级，促进区域产业发展。另一方面，随着产业升级的进行和配套基础设施不断完善普及，大数据、互联网、物联网等现代技术广泛使用，各区域经济交流联系得到加强，要素跨区流动逐渐加快，带动区域经济共同平衡充分发展。因此，消费和产业"双升级"互动能够通过缩小和平衡区域发展差距，驱动区域经济高质量发展。

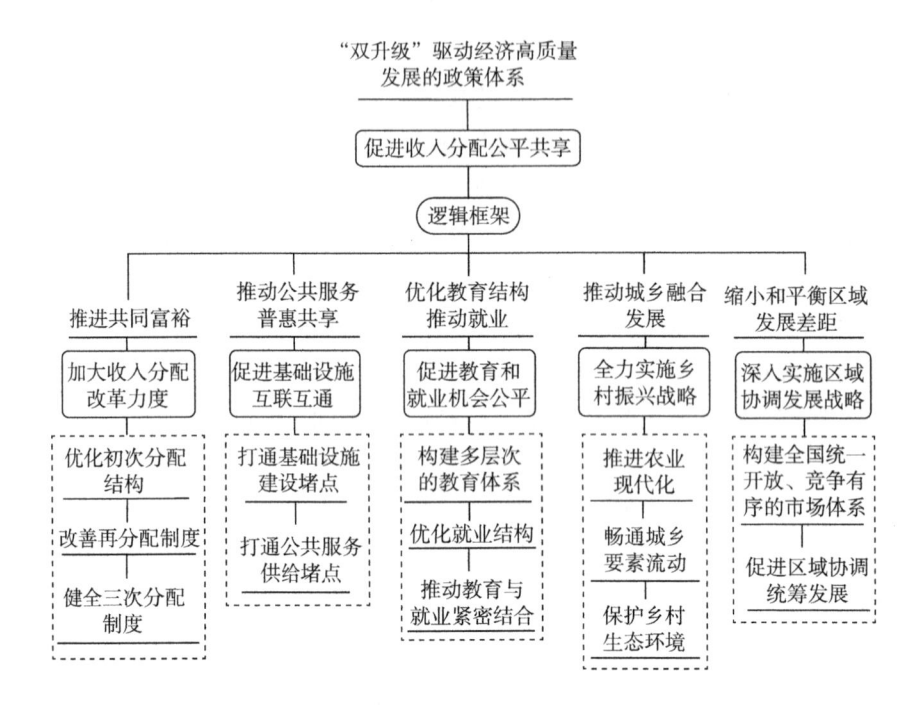

图 13.5 促进收入分配公平共享的政策体系

第一，构建全国统一开放、竞争有序的市场体系。一方面，尊重和把握市场规律，完善社会主义市场经济体制机制，坚持多种经济发展方式，促进各要素自由流动、高效配置。另一方面，加强市场监督管理能力，建立健全市场监管制度和市场准入制度，破除政策壁垒和行政垄断,促进市场主体公平竞争、有序开展经济活动。

第二,促进区域协调统筹发展。发挥各区域比较优势,构建分工合理、协作互促的区域产业体系,打造各地区优势产业链和产业集群,促进同质产业转移承接,实现区域经济协调发展。例如,打造京津冀、长三角、粤港澳、成渝地区现代化产业集群,加强各地区产业集群交流联动,带动其他地区经济共同发展;增强经济发达地区对其他地区的辐射带动作用,以促进区域协调发展,助推经济高质量发展。

第六节 本章小结

本章在促进消费升级和产业升级以及增强二者之间互动和耦合关系的政策建议的基础上,结合消费和产业"双升级"协同驱动经济高质量发展的五重机制,从加快经济增长动力转换、增强经济系统协调稳定、坚持绿色生态优先发展、深化内外开放联动、促进收入分配公平共享五个方面详细探讨了消费和产业"双升级"协同驱动经济高质量发展需要采取的政策措施,进而为政府部门制定促进消费和产业"双升级"及其协同驱动经济高质量发展的政策提供建议参考。

第一,加快经济增长动力转换,推动经济高质量发展。一是打破技术依赖,培育新的增长动力。二是深入实施科教兴国战略,强化创新人才支撑。三是加快需求侧动力切换,蓄积发展持久动力。

第二,增强经济系统协调稳定,保障经济高质量发展。一是提升消费和产业升级匹配度,稳定经济供需结构。二是稳定需求侧的升级趋势,防止消费升级和降级共存。三是提升产业结构合理化程度,形成高端均衡的现代化产业体系。四是促进区域产业协调发展,形成区域联动的产业集群。五是推动城乡协调融合发展,促进三次产业间的协调稳定。

第三,坚持绿色生态优先发展,助推经济高质量发展。一是坚持绿色生态消费理念,引导绿色生产创新。二是扶持绿色产业发展,引领绿色消费升级。三是推动绿色发展,促进人与自然和谐共生。四是优化政府治理能力,将"绿色"纳入政绩考核。

第四,深化内外开放联动,促进经济高质量发展。一是畅通国内循环，疏通消费和生产环节堵点。二是畅通国际循环，提高"引进来，走出去"质量。三是推进高水平对外开放，拓展对外开放的广度和深度。四是织密织牢开放安全网，防范化解各种风险。

  第五，促进收入分配公平共享，推进经济高质量发展。一是加大收入分配改革力度，推进共同富裕。二是促进基础设施互联互通，推动公共服务普惠共享。三是促进教育和就业机会公平，优化教育结构推动就业。四是全力实施乡村振兴战略，加快推动城乡融合发展。五是深入实施区域协调发展战略，缩小和平衡区域发展差距。

参考文献

中文文献
著作

习近平：《决胜全面建成小康社会 夺取新时代中国特色社会主义伟大胜利——在中国共产党第十九次全国代表大会上的报告（2017年10月18日）》，人民出版社2017年版。

习近平：《高举中国特色社会主义伟大旗帜 为全面建设社会主义现代化国家而团结奋斗——在中国共产党第二十次全国代表大会上的报告（2022年10月16日）》，人民出版社2022年版。

习近平：《在庆祝改革开放40周年大会上的讲话（2018年12月18日）》，人民出版社2018年版。

陈强：《高级计量经济学及Stata应用》，高等教育出版社2010年版。

[美] J. M. 伍德里奇：《计量经济学导论：现代观点》，费剑平、林祖森译，中国人民大学出版社2003年版。

[美] 西蒙·库兹涅茨：《各国的经济增长》，常勋等译，商务印书馆1999年版。

苏东水主编：《产业经济学》，高等教育出版社2005年版。

王其藩：《系统动力学（2009年修订版）》，上海财经大学出版社2009年版。

王小鲁等：《中国分省份市场化指数报告（2018）》，社会科学文献出版社2019年版。

吴敬琏：《中国增长模式抉择》，上海远东出版社2013年版。

易昌良主编：《2015 中国发展指数报告："创新协调绿色开放共享"新理念、新发展》，经济科学出版社 2016 年版。

臧旭恒等：《转型时期消费需求升级与产业发展研究》，经济科学出版社 2012 年版。

赵弘主编：《区域蓝皮书：中国区域经济发展报告（2015——2016）》，社会科学文献出版社 2016 年版。

期刊

蔡海亚、徐盈之：《贸易开放是否影响了中国产业结构升级》，《数量经济技术经济研究》2017 第 10 期。

钞小静、惠康：《中国经济增长质量的测度》，《数量经济技术经济研究》2009 第 6 期。

钞小静、任保平：《中国经济增长结构与经济增长质量的实证分析》，《当代经济科学》2011 年第 6 期。

钞小静、任保平：《中国经济增长质量的时序变化与地区差异分析》，《经济研究》2011 第 4 期。

陈波：《不同收入层级城镇居民消费结构及需求变化趋势——基于 AIDS 模型的研究》，《社会科学研究》2013 年第 4 期。

陈冲、吴炜聪：《消费结构升级与经济高质量发展：驱动机理与实证检验》，《上海经济研究》2019 年第 6 期。

陈建宝、李坤明：《收入分配、人口结构与消费结构：理论与实证研究》，《上海经济研究》2013 年第 4 期。

陈建等：《数字经济对中国居民消费升级时空格局的影响》，《经济地理》2022 年第 9 期。

陈洁：《后疫情时代产业和消费"双升级"的动力机制》，《上海交通大学学报》（哲学社会科学版）2020 年第 5 期。

陈文晖等：《消费升级背景下时尚产业发展战略研究》，《价格理论与实践》2018 年第 5 期。

程名望、张家平：《新时代背景下互联网发展与城乡居民消费差距》，《数量经济技术经济研究》2019 年第 7 期。

储德银、建克成：《财政政策与产业结构调整：基于总量与结构效应双重视角的实证分析》，《经济学家》2014 年第 2 期。

崔耕瑞：《消费升级、产业升级与经济高质量发展》，《统计与决策》2021 年第 15 期。

崔广亮、高铁梅：《房地产投资、居民消费与城市经济增长》，《系统工程理论与实践》2020 年第 7 期。

戴翔、张雨：《开放条件下我国本土企业升级能力的影响因素研究——基于昆山制造业企业问卷的分析》，《经济学（季刊）》2013 年第 4 期。

丁晓强、葛秋颖：《产业升级内涵及研究思路的文献综述》，《长春理工大学学报》（社会科学版）2015 年第 6 期。

董宁、胡伟：《区域差异视角下消费和产业"双升级"对经济发展质量的影响》，《商业经济研究》2021 年第 15 期。

杜丹清：《互联网助推消费升级的动力机制研究》，《经济学家》2017 年第 3 期。

杜莉等：《房价上升对城镇居民平均消费倾向的影响——基于上海市入户调查数据的实证研究》，《金融研究》2013 年第 3 期。

杜志平等：《基于 4PL 的跨境电商物流联盟多方行为博弈研究》，《中国管理科学》2020 年第 8 期。

范红忠：《有效需求规模假说、研发投入与国家自主创新能力》，《经济研究》2007 年第 3 期。

范剑平：《论投资主导型向居民消费、社会投资双拉动型转换——我国经济增长的需求结构分析》，《经济学动态》2003 年第 2 期。

方福前：《中国居民消费需求不足原因研究——基于中国城乡分省数据》，《中国社会科学》2009 年第 2 期。

方福前、邢炜：《经济波动、金融发展与工业企业技术进步模式的转变》，《经济研究》2017 年第 12 期。

方福前、邢炜：《居民消费与电商市场规模的 U 型关系研究》，《财贸经济》2015 年第 11 期。

冯小舟等：《江苏产业结构升级对经济增长的影响——基于合理化与高级化维度的分析》，《调研世界》2016 年第 11 期。

付凌晖：《我国产业结构高级化与经济增长关系的实证研究》，《统计研究》2010 年第 8 期。

付卫华：《碳中和背景下居民美好生活的实现路径——基于消费赋能的视角》，《商业经济研究》2021年第20期。

傅元海等：《制造业结构变迁与经济增长效率提高》，《经济研究》2016年第8期。

傅元海等：《制造业结构优化的技术进步路径选择——基于动态面板的经验分析》，《中国工业经济》2014年第9期。

干春晖等：《市场调节、结构失衡与产业结构升级》，《当代经济科学》2020年第1期。

干春晖等：《中国产业结构变迁对经济增长和波动的影响》，《经济研究》2011年第5期。

耿申：《财政分权、政府公共支出与居民消费》，《统计学报》2020年第3期。

顾晓燕、朱玮玮：《新发展格局下知识产权贸易对经济高质量发展的影响》，《经济问题》2022年第10期。

顾雪松等：《产业结构差异与对外直接投资的出口效应——"中国—东道国"视角的理论与实证》，《经济研究》2016年第4期。

郭朝先等：《"新基建"赋能中国经济高质量发展的路径研究》，《北京工业大学学报》（社会科学版）2020年第6期。

郭克莎、杨阔：《长期经济增长的需求因素制约——政治经济学视角的增长理论与实践分析》，《经济研究》2017年第10期。

郭芸等：《我国区域高质量发展的实际测度与时空演变特征研究》，《数量经济技术经济研究》2020年第10期。

韩立岩、夏坤：《标识消费结构的新指标——发展系数》，《经济与管理研究》2007年第5期。

韩永辉等：《产业政策推动地方产业结构升级了吗？——基于发展型地方政府的理论解释与实证检验》，《经济研究》2017年第8期。

何诚颖等：《金融发展、TFP抑制与增长源泉——来自中国省际面板数据的证据》，《经济学家》2013年第5期。

何德旭、姚战琪：《中国产业结构调整的效应、优化升级目标和政策措施》，《中国工业经济》2008年第5期。

何平等：《产业结构优化研究》，《统计研究》2014年第7期。

何小钢：《核心资源动态能力与跨产业升级——基于科技企业的跨案例研究》，《科学学与科学技术管理》2019 年第 10 期。

华德亚、汤龙：《产业结构与就业结构协调性及地区趋同研究》，《统计与决策》2019 年第 9 期。

黄隽、李冀恺：《中国消费升级的特征、度量与发展》，《中国流通经济》2018 年第 4 期。

黄亮雄等：《中国的产业结构调整：基于三个维度的测算》，《中国工业经济》2013 年第 10 期。

黄茂兴、李军军：《技术选择、产业结构升级与经济增长》，《经济研究》2009 年第 7 期。

黄群慧：《中国产业结构演进的动力与要素》，《中国经济报告》2018 年第 12 期。

黄先海、杨高举：《中国高技术产业的国际分工地位研究：基于非竞争型投入占用产出模型的跨国分析》，《世界经济》2010 年第 5 期。

江红莉、蒋鹏程：《数字普惠金融的居民消费水平提升和结构优化效应研究》，《现代财经（天津财经大学学报）》2020 年第 10 期。

姜长云：《发展数字经济引领带动农业转型和农村产业融合》，《经济纵横》2022 年第 8 期。

蒋选：《我国产业结构政策的基本导向和主要问题》，《经济理论与经济管理》2002 年第 12 期。

焦帅涛、孙秋碧：《数字经济发展与消费升级联动的机理及其实证研究》，《工业技术经济》2021 年第 12 期。

金碚：《关于"高质量发展"的经济学研究》，《中国工业经济》2018 年第 4 期。

金晓彤、黄蕊：《技术进步与消费需求的互动机制研究——基于供给侧改革视域下的要素配置分析》，《经济学家》2017 年第 2 期。

柯善咨、赵曜：《产业结构、城市规模与中国城市生产率》，《经济研究》2014 年第 4 期。

雷敬萍：《我国消费结构升级与产业结构变迁》，《当代经济》2008 年第 8 期。

李江帆、黄少军：《世界第三产业与产业结构演变规律的分析》，

《经济理论与经济管理》2001年第2期。

李金昌等：《高质量发展评价指标体系探讨》，《统计研究》2019年第1期。

李力行、申广军：《经济开发区、地区比较优势与产业结构调整》，《经济学（季刊）》2015年第3期。

李梦欣、任保平：《新时代中国高质量发展的综合评价及其路径选择》，《财经科学》2019年第5期。

李娜娜、杨仁发：《FDI能否促进中国经济高质量发展?》，《统计与信息论坛》2019年第9期。

李尚骜、龚六堂：《非一致性偏好、内生偏好结构与经济结构变迁》，《经济研究》2012年第7期。

李世美等：《双循环新格局下居民消费升级促进我国经济高质量发展的作用机制与实现路径》，《学术探索》2022年第3期。

李涛等：《基于系统动力学的新冠肺炎疫情影响北京经济发展的模拟仿真分析》，《地理科学》2022年第2期。

李雯轩、李晓华：《产业结构变化对农村服务消费的影响研究——基于空间计量的视角》，《消费经济》2019年第6期。

李卓、左停：《"后精准扶贫"时代的贫困：性质、成因及其治理路径——基于基本公共服务的视角》，《西南大学学报》（社会科学版）2022年第5期。

廖泽芳、宁凌：《中国的全球价值链地位考察——基于附加值贸易视角》，《国际商务（对外经济贸易大学学报）》2013年第6期。

林毅夫、孙希芳：《银行业结构与经济增长》，《经济研究》2008年第9期。

刘斌等：《制造业服务化与价值链升级》，《经济研究》2016年第3期。

刘斌、潘彤：《新冠疫情背景下中国对外贸易的现状分析、趋势研判与政策建议》，《国际贸易》2021年第7期。

刘东皇等：《劳动力成本、消费成长与产业结构升级》，《当代经济管理》2017年第2期。

刘海云：《我国城乡居民消费结构与产业升级、经济增长》，《经济问题》2011 年第 11 期。

刘慧、王海南：《居民消费结构升级对产业发展的影响研究》，《经济问题探索》2015 年第 2 期。

刘汝浩：《新发展格局视域下区域产业结构优化与居民消费升级协同发展——基于技术创新中介效应的实证》，《商业经济研究》2021 年第 4 期。

刘生龙、胡鞍钢：《交通基础设施与经济增长：中国区域差距的视角》，《中国工业经济》2010 年第 4 期。

刘伟、张辉：《中国经济增长中的产业结构变迁和技术进步》，《经济研究》2008 年第 11 期。

刘向东、米壮：《中国居民消费处于升级状态吗——基于 CGSS2010、CGSS2017 数据的研究》，《经济学家》2020 年第 1 期。

刘燕妮等：《经济结构失衡背景下的中国经济增长质量》，《数量经济技术经济研究》2014 年第 2 期。

刘长庚、张磊：《中国经济增长的动力：研究新进展和转换路径》，《财经科学》2017 年第 1 期。

刘志彪：《理解高质量发展：基本特征、支撑要素与当前重点问题》，《学术月刊》2018 年第 7 期。

刘志彪、张杰：《从融入全球价值链到构建国家价值链：中国产业升级的战略思考》，《学术月刊》2009 年第 9 期。

龙少波等：《产业与消费"双升级"畅通经济双循环的影响机制研究》，《改革》2021 年第 2 期。

龙少波等：《开放条件下中国式技术变迁对居民消费的影响研究》，《改革》2020 年第 2 期。

龙少波等：《中国式技术变迁方式转变对经济高质量发展的影响研究》，《宏观质量研究》2022 年第 3 期。

龙少波等：《中国式技术变迁下的产业与消费"双升级"互动机制研究》，《宏观经济研究》2020 年第 10 期。

龙少波、丁点尔：《消费升级对产业升级的影响研究：理论机制及实证检验》，《现代经济探讨》2022 年第 10 期。

罗序斌、黄亮：《中国制造业高质量转型升级水平测度与省际比较——基于"四化"并进视角》,《经济问题》2020年第12期。

吕明元、陈磊:《"互联网+"对产业结构生态化转型影响的实证分析——基于上海市2000—2013年数据》,《上海经济研究》2016年第9期。

吕岩威等:《中国区域绿色创新效率时空跃迁及收敛趋势研究》,《数量经济技术经济研究》2020年第5期。

马龙龙、刘畅:《我国高端消费外流成因与回流政策研究》,《价格理论与实践》2013年第6期。

马茹等:《中国区域经济高质量发展评价指标体系及测度研究》,《中国软科学》2019年第7期。

马晓河、胡拥军:《"互联网+"推动农村经济高质量发展的总体框架与政策设计》,《宏观经济研究》2020年第7期。

毛中根等:《新时代中国新消费:理论内涵、发展特点与政策取向》,《经济学家》2020年第9期。

牟新娣等:《基于系统动力学的我国住房需求仿真研究》,《管理评论》2020年第6期。

欧阳峣等:《居民消费的规模效应及其演变机制》,《经济研究》2016年第2期。

潘敏、刘知琪:《居民家庭"加杠杆"能促进消费吗?——来自中国家庭微观调查的经验证据》,《金融研究》2018年第4期。

潘锡泉:《消费升级引领产业升级:作用机理及操作取向》,《当代经济管理》2019年第3期。

彭冲等:《产业结构变迁对经济波动的动态影响研究》,《产业经济研究》2013年第3期。

曲红等:《山东省地市产业转型升级测度及对策研究》,《河南科学》2020年第9期。

任保平、李禹墨:《新时代我国高质量发展评判体系的构建及其转型路径》,《陕西师范大学学报》(哲学社会科学版)2018年第3期。

沈杨等:《代工企业资源对产业升级影响的实证研究——取自苏州制造业企业样本》,《苏州科技大学学报》(社会科学版)2017年第3期。

沈中奇：《"互联网+零售"对消费升级的影响——基于长三角区域差异性视角的实证》，《商业经济研究》2020年第22期。

师应来、赵一帆：《新时代产业升级评价指标体系的构建及测度》，《统计与决策》2022年第19期。

石明明等：《消费升级还是消费降级》，《中国工业经济》2019年第7期。

石明明、刘向东：《空间、消费黏性与中国低消费率之谜》，《中国人民大学学报》2015年第3期。

石奇等：《消费升级对中国产业结构的影响》，《产业经济研究》2009年第6期。

史代敏、施晓燕：《绿色金融与经济高质量发展：机理、特征与实证研究》，《统计研究》2022年第1期。

宋锋华、聂蕊：《人口老龄化对产业消费"双升级"的影响研究》，《价格理论与实践》2022年第5期。

宋凤轩等：《产业集聚对城乡居民消费的影响研究——基于动态空间面板模型》，《现代财经（天津财经大学学报）》2020年第5期。

宋明顺等：《经济发展质量评价体系研究及应用》，《经济学家》2015年第2期。

孙超、唐云锋：《城市房价波动与产业结构调整——来自空间溢出视域的经验证据》，《产业经济研究》2020年第5期。

孙皓、石柱鲜：《中国的产业结构与经济增长——基于行业劳动力比率的研究》，《人口与经济》2011年第2期。

孙早、许薛璐：《产业创新与消费升级：基于供给侧结构性改革视角的经验研究》，《中国工业经济》2018年第7期。

谭笑：《财政支农影响农村居民消费升级的动态效应和门槛效应研究》，《商业经济研究》2022年第17期。

唐晓彬等：《中国省域经济高质量发展评价研究》，《科研管理》2020年第11期。

田广等：《我国宏观经济内生消费驱动研究》，《宏观经济管理》2021年第2期。

田长海、刘锐：《消费金融促进消费升级的理论与实证分析》，《消费经济》2013年第6期。

汪伟等：《人口老龄化的产业结构升级效应研究》，《中国工业经济》2015年第11期。

王桂军、卢潇潇：《"一带一路"倡议与中国企业升级》，《中国工业经济》2019年第3期。

王国刚：《城镇化：中国经济发展方式转变的重心所在》，《经济研究》2010年第12期。

王军、詹韵秋：《消费升级、产业结构调整的就业效应：质与量的双重考察》，《华东经济管理》2018年第1期。

王岚：《融入全球价值链对中国制造业国际分工地位的影响》，《统计研究》2014年第5期。

王林梅、邓玲：《我国产业结构优化升级的实证研究——以长江经济带为例》，《经济问题》2015年第5期。

王青、张广柱：《城乡居民消费升级对产业结构转型升级的影响比较——基于SDA分析技术》，《商业经济研究》2017年第20期。

王业雯：《产业结构、消费结构与经济增长——基于广东省的实证分析》，《经济问题探索》2016年第7期。

王怡、李树民：《城镇居民消费结构与经济增长关系的实证研究》，《统计与决策》2012年第10期。

王云航、彭定赟：《产业结构变迁和消费升级互动关系的实证研究》，《武汉理工大学学报》（社会科学版）2019年第3期。

王志平：《越过恩格尔系数——从注重食品支出比重到关注文化教育娱乐消费比重》，《探索与争鸣》2003年第6期。

魏龙、王磊：《从嵌入全球价值链到主导区域价值链——"一带一路"战略的经济可行性分析》，《国际贸易问题》2016年第5期。

魏敏、李书昊：《新常态下中国经济增长质量的评价体系构建与测度》，《经济学家》2018年第4期。

温忠麟、叶宝娟：《中介效应分析：方法和模型发展》，《心理科学进展》2014年第5期。

巫强、刘志彪：《进口国质量管制条件下的出口国企业创新与产业升级》，《管理世界》2007年第2期。

吴超鹏、唐茚：《知识产权保护执法力度、技术创新与企业绩效——来自中国上市公司的证据》，《经济研究》2016年第11期。

吴福象、沈浩平：《新型城镇化、创新要素空间集聚与城市群产业发展》，《中南财经政法大学学报》2013年第4期。

吴瑾、张红伟：《消费结构与经济增长相互影响机制研究》，《现代经济探讨》2010年第10期。

吴庆：《中国加工贸易企业转型升级研究》，《人力资源管理》2016年第4期。

夏龙、王雪坤：《产业和消费"双升级"的耦合协调：机理、时空演化与驱动力》，《商业经济研究》2021年第15期。

肖必燕：《产业结构变迁影响居民消费升级的省际面板数据检验》，《商业经济研究》2020年第8期。

邢天才、张夕：《互联网消费金融对城镇居民消费升级与消费倾向变动的影响》，《当代经济研究》2019年第5期。

徐德云：《产业结构升级形态决定、测度的一个理论解释及验证》，《财政研究》2008年第1期。

徐敏、姜勇：《中国产业结构升级能缩小城乡消费差距吗?》，《数量经济技术经济研究》2015年第3期。

徐瑞慧：《高质量发展指标及其影响因素》，《金融发展研究》2018年第10期。

徐银良、王慧艳：《基于"五大发展理念"的区域高质量发展指标体系构建与实证》，《统计与决策》2020年第14期。

许光建等：《减税降费对消费扩容升级的影响——基于面板分位数模型的分析》，《消费经济》2020年第3期。

薛军民、靳媚：《居民消费升级与经济高质量发展——基于中国省际面板数据的实证》，《商业经济研究》2019年第22期。

闫海鹰：《山西省居民消费升级与产业结构升级互动关系研究》，《江苏商论》2020年第10期。

严先溥：《新消费引领新产业加快发展》，《金融与经济》2017年第1期。

颜建军、冯君怡：《数字普惠金融对居民消费升级的影响研究》，

《消费经济》2021年第2期。

杨天宇、陈明玉：《消费升级对产业迈向中高端的带动作用：理论逻辑和经验证据》，《经济学家》2018年第11期。

杨伟明等：《数字金融是否促进了消费升级？——基于面板数据的证据》，《国际金融研究》2021年第4期。

杨新洪：《"五大发展理念"统计评价指标体系构建——以深圳市为例》，《调研世界》2017年第7期。

杨亚东等：《乡村优势特色产业发展动力机制研究——基于系统分析的视角》，《农业经济问题》2020年第12期。

姚芳：《要素禀赋对要素密集型制造业增长的影响研究——基于各省区机械电子制造业的分析》，《经济问题探索》2016年第3期。

姚星等：《中国城镇化、配套产业发展与农村居民消费拉动》，《中国人口·资源与环境》2017年第4期。

易行健、周利：《数字普惠金融发展是否显著影响了居民消费——来自中国家庭的微观证据》，《金融研究》2018年第11期。

殷功利：《中国对外开放、要素禀赋结构优化与产业结构升级》，《江西社会科学》2018年第10期。

尹世杰：《充分发挥消费需求的拉动作用》，《经济纵横》2002年第3期。

余红心等：《居民消费结构升级对产业结构升级的影响研究——基于供需失衡的调节效应》，《江汉学术》2020年第2期。

余泳泽、潘妍：《高铁开通缩小了城乡收入差距吗？——基于异质性劳动力转移视角的解释》，《中国农村经济》2019年第1期。

袁航、朱承亮：《国家高新区推动了中国产业结构转型升级吗》，《中国工业经济》2018年第8期。

翟金良：《我国资源环境问题及其控制对策与措施》，《中国科学院院刊》2007年第4期。

詹新宇、崔培培：《中国省际经济增长质量的测度与评价——基于"五大发展理念"的实证分析》，《财政研究》2016年第8期。

张彩彩、石荣：《经济高质量发展背景下消费升级的特征及影响因素研究——基于省会城市面板数据》，《商业经济研究》2022年第4期。

张翠菊、张宗益：《消费结构对产业结构与经济增长的空间效应——基于空间面板模型的研究》，《统计与信息论坛》2016年第8期。

张大永、曹红：《家庭财富与消费：基于微观调查数据的分析》，《经济研究》2012年第S1期。

张辉：《全球价值链理论与我国产业发展研究》，《中国工业经济》2004年第5期。

张辉：《全球价值链下地方产业集群升级模式研究》，《中国工业经济》2005年第9期。

张杰等：《对外技术引进与中国本土企业自主创新》，《经济研究》2020年第7期。

张杰、郑文平：《全球价值链下中国本土企业的创新效应》，《经济研究》2017年第3期。

张军扩等：《高质量发展的目标要求和战略路径》，《管理世界》2019年第7期。

张梦霞等：《海外高端消费回流对中国数字化和智能化产业升级的作用机制研究》，《世界经济研究》2020年第1期。

张少军、刘志彪：《国内价值链是否对接了全球价值链——基于联立方程模型的经验分析》，《国际贸易问题》2013年第2期。

张向阳、朱有为：《基于全球价值链视角的产业升级研究》，《外国经济与管理》2005年第5期。

张予等：《京津冀产业与消费"双升级"的耦合关系研究》，《商业经济研究》2020年第18期。

张昭昭：《数字普惠金融助力我国居民消费扩容提质的影响机制》，《商业经济研究》2020年第19期。

张卓群等：《中国碳排放强度的区域差异、动态演进及收敛性研究》，《数量经济技术经济研究》2022年第4期。

赵敏等：《上海市能源消费碳排放分析》，《环境科学研究》2009年第8期。

赵明亮：《新常态下中国产业协调发展路径——基于产业关联视角的研究》，《东岳论丛》2015年第2期。

赵娜：《新型城镇化发展质量的测度与评价》，《统计与决策》2020

年第 22 期。

赵文举、张曾莲：《中国经济双循环耦合协调度分布动态、空间差异及收敛性研究》，《数量经济技术经济研究》2022 年第 2 期。

赵霄伟、杨白冰：《顶级"全球城市"构建现代产业体系的国际经验及启示》，《经济学家》2021 年第 2 期。

赵云鹏、叶娇：《对外直接投资对中国产业结构影响研究》，《数量经济技术经济研究》2018 年第 3 期。

赵振波、岳玮：《进出口贸易、产业结构与消费结构的相关关系——基于 VAR 模型的实证》，《商业经济研究》2019 年第 7 期。

郑万吉、叶阿忠：《城乡收入差距、产业结构升级与经济增长——基于半参数空间面板 VAR 模型的研究》，《经济学家》2015 年第 10 期。

郑耀群、葛星：《中国经济高质量发展水平的测度及其空间非均衡分析》，《统计与决策》2020 年第 24 期。

周德田、冯超彩：《科技金融与经济高质量发展的耦合互动关系——基于耦合度与 PVAR 模型的实证分析》，《技术经济》2020 年第 5 期。

周茂等：《地区产业升级与劳动收入份额：基于合成工具变量的估计》，《经济研究》2018 年第 11 期。

周茂等：《贸易自由化与中国产业升级：事实与机制》，《世界经济》2016 年第 10 期。

周晓波、陈璋：《引进式技术进步方式下我国经济增长与不平衡结构的演变》，《改革》2021 年第 10 期。

周璇、陶长琪：《技术融合式创新对产业结构高度化的驱动效应研究——基于垂直式知识溢出视角》，《管理评论》2021 年第 7 期。

周永道等：《区域综合发展的"五位一体"评价指标体系研究》，《统计与信息论坛》2018 年第 5 期。

周振华：《产业结构演进的一般动因分析》，《财经科学》1990 年第 3 期。

朱彬：《中国经济高质量发展水平的综合测度》，《统计与决策》2020 年第 15 期。

左鹏飞等：《互联网发展、城镇化与我国产业结构转型升级》，《数量经济技术经济研究》2020年第7期。

论文

姜涛：《转型时期中国居民消费升级的产业结构效应研究》，博士学位论文，山东大学，2009年。

吴薇：《农村居民消费结构研究》，博士学位论文，吉林大学，2009年。

报纸

欧阳洁：《健康消费助力消费升级》，《人民日报》2022年7月13日第19版。

程虹：《如何衡量高质量发展》，《第一财经日报》2018年3月14日第A11版。

刘鹤：《把实施扩大内需战略同深化供给侧结构性改革有机结合起来》，《人民日报》2022年11月4日。

麻智辉：《推动江西经济高质量发展的重点和路径》，《江西日报》2018年4月16日第B03版。

孙华：《消费升级促进产业升级新动能力推经济稳中向好》，《证券日报》2016年10月22日。

汪同三：《深入理解我国经济转向高质量发展》，《人民日报》2018年6月7日第7版。

王小广：《以"双驱动""双升级"推动高质量发展》，《经济日报》2019年12月26日第12版。

王一鸣：《向高质量发展转型要突破哪些关口》，《联合时报》2018年4月13日第4版。

朱启贵：《建立推动高质量发展的指标体系》，《文汇报》2018年2月6日第12版。

网络

国家统计局：《消费市场提质扩容 流通方式创新发展——党的十八大以来经济社会发展成就系列报告之七》，2022年9月22日，http：//www.stats.gov.cn/xxgk/jd/sjjd2020/202209/t20220922_1888593.html。

黄汉权：《加快发展现代产业体系 推动经济体系优化升级》，https：//bgimg.ce.cn/xwzx/gnsz/gdxw/202011/23/t20201122_36039049.shtml。

李毅中：《我国产业多处于全球价值链中低端，低端过剩，高端不足》，2021年12月19日，凤凰网财经，https：//baijiahao. baidu. com/s？id=1719514937855319505&wfr=spider&for=pc。

文旅部：《十年来，促进文化和旅游消费取得显著成效》，澎湃新闻，2022年10月14日，https：//m. thepaper. cn/baijiahao_20291117。

中国政府网：《我国已建成门类齐全现代工业体系》，http：//www. gov. cn/xinwen/2019-09/22/content_5432064. htm。

外文文献

Acemoglu D., Guerrieri V., "Capital Deepening and Nonbalanced Economic Growth", *Journal of Political Economy*, Vol. 116, No. 3, June 2008.

Ahtsham A. S., "A Clean Technological Innovation and Eco-efficiency Enhancement. A Multi-index Assessment of Sustainable Economic and Environmental Management", *Technological Forecasting & Social Change*, Vol. 166, No. 2021, May 2021.

Ali S. A., et al., "A Clean Technological Innovation and Eco-efficiency Ehhancement：A Multi-index Assessment of Sustainable Economic and Environmental Management", *Technological Forecasting and Social Change*, Vol. 166, No. 573, May 2021.

Alvarez-Cuadrado F, Poschke M., "Structural Change Out of Agriculture：Labor Push Versus Labor Pull", *American Economic Journal：Macroeconomics*, Vol. 3, No. 3, July 2011.

Antràs P., et al., "Measuring the Upstreamness of Production and Trade Flows", *American Economic Review*, Vol. 102, No. 3, May 2012.

Archibugi D., "The Global Challenge to Industrial Districts. Small and Medium-sized Enterprises in Italy and Taiwan", *Technovation*, Vol. 23, No. 11, November 2003.

Asfaw S., et al., "Impact of Modern Agricultural Technologies on Smallholder Welfare. Evidence from Tanzania and Ethiopia", *Food policy*, Vol. 37, No3., June 2012.

Asongu S. A., Nwachukwu J. C., "Quality of Growth Empirics：Comparative Gaps, Benchmarking and Policy Syndromes", *Journal of Policy Modeling*, Vol. 39, No. 5, October 2017.

Atkinson R. D. , Correa D. K. , *State New Economy Index. Benchmarking Economic Transformation in the States*, Social Science Electronic Publishing, 2007.

Barro R. , Cycles G. E. S. T. , "Quantity and Quality of Economic Growth", *Central Banking, Analysis, and Economic Policies Book Series*, 2002.

Baumol W. J. , "Macroeconomics of Unbalanced Growth: The Anatomy of Urban Crisis", *The American Economic Review*, Vol. 57, No. 3, July 1967.

Boppart T. , "Structural Change and the Kaldor Facts in a Growth Model with Relative Price Effects and Non-Gorman Preferences", *Econometrica*, Vol. 82, November 2014.

Carroll C. E. , et al. , "Sticky Expectations and Consumption Dynamics", *American Economic Journal: Macroeconomics*, Vol. 12, No. 3, December 2019.

Chenery H. B. , "Patterns of Industrial Growth", *The American Economic Review*, Vol. 50, No. 4, July 1960.

Chen Q. , et al. , "Modeling the Short-run Effect of Fiscal Stimuli on GDP. A New Semi-closed Input-output Model", *Economic Modelling*, Vol. 58, No. 2016, November 2016.

Dagum C. , "A New Approach to the Decomposition of the Gini Income Inequality Ratio", *Empirical Economics*, Vol. 22, No. 4, May 1997.

Duranton, G. , "Urban Evolutions: The Fast, the Slow, and the Still", *American Economic Review*, Vol. 97, No. 1, December 2007.

Foellmi R. , Zweilmüller J. , "Structural Change, Engel's Consumption Cycles and Kaldor's Facts of Economic Growth", *Journal of Monetary Economics*, Vol. 55, No. 7, October 2008.

Frolov S. M. , et al. , "Scientific Methodical Approaches to Evaluating the Quality of Economic Growth", *Actual Problems of Economics*, Vol. 173,

No. 11, June 2015.

Gao Y. D., et al., "The Factors Influencing of Industrial Structure Upgrade in China", *Economic Geography*, Vol. 35, No. 6, September 2015.

Gereffi G., "International Trade and Industrial Upgrading in the Apparel Commodity Chain", *Journal of International Economics*, Vol. 48, No. 1, June 1999.

Gerefi G., Tam T., "Industrial Upgrading through Organizational Chains: Dynamics of Rent, Learning-by-doing, and Mobility in the Global Economy", San Francisco: Proceedings of the 93rd Annual Meeting of the American Sociological Association, 2000.

Gereffi G., "The Organization of Buyer – driven Global Commodity Chains: How US Retailers Shape Overseas Production Networks", in Gereffi G. and Korzeniewicz M. (eds), *Commodity Chains and Global Capitalism*, Westport: Greenuood Press, 1994.

Hausmann R., et al., "What You Export Matters", *Journal of Economic Growth*, Vol. 12, No. 1, March 2007.

Hayes A. F., Scharkow M., "The Relative Trustworthiness of Inferential Tests of the Indirect Effect in Statistical Mediation Analysis: Does Method Really Matter?", *Psychological Science*, Vol. 24, No. 10, October 2013.

Hobday M., "Technological Learning in Singapore: A Test Case of Leapfrogging", *Journal of Development Studies*, Vol. 30, No. 4, July 1994.

Humphrey J., Schmitz H., "How does Insertion in Global Value Chains Affect Upgrading in Industrial Clusters?", *Regional Studies*, Vol. 36, No. 9, December 2002.

Keynes J. M., "The General Theory of Employment, Interest and Money", *Foreign affairs (Council on Foreign Relations)*, Vol. 7, No. 5, June 1936.

Kongsamut P., "Beyond Balanced Growth", *The Review of Economic Studies*, Vol. 68, No. 4, October 2001.

Koopman R., et al., "Tracing Value-Added and Double Counting in Gross Exports", *American Econonic Review*, Vol. 104, No. 2, February

2014.

Makadok R., Barney J. B., "Strategic Factor Market Intelligence: An Application of Information Economics to Strategy Formulation and Competitor Intelligence", *Management Science*, Vol. 47, No. 12, December 2001.

Miller R. E., Temurshoev U., "Output Upstreamness and Input Downstreamness of Industries/Countries in World Production", *International Regional Science Review*, Vol. 40, No. 5, September 2017.

Misbah T., et al., "Demographic Transition and Economic Growth in China, India, and Pakistan", *Economic Systems*, Vol. 34, No. 3, September 2010.

Ngai L. R., Pissarides C. A., "Structural Change in a Multisector Model of Growth", *American Economic Review*, Vol. 97, No. 1, March 2007.

Ni C., et al., "Human Capital, Innovation Capacity and Quality of Economic Growth – Based on Chinese Provincial Panel Data from 2000 to 2013", *Global Journal of Management and Business Research*, Vol. 14, No. 8, October 2014.

Niebel T., "ICT and Economic Growth—Comparing Developing, Emerging and Developed Countries", *World Development*, Vol. 104, April 2018.

OECD, WTO, "Trade in Value-Added: Concepts, Methodologies and Challenges", http://www.oecd.org/sti/industryandglobalisation/49894138.pdf. 2011.

Onaran Ö., et al., "Financialisation, Income Distribution and Aggregate Demand in the USA", *Cambridge Journal of Economics*, Vol. 35, No. 4, July 2011.

Qi J, "Fiscal Expenditure Incentives, Spatial Correlation and Quality of Economic Growth. Evidence from A Chinese Province", *International Journal of Business and Management*, Vol. 11, No. 7, October 2016.

Rahmandad H., "Connecting Strategy and System Dynamics: An Example and Lessons Learned", *System Dynamics Review*, Vol. 31, No. 3, July 2015.

Saccone D., Valli V., "Structural Change and Economic Development in China and India", *European Journal of Comparative Economics*, Vol. 6, No. 1, September 2009.

Sandmo A., "Public Goods and the Technology of Consumption", *The Review of Economic Studies*, Vol. 40, No. 4, October 1973.

后 记

消费升级与产业升级通过提升需求侧和供给侧的质量畅通国民经济大循环，驱动经济高质量发展。分析消费升级与产业升级间的互动效应、厘清消费和产业"双升级"驱动经济高质量发展的机制，并据此提出针对性的政策建议，对于加快推进中国式现代化具有重要意义。

本书是本人主持完成的国家社科基金一般项目"消费和产业'双升级'协同驱动经济高质量发展的机制及政策研究"（批准号：20BJL031；结项号：20231157）、国务院经济普查办公室重大招标项目"新时代构建支撑高质量发展的产业体系推进西部大开发研究"（项目号：JJPCZB11）的阶段性成果之一，也是重庆市首批人文社科重点研究基地——重庆大学公共经济与公共政策研究中心系列研究成果之一，负责人为中心副主任龙少波教授。

围绕消费和产业"双升级"对经济高质量发展的影响，负责人先后在CSSCI/SSCI等期刊发表了系列成果：包括 *JIFMIM*（SSCI一区，ABS3*）、*IRFA*（SSCI一区，中科院一区TOP，ABS3*）、*Economic Analysis and Policy*（SSCI一区）、《金融研究》、《经济学动态》、《宏观经济研究》、《改革》等，且多篇被《新华文摘》、《新华月报》、《人大复印报刊资料》、《中国高等学校学术文摘》、《中国产业经济年鉴（2022）》、*Frontiers of Economics in China* 等转载或收录，产生了重要影响。同时，研究成果被中国政府网、新华社、《人民日报》、《证券日报》、《国家治理》、*China Daily* 等媒体采访发布。相关的咨政建议被中央办公厅约稿，并多次被省部级单位批示采纳，产生了重要的决策影响力和经济效益。

参与本课题讨论与研究的主要团队成员包括：龙少波（重庆大学）、李紫璇（重庆大学）、左渝兰（重庆大学）、厉克奥博（清华大学）、周秦羽（重庆大学）、罗玉洁（重庆大学）、张辛福（重庆大学）、丁露（南京大学）、丁点尔（浙江大学）、范延路（中国人民大学）、向昱桔（中山大学）、刘金丹（重庆大学）、田浩（重庆大学）、胡国良（北京交通大学）、梁俊（国家发展改革委市场与价格研究所）。龙少波和李紫璇负责最后的统稿工作。

在研究过程中，李稻葵教授（清华大学）、陈璋教授（中国人民大学）、林木西教授（辽宁大学）、陈彦斌教授（首都经贸大学）、姚树洁教授（重庆大学）、刘渝琳教授（重庆大学）等众多专家都给予了建设性意见。本人作为李稻葵教授所领衔的"清华大学中国宏观经济分析与预测"团队成员之一，长期负责该系列报告中的消费与价格部分的讨论与撰写工作，这对于本书写作有重要启发。与此同时，本人作为重庆大学公共经济与公共政策协同创新团队（重庆市高校哲学社会科学协同创新团队）的骨干成员，也得到了该团队的支持。在本研究的实施过程中，也得到国家发展改革委就业收入分配与消费司同志的大力支持。

本研究参阅了大量的中英文文献，借鉴了诸多专家的成果与观点，并尽量在文献中列出，但因时间仓促可能仍有遗漏，还敬请谅解。在本书的编校与出版中，中国社会科学出版社编辑校对等老师付出了大量的精力，在此一并表示感谢。

龙少波
2024 年 7 月于重庆大学